MINERVA
西洋史ライブラリー
㊾

コミュニケーションの社会史

前川和也編著

京都大学人文科学研究所報告

ミネルヴァ書房

コミュニケーションの社会史

目次

はじめに

Ⅰ　遠くに伝える

Ⅱ　語りかける

はじめに

一

この書物は、一九九五年四月から一九九八年三月までの三年間、京都大学人文科学研究所において実施された共同研究「コミュニケーションの社会史」（班長　前川和也）の報告書である。

この共同研究では、交通、通信手段、印刷技術などが格段の発展をとげる以前の諸社会、主として一九世紀までのヨーロッパ社会において、人と人とが相互に理解しあうために、情報がどのように伝達されたか、情報はどのように受けとめられ、そしてそれによって人間の社会的結合のありかたがどのように変容していったかを、主なトピックとしてとりあげた。

現在、情報伝達の技術的進化はとどまるところを知らない。電子情報手段によって情報の発信、伝達、受容は、地球上のすべての場所において瞬時に行なわれるようになった。いまや、あらゆる種類の膨大な情報が個人におしよせ、また人は、あらゆる情報をあらゆる場所に発信できる。技術的な側面をみるかぎり、人と人とのコミュニケーションはかつてないほど容易になっているようにもみえる。しかし、ひとりひとりがより早く、より多くの情報を気軽に受信し、発信できるようになればなるほど、これまで人と人とが出あい、ことばを交わし、たがいに衝突する場面につきまとっていたある種の生々しい感覚が、どこか希薄になっていくようでもある。新しいメディアの出現にともなって、従来の「公」と「私」の境界も揺らいでいる。私たちは、携帯電話によって「公共」の場に「私的」な「会話」が否応なしに侵入してくる場面を日常的に目にするようになった。また、人は電子メールによって「公的」な議論の場に容易に参加し、意見を表明することができるようになったが、他方で、裏づけをもたないひとりよがりな独断や、特定の個人にたいする攻撃的な中傷がインターネット上で「公開」されてもいる。ひとりひとりが情報ネットワークの端末を手にし、自由に情報をやりとりできるようになったことによって、逆説的にも、人は異なるアイデンティティを持つ他者とともに公共的な空間を構築して生きていかなければならないという理念そのものが、かえって掘り崩されつつあるようにさえみえる。現在進行中のこのような状況を念頭におきながら、ここでわれわれは、あえて情報伝達の手段がさほど発達していない世界に目を向けてみようと考えた。そこでは、ひとりひとり生きた身体と声をもち、固有の文化的背景をもつ人と人とのコミュニケーションがはらんでいる諸問題が、より鮮明にあらわれてくるだろうからである。

われわれは、この書で、情報が伝えられるプロセスにかかわる諸問題を前半の二部（第Ⅰ部「遠くに伝える」、第Ⅱ部「語りかける」）でとりあげ、後半の二部では、主としてコミュニケーションが成立するための「場」、「空間」の問題をあつかった（第Ⅲ部「語りあう」、第Ⅳ部「争う」）。われわれの共同研究であつかおうとしたのは、「メディアの発達史」ではなかった。たとえ「新聞」や「書物」を論じたばあいでも、われわれは、まず書き手とそれを読む人（びと）との関係性を問題としたのである。だからこそ、主として本書の後半では、人びとのコミュニケーションをなりたたせている諸前提とはなにか、言葉を介したコミュニケーションが崩れるとどうなるか、コミュニケーションのトポスとはなにかが議論されているのである。

二

情報は、遠く離れた世界にむかってどのように伝えられていったのか。そして人びとは、遠い世界についての情報をどのように受容していたのか。

電話や電子通信によらないかぎり、ある個人が、離れた世界にいる人（びと）とコミュニケーション関係をとり結ぶためには、直接に旅するか、それとも手紙をとどける以外にない。そして手紙がかなりの頻度で交換されるためには、広い地域をむすぶ交通ネットワークが、ある程度まで整備されていなければならない。そのような、手紙による情報伝達システムの問題にかんしては、第I部（「遠くに伝える」）のなかの二論文が、古代メソポタミア、近世ドイツの事例を議論する（前川和也「初期メソポタミアの手紙と行政命令文」、渋谷聡「広域情報伝達システムの展開とトゥルン・ウント・タクシス家——一六、一七世紀における帝国駅逓の拡充を中心に」）。

前四千年紀末、ティグリス・エウフラテス両河の最南部地方に成立したメソポタミア文明は、特筆すべきコミュニケーション手段をもっていた。メソポタミアでは、メッセージを「遠くに伝える」ために手紙交換システムが極度に発展したのである。手紙は、「誰某に（次のように）言うとするならば（／伝えよ）」という文章ではじまる。このシュメール語が、そのまま「手紙」という名詞としても用いられていた。メソポタミアの手紙とは、形式的には、メッセージを伝達する使者への命令文であった。またこれは、もともとは、メッセージ内容が口頭で使者に伝えられ、そして使者はそれを、遠く離れた人物に口頭でくりかえしていたことを示唆する。メソポタミア最南部の都市ウルクとイランのアラッタとの争いを描いた叙事物語には、「手紙」の起源が説明されている。物語では、ウルク王のメッセージを伝達するため、使者がいくどもウルクとアラッタ間を往復するのである。そしてウルク王が最後に伝えることを望んだメーセージが長すぎたから、使者はそれを覚えることができない。そこでウルク王は、はじめて粘土板に文章を書いて使者に手渡したというのである。さてメソポタミアでは、「遠くに伝える」ためだけでなく「近くに伝える」ためにも、手紙が利用された。公的組織の内部であるひとつの行政行為が実施されるにあたって、上級官職者が下級官職者に「手紙」を送って命令を下したのである。この行政命令文のスタイルも通常の手紙のそれと、なんらかわるところがない。前川和也は、前三千年紀末から二千年紀はじめにかけての無数の行政記録にあらわれる「足」役が、このような行政命令を運搬したと考えている。

今日、「郵便」を意味するポスト Post は、もともとは遠距離に情報を伝えるために配備された騎手や馬の所在地、つまり「駅逓」ルート上の宿駅を意味していた。近世ヨーロッパにおける「駅逓」は、通信業務だけでなく、交易、新聞、旅行などさまざまな流通分野にまたがるコミュニケーション体系のかなめであった。渋谷聡は、近世ドイツにおける帝国駅逓をとりあげ、中欧における広域的な情報伝達システムが、帝国の国制と密接に結びつきながら形成されたことをあきらかにしている。ハプスブルク家は、帝国統治のための遠距離駅逓の業務をタクシス家に請け負わせた。しかし、ドイツでは、すでに中世末期に、主要な都市の飛脚を継ぎ馬によって結びつけた都市間の通信ネットワークが存在していた。また、帝国諸侯のあいだでは皇帝の駅逓制度への警戒感が根強く、プロテスタント諸侯のなかには独自の駅逓をもつケースもあった。帝国権力は、既存の都市や諸侯の局地的飛脚を取りこみつつ、競合する無認可の飛脚を規制・排除し、帝国駅逓の規律化と広域化をはかったのである。タクシスの駅逓制度は、最終的には皇帝と帝国等族の監督のもとにおかれ、帝国国制のなかに位置づけられることによって、広域的な情報伝達のインフラストラクチャーとして定着する。この駅逓制度のなかから通信物の配達業務が分離し、近代的な「郵便」が成立するのは、一八世紀以降のことであった。

新聞や雑誌がまだ存在していない時代、遠い世界についての情報が不特定多数の人間に伝えられるのは、主として旅行記によってである。旅行者が口頭で語った内容の普及には限界があったであろう。ちなみにマルコ・ポーロの大旅行は、彼の回想がある人物によって筆録され、公刊されたからこそ、大評判になったのであった。さて人は、未知の世界を知るために旅行記を読むこともあれば、実務的な情報を得ることを目的として旅行記を利用することもある。中世ヨーロッパ人は、「驚異の世界」としての東方世界をイメージするために、さまざまの旅行記を読んだ。もちろんマルコ・ポーロの旅行記のなかに、経験に富んだ商人の実務報告的な要素をみることもできるにちがいないが、おおくの読者は、まずは、この書のなかに描かれたさまざまの「驚異」に感嘆し、主人公の冒険の「物語」を堪能したはずである。いっぽうで旅行記はしばしば実用的な旅行ガイドという性格をもつ。旅行記によって情報を得た読者は、しばしば、みずからも旅行して、あたらしい世界を発見し、ときにはあらたな旅行記を書きのこしてきた。ただし、これには条件がある。商業・交通ネットワークがはりめぐらされていて、情報の発信や受容が、かなりの程度まで安定して実施されることが必要だったのである。中世後期の地中海世界は、そのようなネットワークをもっていた。本書では、髙田京比子によって中世の聖地巡礼記がとりあげられているが、これらは地中海世界の旅行記の一種とみなすことができる（髙田京比子「メディアとしての聖地巡礼記——中世地中海世界の情報網」）。中世後期（一四—一五世紀）に成立した多数の聖地巡礼記ではラテン語にかわって俗語が用いられ、おおくの非宗教的な情報も書きこまれるようになった。ただ、書き手の出身地域によって記述の姿勢は異なっていた。地中海から遠いアルプス以北では、語彙集や船旅の注意事項など、反復可能な情報が重視され、旅のガイドブック的な性格がつよい。これにたいして、地中海世界が身近なイタリアでは、個人的な冒険談や経済事情、時事情報など、そのとき限りの情報が書きこまれている。イタリアの聖地巡礼記のスタイルは、地中海世界で活躍する「物書き商人」の文化に根ざし、その内容は地中海にはりめぐらされた商業ネットワークの機能を反映していたのである。しかし、近世にはいって「新聞」が登場すると、東地中海の時事情報メデイアとしての巡礼記の役割は低下していく。

中世末から近世にかけて新大陸やアジアに進出することによって、ヨーロッパ諸国のコミュニケーション空間はいっきょに拡大する。地中海世界のように古代から交通のネットワークがはりめぐらされていた空間とは異なり、ヨーロッパ諸国は本国と植民地、植民地相互、あるいは単一植民地のなかでのコミュニケーション・システムをあらたに創り出さなければならなかった。その試行錯誤の過程で、ときには植民地経営の政治史に深刻な影響が及ぶこともあった。合田昌史が報告するモルッカ諸島ポルトガル植民地に、その典型的な状況をみることができる（合田昌史「地の果ての外交――一六世紀のモルッカ諸島とポルトガル」）。しばしば用いられる「地理上の発見」という言い方は、たとえばインド洋から南シナ海にかけての空間に、ポルトガル人の進出以前から中国人やムスリムの国際交易ネットワークがはりめぐらされていたことを、ともすれば忘れさせてしまう。コミュニケーションの観点から見たとき、ヨーロッパ勢力と現地社会とのあいだに形成される関係は、在来の地域的ネットワークと比べて、どのような特徴をもっていたであろうか。「香料諸島」という呼び名が示すように丁子の産地として重要なモルッカ諸島は、まず中国人によって、ついで一五世紀半ばからはムスリムによって広域的な商業ネットワークのなかに組みこまれた。ポルトガル人は、その後を追うかたちでこの地に進出したのである。モルッカの現地社会には、もともとテルテナとティドーレの二王国を中心とする二極構造が存在した。ポルトガルはテルテナ王国と軍事同盟を結び、火器を提供し、要塞を建設した。これはティドーレ側の反発をまねき、モルッカ社会内部の緊張を高めた。さらに、遅れてこの地に到来したスペインが反テルテナ側に加担することによって、二極構造はいっそう強化された。このポルトガルとの交渉の過程で、モルッカ側は「書簡」の往復による「外交」をはじめて経験することになった。ヨーロッパ勢力の進出は、彼らがもちこんだ「文書」と「銃」をとおして、モルッカ諸島をとりまくコミュニケーション環境にも大きな変化をもたらしたのである。

三

情報が不特定多数に伝えられるとしても、口頭によって情報が不特定多数に伝えられるばあいと、文字を用いるメディアによるばあいとで、様相はよほどかわってくる。前者についても、ある明確な意図が口頭で伝達されるケースもあれば、情報が不特定多数の人間のあいだを浮遊していていくうちに、情報じたいが肥大化あるいは変質していくこともある。この書では、最初のトピックは、キリスト教における説教の問題を例として、大黒俊二によって論じられている（大黒俊二「文字のかなたに――一五世紀フィレンツェの俗人筆録説教」）。ただ、説教は語られるだけでなく、書きとめられ、編集され、公刊されている。では、書きとめられた説教は、話された説教とどのようにちがっていたのか。また、どのように読まれたのか。大黒は、文字で記されたテキストのかなたに響く「声」を聞きとろうとする。中世後期のイタリアでは、托鉢修道会が生み出したあらたな説教スタイルにもとづいて説教の手引書が作られたが、そのようなマニュアル本の一種である範例説教集は、たとえば次のような過程をへてできあがる。まず、説教師がメモをみながら即興をまじえて行なった説教を、聞き手がラテン語でメモする。このメモをもとに復元された説教のテキストに説教師本人が手を入れたものが、筆写されて流布する。現場の説教師は必要におうじてこれらの写本を編集し、それによって説教を行ない、ばあいによっては、それがまた筆録される。こうして声と文字の往復運動の結果として成立したテキストは、いわば話し手と聞き手の合作である。俗人が俗語で筆録した説教記録のばあいには、聞き手の側の主体性が、いっそう明確にあらわれる。俗人は、みずからの内面的な関心にしたがって説教を筆録したから、彼らが残したテキストから、説教師の「声」が筆録者自身のフィルターをとおしてどのように変化したかを読みとることができるのである。筆録された説教は、回覧されたり朗読されたりするることによって、さらにあらたなコミュニケーションの回路を開いていった。こうして筆録説教は、語り手にたいする聞き手の能動的な関係や、文字を使う社会における生きた「声」の役割について、貴重な手がかりをあたえてくれる。

活字や電波によるマス・メディアが存在しない時代に、不特定多数の人びとが権力者によって動員されるためには、どのような条件が必要であったろうか。山辺規子は、中世末期のカトリック世界で「聖年」制度が成立するさいに「最古のマス・メディア」としての「うわさ」がはたした役割に注目する〔山辺規子「『聖年』の誕生――『うわさ』の生み出したもの」〕。「聖年」は、五〇年、一〇〇年といった区切りのよい年にローマに参詣する者に罪の赦しを認める制度である。カトリック教会の公式行事としての「聖年」は、一三〇〇年に教皇ボニファティウス八世によってはじめて実施された。史料は、この年のはじめ、教皇の勅書にさきだって、おおくの人びとが聖ピエトロ大聖堂に押しよせていたことを伝えている。つまり、まず、区切りのよい年に救いを求める民衆の期待が「救済のうわさ」を生みだし、人びとを動かした。教皇はこの「うわさ」を教勅によって「公認」することで、民衆の救済願望を教会権力にとって望ましい方向へ導くと同時に、「うわさ」を利用してみずからの権威を高めようとしたのである。これとは逆に、一三五〇年のばあいには、偽聖年教書が出回り、「うわさ」が公的な装いを利用することで「聖年」のイメージを広めた。このように「聖年」が行事として定着する過程のなかに、「うわさ」を媒介に人びとと権威とが結びつき、相互に働きかけあいながらひとつの制度を作りあげていくメカニズムを垣間見ることができる。

大黒論文であつかわれた説教とは、本来的には、ひとつの場所に集まった人びとが共通の宗教世界を構築することを意図している。そして、そのような場所では、日常的な「語り」の手法とは異なる宗教的なコミュニケーション手段も用いられる。たとえばそれは僧侶や会衆による祈りであり、歌であった。キリスト教会の典礼のなかでも、音楽のはたす役割が大きい。しかし、聖職者や聖歌隊による歌唱ではなく、教会に集う信徒全員が斉唱する会衆歌が導入されるのはドイツ宗教改革以後のことであった（渡邊伸「聖餐式と会衆歌」）。渡邊伸は、シュトラースブルクとバーゼルの事例を検討して、宗教改革者がたんにラテン語の典礼をドイツ語化し、二種陪餐を導入しただけでなく、ミサを説教と会衆歌中心のスタイルに変えていったことを指摘する。ラテン語の歌詞によるポリフォニーの音楽を聖歌隊が歌うのではなく、聖書にもとづくドイツ語の歌詞を単旋律で会衆全体が歌うことによって、人びとは聖書の理解を深め、信仰心の一致を確認することができたのである。しかも注目されるのは、改革者によって聖餐式の中心に置かれた公権への祈りが、会衆歌と密接に結びつけられていたことである。そこに、ミサに公的意味づけを与え、社会的統合機能を回復しようとする宗教改革者の意図を読みとることができる。活版印刷技術の導入がドイツにおける宗教改革の進展に深刻な影響を与えたことは、すでにわが国でも、いくどとなく語られてきた。渡邊論文は、宗教改革にともなって、宗教的なコミュニケーションに用いられるメディアの形態だけでなく、コミュニケーションのスタイルそのものが大きく変動したことを示しているのである。

手紙は、ほんらい、遠い世界の個人と個人とのコミュニケーションをはかるために書かれた。けれども、もし、ある人物にあてて何通となく書き送られた手紙が、そのまま回覧されて、不特定多数の人間に読まれるという慣習ができあがったとしたら、それはどうなるか。それは無限に新聞のようなニュース・メディアに近づくであろう。一七世紀、西ヨーロッパでは、すでに定期的に発行される活字新聞が不特定多数の読者を相手に情報を伝えていた。けれども、活字文化圏の辺境に位置するポーランドでは、近世をつうじて活字と手書きの世界とが並存していたのである（小山哲「恋文と新聞のあいだ――近世ポーランド王権とニュース・メディア」）。郵便と報道が密接に結びついていたことは、本書第I部の渋谷論文が、近世ドイツの駅逓制度をとりあげるなかで指摘している。小山哲は、近世ポーランド王権のメディア政策を検討することによって、報道の側から「新聞」と「手紙」の関係を考察している。当時のポーランドでは「新聞」gazetaは、今日の活字による日刊紙とは異なり、活字／手書き、定期／不定期を問わず、文字による多様な形態の速報メディアを総称する概念であった。他方、「手紙」は、特定の個人にあてたものであっても、しばしば回覧、朗読、筆写されることによって、宛先人以外の人びとにも情報を伝達した。したがって、成立期の「新聞」と「手紙」の境界は曖昧であって、特定の人物に定期的にニュースを書き送る「手書き新聞」のように、両者の中間に位置するメディアも存在したのである。一七世紀後半のポーランド国王ヤン三世ソビエスキと王妃マリア・カジミエラの往復書簡は、メディアとしての「新聞」と「手紙」が相互にきわめて近い関係にあったことをよく示している。もともと、ふたりの文通は一種の手書き新聞としてはじまったが、恋愛感情の高まりにともなって熱烈な恋文となり、一六八三年のウィーン遠征時には、戦勝報道のために恋文から活字新聞が作られた。この新聞の編集の経緯から、ポーランド王権が、軍事宣伝を重視し、さまざまなメディアを組み合わせて意図的に情報を操作しようとしていたことがわかる。しかし、同時代の史料は、ポーランド国内の住民が、王権のメディアをつうじての「語りかけ」に、かならずしも期待どおりには反応しなかったことをも証言している。「語りかけ」が成功するか否かは、語りかける側と語りかけられる側とのあいだになんらかの共通の了解が成り立つかどうか、両者のあいだに「語りあい」の場が形成されるかどうかに左右されるであろう。本書の後半部は、そのようなコミュニケーションのトポスの考察にあてられている。

四

人と人とのあいだでは、どのような条件のもとでコミュニケーションが成立するのか。

人と人が話すとき、会話がふたりにとって意味あるものとして了解されるのは、ひとつには、ふたりが共有した時間を生きているときである。時間は社会を秩序づける枠組みであり、時間認識は人びとのコミュニケーションのあり方を規定する重要な要因のひとつである。それでは、社会環境の変化によって複数の異なる時間の論理がぶつかりあうとき、人びとは、時間認識の対立やずれを、コミュニケーションの場でどのように調整していくのであろうか。たとえば、現代オーストリアの農村では、農業生産や年間行事のリズムに規定された「繰りかえす時間」と、不確定な未来に向かって直線的・不可逆的にのびていく外的世界の時間とが、競合している（森明子「農村の時間認識と歴史」）。森明子は、村びとの会話でしばしば用いられる「いま／かつて」という話法に注目する。村びとは、語られる対象を「いま」と「かつて」という二つの時間的カテゴリーに区分するが、個々の出来事の前後関係を問わないし、西暦による座標軸のうえに位置づけることもしない。この話法によって、人びとは、外の世界との接触によって農村内部に生じる変化を主体的に構造化してとらえ、語りの場でその認識を共有する。しかも、「いま」と「かつて」の境界は流動的であり、物語が語られるたびに新しい意味をあたえられる。それは、不可逆的な時間の存在をいっぽうで認めながら、不確定な未来へと直線的にのびていく時間に抵抗し、新たな変化を自分たちの物語のなかに組みこみ、意味づける営みである。農村コミュニティの時間認識は、村びとたちの「語りあい」をつうじてその都度、構成されるのであり、また、その時間認識を共有することがコミュニケーションの場を成り立たせる前提ともなっているのである。森があつかっているのは現代オーストリアの農村であるが、さらにわれわれは、歴史的に工業化が進展する以前のヨーロッパの農村社会でも、人びとが「いま／かつて」の時間カテゴリーのもとで生きていたと想像することさえできるであろう。

一八世紀のヨーロッパには、複数の人びとが特定の場所に集まって言葉をかわしあうコミュニケーションのトポスが存在した。本書では、三成美保がドイツの読書協会を論じ（三成美保「コミュニケーション過程としての啓蒙主義——一八世紀末ドイツの読書協会」）、富永茂樹がフランスにおける「社交」の衰退をとりあげて（富永茂樹「会話と議論――一八世紀フランスにおける社交の衰退」)、この時期の「語りあい」の場の特質に迫ろうとしている。読者は、この二論文の論の立て方に、かなりのちがいがあることに気づくであろう。それは、ふたりの論者の「啓蒙」にたいする視線がかならずしも同一ではないことにもよるが、同じ時代のドイツとフランスでは、進展した状況に大きなちがいがあったことをも反映しているのである。「啓蒙」期のコミュニケーションや「公共空間」については、すでにハーバーマスの著書をはじめとした、理論的考察の蓄積がある。とうぜん、この二論文もそれらの議論をふまえているが、富永茂樹は、すくなくともフランスにかんしては、ハーバーマスの論は、不充分だという。

三成美保は、カントにしたがうならば、「啓蒙」を著述・読書・議論を媒介とするコミュニケーション過程としてとらえることができるという。啓蒙期のドイツ人にとってもっとも身近なコミュニケーションの場のひとつが、読書協会であった。一八世紀は「読書革命」の時代でもあり、人びとの読書のスタイルは、限られた書物の精読から、膨大な出版物のなかから選読・多読するという方向に変わりつつあった。ドイツ各地に成立した読書協会は、この読書革命を組織的に推進する母体となった。読書協会は、総合雑誌や歴史・政治雑誌などの啓蒙的メディアをつうじて最新の情報を受信し、読書と議論を結びつけて「公論」を形成する場となった。ただし、そこには階層とジェンダーにもとづく排除の論理がはたらいており、読書協会のメンバーは主として男性の貴族、上層市民、学識者に限られていた。読書協会は、啓明団やフリーメイソンのような秘密結社のネットワークのうえに成り立っていたが、非政治的で穏健な結社とみなされていた。このため、「上からの啓蒙化」の手段として、君主が支援する例もみられる。しかし、フランス革命期にはいって政治的に警戒された結果、読書協会は変質していった。そのあるものは社交クラブに変容し、また一部は専門分野の集まりに特化していったのである。

フランスでは、革命をはさんで、コミュニケーションの場の構造は、いっそう劇的に変化した。アンシャン・レジーム期の「社交」の場はサロンであり、そこでは女主人を中心に知識人が自由な会話を楽しんだ。同時代人たちも、サロンは「世論」を生み出す公共空間であると信じていたのである。しかし、革命期に、サロンにかわって市民の議論の場として登場する民衆協会やクラブは、罵声の渦巻く暴力的な空間と化し、期待された役割を十分にはたすことなく自壊していく。富永は、サロンとクラブ・民衆協会の集団構造の類似と差異を分析することによって、革命前後のコミュニケーション空間の変貌を、連続と断絶の両面からあきらかにしている。サロンにおいては、人びとは社交の場にはいることによって対等となり、各人が女主人と平等な距離を保ちながら心地よい会話を楽しんだ。これにたいして、革命期のクラブや民衆協会は、あらかじめ抽象的に保証された市民のあいだの平等を前提として成立した。このような場においては、サロンの女主人のような一段上の審級に立つ調停者をおくことは困難であり、参加者の利害対立は調整されることなく、諸言説は、ただ暴力的にぶつかりあうだけである。罵声を避けて冷静に意見を伝えようとすれば、各人が孤独に書物を黙読する「分散した国民」の世界を受け入れざるをえないであろう。このように、フランス革命前後の「社交」の衰退は、メディアを介してたがいに膨大な情報をやりとりしながら、かえって人と人とのつながりの生々しさが失われていく現在のわれわれの世界の原点を指し示しているのである。

話し言葉と書かれた言葉とのあいだのギャップが大きすぎれば、どのような問題が生まれるか。ルネサンス期のヨーロッパ諸国では、古典語で書かれた作品が高く評価される一方で、各国語への関心も深まる。そのなかでドイツは、自民族の言語への関心の高まりが「国民文学」の興隆に直結しなかったという点で特異であった（佐々木博光「ラテン語とドイツ語のはざまで——生存闘争のなかの人文主義者」）。宗教的な分野では、同じ時期にドイツ語版聖書が成立し、そしてそれが印刷され、普及することによって、宗教改革が進展した。にもかかわらず、ドイツの知識人たちが、比較的遅くまでドイツ語でなくラテン語で書物を書きつづけたのはなぜか。ドイツでも、タキトゥス『ゲルマーニア』の再発見をはじめとして、人文主義者たちによる「祖先の発見」が行なわれ、ゲルマン人の倫理的に優れた資質が称揚された。それにともなってゲルマン人の言語であるドイツ語にたいする評価も高まった。にもかかわらず、ドイツの人文主義者のおおくはラテン語で書物を著わし、ドイツ語で書くことを躊躇した。佐々木博光は、その原因を、ドイツにおける人文主義者のコミュニケーションの場が大学にあったことに見出している。佐々木によれば、学内での生存闘争の渦中にある人文主義者たちは、大学世界でのコミュニケーション言語であるラテン語に固執せざるをえなかったのである。

五

ここまで、われわれは主として言語を媒介とするコミュニケーションのさまざまな形態について論じてきた。この、言語による「語りあい」の世界の向う側には、暴力による実力行使の領域が広がっている。すでに富永茂樹は、このことを、フランス革命期における市民の集会、議論による新たな公共空間の創出の挫折として語っている。そのような「暴力」の世界は、言語による相互理解の対極にあり、コミュニケーションのルールを逸脱した世界であるようにもみえる。しかし、もしコミュニケーションを、対立・紛争をも含む人と人との相互関係として、より広くとらえるならば、実力行使もまたそのような関係の一形態とみなしうるのではないか。とりわけ、暴力が制度上国家権力によって独占されている近代社会とは異なって、伝統的な諸社会、とりわけヨーロッパ中世社会では、暴力は日常の人間関係を構成する重要かつ不可欠の要素であった。そこでは、コミュニケーションの当事者同士が、たがいに言葉を交わすだけでなく、ときと場合によっては、相手にむかって直接に、しかも正当に実力を行使する可能性をもつ存在として対峙していたのである。もちろん、前近代社会においても、むきだしの暴力がいかなる規制も受けずに遍在していたわけではない。暴力を行使する権利は、「名誉」のような社会的威信と密接に結びついており、暴力を組み込んだ人づきあいの作法が存在したのである。第Ⅳ部「争う」に収めた二論文は、それぞれ中近世ドイツの農村と都市をとりあげ、暴力と名誉を表裏一体の要素として組みこんだ紛争解決のシステムに光をあてている（服部良久「中・近世ドイツ農村社会の武装・暴力・秩序」、田中俊之「名誉の喪失と回復――中世後期ドイツ都市の手工業者の場合」）。

中世ドイツの農村社会においては、中世盛期の平和令が農民の武装を規制しているにもかかわらず、通説に反して農民の武器携行は常態であった。農民の武装能力は中世後期にむしろ向上し、一五、一六世紀にピークを迎える。武器は一種の「威信財」であり、これを身に帯びることは家長の名誉にかかわる問題であった。暴力もまた、しばしば象徴資本としての「名誉」をめぐる葛藤から生じたのである。したがって服部良久は、「名誉」と暴力が表裏一体となって人間の相互関係を規定する「抗争的コミュニケーション」が、中世の農村社会において支配的であったと考える。支配者（領邦権力）側も、農村社会の武装能力をある程度容認し、利用することで、地域の平和と秩序を維持しようとした。服部は、ティロルやオーストリアの農村の事例研究をつうじて、農村共同体が、相互の自律的な交渉（暴力を含む）によって紛争を解決に導く行動様式を作りあげていたことをあきらかにしている。日常的な暴力は、仲裁にもとづく紛争解決のシステムの機能を前提としつつ、全体としてコミュニケーションの一部を構成していたのである。

中世後期ドイツの都市民にとっても、「名誉」の維持は重要な問題であった。特定の人物の「名誉」は、彼が属する社会がそれを承認し、尊重することによってはじめて成立する。その意味で、名誉は、コミュニケーション・システムのなかで人びとがとり結ぶ関係に規定された属性であるが、そのような社会的承認は、些細なきっかけから容易に失われる不安定なものでもあった。しかも特定の個人がこうむる「不名誉」は、その個人が属する集団（家、ツンフト、都市共同体など）の名誉をも傷つけかねないものとみなされたから、ツンフトや都市当局は、成員の名誉侵害をめぐる紛争にしばしば介入した。田中俊之が詳説しているように、とくに中世後期にツンフト間の不平等化が進み名誉侵害が頻発すると、都市当局が調停にのりだし、都市運営の安定化をはかった。それは同時に、当事者間の暴力的な報復を抑止し、都市当局が司法権を独占していく過程でもあった。

六

この書では、「リテラシー」、「印刷革命」、「書物と読書行為」など、ふつう「コミュニケーション史」の概説書で大きなトピックとしてあつかわれるような問題を、それ自体として論じてはいない。また、無文字社会から電子メディアの出現にいたる経路を時系列に沿って叙述するスタイルも取ってはいない。それは、ひとつには、われわれの関心が、手段としてのメディアの発達史にではなく、人びとがそのときどきに手にしうるメディアを状況におうじてどのように使いこなすか、またメディアを介して人と人がどのように結びつくか、といった問題にあったからである。われわれは、識字率の問題や活版印刷の影響力を軽視しているわけではない。それらはむしろ、本書でとりあげた諸問題を成り立たせている前提条件であった。

本書が通常の「メディアの発達史」とは異なる体裁を取っているもうひとつの理由は、ふつうは別の発展段階に属していると思われている複数のメディアが並存し、交錯するケースや、言葉を介したコミュニケーションの極限状況にかかわる事例を、比較的おおく取りあげ、論じたからである。文字や印刷による新しい伝達手段が普及しても、生きた「声」や手書きによる旧来のメディアは完全に駆逐されるわけではない。しばしば新旧のメディアが組み合わされることによって、新たにコミュニケーションの体制が形成される。これらの事例の検討をつうじて、人びとのメディアにたいする接近態度がきわめて柔軟で、かつ多様であること、メディアの発達にともなう技術的な側面だけでなく、それらを使いこなす人びとの姿勢も、その社会におけるコミュニケーションのあり方を大きく左右することを、われわれは理解することができるはずである。

前川和也
小山　哲

I　遠くに伝える

第1章　初期メソポタミアの手紙と行政命令文

前川和也

一　手紙の発明

古代メソポタミアでは、手紙がはたす役割がきわめて重要であった。前二千年紀中頃までの初期メソポタミア時代には、人びとのおおくは都市でくらしていた。そして都市と外部世界とは密接につながっていたから、両者のコミュニケーション媒体として、はやくから、手紙粘土板がさかんに利用されたのである。

このことを象徴的に示しているのは、エンメルカルやルガル・バンダをめぐる叙事物語である。エンメルカルとルガル・バンダは、前三千年紀はじめ、すなわちメソポタミア文明の創生時代にシュメール南部の都市ウルクに実在したウルク第一王朝で第二、三代王であったという。なお、シュメール語で書かれた文学テキストのうち、叙事物語と定義できるのは、エンメルカル、ルガル・バンダ、そしておなじくウルク第一王朝の五代王ギルガメシュを主人公とする物語群に限られる(1)。ウルク第一王朝は、当初は北方の都市キシュ（キシュ第一王朝）に服属していた可能性があるが、ギルガメシュの時代までに大発展をとげた。ギルガメシュはたしかに実在の人物であって、伝承によれば、彼の時代にウルクの巨大な城壁が建造された。城壁跡は現在でも確認できるが、城壁内面積は六〇〇ヘクタールちかくにもおよぶ。エンメルカルやルガル・バンダも、ギルガメシュと同じように実在したかどうかは、まださだかではない。けれども、エンメルカルやルガル・バンダを主人公とする叙事詩が、いずれも、シュメール南部のウルクとはるかなイランの都市アラッタ（場所の比定はできていない）との争いにかかわるものであったことは注目しておいてよい。すでに前四千年紀後半から、たしかにウルクはイラン高原地方と通商関係をもっていた。

エンメルカルをめぐる叙事物語では、彼とアラッタの支配者が知恵くらべで争い（『エンメルカルとアラッタの支配者』）、あるいは二王がくりだすふたりの魔術師が技を競いあう（『エンメルカルとエンスフケシュダンナ』）。争いのきっかけは、エンメルカルがアラッタに貴金属を要求したことにあった。いっぽう、ルガル・バンダのふたつの叙事物語すなわち『ルガル・バンダ一』（『ルガル・バンダと山の洞窟』ともよばれる）および『ルガル・バンダ二』（別名『ルガル・バンダとアンズ鳥』ないし『ルガル・バンダとエンメルカル』）によれば、アラッタを攻略するために、エンメルカルが率いるウルク軍隊がイランに侵入する。ルガル・バンダはアラッタ遠征に加わるが、イラン山中で孤立し、病に倒れてしまう。そしてその後、彼は怪鳥アンズの助けをうけて、ウルクの軍隊やエンメルカルとめぐりあうのである。(2)

エンメルカルは、女神イナンナの示唆によって、アラッタの支配者に屈服を要求すべく、使者を派遣することとした。『エンメルカルとアラッタの支配者』によれば、エンメルカルは、彼の軍隊のなかから、「雄弁かつ体力を持った」男を使者として選びだす（一〇六行）。エンメルカルは使者に言う。「使者よ。アラッタの支配者に（次のように）伝えよ。彼に（次のように）つけ加えよ」（一一四行）。「野鳩がその巣から（飛び去ってしまうように、アラッタの人びとが）その町から逃げ去ってしまうようなことを、私にさせないでほしい」（一一五行）。……「（アラッタの人々は）金のナゲットを皮袋にいれて、その横にクメア銀を置き、そして貴金属を積みあげ、山のロバに荷物を（乗せてウルクに）運んでくるように」（一二四～一二七行）。「使者よ。夜には南嵐のように吹き下れ（山を降り）よ。昼には露のように立ち上れよ」（一五八～一五九行）。使者は長い旅行ののち、アラッタの王宮に足を踏みいれる。彼はアラッタの支配者に言う。「あなたの父親（すなわち）私の王が、まさに私をあなたのところに遣したのだ。ウルクの支配者、クラブの支配者（たるエンメルカル）が、まさに私をあなたのところに遣したのだ」（一七六～一七七行）。「あなたの王（たるエンメルカル）が言ったことは、私にとって、いったい何であるのか。彼が私につけ加えたことは、私にとって、いったい何であるのか」（一七八行）。「私の主人（たるエンメルカル）が言ったのは（次のことである）。彼がつけ加えたのは（次のことである）」（一七九行）。使者は、エンメルカルが託したメッセージをそのまま繰りかえして、アラッタの支配者に伝える。アラッタの支配者は怒って、ウルクの使者に言う。「使者よ。あなたの王、クラブの支配者に（次のように）伝えよ。彼に（次のように）付けくわえよ」（二一九行）。……ウルクにひきかえした使者は、アラッタの支配者が出した難問題を、そのままエンメルカルに伝える。エンメルカルはこれを解決し、また使者をアラッタに派遣する。物語は、使者を介した支配者たちの言葉の応酬と知恵くらべを描いているといってよいが、アラッタへの四度めの要求のためにエンメルカルが述べたメッセージが、使者にとっては長すぎたのである。「彼（＝エンメルカル）の言葉は［長く（?）］、その内容は深かった（?）。使者はその口が重く、それを繰りかえすことができなかった。使者はその口が重く、それを繰りかえすことができなかったので、エンメルカルは粘土をたたき、あたかも粘土板のようにそれに言葉を書いた。以前には粘土に言葉を書くことは行なわれていなかった。いまやウトゥ（太陽神）のもとでそのようになったのだ。クラブの支配者は、言葉を［粘土板のように］書いた。まさにそのようになったのだ」（五〇〇～五〇六行）。アラッタの支配者は、使者の口上とともに、はじめて粘土板によるメッセージを受けとる。「アラッタの支配者は粘土をじっと見つめた。（しかし）述べられていた言葉は、釘であった。彼は額に怒りをあらわにした」（五三九～五四〇行）。

メソポタミアではおそくとも前三千年紀の後半には、粘土板に手紙文がさかんに書かれていたが、そのような手紙は、「誰某に（次のように）伝えよ」という文章ではじまる。エンメルカルやアラッタの支配者が使者に託すメッセージの最初の文言とまったく同じなのである。使者は、メッセージを誰某に口頭で伝えるべく命令される。その命令文が、そのまま手紙文の宛先表示の文章として採用されたのである。したがって、この「（誰某に次のように）伝えるように」という表現自体が、シュメール語で「手紙」そのものを意味するようになった。『エンメルカルとアラッタの支配者』の作者は、「手紙」メッセージをエンメルカルによる工夫だと説明した。当初エンメルカルはメッセージを口頭で使者に伝えていたが、ついに粘土板に長い手紙文を書き、使者に託したというのである。けれども、アラッタの支配者は手紙を読むことができなかった。彼には、書かれた文字じたいが釘のようにみえた（「楔形文字」！）。(3)

『ルガル・バンダ二』にも、「使者」が描かれている。ここで使者の役をはたすのはルガル・バンダである。アラッタを包囲したウルク軍は疲れはて、エンメルカルは、ウルクにいるイナンナ女神にこのことを伝えようと思う。だれもが使者としてウルクへ旅することを逡巡するなかで、ついにルガル・バンダが名乗りをあげる。彼は無事にウルクへ帰り、イナンナ女神にエンメルカルのメッセージを伝えたのである。

エンメルカルの時代になって粘土板に手紙文が書かれはじめたということは、はやくから広く信じられていたらしい。すくなくとも、『エンメルカルとアラッタの支配者』にそれが伝えられているということ自体は、よく知られていた。さて、メソポタミアではじめて統一王朝（アッカド王朝）を創始したセム人サルゴンにかんするシュメール語伝承がのこっているが、ここでは、手紙を粘土封筒に入れて送るという習慣がサルゴンのころにはじまったとされている。前二四世紀のなかごろ、シュメール地方南部のウルクにはルガル・ザゲシがいた。彼はもともとウンマ出身であったが、他都市を軍事的に征服して、ウルク王をなのっていたのである。いっぽうシュメールに北接する地方にはセム人のキシュ第二王朝があった。伝承によれば、ウル・ザババなる人物がキシュ王であり、サルゴンはウル・ザババの高官として働いていた。あるときウル・ザババは夢を見る。そしてサルゴンが夢を解き、ウル・ザババに不吉なことが起こることを知らせる。恐怖におののいたウル・ザババは、サルゴンを排すべく、ウルクのルガル・ザゲシにあてて手紙を書いた。ウル・ザババは、手紙を粘土封筒に入れて使者に託したという。「以前には粘土に（言葉を）書くことは行なわれていたが、粘土板を包むことは行なわれていなかった。王ウル・ザババは、神々の被造物たるサルゴンのために粘土板に（メッセージを）書き、これが彼（ウル・ザババ）みずからの死をもたらすことになるのであるが、（それを）ウルクのルガル・ザゲシに送った。」うたがいなく書記は、『エンメルカルとアラッタの支配者』の粘土板手紙の発明のくだりを念頭において、いま引いた章句を書いた。(4)

二　初期メソポタミア史における手紙

現在知られるかぎりでもっとも古い手紙は、都市国家時代末（前二四世紀）のものである。ラガシュ都市国家のある神殿の最高行政官が他神殿の行政官にあてて、侵入したエラム軍を撃破したことを伝えている。またほぼ同時代、はるか西方シリアの大都市エブラ遺跡からも、数十枚の手紙粘土板が出土している。国際交易で繁栄していたエブラの支配者は、近隣の支配者にさかんに手紙を送り、またエブラにも手紙が届いていた。(5) 南部メソポタミアでは、シュメール都市国家時代が終わったのちはアッカド人の領域国家が成立するが（アッカド時代）、この時代にもシュメール語ないしアッカド語で政治的な手紙が書かれていた。ただし、後に作られたテキストを別にすれば、サルゴン王らの手紙が現存しているわけではない。つづくシュメール人の統一国家の時代（ウル第三王朝時代、前二一世紀）にかんしては、第二代王シュルギや五代王イビ・シンが、チャンセラーや各地の総督たちに手紙を書き送り、またチャンセラーたちは、王に手紙報告をよこしていた。これら王室書簡の後代の写本がのこっているのである。ここには、ウルに反抗してイシン独立王朝を開いたイシュビ・エラのイビ・シン王への手紙、これに激怒した王の返信など、ウル第三王朝時代の政治史を復元するために重要なテキストが含まれているが、じつはこれらは、すぐのちのイシン・ラルサ時代から古バビロニア時代にかけて（前二千年紀前初頭）、各地の学校で書記生徒によって書き写されたのである。われわれが利用できるウル王室書簡というのは、このような、後代の教材テキストないし生徒のコピーなのである。[6] もちろん、書き写されていく過程で、手紙文内のシュメール語がしだいに改変されていった可能性がある。ただしウル第三王朝時代の王室書簡がなぜバビロニア人書記教育に用いられるようになったのか、その経緯はよくわからない。

前二千年紀にはいると、国際政治、日常生活において手紙がはたす役割はますます重要になる。ウル王朝の崩壊ののち、メソポタミアでは都市国家の分立状態がつづくが、都市支配者相互はしばしば手紙を取りかわしていたし、異国に滞在した外交官は本国へ手紙報告を行なったのである。シリアの都市国家マリの支配者たちが送り、また彼らに届いた手紙群がその例である。[7] 都市王国や領域国家内部では、王から行政官たちにさかんに手紙による命令が出され、行政官はこれに答えて王に手紙を書いた。たとえばバビロンのハンムラピ王が征服ラルサの知事として任命したシン・イディンナムにあてた書簡群、またハンムラピとラルサの土地経営官シャマシュ・ハジルのあいだの手紙群をみればよい。[8]

前二千年紀中頃の手紙による国際コミュニケーションのもっとも著名な例は、エジプト・アマルナ遺跡で発見された数百枚の楔形粘土板書簡である。これらはエジプト王と西アジア諸王（たとえばメソポタミア・カッシート王や小アジア・ヒッタイト王）とのあいだで取り交わされた手紙群であった。[9]

また商業通信も生まれた。たとえば前二千年紀はじめ、トルコ・現カイセリちかくの都市カニシュの外国人居留区には、一〇〇〇キロ以上も西方にあったアッシュル都市の交易商人たちが多数住みついていたが、カニシュからは、彼らが本国アッシュルへ送った手紙、またアッシュルから届いた手紙が多数発見されている。(10)

王やその近親者たちは、手紙によって神にあてて嘆願した。これらの「手紙」は、じっさいに神像の前に置かれた可能性がある。(11) また定型的な、伝統的な文学表現を離れ、書き手が自由な感情表現を行なおうとするとき、しばしば手紙文スタイルが採用されるようになる。現実に送られた手紙文のほかに、架空の手紙文も書かれた。前二千年紀はじめには、「手紙」はシュメール文学の一ジャンルとして重視されたのである。(12) 捕らえられ、シュメールの地で見世物に供されている猿がはるか遠くの母親に送ったという短い「手紙」文さえのこっている。息子が母親の美しさを称える内容の一文学テキストにも、手紙の伝達におおきな意味が付与されている。ある人物が遠くはなれたニップルに住んでいる母親に手紙を書き、これを使者に託すというのであるが、テキストは、彼女とは面識がない使者に、母親がいかに美しいかを歌っているのである。このような母親だから、ただちに手紙の受け取り手であることがわかるというのである。(13)

三　手紙と使者

シュメール語の手紙文では、「誰某（手紙受取り人）に伝えよ」という文章とともに、しばしば「（差出し人である）誰某が（以下のように）語る（ことを）」という文言が付けくわえられる。『エンメルカルとアラッタの支配者』や『ルガル・バンダ二』では、使者がメッセージを相手側に伝えるさいに、おなじような文言が語られる。

「誰某に伝えよ」という命令をうけて手紙を運ぶのは、使者である。ただ古代メソポタミアで、差出し人みずからが粘土板に手紙文を書くことができ、また受取り人が手紙を読めたということは、さほどおおくはなかったであろう。(14) だから使者は、手紙粘土板を手わたすとともに、彼が記憶しているメッセージを口頭で相手に伝えていたかもしれない。また受取り人の側近のだれかが手紙を読みあげたケースもあったにちがいない。ただ残念ながら、叙事詩いがいに、これらのことを立証する材料はない。

ところで、ある人物が配下の人間に手紙を送ったとしよう。その手紙は、しばしば行政上の命令を含んでいるであろう。そして前三千年紀末のウル第三王朝時代には、行政命令だけを目的とする「手紙」が、さかんに作成されていたのである。このような「手紙」のばあいには、「手紙」を運搬する人物が、重要な役割をはたすであろう。彼は、差出し人にかわって、命令がじっさいに遂行されたかどうかを見届ける必要があるからである。

四　ウル第三王朝時代の行政命令文

前二一〇〇年頃に成立したシュメール人の統一王朝（ウル第三王朝時代）はわずか一〇〇年しか続かないが、この時期に成立した精密な行政・経済文書が数おおく出土していることで知られる。現在までに公刊された行政・経済記録は約四万枚にのぼるであろうが、そのなかに約五〇〇枚の行政命令テキストが含まれている。(15) 命令は、たとえば王から地方知事へ、地方知事から行政官に、あるいは上級行政官から下級官にむけて出された。命令文書を受けとる行政官が発信人である上級官とはなれて働いているケースだけではなく、両者が同一の行政セクションに勤務している場合も想定できるかもしれない。

これらの行政命令文書がいつごろから書かれるようになったのかは、まだはっきりしない。けれどもこれらは、うたがいなく、手紙文から発展して成立した。だから、われわれはこのような行政命令文を、手紙命令文書 letter order とよんでいる。なによりもまず、行政命令文書の基本スタイルは、手紙文のそれとかわらないからである。

すなわち、行政命令文書は二重の意味で「命令」文書であった。ある行政「命令」を第三者に伝えることが、使者に「命令」されたのである。おおくの行政命令文書の冒頭は、手紙とおなじように「誰某に（以下のことを）伝えよ」という文章ではじまっている。手紙ではつづいて発信者の名前が書かれることがおおい（「誰某が（以下のように）語る（ことを）」）。初期の行政命令文にはこの文言も含まれているが、後期になると、しばしばこれが省略されるようになる。命令文では、ひきつづいて、命令内容が簡潔に述べられる。なお発信者や受信者の名前がいっさい記されず、命令だけが書かれるテキストもあるが、これも手紙命令文とよんでかまわない。

いうまでもなく、手紙命令文を受取った人物は、命令を実行したはずである。けれども、このことを証拠だてて示すことは容易ではない。まず、手紙命令文では、受信者の職名はほとんど明記されない。また命令が出された年月日は、けっして文書にかかれることはない。しかもシュメールの会計記録では、じつにしばしば、同名異人があらわれる。だから、ある行政上の職務を実行すべく命令されている手紙受信者が、当該行政セクションでじっさいに働いていることを確実に証明することは、容易ではない。たとえ受信者の職務内容があきらかにできたとしても、彼が命令を実行した内容がたしかに通常の会計・行政記録に書きこまれていることを見出すのは、なかなか困難なのである。だから、以下の二テキストは、きわめて貴重な事例である。

ギルス出土のある手紙命令（*TCS* 1 153）は、次のように読むことができる。「ルガル・イトゥダに（以下のように）伝えよ。すでにエラム人およびカルハル人たちに与えよと彼に（ルガル・イトゥダに）述べておいたナカブトゥム耕地を（じっさいに）彼らに与えよ。そして六ブルの耕地をトゥタルムに与えよ。(16)」いっぽう、おなじくギルスから出土した耕地測量テキスト（Maekawa, *ASJ* 14 Text 79）にも、ルガル・イトゥダとトゥタルムの名がみえる。この文書によれば、トゥタルムおよび彼の配下の兵士（ないし労働者？）たちに与えるべく、ルガル・イトゥダがシュウルギド耕地内の地片を測量していた。「長辺一八五ニンダン、短辺二一ニンダン（の耕地片）、その耕地（面積）は二ブル二・五イク。司令官トゥタルム（の土地である）。長辺一九六ニンダン、短辺三ニンダン三分の二クシュ（の耕地片）、その耕地（面積）は（ひとり）六イクずつ、その人員は四人（である）。長辺二二六ニンダン、短辺二・五ニンダン二クシュ、その耕地（面積）は（ひとり）六イクずつ、その人員は二二人（である）。長辺二六〇ニンダン、短辺二ニンダン三　三分の二クシュ、その耕地（面積）は（ひとり）六イクずつ、その労働者は四人（である）。……長辺二六六ニンダン、短辺二ニンダン三クシュ、その耕地（面積）は（ひとり）六イクずつ、その人員は一三人（である）。……（以上は）フフヌリ人たち（に与えるべき地片である）。……ルガル・イトゥダが測量した。[17]」

手紙命令ではエラム、カルハル人が言及され、いっぽう測量記録ではフフヌリ人が語られているが、これらはいずれも東北にすむイランないしフリ系の人々を指している。そして彼らを率いている人物は、両文書でもトゥタルムである。ただし、トゥタルムに与えられた耕地面積は両テキストでことなり、また問題となっている耕地名もちがっているから、ここで引用した手紙命令をルガル・イトゥダがじっさいに実行した結果が、この測量記録としてのこされたとはいえない。けれども、ここでは、ルガル・イトゥダが土地を測量したのは、同様な行政命令があったからだと理解できれば、それでよい。私は、ウル第三王朝時代には、ほぼすべての行政行為は、手紙による命令が出された結果として実行されていたと考える。

次の例は、文書行政システムのなかでの手紙命令の意味を考えるうえで重要である。これは、手紙命令が封筒に入れられている例である。たしかに、手紙命令は、「封筒」に入れられて受信者へ送られることが多かったはずである。その場合、ふつうは「封筒」のうえに書かれる文章と、「封筒」のなかの手紙命令文とが同一であるし、またしばしば命令の発信者の印章が押される。ところが、ここでとりあげるテキストはそうではない。この手紙命令文は「ヘシャへ（以下のことを）伝えよ。九五グルの大麦をシャラ神殿でおいてシュ・アダドに与えよ。これはむしかえされることのないように（？）」と読める。いっぽう「封筒」表面に書かれた文章は、ごく一般的な会計記録スタイルをとっている。「九五グルの大麦、耕地管理官のディンギル・バニから、家畜管理官のシュ・アダドがシャラ神殿において受取った。」そしてここにはシュ・アダドの印章が押されている。[18] 手紙内容は、ヘシャにたいする命令なのであるが、彼と、シュ・アダドに大麦を与えたディンギル・バニとの関係は、かならずしも明確ではない。いずれにせよ、手紙命令どおり、九五グル大麦がシュ・アダドに与えられたのである。そしてそのことを保証するために、手紙が封筒に入れられて、命令発信者ないしは文書を保管する責任者に送りかえされてきたのではないか。

私は、ウル第三王朝の公的会計文書の背後に、無数の手紙命令文書が存在していたと考えたい誘惑にかられる。公的な大組織で、ある行政ないし会計措置がとられる場合には、ほぼかならず担当部局に、いま引用したような手紙命令が出されていたと考えたいのである。そして、その命令がじっさいに実施されたときには、かならず文書が作成されていたが、それは、命令発信者ないし文書保管所に届けるためであったようにみえる。世界各地の博物館には、ウル第三王朝時代の無数の粘土板封筒が、開封されないままで保存されている。これらの多くは、命令がじっさいに実行されたことを保証すべく送りとどけられてきた文書ではなかっただろうか。なお、封筒表面に行政ないし会計記録スタイルの文章が書かれていて、封筒のなかに手紙命令が収められているケースも、まだみつかるのかもしれない。またそのような行政命令文は、しばしば、発信人も受取り人も明記されないメモ程度のことであったろう。ともあれウル第三王朝時代には、粘土板による意思の伝達は、公的世界にかんするかぎり徹底して実行されていたというのが、私の推論である。

五　行政・会計記録における「ギル」(＝「足」)

行政命令文書は、だれによって運ばれ、受信者に手渡されたのだろうか。叙事詩『エンメルカルとアラッタの支配者』では、ウルクの支配者エンメルカルの口頭メッセージを伝えるために、またエンメルカルが書いた粘土板手紙をもってイランのアラッタまで赴く人物は、たしかに使者 kin-gi$_4$-a とよばれていた。またアッカド時代に書かれた手紙のひとつは、使者 kin-gi$_4$-a が死んだことにふれているが、その詳細はよくわからない[19]。ウル第三王朝最後の王イビ・シンに都市カザルの知事が救援を要請した手紙のなかでも、ウルに反旗をひるがえしたイシンのイシュビ・エラの使者 lu$_2$.kin-gi$_4$-a がイシュビ・エラの意図を伝えるためにカザルにあらわれた、すなわち手紙を持参したことが語られている[20]。いっぽう、東方に派遣されているウル王のチャンセラーが首都ウルにいる二代王シュルギに送ったという手紙によれば、急使 lu$_2$.kaš$_4$ が手紙を運んだという[21]。

このように、手紙を運搬する専門職(使者、急使など)がたしかに存在していたのであるが、使者以外の人びとも、しばしば上級官の命令を伝えていた。たとえばウル第三王朝時代やイシン・ラルサ時代からバビロン第一王朝時代にかけての行政会計記録に、ギル gir$_3$ とよばれる役割をはたした人物の名前が言及されている。私は、ギルの任務とは、手紙命令書を運ぶことであったと理解する。ただし、ギルの語は、手紙命令文じたいには見出せない。

ギルは文字通り「足」を意味する語であって、それこそ無数の行政・経済テキストに、ある行政・会計上の処理がすんだことが記録されたのちに「誰某の足」と表現されてあらわれるのである。じっさいの文書では、いま「誰某」と書いておいた個所に、個人名がしばしば彼の職業名をともなって、しかもときには、この人名や職名が「足」に係る属格表現であることを示す文法要素をともなって、表現される。もっとも多数の用例があるのは、穀物や動物などの受取り記録に、受け取った人物についての記述とならんで、「誰某の足」という表現があらわれるケースである。用例はすこし減るが、穀物や家畜などが支出されたことを記録した文書にも、「誰某の足」が表現されることがある。だから、「誰某の足」とされている誰某は、運搬役であると解釈されたり、あるいは、より一般的に、ある行政・会計行為が確実に実行されたことを見届ける役割をはたしたと解釈されることもある。(22)

「足」の語が使われるのは、あるモノないしコトが、ある場所からべつの場所に運ばれる、ないしは伝えられるからにちがいない。その点で、「足」をたんにある行政・会計処理の見届け役とだけ理解するのは、やはり正しくはないであろう。いっぽうで、「足」は、物品、動物、人間といったモノの移動を記録したテキストに見出されるだけではない。たとえば検地の結果を記した記録にも「足」があらわれるのである。その点で、ギルをたんなる運搬役とだけ理解するのは、おなじように不充分である。モノが動くときに、「足」役もついて動いたであろう。同時に彼は、粘土板による手紙命令文を運んだのではないか。わたしは「誰某の足（＝ギル）」という場合の「誰某」は、基本的には「命令」を「運搬」したと考える。じつにひんぱんに行政・経済記録にあらわれる「誰某の足」表現が手紙命令文にだけみえないのは、とうぜんのことである。手紙命令文は、行政「命令」を手紙受信者に伝えるようにと使者に直接的に「命じる」スタイルをとる。使者すなわち行政「命令」の運搬者は、命令の発信者にとっては二人称でよぶべき対象である。もし「足」役が「命令」運搬者のことであるならば、彼の名が手紙命令文で第三者的に記録されないのは納得できることである。

「足」役が行政命令を「運んだ」と推測できる根拠をいくつかあげておこう。

ウル第三王朝の二代王シュルギは、王国の土地経営の大改革を行なった。連年あるいは数年にいちど、すくなくとも南部諸属州の土地が検地され、検地の結果、耕作に適すると判定された土地が、ほぼ一定の面積の直営耕地ユニットに分割されたのである。たとえば南部の属州ギルス、ウンマには、それぞれ計四八〇ユニット、一〇〇ユニットの耕作が任された。そして各地の「神殿」組織が、そのような直営耕地の耕作、収穫物の貯蔵・再分配を行なう国家マシーンの歯車のひとつとして、再編成されたのである。(23)このようなシュルギ王の土地政策を典型的に示すものとして、彼がギルスにおいて治世二〇年代後半および三〇年代に実施を命令した土地検地の記録群をあげることができる。これらのテキストの末尾には、どのような土地が検地されたかについての記述につづいて、ふたりの人物が検地を担当したことが記述され、ついで「王の検地官たるイニム・シャラの足」という表現があらわれる。(24)私は、イニム・シャラが王の検地命令をギルスに在住するふたりの人物に伝え、そして彼らふたりがじっさいに検地を実施したと理解する。イニム・シャラは「足」となって、王の手紙命令をギルスまで携行し、また検地を監視したのではないか。

前節で引用した手紙命令書と測量記録にもどろう。手紙には、ルガル・イトゥダがトゥタウルや彼の配下の兵士たちに土地を与えるべきことが書かれていた。そしてルガル・イトゥダがたしかにトゥタウルらの土地を測量した記録ものこっているのである。これらの文書は、手紙命令を測量官ルガル・イトゥダのところまで運んだ人物についてなにも語ってはいない。けれども、先に述べた「王の測量官」イニム・シャラが、ここでも手紙命令の「足」役であった可能性がある。(25)

ウル第三王朝時代には、属州ギルスの羊毛工房で多数の女、子供たちが働いていた。そしてこれらの工房は、ギルス知事が監督するのではなく、王権によって直接的に管理されていた。第三代王アマル・スエン治世初年の一粘土板には、ギルス地区、キヌニル・ニナ地区、グアバ地区にそれぞれ一〇五一人、一一四三人、四二七二人、計六四六六人の羊毛織り女たちに油、ナツメヤシが支給されたことが記録されているが（Sigrist, *SAT* 1 279)、ここでは「王権の〈護衛役（?）の家〉」に属するウル・ダムなる人物が「足」役をはたしたとされている（「護衛役」

(?) lu_2-^{giš}tukul、文字どおりには「武装した人」)。[26] ウル・ダムが油支給のために動いたのである。ただ、女たちへのこの油支給は別のテキストにも記録されているが(*HSS* 4 3)、ここには文書官(?)ウル・シャガムなる人物が「足」役であり、また「王の伝令官 sukkal-lugal たるウル・ダムの印章をおした粘土板」、というコメントがある。[27] 二テキストのウル・ダムは、あきらかに同一人物である。あとひとりの人物ウル・シャガムは、おそらく王権によるギルス羊毛工房経営の最高責任者なのであろう。第二のテキストでは、ウル・ダムの命令をうけたウル・シャガムがさらに現場の人びとへ支給を行なう命令を携行したと解釈できるのであろうか。[28]

ウル第三王朝時代には、王朝の領域内外で人びとがさかんに移動していた。そのことを示している記録群を、われわれは「メッセンジャー・テキスト」とよんでいる。とりわけギルスやウンマからこの種の記録が大量に出土しているが、ギルスの「メッセンジャー・テキスト」というのは、公的任務のために、属州ギルスへやって来たり、またギルスから各地、とりわけエラム(現在のイラン南部地方)諸都市へ派遣される人びとに糧食を与えた記録なのである。アマル・スエン王第二年第九月の日付をもつ「メッセンジャー・テキスト」に、「羊毛工房の護衛(?)(「兵士」)ウル・ダムおよびル・スエンが言及されている。[29] しかもル・スエンは、「支給のために出かけた」とされている。他の「メッセンジャー・テキスト」にも、ウル・ダム「護衛役」(?)が「羊毛織り女たちのために出かけた」とある。[30] おそらくウル・ダムは、王権が直接経営を行なっている羊毛工房とギルスにある行政センターとのあいだを動いていたのであろう。

ウル王権が地方貴族の財産を没収したさいに、どのような財産が没収対象となったかが詳細に記録されたが、そのような文書でも、かならずといってよいほど「足」役をはたした人物が言及される。いうまでもなく、王権の利害を代表する人物が、「足」役をつとめた。その例をあげよう。

属州ギルスでは、シュルギ王治世第三三年から約二年のブランクをはさんでウル・ラマなる人物がながく知事職を保持していた。彼の息子たちもギルスにおいて勢威をふるったが、四八年という長い治世ののちシュルギ王が死に、息子アマル・スエンが即位すると、ウル王権とギルスのウル・ラマ一族の対立が深刻になった。治世二年第七月、ついにウル・ラマの息子たちの財産が王権によって没収される。翌年末までにはウル・ラマ自身の財産も没収され、以後ウル・ラマ一族はギルスの文書に姿をみせることはない。ウル・ラマの息子のひとりであるルガル・スルフの財産の没収記録が現存する（*HSS* 4 5）。その総括部分は、次のように読むことができる。「（以上は）知事ウル・ラマの息子たるルガル・スルフのギルスにおける没収財産（明細である）。伝令官たるルガル・マグレの足。アマル・スエン治世二年第七月。[31]」没収にさきだって、ギルス知事の息子たちの財産内容が詳細に調査された。その品目一覧表がのこっている。そのひとつ *OBTR* 244は、ルガル・スルフの財産目録である。「ルガル・スルフの財産（目録）」という総括表現は、テキストでは欠損しているが、ここに書かれた品目、その数量などが、さきに引用した財産没収記録のそれとほとんど一致する。ただここでは、「足」ルガル・マグレは言及されない。ところで、このような「財産没収」記録や「財産（目録）」ができあがるのは、財産のひとつひとつについて綿密に調査されていたからである。じっさいにアマル・スエン治世二年第七月の日付けがある個別調査の記録が多数のこっていて、ここでは、「財産没収」表とおなじく、「足」役ルガル・マグレがちゃんと言及される。たとえば *HLC* 1 36 220は、ルガル・スルフが所有する果樹園の検地記録である。「計一・五イクのナツメヤシ園、一イクの空地、（以上は）知事の息子ルガル・スルフのギルスにおける検地果樹園（である）。伝令官ルガル・マグレの足。アマル・スエン二年第七月。[32]」ルガル・スルフの果樹園一・五イクは、彼の財産目録表（*OBTR* 244）にも言及されている。ただし、まだその理由はわからないが、没収財産表（*HSS* 4 5）ではこの果樹園はふれられていない。ともあれ、伝令官ルガル・マグレは、知事の息子たちの財産を没収するという命令を伝達するために、ギルスに派遣されてきたのであろう。そして彼は、没収にさきだって行なわれた財産の査定に立ちあったのではなかろうか。

前知事（?-）ensi$_2$-gal アバムなる人物の「財産」nig$_2$-GA Ab-ba-mu 調査記録がのこっている（*CT* 9 18）。ここでも、各地に分散しているアバムの財産（主として穀物）処理に関連して「足」役が言及されている（Obv. I 3, II 1, 8, 21, Rev. III 1-2, 10-11, 20-21）。このうちのいく人かは、王の伝令官 sukkal-lugal（Obv. II 20, Rev. III 1）、王の護衛役（?-）lu$_2$-^{giš}tukul-lugal であった（Obv. II 8, Rev. III 20）。これも、没収にあたって王権が調べあげた財産の明細表であったようにみえる。(33)

六　ウル第三王朝時代の「メッセンジャー・テキスト」

このようにみてくると、各地からギルスに到来し、またギルスから出ていく人びとにビールやパンなどの糧食を支給したことを記録しているウル第三王朝期の「メッセンジャー・テキスト」が、この論考にとって重要な意味をもってくる。じっさい、これらの記録で言及される職業は、伝令官 sukkal や急使 kaš$_4$、（王の）使者 lu$_2$.kin-gi$_4$-a-lugal あるいは護衛役（?-）lu$_2$-^{giš}tukul といった、コミュニケーション流通に重要な役割をはたしている職名がおおい。そして、人びとはシュメールの各地からギルスを経由して東方へ赴き、また東方から帰還していたようにみえる。まだ公刊されていない「メッセンジャー・テキスト」の数も膨大であって、そのこと自体、ウル第三王朝時代にはシュメールと外部世界とがいかに密接に結ばれていたかを示している。

「メッセンジャー・テキスト」にも、ときに「足」役をはたす人の名前があらわれる。複数の人物（たとえば「エラム人たち」、「捕虜たち」）が移動する場合に、彼らに支給された糧食の記述につづいて「誰某の足」が言及されるのである。そして、かならず「足」役本人にも糧食が支給されていることが記録される。これは「足」が複数の人間の引率、護衛役であることを示しているのであろうか。たしかに、「足」役は、複数の人間とともに移動している。けれども彼は、命令があったから旅行しているのである。そして命じられた旅行先で、彼らは、複数の人間が移動してきた理由を述べ、またそのことを記した粘土板を、すなわち手紙（命令書）を提出していたにちがいない。このことも、彼が「足」役として言及される理由であったろう。その意味では、「メッセンジャー・テキスト」に単身であらわれる使者たちも、「足」なのである。テキストには、しばしば彼らの旅行の任務が記される。たとえば羊、馬科動物、牛などの買いつけ、これらの護送などである。彼らが手紙を持参しないで動いたとは考えられないであろう。

「メッセンジャー・テキスト」で糧食の支給をうけている人びとについて、「チャンセラーの手紙命令によって」と注釈される例がかなりある。ここで「チャンセラー」と解した語は、ウル王国において王につぐ地位を保持した人物を指す。彼は東方経営を任せられていた。また「手紙命令」と訳したシュメール語は、「彼［彼女に］（以下のように）伝えよ」である。すなわち手紙や行政命令文書の冒頭の文章と同一である。このようにいわれている人物は、チャンセラーの指示にもとづいて、そして彼の手紙をじっさいに携行して旅行しているはずである。たとえば *TCTI* 2 L.3403 には、「護衛役」（？）クラドイリなる人物が市中に滞在している期間、そして旅行にでかけている期間に与えられた糧食と、東方のドゥドゥリへ出かけていくエラム人集団（フリダル人）に与えられた糧食とが記録されている。そしてクラドイリは、「足」役をつとめたと明記され、またエラム人は「チャンセラーの手紙命令によって」移動したのであった。[34]

「メッセンジャー・テキスト」に、ときに「チャンセラーの印章（が）押印（された）粘土板（によって）」kišib sukkal-mah(-ta) という表現をみることがある。*TCTI* 2 L.3771 では急使 $lu_2.kaš_4$ イルサラヒなる人物とエラム人捕虜集団（サブム人）への糧食支給が記録されたのちに、「チャンセラーの押印粘土板」という表現があらわれる。明言されていないが、イルサラヒが「足」役であったにちがいない。また *TCTI* 2 L.3731 には、サブムからギルスに送られてきた牛、羊に穀物が与えられたことが記録されているが、ここでも「足」役をつとめた護衛兵士の名とともに、「チャンセラーの押印粘土板によって」という語が明記されている。この「チャンセラーの押印粘土板」こそ、チャンセラーの手紙命令文書なのであろう。

チャンセラーの手紙命令文じたいもいくつかのこっている。ある手紙命令文の冒頭では「チャンセラーが（以下のように）言う（ことを）」と明記され（*TCS* 1 2＝Michalowski, *Letters* 83）、あるいは手紙命令文封筒にチャンセラーの印章が押され（*TCS* 1 337＝*Letters* 85）、ないしは命令文末尾に「（以上は）チャンセラーの命令である」inim-sukkal-mah-kam と書かれる（*TCS* 1 230＝*Letters* 86）。手紙命令文の封筒には「チャンセラーの命令によって」inim-sukkal-mah-ta とあるが、じっさいには別の高官の印が押される場合（*RTC* 425）もある。

メソポタミアでは、前四千年紀の末いらい粘土板による文書記録システムが発展していく。発展は、約一〇〇〇年後のウル第三王朝時代にいたって、頂点にたっした。この時代には、王宮や神殿といった公的組織を運営するにあたって、あらゆる瑣末なことが粘土板に書きとめられた。ある行政措置がとられるさいには、ほぼかならず行政命令が手紙形式で出され、その命令が実行されたと考えられるふしがある。またシュメールと外部世界とりわけ東方イラン地方とのあいだでは、人々が手紙あるいは手紙命令文をたずさえて活発に往来していた。ところで手紙文や行政命令文は、「誰某に（以下のことを）伝えよ」ではじまっている。楔形文字を読むことができない受け取り手のために、手紙や命令文はじっさいに読みあげられていたこともおおかったであろう。けれども、いまや、メッセージが文字化され、保存されるようになったのである。メッセージにあたらしい機能がつけ加えられ、そしてそれが官僚制の発展に決定的に重要な役割をはたしたといえる。

註

（1）シュメール語で書かれた叙事物語には、すでに巨大な研究蓄積がある。ここでは、現存の叙事物語（およびそれらの起源）に「語り」の要素を認めることができるかという難問について論じた成果だけを紹介しておく。M. E. Vogelzang and H. L. J. Vanstiphout (eds.), *Mesopotamian Epic Literature: Oral or Aural?* (Lampeter UK, 1992).

（2）エンメルカルとルガル・バンダを主人公とする叙事物語のテキスト編集と現代語（英語）訳を、以下にかかげておく。J. A. Black, *Reading Sumerian Poetry* (Oxford, 1998)（『ルガル・バンダ一およびニ』）; C. Wilcke, *Das Lugalbandaepos* (Wiesbaden, 1969)（『ルガル・バンダニ』）; A. Berlin, *Enmerkar and Ensuhkešdanna* (Philadelphia, 1979)（『エンメルカルとエンスフケシュダンナ』）; S. Cohen, *Enmerkar and the Lord of Aratta* (PhD Diss. Univ. of Pennsylvania, 1973)（『エンメルカルとアラッタの支配者』）; Th. Jacobsen, *The Harps That Once ... Sumerian Poetry in Translation* (New Haven, 1987), 275-319, 320-344（英訳『エンメルカルとアラッタの支配者』、『ルガル・バンダ一』）. いまオックスフォード大東洋学科のブラックらによってシュメール文学の全テキストを編集、英語訳し、インターネットによって公刊するという大プロジェクトが進行しつつあるが(http://www-etcsl.orient.ox.ac.uk/)、そのなかでエンメルカル、ルガルバンダ叙事物語は、すでにすべて公刊されている。ここで引用した『エンメルカルとアラッタの支配者』の行番号は、とりあえずブラックらの編集テキストにしたがっている。

（3）民話世界によくみられるように、エンメルカルとアラッタの支配者の争いとは、じっさいには、解決不可能にみえる要求を相手に提示することであった。ファンスティプトによれば、粘土板に書かれた文章を読んでみよ、というのが、エンメルカルがアラッタの支配者に最後につきつけた難題であった。H. L. J. Vanstiphout, "Enmerkar's invention of writing revisited," in: *DUMU$_2$-E$_2$-DUB-BA-A: Studies in Honor of Åke W. Sjöberg* (Philadelphia, 1989), 515-524.

（4）テキストおよび英訳は、J. S. Cooper and W. Heimpel, "The Sumerian Sargon legend," *Journal of the American Oriental Society* 103 (1983), 67-82. ブラックらによるインターネット・テキスト編集、英訳もすでに公開されている。なおここで訳した個所は、3N T296 53-56。

（5）ミカロウスキが、前二千年紀初頭までのシリア・メソポタミアで書かれた手紙・行政命令書のなかから、興味あるテキストを編集し、英訳を行なっている。P. Michalowski, *Letters from Early Mesopotamia* [=*SBL Writings from the Ancient World* 3]（Atlanta, 1993）[以下 *Letters* と略]. たとえば、ここで引いた都市国家時代末ラガシュのある神殿管理官の手紙（*CIRPL* 46）は、*Letters* 1として編集。またエブラ出土の手紙も収録されている（*Letters* 2-3）。

（6）ウル第三王朝時代の王室書簡については、さしあたってミカロウスキのつぎの仕事を参照せよ。P. Michalowski, *The Royal Correspondence of Ur*（PhD Diss. Yale University, 1976）; id., "Königsbriefe," *Reallexikon der Assyriologie* 6（1980）, 51-59. ウル第三王朝の王室書簡や創作手紙文のコレクションについては、F. A. Ali, *Sumerian Letters: Two Collections from the Old Babylonian Schools*（PhD Diss. Univ. of Pennsylvania, 1964）.

（7）マリ出土書簡については、もっとも最近では、J.-M. Durand, *Documents épistolaires du palais de Mari*, Tome 1 [*Littératures Anciennes du Proche-Orient* 16]（Paris, 1997）[仏訳]; J.-R. Kupper, *Lettres royales du temps de Zimri-Lim* [=*ARM* XXVIII]（Paris, 1998）[テキスト編集、仏訳] がある。

（8）これらの書簡の原テキスト、現代語訳（主として独語）は、ほぼ *Altbabylonische Briefe im Umschrift und Übersetzung* [=*AbB*]（Leiden, 1964-）に集められている。

（9）アマルナ書簡英訳は、W. L. Moran, *The Amarna Letters*（Baltimore, 1992）.

（10）さしあたっては、M. T. Larsen, *The Old Assyrian City-State and its Colonies* [*Mesopotamia* 4]（Copenhagen, 1976）で引用されている手紙をみよ。

（11）W. W. Hallo, "Letters, prayers and letter-prayers," *Proceedings of the Seventh World Congress of Jewish Studies. Studies in the Bible and the Ancient Near East*（Jerusalem, 1981）, 17-27.

（12）とりあえずアリの博士論文（註6参照）におさめられている手紙作品をみよ。

（13）M. Civil, "The 'message of Lú-dingir-ra to his mother' and a group of Akkado-Hittite 'proverbs'," *Journal of Near Eastern Studies* 23（1964）, 1-11.

（14）ウル第三王朝二代王のシュルギは例外であった。一人称で書かれたシュルギ王讃歌（『シュルギB』）によれば、彼はシュメール語、アッカド語の文章をだれよりもみごとに書けたし、また五言語を操ることができたという。

（15）ウル第三王朝時代の手紙命令は、E. Sollberger, *The Business and Administrative Correspondence under the*

Kings of Ur [=*TCS* 1] (New York, 1966)、その後に公刊された手紙命令テキストについては、B. Lafont, "Nouvelles lettres du temps des rois d'Ur," *Revue d'Assyriologie* 84 (1990), 165-169 をみよ。Michalowski, *Letters* にも、おおくの行政命令文書が集められている。なおミカロウスキが行政命令文書と手紙とをなんら区別していないことにも注意せよ。

(16) Sollberger, *TCS* 1 153, Obv. 1) lugal-itu-da-ra, 2) u$_3$-na-a-du$_{11}$, 3) a-ša$_3$ na-kab-tum, 4) Nim u$_3$ lu$_2$-Kar$_2$-har^{ki}-ra-ke$_4$-ne, 5) sum-mu-da, Rev. 1) in-na-a-du$_{11}$-ga, 2) he$_2$-ne-eb-sum-mu, 3) u$_3$ 6 (bur$_3$) iku, 4) Tu-ta$_2$-ru-um-ra, 5) he$_2$-na-ab-sum-mu.

(17) Maekawa, *ASJ* 14 Text 79, Obv. 1) 185 nindan uš hi-a, 2) 21 nindan sag, 3) a-ša$_3$-bi 2 (bur$_3$) iku, 2 1/2 (iku) ki, 4) nu-banda$_3$ Tu-ta$_2$-ru-um, 5) 196 nindan uš hi-a, 6) 3 nindan 2/3 kuš$_3$ sag, 7) a-ša$_3$-bi 6 iku-ta, 8) guruš-bi 4-am$_3$, 9) [190]+36 nindan uš hi-a, 10) [1]+1 1/2 nindan 2 kuš$_3$ sag, 11) a-ša$_3$-bi 6 iku-ta, 12) guruš-bi 22-am$_3$, 13) 260 nindan uš hi-a, 14) 2 nindan 3 2/3 kuš$_3$ sag, 15) a-ša$_3$-bi 6 iku-ta, 16) guruš-bi 4-am$_3$, ... 18) 266 nindan uš hi-a, 19) 2 nindan 3 kuš$_3$ sag, 20) a-ša$_3$-bi 6 iku-ta, 21) [guruš]-bi 13-am$_3$, ... Rev. 2) lu$_2$-Hu-uh$_2$-nu-ri^{ki}-ke$_4$-ne, ... 20) sag si-ga a-ša$_3$ šu-ul-gid$_2$, 21) Lugal-itu-da i$_3$-gid$_2$.

(18) D. Owen, "A unique Ur III letter-order in the University of North Carolina," *Journal of Cuneiform Studies* 24 (1972), 133-34 [=Michalowski, *Letters* 121], Tablet: 1) He$_2$-ša$_6$-ra, 2) u$_3$-na-a-du$_{11}$, 3) 95.0.0.0 še gur, 4) ša$_3$ e$_2$-^{d}Šara$_2$-ka, 5) Šu-^{d}Adad-ra, 6) he$_2$-na-ab-sum-mu, 7) na-mi-gur-re; Envelope: 1) 95.0.0.0 še gur-lugal, 2) ki DINGIR-ba-ni šabra-ta, 3) Šu-^{d}Adad kuš$_7$, 4) šu ba-ti, 5) ša$_3$ e$_2$-^{d}Šara$_2$-ka; Seal Inscription: Šu-^{d}Adad, kuš$_7$-lugal, dumu Ga-mi-lum.

(19) Yang, *Adab* 4 (=Michalowski, *Letters* 28).

(20) Ali, *Sumerian Letters* A: 3; Michalowski, *Royal Correspondence* No. 21.

(21) Ali, *Sumerian Letters* A: 1; Michalowski, *Royal Correspondence* No. 1; id., *Letters* 63.

(22) 「足」gir$_3$ にかんする代表的な見解は、以下のとおりである。S. T. Kang, *A Sumerian Economic Texts from the Drehem Archive* (Urbana, 1972), 257f.: "The duty of the gir$_3$ officials seems to have been that of verifying the

numbers of animals which were being received and disbursed and to certify whether or not the transaction was carried out accurately, in accordance with the given orders. Their roles seem to have been somewhat analogous to those of modern tax auditors." P. Steinkeller, "Seal practice in the Ur III period," in: McG. Gibson and R. D. Biggs (eds.), *Seals and Sealings in the Ancient Near East* (Malibu, 1977), 42: "Following the view that the person designated as gir$_3$ conveyed the animals or goods from the central office to a specific party, the function of seals in the ba-zi texts would be analogous to that in the receipts - the seal was rolled by the person who received the goods in question. ... Note also the phrase šēp PN, the Akkadian equivalent of gir$_3$ PN, has recently been interpreted by M. T. Larson as "transported by PN"."

(23) シュルギ王の土地改革についての私の解釈は、Maekawa, "The "temples" and the "temple personnel" of Ur III Girsu-Lagash," in: K. Watanabe (ed.), *Priests and Officials in the Ancient Near East* [*Papers read at the Second Colloquium on the Ancient Near East held at the Middle Eastern Culture Center in Japan*, March 22-24, 1996] (Heidelberg, 1999), 61-102. シュルギ王の改革の全体像については、P. Steinkeller, "The administrative and economic organization of the Ur III state: The core and the periphery," in: McG. Gibson and R. D. Biggs (eds.), *The Organization of Power: Aspects of Bureaucracy in the Ancient Near East* [=*SAOC* 46] (Chicago, 1987), 20-21.

(24) 検地記録のうちもっとも完全なテキストの末尾部分を引用しておく。Truro 1 (Walker *AfO* 24, 1973, Pls. 17-18), Rev. VI 8) šu-nigin$_2$ 87 (bur$_3$) 13 iku sig$_5$, ... VII 9) šu-nigin$_2$ 31 (bur$_3$) 4 3/4 iku id$_2$, VIII 1-2) nig$_2$-[gal$_2$]-la ensi$_2$-Gir$_2$-su^{ki}-ka, 3) zi-ga-lugal-bi ib$_2$-ta-zi, 4-5) Du$_{11}$-ga u$_3$ Ur-mes ib$_2$-gid$_2$, 6-7) a-ša$_3$ gid$_2$-da Gir$_2$-su^{ki}, 8) gir$_3$ Inim-^{d}Šara$_2$ sag-du$_5$-lugal, 9-12) ^{d}Šul-gi, nita-kala-ga, lugal-Uri$_2^{ki}$, lugal-an-ub-da-limmu-ba, 13) mu ^{d}Nanna-kar-zi-da e$_2$-an-na ba-an-ku$_x$ (=Šulgi 36). 第六コラム八行から七コラム九行までの部分に、検地にもとづいて行なわれた土地分類の結果が詳細に報告されている。ちなみに冒頭は五六八ヘクタールの「良質の土地」、最後は「運河」二〇三ヘクタールとある。第八コラムは次のように読める。「(以上は) ギルス知事の「留保分」(である)。「王のための支出」が(ここから)出された。ドゥガとウル・メスが測量した。ギルスの検地された耕地。王の検地官イニム・シャラの足。強き人、ウル王、四方世界の王たるシュルギ。治世三六年。」ドゥガとウル・メスは、ギルスの

公共地で知事のために取っておかれるべき土地について検地したのである。このなかに王権が直接経営を行なう土地も含まれていた。なお、「王の検地官」イニム・シャラは、それから約一五年のちに、知事としてギルスに赴任している。

（25）シュルギ治世第四二年に作成された有名な耕地図の裏面には、次のような文章がある。*RTC* 416, Rev. III 5) šu-nigin$_2$ 639 (bur$_3$) 17 iku, 6) a-ša$_3$ uru-^{d}Šul-gi-sipa-kalam-ma, 7) nu-banda$_3$ Še-el$_2$-ha, 8) Lugal-itu-da, 9) u$_3$ Ur-^{d}Ig-alim-ka-ke$_4$, 10) ib$_2$-gid$_2$, IV 1) gir$_3$ Inim-^{d}Šara$_2$ sag-du$_5$-lugal, 2) Šulgi 42.「王の測量官」イニム・シャラが「足」役をつとめて、ルガル・イトゥダとウル・イグアリムが、四一四七ヘルタールにおよぶ広大な耕地を測量しているのである。このテキストにあらわれるルガル・イトゥダが、手紙命令文（*TCS* 1 143）や土地測量記録（Maekawa, *ASJ* 14 Text 79）でも言及されているようにみえる。とすれば、ルガル・イトゥダに測量を命じる手紙（*TCS* 1 143）を携行したのは、やはり「王の検地官」イニム・シャラなのではないか。なお、地籍図 *RTC* 416 でも、手紙命令や測量記録と同じように、東方出身の司令官の名が言及されている（Rev. III 7）。これも、東方系の兵士たちに与えた屯田の測量図であった可能性がある。

（26）*SAT* 1 279, Obv. 1-2) 1051 geme$_2$ ša$_3$-Gir$_2$-su^{ki}, 3-4) 1143 geme$_2$ ša$_3$-Ki-nu-nir^{ki} NINA^{ki}, 5-6) 4272 geme$_2$ ša$_3$-Gu$_2$-ab-ba^{ki}, 7-8) šu-nigin$_2$ 6466 geme$_2$, 9) geme$_2$-1-e 0.0.0.1 sila$_3$ i$_3$-giš, 10) geme$_2$-1-e 0.0.0.5 sila$_3$ zu$_2$-lum-ta, Rev. 1) i$_3$-giš-bi 21.2.4.6 sila$_3$ gur, 2) zu$_2$-lum-bi 107.3.5.0 gur, 3) geme$_2$-uš-bar-e i$_3$-ib$_2$-ba, 4) gir$_3$ Ur-^{d}Da-mu, 5) e$_2$-^{giš}tukul-lugal, 6) Amar-Suen 1.

（27）*HSS* 4 3, Obv. III 14-15) 1051 geme$_2$ ša$_3$-Gir$_2$-su^{ki}, 16-17) 1143 geme$_2$ ša$_3$-Ki-nu-nir^{ki} NINA^{ki}, 18-19) 4272 geme$_2$ ša$_3$-Gu$_2$-ab-ba^{ki}, 20) 6466 geme$_2$, 21) geme$_2$-1-e 0.0.0.1 sila$_3$ i$_3$-giš-ta, 22) i$_3$-giš-bi 21.2.4.6 sila$_3$ gur, 23) i$_3$-ba geme$_2$-uš-bar, 24) gir$_3$ Ur-ša$_6$-ga-mu ša$_{13}$-dub-ba, 25)［kišib］Ur-^{d}Da-mu sukkal-lugal; Rev. IX 23) šu-nigin$_2$ 21.2.4.6 sila$_3$ i$_3$-giš gur, X 1) i$_3$-ba geme$_2$-uš-[bar]-ke$_4$-ne, 2) kišib Ur-^{d}Da-mu sukkal-lugal.

（28）たしかにウル・シャガムは、グアッバ羊毛工房で働いている女たちへの大麦や羊毛支給記録にも、「足」役としてあらわれる（アマル・スエン一年）。*TuT* 162, Rev. X 12) še-ba sig$_2$-ba geme$_2$-uš-bar, 13) ugula Lugal-ezem, 14) nu-banda$_3$ Lugal-uru-da, 15) gir$_3$ Ur-ša$_6$-ga-mu ša$_{13}$-dub-ba, 16) ša$_3$ Gu$_2$-ab-ba^{ki}, 17) itu gan$_2$-maš, 18) Amar-

Suen 1.

（29）Sigrist *Messenger Texts* 32, Obv. 1) 0.0.1.0 sila$_3$ kaš-lugal, 0.0.1.0 sila$_3$ ninda, 4 gin$_2$ i$_3$ sa$_2$-du$_{11}$ u$_4$-2-kam Ur-^{d}Da-mu lu$_2$-^{giš}tukul e$_2$-uš-bar, 2) 0.0.2.0 sila$_3$ kaš-lugal, 2) 0.0.2.0 kaš ninda, 10 gin$_2$ i$_3$ sa$_2$-du$_{11}$ u$_4$-2-kam Rev. 1) Lu$_2$-^{d}Suen lu$_2$-^{giš}tukul e$_2$-uš-bar sum-mu-de$_3$ gin-na, 2) itu mu-šu-du$_7$, 3) Amar-Suen 2.

（30）Jean, *Revue d'Assyriologie* 19, No. 46a, Obv. 3) Ur-^{d}Da-mu lu$_2$-^{giš}tukul, 4) mu geme$_2$-uš-bar-še$_3$ gin-na. Cf. *HLC* 2 95 111, Rev. 11) Ur-^{d}Da-mu sukkal, 12) Gu$_2$-ab-ba^{ki}-še$_3$ gin-ni; *HLC* 2 100 403, Obv. 2) Nam-ha-ni sukkal, 3) e$_3$-uš-bar-še$_3$ gin-na. ただし三「メッセンジャー・テキスト」とも、作成年不明。

（31）*HSS* 4 5, Rev. VIII 1) e$_2$-dul-la, 2) Lugal-suluhu$_2$, 3) dumu Ur-^{d}Lama ensi$_2$-ka, 4) ša$_3$-Gir$_2$-su^{ki}, 5) gir$_3$ Lugal-ma$_2$-gur$_8$-re su[kkal], 6) itu ezem-^{d}Šul-gi, 7) Amar-Suen 2. ルガル・スルフの兄ウル・バウの没収財産目録も同年同月に書かれているが（*TuT* 126）、この文書の総括部分の書式も、*HSS* 4 5 のそれと同一である。

ただし、ここで e$_2$-dul-la を「没収財産」と訳したのは、あくまで私の見解である。私は、ウル第三王朝時代には、新王が即位した前後に地方貴族、中央宮廷貴族および彼らの家族の財産について詳細に調べあげた記録が多数のこされることに着目して、このような記録の総括用語として用いられる e$_2$-dul-la PN を「誰某の没収財産」であると理解した。それまで e$_2$-dul-la は「相続のための家」、「倉庫」（?）、「遺産」などと解釈されてきた。これにたいしハインペルは、これらの文書は、官僚たちが任務を終えるにあたって返還した公的「財産」のリストであるという。官僚たちが彼らの職務に関連して保有を許されていた「財産」があつかわれているというのである。Maekawa, "Confiscation of private properties in the Ur III period: A Study of é-dul-la and níg-GA," *Acta Sumerologica* 18（1996), 103-168; id., "Confiscation of private properties in the Ur III period: A study of é-dul-la and níg-GA（2). Supplement 1," *Acta Sumerologica* 19（1997), 273-291; W. Heimpel, "Disposition of households of officials in Ur III and Mari," *Acta Sumerologica* 19（1997), 63-82.

ハインペルは、ギルスやウンマから出土するこの種の文書に、耕地や家屋が言及されていない事実を、私への反論の拠り所のひとつとした。たしかに、これらのテキストで数えあげられている「財産」のすべてが私的に所有されていたわけではないから（たとえば、ギルス知事の息子たちが保有を許されていた公的耕地ユニット）、私の英語論考のタイトルにある「私的財産」の語は、厳密にいえば問題であった。ただしハインペルは、ウル出土のおおくの文書で、広大な耕地が e_2-dul-la とよばれていたことを見逃している。やはり私は、ここで問題とされているのは、官僚たちの平和な職務交代にともなう財産返還などではなく、主として私的に所有されていた財産の強制没収であると考える。王国外部から送られてくる家畜群の点検記録（プズリシュ・ダガン文書）にも e_2-dul-la の語があらわれるが、しばしばこの語は「戦利（家畜）」とならんで用いられる。egir e_2-dul-la（*MVN* 8 142, Obv. 2）の語にも注意せよ。これは「没収された相続財産」としか訳せないはずであるが（egir: 相続財産）、ここでこのように定義されている家畜が、別テキストではたんに e_2-dul-la とよばれている（*CTMMA* 1 9, Obv. 2）。私は、ギルス知事の息子たちが住んだ家屋を e_2-dul-la とよんでいるテキストを将来発見できると信じている。

(32) *HLC* 1 36 220, Obv. 4) šu-nigin$_2$ 1$^1/_2$ iku ^{giš}gisimmar, 5) šu-nigin$_2$ 1 iku ki-gal$_2$, 6) GIŠ.SAR gid$_2$-da, Rev. 1) Lugal-suluhu$_2$, 2) dumu Ur-^{d}Lama ensi$_2$, 3) ša$_3$-Gir$_2$-su^{ki}, 4) gir$_3$ Lugal-ma$_2$-gur$_8$-re sukkal, 5) itu ezem-^{d}Šul-gi, 6) Amar-Suen 2.

(33) アバムは、シュルギ三三年まで、ギルスの隣州ウンマの知事をつとめていた人物であったかもしれない。この人物についてはさしあたっては、Durand *DC* 1 236; Sauren *PIOL* 19 37.

(34) 「メッセンジャー・テキスト」には、「(軍事司令官）アピラシャの手紙命令によって」u$_3$-na-a-du$_{11}$ A$_2$-pi$_2$-la-ša (šagina)-ta という表現も、いくどかあらわれる（たとえば Lafont *DAS* 77）。アピラシャは、派遣された東方の地で勢威をふるった人物であって、チャンセラーがウル王シュルギに送った書簡（註21参照）でも、彼のことが言及されている。

第2章　広域情報伝達システムの展開とトゥルン・ウント・タクシス家

──一六、一七世紀における帝国駅逓の拡充を中心に

渋谷　聡

一　コミュニケーション研究の対象としての「郵便」

一九九〇年は、「郵便」の歴史にとって記念すべき年であった。史料の伝えるところによれば、北イタリアのベルガモを本拠地とするトゥルン・ウント・タクシス家（以下、タクシス家とよぶ）のフランツが、時の皇帝マクシミリアン一世の命により、インスブルックとメヒェルン（ベルギー北部、ブリュッセル近郊の都市）とをむすぶ駅逓路線を開設したのが、一四九〇年のことととされているため[1]、一九九〇年は、「郵便」の誕生からちょうど五〇〇年めにあたっていたからである。そのためにこの年のドイツでは、いわゆる記念出版により、「郵便」の歴史をテーマとした単行本や論文集が、数多く公刊されることとなった。

ところで、歴史研究の対象として、さらにいえばコミュニケーション研究の対象として、「郵便」を取り上げるばあい、いかなるアプローチを取るべきだろうか。この点を考えるうえで有益なのが、五〇〇周年を契機として執筆されたベーリンガーとハイマンのサーヴェイ論文である[2]。両者のあいだには、論じ方の違いはあるものの、その

指摘には重なりあう部分がおおい。そこで、ふたりが共通してあげている三つの論点を、示すことにする。

第一に、複合的な諸要因の統一体として、「郵便」は把握されなくてはならない。というのは、近世における「郵便」が、今日の郵便とは別物とみなされる諸領域（交易、新聞、旅行など）と密接な結びつきを有し、コミュニケーションの体系のなかで、中心的な位置をしめていたからである。これらの領域間の分離が進展し、「郵便」の役割の通信分野への限定が始まるのは、一九世紀以降のことであった。

この第一の論点との関連から、近世の「郵便」の多面性について、少し詳しく言及しておくことにしたい。まず、ドイツ語圏における「郵便」Post という概念の生成についてみることにしよう。グリムの『ドイツ語辞典』によれば、一六世紀にフランス語の poste、イタリア語の posta、中世ラテン語の post といった言葉を借用することによって生み出された概念が、ドイツ語の Post であり、その語義は、「（書簡等の）配達のために配備された騎手や馬の所在地」、いいかえれば後述する駅逓のルート上の宿駅を意味するところにあった。(3) したがって、Post という概念がさししめす実態は、書簡等の物品の送達を主たる内容とする今日の郵便よりはむしろ、通信の役割にくわえて、これと交通の役割とを一体化させた駅逓制度に現われたということができる。

このことは、次の事実により、さらに具体性をもって理解されるだろう。近世の Post は、書簡や小包の配送のためのみならず、馬車による旅客の輸送のためにも、おおいに利用されていたこと。また、一五世紀末にドイツ語圏に出現し、その後一七世紀末までヨーロッパ全域で流布することになる、新聞の初期形態、いわゆるノイエ・ツァイトゥング Neue Zeitung の制作と販売において、駅逓は重要な役割をはたしていた。すなわち、記事のネタは、駅逓のルートをつうじて宿駅の長 Postmeister のもとに集まってくるのが一般的であったため、ノイエ・ツァイトゥングの発行者はネタを宿駅長から買い取り、さらに編集作業は宿駅に隣接する宿屋で行なわれ、刷りあがったツァイトゥングは、そこから目的地に配送されたのちに、その地の市場広場で販売されたのである。(4) また、一七世紀以降に展開する近代的な新聞制度においても，新聞の販売・配達，さらには定期講読のための注文受けつけ，といった業務は，駅逓をつうじて遂行されていた(5)。

近世ヨーロッパにおける駅逓制度の重要性から，ベーリンガーとハイマンが強調する二つめの論点は，駅逓およびこれに先行する中世の飛脚制度 Botenwesen にたいする社会史的研究の必要性である。中世・近世の都市，領邦，帝国（神聖ローマ帝国）の政治史ないし国制史の研究を進めるうえで，駅逓と飛脚の実態が明らかにされることは，のぞましいことだからである。

以上のふたつの論点が確認されるにもかかわらず，三つめに認めねばならないのは，「郵便」にかんする歴史研究が，コミュニケーション研究とのつながりにおいて理解されることが少なく，現在もなお制度史的叙述に終始することが多いという現状である。「郵便」の制度史研究には，それなりの蓄積があるのだが(6)，この分野に歴史学研究者の目が向けられるようになったのは，最近のコミュニケーションにたいする関心の高まりによるところが大きい(7)。今後の課題として考慮されねばならないのは，新聞や旅行との関係，地図学の発展におよぼした「郵便」の影響などである。より普遍的なコミュニケーションの歴史との関連のなかで，これからの「郵便」史研究は，進められなくてはならない。

以上をふまえたうえで，ドイツにおける近年の「郵便」史研究の成果をあげるとすれば，つぎの二つを見逃すわけにはいかない。まず，基礎的な史料集成の作業として，レーゲンスブルクのトゥルン・ウント・タクシス侯家中央文書館の史料にかんする長大な史料集が，ダルマイヤーによって編まれている(8)。つぎにモノグラフでは，ベーリンガーが五〇〇周年の年に刊行した『トゥルン・ウント・タクシス』があげられる(9)。この著作は，一五世紀末から現代にいたるタクシス家の歴史（タクシス家はなお存続しており，ドイツ有数の大地主である）の全体像を描くことに初めて取り組んだ研究である。ベーリンガーのねらいは，「郵便」事業を核として社会上昇をとげたこの家門の歴史を、経営体の歴史 Unternehmensgeschichte として把握することにある。そのためか、タクシス家の歴史がいくぶん「サクセス・ストーリー」として描かれているきらいがあるが、歴史家による本格的なアプローチの端緒であることについては、異論の余地はないようである。

これにくわえて、わが国における「郵便」史研究の状況についても、ふれておこう。近年の成果として、イギリスを事例とする星名定雄氏の研究、とりわけ『郵便の文化史』（一九八二年）があるが、管見のかぎり、歴史学関連の雑誌がこの著作を書評や紹介の対象として取りあげた形跡はみられない。(10) わが国の歴史学界が、今日まで、この分野についてじゅうぶんな認識をもちえずにきたことを示す証左といえるだろう。

本章の課題を設定しよう。ここまでに確認してきたように、近世の「郵便」は、当時のコミュニケーション体系の中核をなす位置をしめていた。しかしながら、その全貌を明らかにするだけの準備を筆者はもたない。そこで本章では、多面的なコミュニケーションをささえた、いわばインフラストラクチャーとしての Post の整備の過程とその特色を、一六、一七世紀における近世ドイツの Reichspost（帝国駅逓）の拡充の過程を素材として、検討することにしたい。中央ヨーロッパに散在する局地的な飛脚制度を、皇帝がタクシス家にこれらを統括する業務を委託することによって成立した、広域的な情報伝達のシステムが、Reichspost であった。Reichspost の拡充の過程は、身近な例にたとえるとすれば、各地の鉄道の在来路線を統一的な長距離・高速路線に組みこんでいく、わが国の整備新幹線事業に類似した過程であったといえるかもしれない。こうした事業をヨーロッパの他地域にさきがけて完成させることができた背景には、Post を Reich（帝国）の政治ないしは国制構造に組みこむことを可能にした、ないしは組みこむことを必要とした、近世ドイツ特有の事情、すなわち帝国国制との関連があった。

本章では、この帝国国制との関連という視点から、とりわけ一六〇〇年前後における Reichspost の広域化の進展、およびヴェストファーレン講和会議（一六四八年）のためのその拡充を中心に、検討をすすめる。検討にさいしては、前述のベーリンガーの著作とダルマイヤーの史料集、ならびに他の諸研究の成果を批判的に参照することにしたい。

最後に、Post の訳語について一言しておきたい。本章が対象とする一六、一七世紀においては、Post といえば、これまで述べてきたように、宿駅制にもとづく情報伝達のシステムそれじたい、すなわち「駅逓」を意味した。書簡等の物品の配達が質・量の両面においてその需要を高め、近代的な「郵便」が駅逓制度から分離・成立するのは、おおまかにいって、一八世紀以後のことである。したがって以下では、一般的な文脈における「郵便」の意をのぞいて、これを「駅逓」と表現することにする。

二　タクシス家と帝国駅逓の歴史概観

一六、一七世紀にかんする検討を進めるための前提として、ここでは、中世末期以降の都市の飛脚制度とタクシス家の駅逓との競合の状況から帝国駅逓の成立・終焉にいたるまでの歴史を、概観することにつとめよう。

(1)　中世末期における都市の情報伝達システム

ドイツの都市における飛脚 Bote の存在は、一四世紀以降、各地で確認されるようになる。充実した飛脚制度をそなえていた都市のひとつ、シュトラースブルクでは、一四八四年に三名の親方飛脚 Oberbote を筆頭に二一名の脇飛脚 Nebenbote を擁していたことが、知られている。(11)

都市の飛脚の主たる任務が、通商・交易にかかわる情報の伝達にあったことはいうまでもないが、都市民の手紙のやりとりといった、私的な利用にたいしても、都市の飛脚は開かれていた。一五世紀末から一六世紀初頭にかけて、公的、私的の双方における通信量の増大にともない、都市の飛脚は、市参事会から通信業務にかんする特権を与えられ、なおかつ市参事会による公的な管理・運営のもとに服することとなった。その成果として現われたのが、飛脚が使用する馬を宿駅ごとに交代させる継ぎ馬制度の導入である。これにより、飛脚による通信の規則性は、一定ていどの定着をみることになった[12]。さらに都市相互間の飛脚の連携も徐々にできあがり、ケルン、アウクスブルク、ニュルンベルク、フランクフルト、ハンブルク、シュトラースブルクなどの大都市のあいだには、飛脚による定期的な通信のネットワークが成立したのである[13]。

このような都市の飛脚制度にたいして、その競合者として現われ、最終的にはこれらを自己の傘下に組み入れることにより、中央ヨーロッパに広域的な情報伝達の基盤を形成していったのが、タクシス家の駅逓であった。もっとも、タクシスによる都市の飛脚への介入と取り込みの試みにもかかわらず、一七世紀の末までは、局地的な規模において、都市の飛脚は存続することとなった[14]。

（2）　タクシス家と帝国駅逓

タクシス家は、北イタリアのベルガモを本拠地とする商人の家系であり、ヴェネチアやローマにおいて、商業・銀行業に従事して財を築いた。これらの財を元手にして飛脚業にも早くから手を広げていたようであり、ローマ教皇の駅逓長官 Postmeister やヴェネチアの親方飛脚 Botenmeister をつとめた者も輩出している。

神聖ローマ皇帝としてのハプスブルク家とのつながりについては、なお不明なところが多いが、ヴェネチアや教皇のもとで飛脚業をつとめた Janetto が、一四八〇年代には、ヨハンというドイツ名をもってインスブルックの宮廷財務庁 Hofkammer に勤務していたことが、知られている。さらに一四九〇年以降、マクシミリアン一世に仕えて、ハプスブルクの帝国統治のための本格的な長距離駅逓の開設に着手したのが、ヨハンの兄弟であり、後世に

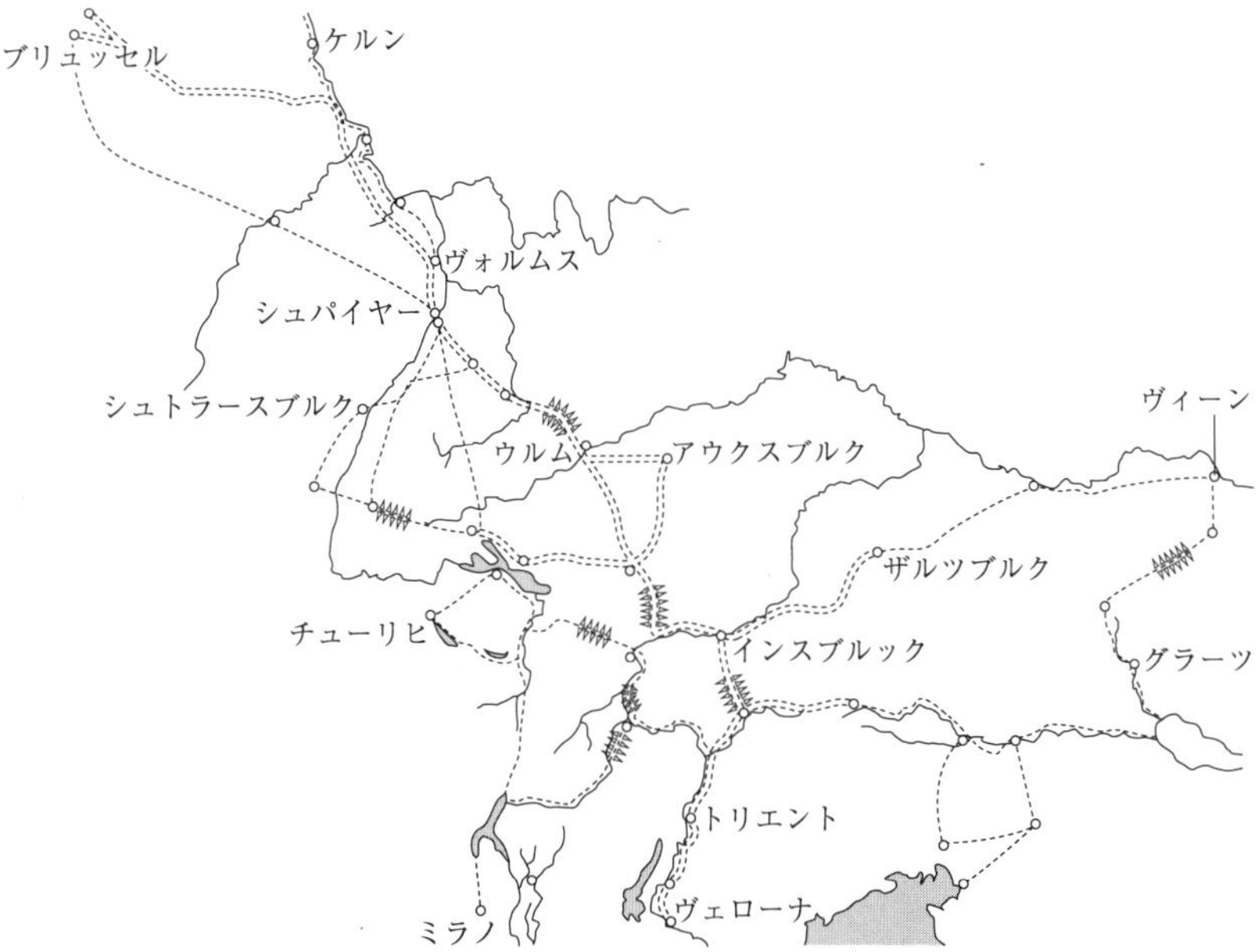

図2-1　マクシミリアン1世治世期におけるタクシスの駅逓路線（1490-1520）
出典：Behringer, *Thurn und Taxis,* S. 36.

おいて「郵便の考案者」Erfinder der Post というニックネームを与えられたフランツである。[15]

一五〇一年、マクシミリアンが相続したネーデルラントの重要性から、タクシス家はその本拠地を、ブリュッセルに移した。[16] さらにその四年後の一五〇五年には、婚姻によりスペイン王位を相続したマクシミリアンの息子フィリップとのあいだで、駅逓協定 Postvertrag が結ばれている。この協定は、スペイン王権の援助金を元手としつつ、タクシス家の請負経営という形態で進められる駅逓事業を、国法のうえで確定した取り決めであったとみることができる。ここには、駅逓の主要コースである、ブリュッセル〜インスブルック間の路線（図2-1を参照）のほかに、フランス、スペイン、ドイツ、ゲルデルン（ネーデルラント北部）にむけて駅逓路線を開設ないし増設するために、フランツに年間一万二〇〇〇リーヴルを与えることが約束されていた。[17]

広域情報伝達システムの形成という観点からみて興味深いのは、すでにこの協定のなかで、ブリュッセルから主要な目的地までの配送所要時間が設定されており、定期的かつ定時的な情報伝達をめざす姿勢が読み取れることである。こうした試みを可能にしたのは、タクシスの駅逓制度が導入した新しい配送方法であった。すなわち、すでに見たように、宿駅ごとに馬を交替させる継ぎ馬方式は都市の飛脚によって用いられていたが、馬のみならず騎手の交替がタクシスの駅逓に取り入れられたのである（配送途上の騎手のいでたちについては、後掲の図2-2を参照[18]）。これにより、昼夜兼行の配送が可能になったため、配送時間の大幅な短縮がなされた。このことは、一五一六年の駅逓条令 Postordnung の規定との比較において、確認される。この駅逓条令には、おおきく見て六項目にわたる規定が盛り込まれているが、二つめの項目は、配送にかかる所要時間を規定している。たとえば、ブリュッセル～インスブルック間についてみると、一五〇五年の規定では、夏は一三二時間（五日と半日）、冬は一五六時間（六日と半日）を要していたのが、一五一六年の規定では、夏は一二〇時間（五日）、冬は一四四時間（六日）へと短縮されている。同様にブリュッセル～パリ間については、夏は四四時間、冬は五四時間とされていたのにたいして、夏は三六時間、冬は四〇時間へと、こちらもかなりの短縮がなされている[19]。

このころのタクシスの駅逓の特徴を確認するために、一五一六年の駅逓条令の規定をいましばらく眺めてみることにしよう。配送所要時間の件のほかには、おおまかにみて、つぎの五つのことが示されている[20]。

第一に、各宿駅には継ぎ馬として、二頭の馬が常置されなくてはならない。第二に、タクシスの駅逓にたいして、教皇、フランス国王その他の諸侯から、それぞれの領土内で通行許可証が発行されるように、スペイン国王からの働きかけがなされた。第三に、スペインの領土（スペイン、ネーデルラント、ナポリ）における業務上の特権。すなわち、各地の臣民から、代金とひきかえで物資（馬や食糧）の提供を受ける権利、さらには業務の範囲内における刑罰権を、タクシスは得ている。四つめとして、各宿駅に配置すべき騎手、書記、その他の要員の給与について、スペイン王権がその半分までを補助することが明記されている。最後に、タクシスの駅逓長官の許可を得ずして、駅逓業務を営んだり、駅逓用の馬を使用することが、きびしく禁じられている。この最後の項目において取り締りの対象となっているのは、先にのべた都市の飛脚であったと考えられる。このような禁令は、タクシスの介入が激しくなる一六世紀の半ば以降、頻繁に発せられるようになる。

以上から、タクシスの駅逓がスペイン王権のバックアップのもとに、ヨーロッパの主要地域を網羅する、情報伝達の体系を構築しうる条件を整えつつあったことを、確認することができる。こうしたスペイン王権の後ろ楯のもとに、タクシスの駅逓は、ブリュッセル〜インスブルック間のルート（図2-1を参照）を主幹線として、そこからヨーロッパの主要都市にそのネットワークを拡げつつあったが、肝心の主幹線の周辺に盤踞するドイツ諸侯（帝国諸侯）は、タクシスの駅逓を認めようとしなかった。というのは、タクシスの背後に控えるスペイン王権のドイツへの進出を、かれらが警戒していたからである。(21) また、ライン川にそったこの地域は、古くから交易が盛んなところであったため、先にみたように、都市の飛脚制度が充実しており、これらの飛脚をタクシスが自己の駅逓路線に組み込んでいくことは容易なことではなかったと考えられる。したがって、一六世紀前半までのタクシスの駅逓は、ハプスブルク勢力の後援のもとに、主要路線こそ確保しえたものの、局地レベルの情報伝達ルートの取り込みには踏み出せない状況にあった。

このような段階を脱して、タクシスの駅逓がドイツでの定着を獲得するには、一六世紀半ばから一七世紀初頭にいたるほぼ半世紀を要した。そのきっかけとなったのは、カール五世の死去（一五五八年）にともなうハプスブルク帝国の分割であった。皇帝フェルディナント一世がオーストリアを引き継いだことにより、ドイツ帝国へのスペインの脅威が払拭されたため、帝国諸侯はタクシスの駅逓にたいする認識をあらため、これを独自の駅逓制度、すなわち帝国駅逓 Reichspost としてみとめる方向へと動くことになったのである。すなわち、一五七〇年のシュパイヤー帝国議会に提出された選定侯の鑑定 Gutachten が、皇帝マクシミリアン二世にたいし、タクシスの駅逓制度を帝国に確保し、外国勢力の手にこれを引き渡すことのないように懇願したが、後世の学識者は、この一五七〇年の鑑定をもって、帝国等族による帝国駅逓の承認がなされたものと解釈してきた。(22)

タクシスの駅逓のドイツにおける定着を、いわば側面から促進することになったのが、ネーデルラントにおける対スペインの反乱であった。この反乱を契機として、一五七七年以降、ネーデルラントにおけるタクシスの駅逓にたいするスペインの援助金が途絶した。そのために、各地の駅逓局長 Postmeister や宿駅長 Posthalter にたいする賃金の支払いが停止され、これを不服とする局長、宿駅長のストライキが勃発。タクシスの駅逓は、崩壊の危機をむかえた。(23)こののち、タクシスの駅逓を立て直していくうえで大きかったのは、皇帝ルドルフ二世（在位一五七六～一六一二年）のとった施策であった。ルドルフは、ドイツ各地の局長、宿駅長との密接なつながりをもつ、アウクスブルクやケルンの飛脚業者を調停者に任命して、かれらとの折衝を行なわせることにより、最終的には、局長、宿駅長とタクシスとの勤務契約をふたたび結ばせることに成功した。タクシス家のレオンハルトの駅逓長官 Generaloberstpostmeister への任命（一五九五年）をもって終了した、ルドルフのこの政策は、のちに「駅逓改革」Postreformation と呼ばれることになる。(24)行論の都合上、この改革の全容についてふれる余裕はないが、一五九〇年代の状況については、次節で検討することにしたい。ここでは、おおまかに以後の展開をおさえることにつとめる。

一五九五年にレオンハルトが帝国の駅逓長官に任じられたが、この駅逓長官という官職は、マインツ選定侯の管轄のもとにある帝国書記局 Reichskanzlei に所属することとされていた。この時点で、タクシスの駅逓制度は、皇帝のみならず帝国等族の監督下におかれることにより、帝国国制のなかに固定されたとみることができよう。一五九七年には、ルドルフが、無認可の飛脚業 Nebenbotenwerk を禁じたマンダート（命令）のなかで、タクシスの駅逓を皇帝のレガーリエンとする表明を行なっている。(25)帝国駅逓をレガーリエンと認めるかどうかについては、一五七〇年代以降、議論がかわされていたが、一六一五年、皇帝マティアスが世襲レーエンとして、タクシス家に帝国駅逓レガーリエンを授与した。したがって、このレーエン授与をもって、タクシス家による請負によって運営されるドイツにおける駅逓制度が、正式に認可されたことになる[26]。

これ以後の帝国駅逓は、三十年戦争終了ののちにさらに拡充され（次節で詳論）、書簡による通信量が増大する一八世紀以降は、郵便配達人による個別宅配の導入などのサービスの充実により、近代的な郵便制度へと脱皮していった。したがって一八世紀以後の Reichspost は、「帝国郵便」とする名称にふさわしい情報伝達の制度となる。タクシス家の帝国郵便は、帝国の崩壊（一八〇六年）ののちも、その営業実績を買われ、ドイツ連邦のもとで連邦郵便 Bundespost として存続することを認められ、一八六七年にプロイセン政府によってその利権が買収されるまで存続することとなった[27]。

三　一七世紀における帝国駅逓の拡充

（1）　一六世紀末以降の広域化と規律化

ここではまず、先にふれた皇帝ルドルフ二世の政策の一六世紀末における展開について、みることにしよう。

一五九五年にレオンハルトが駅逓長官に任命されたことについては、前節で述べたが、これに先立つ九三年一二月、スペイン領ネーデルラントにおける情勢の好転により、スペイン王権からの援助金の支払いが再開され、レオンハルトがスペインの駅逓長官に任じられていた[28]。したがってルドルフは、スペインの駅逓長官をつとめる人物に帝国の駅逓長官の職を任せることにより、ネーデルラントから中央ヨーロッパにおよぶ駅逓路線の再構築を可能にする前提を、手にいれることができたといえるだろう。

一五九六年の一月には、ドイツの宿駅長とタクシスの間に給与支払いにかんする妥協が成立した(29)。さらに同年一〇月には、駅逓条令が発せられた(30)。今回の条令の目的は、ブリュッセル～アウクスブルク間の路線における業務・罰則にかかわる規定をさだめることであった。いったんは崩壊の危機に瀕したドイツ地域の路線に、規律を回復しようとするタクシス側の狙いを、ここに読み取ることができる。宿駅長、騎手といった駅逓関係者は、以下にしめす規定に服することを求められ、違反したばあいには、それぞれの規定につき五グルデンの罰金を給与から差し引かれることとなっていた。

条令によりさだめられた規定は、おおきくみて、つぎの四つの項目からなる。

まず第一に、配送にかかる所要時間の確定をめざす試みについて前節で確認したが、この目的を徹底するために、配送時刻票 Poststundenzettel とでも呼ぶべき用紙を、配送物にはりつけることが義務づけられた（おそらくは書簡や小包をいれた郵袋にはりつけたものと考えられる。郵袋をふくめて、駅逓騎手のいでたちについては、後掲の図2-2を参照）。配送時刻票には、各宿駅における受領と発送の日時が明記されることになっていた。時刻票のはりつけを怠った宿駅の要員は、罰金を科せられたが、配送の途上で時刻票が紛失したり、奪われたりしたばあいには、次の宿駅の宿駅長ないしは騎手が、罰金とあわせて時刻票をとりつける義務をおった。

二つめは、配送物の取り扱い、ならびに配送ルートの厳守にかかわる規定である。小包を紛失した者、および宿駅の外で、すなわち配送の途上で、郵袋をほどいた者は、即座に職を解かれた。駅馬をもちいず、徒歩で配送を行なった者、あるいは馬車をもちいた者には、罰金が科せられた(31)。また、部外者に配送をゆだねた者、正規のルートを離れたり、自身の利益のために回り道をした者も、同様に罰金の対象とされた。とりわけ、部外者への業務の委託やルートの厳守を強制する規定の背景には、たんなる規律維持という目標のみならず、既存の飛脚制度との競合関係が見え隠れしている。

第三に、各宿駅の厩舎には、少なくとも三頭の駅馬を常備することとされた。駅馬の不備により、騎手が先に進めない事態が生じたばあい、ないしは、つぎの宿駅への配送を二時間以上遅らせたばあいには、罰金が科せられた。ちなみに、タクシスの駅逓は宿駅を増設することによって、宿駅間の行程を短縮化することにも成功している。ベーリンガーによれば、一四九〇年には五マイル（一マイルは七・五キロメートル）であったが、一五八七年には三マイル、一七世紀初頭には二マイルへと短縮されている。したがって、当時の宿駅間の行程には、二マイルから三マイルを要したと考えられる。また、到着すべきつぎの宿駅を通過してしまった者は、駅逓の職を解かれることとされていた。

最後に、駅逓長官からの委任をうけた騎手については、通行料などを徴収することは許されず、その通過を認めなくてはならなかった。

以上が一五九六年の駅逓条令の内容であるが、そのねらいとしては、つぎの二つの点に留意することが必要だろう。第一に、情報伝達の確実さと迅速さを確保するために、勤務内容へのきめ細かい指導と監督を導入することにより、一定の規律化をすすめることが意図されていた。第二に、タクシスの駅逓とは競合する関係にある局地レベルの飛脚にたいしては、癒着を排し、優位にたとうとするもくろみが、とりわけ二つめの規定においてみられる。

もっとも、既存の飛脚制度にたいしては、これと一線を画して対抗するというよりは、一定の条件のもとでその存続を認めることにより、傘下の路線に組み込んでいくことが目指されたようである。このことは、一六、一七世紀をつうじて頻繁に発せられた、無認可の飛脚業 Nebenbotenwerk、古典的な表現でいうところの「屠殺屋郵便」Metzgerpost にたいする禁止令のなかに、確認することができる。(32) ここでは、一五九七年の一一月にルドルフ二世が発したマンダート(33)について、検討することにしよう。

ルドルフは、スペイン領ネーデルラント、イタリア、ドイツの各地におけるタクシスの駅逓の運営状況の好転にもかかわらず、商人ないし私人が無認可の飛脚業を営んでいる現状を、つぎのように指摘している。すなわちかれらは、週のうち一日ないし二日の曜日を配送の日にさだめ、国内および国外に書簡を配送している。そのさい、駅逓の宿駅と同様に、独自に雇い入れた騎手や馬を六マイルから一〇マイルごとに配置するといった方法までもが用いられている。これほどまでに無認可の飛脚業がはびこってしまうと、駅逓の経営が圧迫されることにより、皇帝の正規の駅逓制度 Ordinaripostwesen の衰退を招来し、ひいては皇帝の駅逓レガーリエンが傷つけられかねない。そこでルドルフは、駅逓長官レオンハルトとケルンの責任者であったヤーコプ・エノーにたいし、無認可の飛脚業の取り締まりを命じ、つぎの三項目の指示を与えている。

第一に各地の諸侯にたいして、タクシスの駅逓を認めるように、要請すること。具体的には、通行権を与える、護衛をつける、有料で駅馬を提供するなどの措置をこうじてもらえるように、諸侯にたいして駅逓関係者への援助を求めることが命ぜられた。

第二に無認可の飛脚業は禁止されねばならず、騎手や馬はその場で取り押さえられ、拘禁されねばならない。にもかかわらず、興味深いのは、「無認可の飛脚業が、（飛脚をもちいる）都市の古くからの営業範囲 Botenbrauch をこえて運営されるばあいには、（飛脚の）通行権は認められない」とする規定を与えている点である。マンダートが無認可の飛脚業の禁止をうたっていたとはいえ、全面的な禁止が意図されていたわけではなく、旧来からの営業範囲の枠内でこれを認めようとしていたことが、ここから明らかにうかがえる。この点を、第三の項目は、さらに具体的に示している。すなわち、「都市の飛脚は馬を用いることは許されるが、騎手を交替して配送を行なってはならない。」したがって、ひとりの騎手で進める範囲を「古くからの営業範囲」として、飛脚の営業が容認されていたことがうかがえる。

このような条件のもとで、既存の都市の飛脚制度はその存続を認められたが、タクシスの帝国駅逓は、これらの飛脚の存続にたいする認定権を握ることを目指したといえる。すなわち、飛脚の運行を許可する証明書を発行し、ホルン[34]の使用についても、タクシスの認可を求めることが義務づけられていた。第三の項目では、証明書を携行していなかったり、不正にホルンをもちいたばあいに、騎手は逮捕され、配送物は押収され、さらに五〇グルデンの罰金が科せられることが明記されている。

以上の三つにおよぶ規定は、駅逓長官レオンハルトとエノーの名において、各宿駅に掲示されることが、命じられた。既存の局地的な飛脚制度を、これらにたいする認定権を独占することにより、主要路線に組み込んでいこうとするタクシスの戦略を、マンダートの記すところから確認することができる。

その後、マンダートの第一項目として掲げられていた諸侯への支持要請は、ライン川沿いの帝国諸侯のあいだで受け入れられていった。一五九八年七月にはケルン選定侯（大司教）[35]、九月にはユーリヒ公がルドルフのマンダートを支持して、領内における無認可の飛脚業の取り締まりを命じ[36]、さらにトリーア選定侯（大司教）も一六〇二年の三月に、同様の布告を発している[37]。既存の飛脚制度の組み込みをつうじた広域化とこれら飛脚にたいする認定権にもとづく規律の強化。以上のふたつの目的を、タクシスの帝国駅逓は達成しつつあった。

（2）　ヴェストファーレン講和会議と帝国駅逓の拡充

図2-2は、一六四八年一〇月にミュンスターで発行されたノイエ・ツァイトゥング（第一節を参照）である。冒頭には、「一六四八年一〇月二五日（講和締結の翌日）にミュンスターを出発した、喜びと平和をもたらす駅逓騎手」とするタイトルが付され、その下には、新設されたミュンスターの駅逓局 Postamt（左端の建物）を出発し、三十年戦争終結による平和のおとずれをホルンの音で知らせる騎手の姿が描かれている。さらに絵の下の段には記事が載せられ、「私はミュンスターを大急ぎで出発し、今やほとんどすべての街道を越えて駆けつづけている。私

Neuer
Auß Münster vom 25. deß Weinmonats im Jahr
1648. abgefertigter Freud- vnd Friedenbringender Postreuter.

Gedruckt im Jahr nach der Geburt vnsers HErrn Jesu Christi 1648.

図 2-2　講和成立を伝えるノイエ・ツァイトゥング
出典：Behringer, *Thurn und Taxis*, S. 93.

はすばらしい知らせPostをもってきた（後略）」という騎手の言葉がつづく。背景には、ヴィーン、パリ、ストックホルムといった都市の名称も書き込まれている。講和会議による戦争終結の決定は、駅逓路線をかけめぐる騎手たちの手によって、ドイツ全土、さらにはヨーロッパ各地に伝えられたのであった。[38]

ところで、講和会議が発足した当初、会議地（ミュンスターとオスナブリュック）の周辺には、局地的な飛脚制度（ミュンスターでは、司教と都市ミュンスターが共同で運営する飛脚が存在）こそ存在していたものの、タクシスの帝国駅逓の路線はなお及んでいなかった。そのために、ふたつの会議地と宮廷所在地であるヴィーンとのあいだの情報伝達の必要性から、皇帝フェルディナント三世のイニシアティヴのもと、帝国駅逓の新路線が開設されることとなった。[39] 以下、図2-3[40]を参照しつつ、その経過を確認することにしよう。

一六四一年、フランスにたいして旧教都市ミュンスター、スウェーデンにたいして新教都市オスナブリュックが、それぞれ会議地とされた。一六四三年には会議にむけた動きが始まるが、この時点において、北西ドイツにおける帝国駅逓の唯一のコースは、ケルンからハンブルクにいたる路線（ケルン〜リッペローデ〜デトモルト〜ハンブルク）

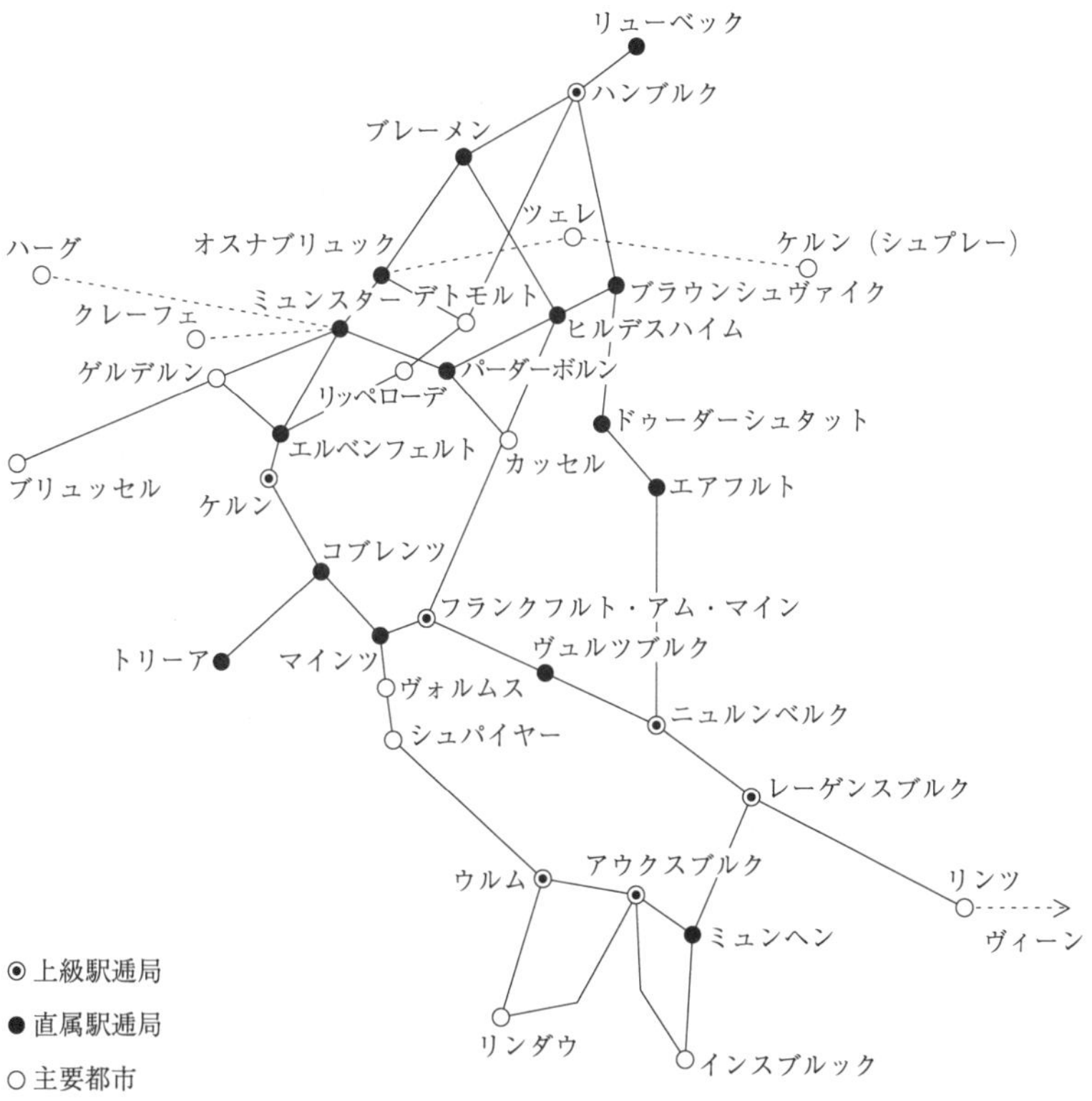

図 2-3　帝国駅逓の主要路線

出典：Behringer, a. a. O., S. 130-133 などをもとに作成。

であった。この路線を活用して、ミュンスター・オスナブリュックとの情報伝達網を作り出すことを、皇帝は目的とし、タクシスにたいして助力が要請された[41]。

これを受けて、四三年の九月には、オスナブリュックとデトモルトの間で駅逓が運行されるにいたっている[42]。さらにフライトマンの研究によると、同年九月に発令されたとみられる駅逓条例において、ミュンスターにおける会議のために、それまでは既存の飛脚によって週一回しかなされていなかった帝国駅逓（ケルン〜ハンブルク）との接続を、週二回に増便すべきとする旨が公表された。現地の飛脚を帝国駅逓に取り込むことにより、同年の一〇月から一一月にか

けて、ミュンスターと既存のコースとの接続（ミュンスター～リッペローデ）が実現している。(43)

既存の路線との接続がなされると、そこからヴィーンやブリュッセルなどの拠点とのつながりをいかに確保するかが、つぎの問題となる。このころ、ヴィーンむけの駅逓は週一回しか運行されていなかった。これは、ケルン経由でフランクフルトの駅逓局にはいった便が、ニュルンベルク（ここからレーゲンスブルクなどをへてヴィーンにいたる）ゆきの便への接続・積み替えのために、フランクフルトで待機しなくてはならなかったことによる。このような状況を嫌った皇帝は、四四年一一月、ケルンからフランクフルトを経由せずにニュルンベルクに到達しうる新たな路線の開設を命じた。しかしながら、中部ドイツにおける甚大な戦争の被害にてらしてみれば、この要求の実現は不可能であった。その代案としてタクシス側は、ハンブルクからブラウンシュヴァイクをへてニュルンベルクにいたるコースの設定を申しでている。(44)

四六年三月には、帝国駅逓の一方の拠点であり、またスペイン、ネーデルラント共和国との関係においても重要なブリュッセルを直接ミュンスターにむすびつける路線の設定が、皇帝側から要請された。既存のルートはケルンを経由地とするものであったが、フランクフルト～ヴィーン間の場合と同様、経由地での積み替えにすこぶる時間を要したのである。そこで、ゲルデルン経由でブリュッセルにむかう直行便（ブラバント定期便 Brabantische Ordinari）が開設された。ブリュッセルまで三日ないし四日を要し、週二回運行することとされ、四月一七日には運行が開始されている。(45)

以上が、皇帝の意向をうけてタクシスが新たに設定した路線である。もっとも、周知のとおり、会議の進行中にも戦争が継続されていたため、馬をねらう兵士や通信文の強奪をもくろむ使節たちによって、駅逓の運行はしばしば妨害された。このような状況を憂慮した皇帝、四六年に帝国駅逓を承認したフランス国王、その他の諸侯から、タクシスの駅逓にたいする保護状 Schutzbrief が発せられている。こうした混乱も、四六年の終わりには徐々に終

息に向かい、帝国駅逓はヴェストファーレン地方に定着することとなった。(46)

ここまでに確認してきたのは、皇帝のイニシアティヴのもとで進められてきた帝国駅逓の拡充の過程である。これにたいして、皇帝に敵対したプロテスタントの諸勢力は、いかなる態度をとったのであろうか。この時期のプロテスタント諸勢力は、一般的に帝国駅逓を警戒していた。というのは、いかに帝国国制のなかに組み込まれていたとはいえ（前節で確認）、帝国駅逓が皇帝の意向のもとで拡充されたことにより、かれらがこれを、皇帝の制度として、あるいはカトリック勢力に忠実な制度として、みなしたからである。そのために、有力なプロテスタント勢力は、独自の駅逓路線をもつにいたった。まず、スペインとの対抗上タクシスの駅逓を嫌ったネーデルラント共和国は、ハーグとミュンスターをむすぶ路線をつくり出した。(47)つぎにブランデンブルク選定侯とブラウンシュヴァイク公は、シュプレー川沿いのケルン（ブランデンブルク）からツェレ（ブラウンシュヴァイク）をへてオスナブリュックにいたる路線、ならびに北西ドイツでは、クレーフェ（ブランデンブルク）からミュンスター、さらにオスナブリュックへとつながる路線を設けた。(48)スウェーデンは、三二年から三四年にかけてドイツの領土内に独自の駅逓を確保していたが、タクシスとも協定をむすび、ケルン〜ハンブルク間の帝国駅逓の利用を可能にしていた。(49)

以上のように、プロテスタント側も独自の駅逓路線を設けることにより、情報伝達の経路を獲得していた。これら領邦諸侯の駅逓 Landespost と帝国駅逓の競合関係がこの時期に生じたが、両者の共存についての合意が、一六六〇年代には成立することになる。(50)しかしながら、講和会議の時期に、これらの経路が帝国駅逓とまったく関係をもつことなく存在していたとは考えにくい。ミュンスター・オスナブリュックへの到達により、じっさいには、帝国駅逓とのなんらかのつながり（相互乗り入れや業務上の提携など）が生じたであろう。スウェーデンによる帝国駅逓の利用は、そうした状況を予想させるケースである。

帝国駅逓の空間的ひろがりを確認するために、いまいちど、図2-3をみてみよう。ここにみられる上級駅逓局

Oberpostamt は、一六九〇年代にあらわれた呼称である。これは、タクシスによって設置された要をなす駅逓局であり、このうち駅逓長官の所在地であったブリュッセル（一七〇二年以降はフランクフルト）は、駅逓運営にかかわるあらゆる権限を有した。もっともここで注目したいのは、上級駅逓局とは別のカテゴリーである直属駅逓局 Immediatpostamt である。こちらは、タクシスが独自に設けた駅逓局ではなく、諸侯ないしはその官庁のもとに所属しつつ、タクシスの指令にしたがって、駅逓業務に従事した駅逓局である。[51]したがって、元来は諸侯の飛脚の詰所であったものが、タクシスの駅逓路線に組み込まれることにより、直属駅逓局として組織し直されたものと考えられる。直属駅逓局の所在地には、マインツ、トリーア、コブレンツなどのように、一六世紀と一七世紀の交において帝国駅逓を積極的に受け入れた中下流ライン地域の聖界選定侯（前項で確認）の影響下にあった都市が目立つ（コブレンツはトリーア選定侯領）。他方、先にのべたブラウンシュヴァイク、さらに一八世紀にはミュンヘンといった有力領邦の宮廷都市にも直属駅逓局が配置され、帝国駅逓は、帝国の主要領域にその路線を走らせることとなった。

四　帝国駅逓の組織・運営上の特色

帝国の主要地域をおさえるにいたったタクシスの帝国駅逓は、個々の駅逓局や宿駅をいかにして組織していたのだろうか。一六、一七世紀の運営状況にはいまだ不明な点が多く、また本章のための紙幅も尽きてきたので、ごく簡潔に検討することにしたい。

ベーリンガーによれば、各駅逓局の駅逓局長 Postmeister は自立的な企業家としての性格を備えていた。この点は、駅逓局の運営におけるつぎの四つの特徴にあらわれている。[52]

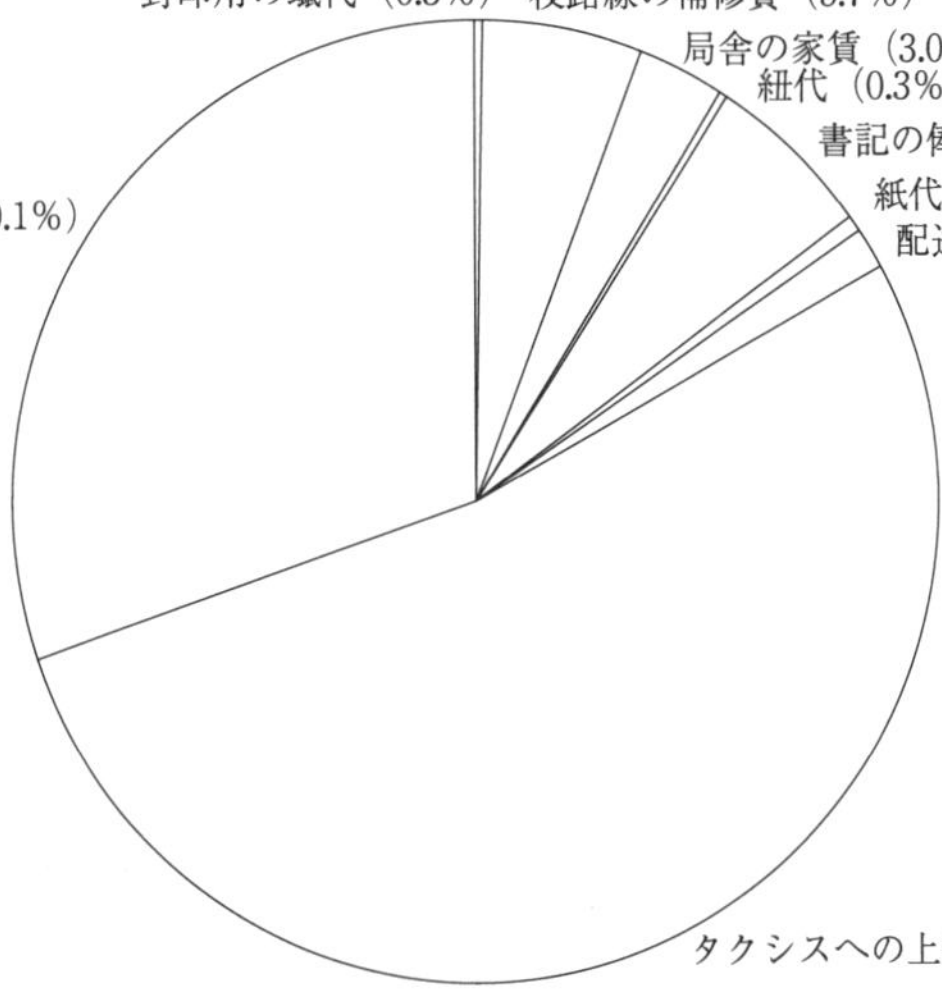

図2-4　駅逓局リンダウの支出状況
出典：Behringer, *Thurn und Taxis*, S. 94.

第一に駅逓局長は、ブリュッセルの駅逓長官から基本給を与えられ、これを運営のための元手の一部とした。この時代の平均的な基本給の額については、残念ながら今のところデータがなく、不明である。第二に支配下の路線の経営から、郵送料をはじめとする収益がえられるわけであるが、この収益のうちの約半分が、四半期ごとに、ブリュッセルの帝国駅逓局に上納されなくてはならなかった。第三に、上納分をのぞいた収益から、支配下の要員への給与、路線の補修などの費用がまかなわれ、残った収益が駅逓局長の取り分となった。局長の取り分の割合についても、参照できるデータは限られているが、後述するリンダウの例ではおよそ三割にすぎない。四点めとして、郵送料の未払いも頻繁に生じたことを考えあわせれば、駅逓局長には、不安定な経営状況をも乗り越えられるだけの十分な自己資本を持ち合わせていることが求められた。かれら駅逓局長が、もともとは中世以来地域に根を張ってきた飛脚の親方であり、かれらを組み込むことによってはじめて、タクシスの帝国駅逓が成立したという状況にてらしてみたばあい、このことは首肯されうるであろう。

ここで図2-4をみてみよう。図2-4は、一六五三年の第二・四半期における南ドイツの駅逓局リンダウの支出状況（総支出額は三三二グルデン）をグラフ化したものである。[53] このグラフをみてまず目をひくのは、タクシスへの上納額のしめる割合が大きいことであろう。先述したとおり、約半分が上納分にあてられている。さらに、支配下の枝路線（リンダウ～ヴァンゲン）の補修、書記の給与をはじめとする運営費用や人件費に一七・一％が費やされ、局長の取り分は全体の三割ほどである。

このリンダウの例のみをもって帝国駅逓の全体像を描くことはできないにしても、ここから一定の傾向を読み取ることはできるだろう。帝国全土の駅逓局から収益の半分を上納分としてブリュッセル（フランクフルト）に吸いあげ、そこから運営の元手となる基本給を、各駅逓局の局長に再配分していく。各地域の飛脚制度を帝国駅逓に取り込むというタクシスのねらいは、こうした組織・運営のシステムに集約されているといえるだろう。その到達点とみなされるのが、一六九八年にレガリアの保持者である皇帝レオポルト一世の名において公布された帝国駅逓条例である。[54] この条例は、これまでに言及されたいくつかの条例を集大成したものであり、駅逓局長や宿駅長から騎手にいたるまでの要員にたいする服務規定を主たる内容としている。ここには、駅逓要員全体の統括者としてのタクシスの駅逓長官の位置づけが明記されている。

近世の中央ヨーロッパを舞台とするコミュニケーションのためのインフラ組織は、かくして帝国国制との結びつきのもとに、一七世紀末ごろまでには、統一的なシステムとしての体制を整えることとなったといえよう。データ不足のために、論じ残した点もまだまだ多い。これらについては、今後の研究の進展をまちたい。

註

（1）H.-D. Heimann, Neue Perspektive für die Geschichte der Post, in: *Historische Zeitschrift*, Bd. 253, 1991, S. 661-674, hier S. 661f.

（2）H.-D. Heimann, a. a. O.; Ders., Postgeschichte und Geschichtswissenschaft. Ein Rückblick auf das »Post-jubiläum 1490-1990« als Ausblick, in: *Archiv für deutsche Postgeschichte*, Heft 1, 1993, S. 91-98; W. Behringer, Bausteine zu einer Geschichte der Kommunikation, in: *Zeitschrift für Historische Forschung*, 21-1, 1994, S. 92-112.

（3）*Deutsches Wörterbuch*, Bd. 7, bearb. von Jacob und Wilhelm Grimm, Leipzig 1889（Reprint-Ausgabe für Japan）, S. 2017; Behringer, a. a. O., S. 14.

（4）H. W. Lang, Die Neue Zeitung des 15. bis 17. Jahrhunderts, in: E. Blühm/H. Gebhardt（Hrsg.）, *Presse und Geschichte. Neue Beiträge zur historischen Kommunikationsforschung*, München 1987, S. 57-60, hier S. 57.

（5）M. Dallmeier, Die kaiserliche Reichspost zwischen Zeitungsvertrieb und Zensur im 18. Jahrhundert, in: E. Blühm/H. Gebhardt（Hrsg.）, a. a. O., S. 233-258, hier S. 233f.

（6）L. Kalmus, *Weltgeschichte der Post. Mit besonderer Berücksichtigung des deutschen Sprachgebietes*, Wien 1937. この著作は、現在も参照される基本文献のひとつである。

（7）E. Blühm/H. Gebhardt（Hrsg.）, a. a. O.; H. Pohl（Hrsg.）, *Die Bedeutung der Kommunikation für Wirtschaft und Gesellschaft*, Wiesbaden 1989; M. North（Hrsg.）, *Kommunikationsrevolutionen. Die neuen Medien des 16. und 19. Jahrhunderts*, Köln-Weimar-Wien 1995; H. Glaser/Th. Werner, *Die Post in ihrer Zeit*, Heidelberg 1990. これらは、最近の研究動向を反映した論文集ないし著作である。

（8）M. Dallmeier, *Quellen zur Geschichte des europäischen Postwesens 1501-1806*, Teil I, Quellen-Literatur-Einleitung, Kallmünz 1977, Teil II, Urkunden-Regesten, Kallmünz 1977, Teil III, Register, Kallmünz 1987.

（9）W. Behringer, *Thurn und Taxis. Die Geschichte ihrer Post und ihrer Unternehmen*, München 1990.

（10）星名定雄『郵便の文化史　イギリスを中心として』（みすず書房、一九八二年）。星名氏の近著として、『郵便と切手の社会史』（法政大学出版局、一九九〇年）がある。

(11) K. Gerteis, Reisen, Boten, Posten, Korrespondenz in Mittelalter und früher Neuzeit, in: H. Pohl (Hrsg.), a. a. O., S. 19–36, hier S. 21f.
(12) Gerteis, a. a. O., S. 22.
(13) Gerteis, a. a. O., S. 26.
(14) Gerteis, a. a. O., S. 30. ベルリン、フランクフルト、ハンブルク、ニュルンベルクには、「郵便・電信電話博物館」Museum für Post und Kommunikation があり、それぞれ充実した展示を行なっている。筆者が訪れたニュルンベルクでは、タクシスの駅逓とニュルンベルクの飛脚との競合状況をまとめたヴィデオもあり、多面的に郵便の歴史を学ぶことができる。
(15) Behringer, a. a. O., S. 24–30.
(16) Behringer, a. a. O., S. 33.
(17) Behringer, a. a. O., S. 34f.; Dallmeier, a. a. O., Teil II, S. 3.
(18) Behringer, a. a. O., S. 18f.
(19) Behringer, a. a. O., S. 38–40; Dallmeier, a. a. O., Teil II, S. 4.
(20) Dallmeier, a. a. O., Teil II, S. 4f.
(21) Behringer, a. a. O., S. 54.
(22) Behringer, a. a. O., S. 54f.
(23) Behringer, a. a. O., S. 55–58.
(24) Behringer, a. a. O., S. 58.
(25) Behringer, a. a. O., S. 75f.
(26) Behringer, a. a. O., S. 68f., 84.
(27) Behringer, a. a. O., S. 188–190.
(28) Behringer, a. a. O., S. 68.
(29) Behringer, a. a. O., S. 69.

（30）Behringer, a. a. O., S. 72; Dallmeier, a. a. O., Teil II, S. 52f. なお後述される宿駅間の行程の短縮については、Behringer, a. a. O., S. 18f.

（31）史料で確認しうるかぎり、帝国駅逓における馬車の登場は、一六六〇年代以降のことであり、本格的に導入されるのは、一八世紀半ば以後である。Behringer, a. a. O., S. 123.

（32）中近世においては、馬を所有する屠殺業者が飛脚業を兼ねることがしばしば生じたために、このような呼び名が生まれた。K. Greiner, *Zur* Geschichte der Metzgerposten in Württemberg, in: *Archiv für deutsche Postgeschichte*, Heft 1, 1957, S. 27-37, hier S. 27.

（33）Dallmeier, a. a. O., Teil II, S. 58-60.

（34）後掲の図2-2を参照。現在のドイツ連邦郵便は、ホルンをシンボルマークとしている。

（35）Dallmeier, a. a. O., Teil II, S. 63.

（36）Dallmeier, a. a. O., Teil II, S. 64.

（37）Dallmeier, a. a. O., Teil II, S. 71.

（38）一九九八年は、ヴェストファーレン講和の成立（一六四八年）から数えて、三五〇年めの年であった。ミュンスター、オスナブリュックの両都市は、三五〇周年を祝うさまざまな行事を催していたが、この駅逓騎手のモチーフが、三五〇周年行事のシンボルマークとして用いられていた。

（39）Behringer, a. a. O., S. 90-92.

（40）Behringer, a. a. O., S. 130-133 などをもとに作成。ベーリンガーの記述と資料は、一七四九年から一七九三年の状況を扱っているが、後述するように、図2-3に示されている駅逓局などの拠点は、一六世紀末以降、時間をかけて形成されてきた。

（41）W. Fleitmann, Postverbindungen für den Westfälischen Friedenskongreß 1643 bis 1648, in: *Allgemeine Deutsche Postgeschichte*, Heft 1, 1972, S. 3-48, hier S. 4-7.

（42）Fleitmann, a. a. O., S. 8.

（43）Fleitmann, a. a. O., S. 8-10.

(44) Fleitmann, a. a. O., S. 10.
(45) Fleitmann, a. a. O., S. 11.
(46) Fleitmann, a. a. O., S. 13-22.
(47) Fleitmann, a. a. O., S. 32-36.
(48) Fleitmann, a. a. O., S. 36-39.
(49) Fleitmann, a. a. O., S. 39-41.
(50) Behringer, a. a. O., S. 95-98.
(51) Behringer, a. a. O., S. 131-133.
(52) Behringer, a. a. O., S. 92f.
(53) Behringer, a. a. O., S. 94f. ただしベーリンガーによる合計は、〇・一%不足している。各費目の元の数値が不明であるため、修正が不可能であり、また大勢を知るという目的からすれば、差し支えはないので、ここではベーリンガーのしめすパーセンテージをそのまま用いることにする。
(54) Behringer, a. a. O., S. 111. テクストとしては、以下を参照。Die Reichspostordnung aus dem Jahre 1698, in: *Archiv für Post und Telegraphie*, Bd. 29, 1901, S. 653-662.

〈付記〉　本章の執筆にさいしては、一九九七・九八（平成九・一〇）年度文部省科学研究費補助金（奨励研究A）の給付をえている。

第3章　メディアとしての聖地巡礼記
——中世地中海世界の情報網

髙田京比子

一　地中海の「旅」の記録

中世のキリスト教徒にとって、聖地エルサレムを訪れること、すなわち聖地巡礼はあこがれであった。我々が知ることのできる最初の聖地巡礼は四世紀にさかのぼるが、それ以降、ヨーロッパからはるばる地中海を渡ってエルサレムを見ようという人の流れは、けっして途絶えることがなかった。聖地の様子、そこへどのようにして行くか、ということは、つねに信仰厚き人びとが必要とする情報である。また巡礼とは「日常的な生活を中断して聖地を訪ねること」であるから、そのような特別な体験を何らかの形で文字として残しておこうという欲求も、当然、ある人びとに生まれてきた。こうして「聖地巡礼記」と総称できる一種の文学ジャンルが成立する。これらは転写あるいは印刷され、(1)これから巡礼に出かけようとする人びとにとっては、道順や手段の案内に、また、聖地に行くことのできない人たちにとっては、居ながらにしてキリストゆかりの地を知ることができる慰めや楽しみとなった。

一四八六年、イタリアから聖地に赴いたアントニオ・ダ・クレマも、このような「聖地巡礼記」の著者のひとりである。彼はマントヴァ宮廷で働く官吏であったが、当時ここにはひとりのアウグスティヌス隠修士会修道士が説教に訪れていた。クレマは彼の話に心動かされ、マントヴァ侯の許しを得て、弟とともにエルサレムへと旅立つ。そして、おそらく侯に献じる目的で巡礼記を書いた。旅行中にメモを取り、帰国後さまざまな文献を参考にしつつテキストをまとめ、専門の書記に清書を委ねたと考えられる。ただ、じっさいにこれがマントヴァ侯に渡されたかどうかは定かではない。またクレマの名も一九世紀までは知られていなかった。彼の巡礼記が当時それほど人の注目を集めなかったためであろう。しかし有名にならなかったとしても、このテキストは非常に豊かで興味深い内容をもっている。一読すれば、そこには「巡礼」という言葉が一般に我々に呼び起こす敬虔なイメージとはかなり異なる、新しい世界への好奇心と、冷徹な観察に満ちた世界が広がっていることがわかるのである。たしかに、聖地で訪れたさまざまな聖書ゆかりの場所、各地の代表的聖遺物、ガレー船上でのミサの様子など、宗教的な事柄も書かれている。が、これらはテキストの一部を占めるにすぎない。シリアの海岸へと向かう旅の途上では、ギリシア神話やローマの偉業、寄港地の街の様子や行政機構に多くの頁が割かれている。港に着いてからは、イスラム教徒の生活習慣や宗教が、じっさい目撃したことに間接的に入手した情報も交えて詳しく解説されている。エルサレムでは、彼は、ガレー船の船長と親しくなったアルメニア人に案内されて、秘かにソロモン神殿（「岩のドーム」）を見学した。このモスクは美しいことで有名であり、彼と船長ともうひとりの同行のイタリア人は、二つ返事で内部の見学に同意する。巡礼記では、そのあらましが生き生きと語られているのである。聖地でイスラム教徒に払うべき貢納金の額のリストといった実用的な付録も添えられているし、トルコの動静や海賊船とのやり取りなど、かなり時事的な事柄にも多くの言葉が費やされている(2)。

さて、このような巡礼記は、どのように理解すればよいのだろうか。これは人文主義的教養を身につけたクレマ特有の逸脱なのか、それとも一五世紀にはごく普通に見られる傾向なのか。現段階で判断するかぎり、研究者たち

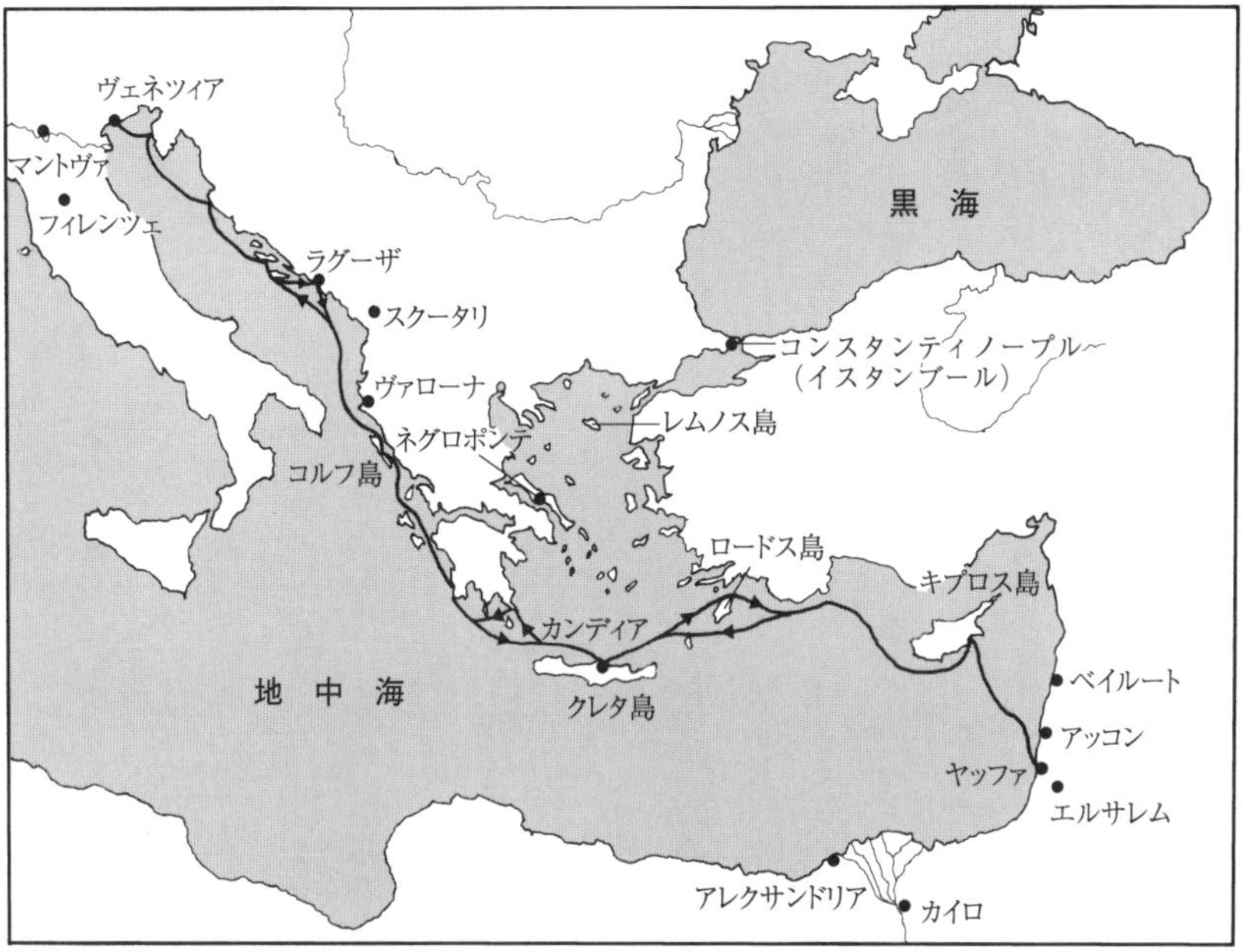

図3-1　アントニオ・ダ・クレマが乗船した巡礼船の航路（1486年）

は、著者の幅広い関心と好奇心は中世後期の巡礼記に一般的な特徴だ、ということで意見が一致している。この時代、巡礼記は古来の伝統を引き継ぎながらも、半ば私的旅行記ともいうべき内容を含み、独自の文学ジャンルを作りあげていた。ただ、「聖地巡礼記」というジャンル自体に確固とした研究史があるわけではないし、また回想録や地理書や旅行文学一般とどのように区別するかという問題もあろう。これらは、聖地エルサレムの「案内」あるいは「旅行報告」という点で一致しているものの、その内容は、たんなる道案内から半ば冒険談のようなものまで、さまざまだからである。また、未刊行のテキストもまだ多く、全体の見取り図がすでに描かれているわけではない。

しかし、そのような曖昧な点が残るにもかかわらず、やはりこれほど豊かな内容をもつテキストは、それ自体が魅力的な史料であろう。また、中世の地中海において、叙述的な旅の記録はほとんどが聖地にかんするものである。それゆえ、ここではこれらを題材にしたい。聖地巡礼記をひもとくことで、地中海を旅した人びととヨーロッパに残された人びとのあいだでどのような情報が伝達されたのか、あるいは伝達する必要があると考えられたのかを明らかにし、中世地中海における社会的コミュニケーションの一端を垣間みたい。もちろん巡礼記であるから、そこに宗教的要素、信仰心の証のようなものが含まれているのは当然であろう。が、ここでは巡礼の動機や信仰心を考察の対象とするのではなく、あくまでテキストとしての巡礼記とそこで伝えられる情報の種類、その社会的背景に焦点を絞って論じることにする。

二　エルサレム巡礼と聖地を巡る伝統的テキスト

巡礼記は長い伝統をもつジャンルである。それゆえ中世後期の著作を検討する場合でも、それらがたんなる過去のテキストの繰りかえしを越えて、どの程度当時の状況や著者の主観を反映したものになっているのか、という点に注意をはらわなければならない。じっさい旅人たちは、一から自分のオリジナルな旅日誌と聖地の印象を書き記すのではなく、たいていは先人の著作を参考にしていた。彼らは旅行の最中にメモを取り、帰還してからそれらをまとめるのが普通であったと思われるが、そのさい、過去の著作をそのまま引き写すこともあったのである。出発前にも書物であらかじめ知識を仕入れておいただろうし、聖書や簡易案内書の類を航海に携えていったことも考えられる。(3) そのため、どこまでが著者のオリジナルな文章で、どこからが他の巡礼記からの引用なのかを知ることはかなり難しい。そこで、まずはエルサレム巡礼とそれを巡るテキストの大きな流れを押さえ、一四、一五世紀のテキストがそれ以前のものにたいしてもつ独自性、またテキストの個性はどのような点に表れるのかを確認する。

三一三年ローマ皇帝がキリスト教を公認し、エルサレムに聖墳墓教会が設けられた。最初の「聖地巡礼記」ともいうべき『ボルドーからエルサレムまでの道中案内記』Itinerarium a Burdigala Hierusalem usque が書かれたのはこの二〇年後である。以後、ヨーロッパからはるばる聖書ゆかりの地に出かける巡礼は徐々に増えていき、Itineraria や Descriptiones と呼ばれる聖地巡礼のための「案内」が多く作られるようになった。Itineraria とはエルサレムに至るまでの道程を記した「道案内」のようなもの、Descriptiones はエルサレムやその近郊で訪問すべき聖なる場所についての詳しい「説明」である。例えば『ボルドーからエルサレムまでの道中案内記』では、聖地へ至るまで通過したガリア、イタリア、パンノニアなどの町々の名前とそのあいだの距離が記され、ローマの「道路案内」Itineraria 以来の古典的形態を示している。いっぽう、四世紀末の修道女エゲリアの巡礼記では、三年間のエルサレム滞在中に彼女が訪問した聖所や教会の数々、それにかんする聖書の逸話とそこで唱えた祈りとが、書簡の形を取って詳しく報告された。六世紀に、旧約、新約聖書の有名なエピソードに言及しながらパレスティナや他の聖所についての情報を寄せ集めた Breviarius de Hierosolyma が、某テオドシウスによってまとめられる。こうして、四～六世紀のあいだに、キリスト教徒のための巡礼案内の主作品が成立した。

七世紀イスラム教徒の侵攻が激しくなり、パレスティナ地方の安全が脅かされると、ヨーロッパのキリスト教徒にとってはローマが重要な巡礼地として浮上してくる。が、七世紀末のフランクの司教アルクウルフスや八世紀のアングロ・サクソン人ウィリバルドの例が示すように、聖地巡礼もけっして途絶えたわけではなかった。それどころか、ビザンツがアンティオキアを回復しハンガリーがキリスト教に改宗した一〇世紀末から、巡礼者の数は顕著に増加する。修道会を中心に巡礼向けの宿なども整備されはじめ、かなり大規模な巡礼の旅も企てられた(4)。テキストについては、この頃すでに「道案内」と「説明」が融合する傾向が始まっており、両者の区別は曖昧となっていた。十字軍がエルサレム王国を建設し、聖地がキリスト教徒の手に回復されると、巡礼熱はますます隆盛をみ、施設も充実する。ただ十字軍によって聖地がヨーロッパのキリスト教徒に身近になったものの、巡礼記自体はそれほど盛んに書かれたわけではない。むしろ、伝統的な「道案内」や「説明」のかわりに、軍事遠征の報告に主眼をおいた十字軍の足跡をたどるテキストが多く作られるようになった。

一三世紀後半はイスラムにたいするキリスト教徒の劣勢が明らかになった時代である。それに伴い、今度は聖地防衛を論じる著作が登場し始めた。この新しいジャンルは、一二九一年にアッコンが陥落すると、聖地奪回のための戦略を論じた書へと移行する。おおくの場合、著者は東方の事柄について直接的で幅広い知識をもった人物であって、パドヴァのフィデンツィオやヴェネツィアのマリン・サヌードなどイタリア人が多い。これらのテキストは、その戦術的性格のために、政治や地理に多くの分量を割り当てたことに特徴があった。が、さかんに書かれた時期は比較的短く、一三一〇年代、もはや聖地の回復が不可能だとわかると、その役割を終えてしまう。またサヌードの著作にも見られるように、地中海政治の見通しが変わるにつれて、当初の戦術的性格を失い、東方の商人や旅行者に情報を与えることを目的としたマニュアルに近くなっていった。

しかし、ここで獲得された政治や地理にたいする関心、また一三世紀後半から伝道や商業活動を通して培われた新しい世界にたいする興味は、確実に次の世代に引き継がれていったと思われる。例えば一三世紀末のドミニコ会修道士の Liber Peregrinationes は、著者の巡礼や小アジアでの伝道活動にもとづいて書かれたが、旅行をとおして出あった社会や文化にも、すでに注意が向けられている。メネストはこの書の内容について、「巡礼という中世のもっとも古典的制度に則った旅ではあるが、人びとや諸国を研究するために企てられた旅という点で、当時としてはもっとも新しい」と評価した。そして、このような方向は、次の世紀にはますます顕著になるのである。(5)

三　聖地巡礼「旅行」の時代

一四世紀前半の間に、西欧世界の対イスラム政策は外交交渉に転じた。やがてフランチェスコ会が聖地に定住権を獲得し、マムルーク朝のスルタンも公式に巡礼を認める。こうして、真に大規模な組織化された巡礼の時代が始まることになった。これ以後聖地における巡礼の世話は、フランチェスコ会がほぼ一手に引き受け、彼らは巡礼の一団を祈りと史跡めぐりの集団的実践へ案内する。(6) いっぽう、ヨーロッパからエルサレムへ至る行程も組織化された。これを引き受けたのは、東地中海に多くの植民地を持ち、各地へ船を送り出していたヴェネツィアである。

ヴェネツィア船はすでに一三世紀にも巡礼を輸送していた。が当時はまだ他に、ジェノヴァ、ピサ、アンコーナ、マルセイユなどの港もよく利用されていた。ところが、十字軍国家の消滅によって、マムルーク朝といち早く通商関係を確立したヴェネツィアの役割が急上昇する。アッコン陥落後間もない一三〇二年、教皇の禁止にもかかわらずマムルーク朝との貿易を早々に修復したヴェネツィアは、一三四四年、ついに教皇からエジプト貿易の許可を得て、直接アレクサンドリアに向かう船を出す。(7) イタリアからエルサレムに赴くルートは、陸路もしくは川でヴェネツィアに行き、そこから船でアレクサンドリアに、ナイル川をカイロまでさかのぼってシナイ半島を回りエルサレムに行くという、混合ルートが主流となった。一四世紀はまた、ヴェネツィアがガレー商船団による海外貿易の定期航海を確立した時代でもある。シリア行きの商船団に巡礼を同乗させるのは、ヴェネツィア政府にとっても、巡礼にとっても、あまり好ましいものではなかったのであろう。やがてヤッファとの間を往復する巡礼専用の船が準備されるようになる。この船はヴェネツィア貴族が私的に建造・運行していたが、航海には政府の認可が必要であった。(8) こうして、一五世紀中は一般に年二～三隻、年間四〇〇～五〇〇人の巡礼がヤッファに運ばれていた。巡礼はヴェネツィアに到着すると、船長と契約し、所定の前金を支払って自分の荷物とともに船に乗り込む。ヤッファに到着してからの上陸手続きや港からエルサレムまでのロバの手配などはすべて船長が行ない、巡礼の一団をエルサレムへと送り届ける。巡礼たちが各聖所の訪問を終えると、同じ船が港で待っていて、彼らはそれに乗り込んでヴェネツィアへ戻る(9)。

こうして一四世紀半ばから、巡礼のルートは商業のルートと一致し、もはや聖地は個人的に苦労してたどりつく場所ではなく、ヴェネツィアやフランチェスコ会がお膳立てした順路に従って訪れる場所になった。このような巡礼の形態の変化は、当然そこで書かれる巡礼記にも変化を与えたと考えられる。まず、数自体が圧倒的に多くなり、しかも従来のような聖職者によるラテン語の案内記にかわって、巡礼記が俗語で書かれるようになった。これには、読み書き文化の普及という時代的な背景と、行路の安定から巡礼自体の数が増加したという要因があろう。さらにダンセットは一四、一五世紀の巡礼記の特徴として、聖地における聖所遍歴の似通った描写を挙げている。彼らはお決まりのコースに従ってキリストの生涯に思いを馳せながらエルサレム市内や近郊の地を訪ね歩き、フランチェスコ会修道士に導かれて聖墳墓教会で祈り、瞑想した。キリストの足跡をたどる歩みとしての聖地巡礼、キリストの生涯にかんする主要なエピソードが知られる場所への関心は、一四世紀以前の巡礼記にはあまり見られない。おそらくこれらはフランチェスコ会の精神的導きによるものであり、この時期の巡礼記に見られる似通った記述は、フランチェスコ会編の聖地案内書から直接的な影響を受けているのであろう(10)。

しかし一部に画一化する記述はあるものの、より重要なのは、この時代、巡礼記の内容自体が非常に多様で興味深いものになるということである。ピントは、一四世紀半ばからかなりの旅の記録、とりわけ俗語で書かれた巡礼記はまったく新しい性格を帯びはじめると指摘した。これらは伝統的「道案内」や「説明」から離れて、同時代の文学ジャンルである「商売の手引き」や「覚書」に近くなるというのである。つまり商品情報や個人的逸話などが目立つということである。[11] また、必要経費など経済情報が豊富なのも、この時代の巡礼記の特徴である。[12]「商売の手引き」や「覚書」はイタリア人によって多数書かれたものであるから、この指摘は主にイタリア語で書かれた巡礼記に当てはまるものであろう。が、ヨーロッパ全体で見ても、この時代の著作は道順や宗教的実践以外の幅広い関心に彩られており、古い時代の「道案内」や「説明」からはほど遠い。経費の他にも多様な実用的情報、観光的記述、著者個人の体験や感想が豊富に組み込まれ、まさに我々が普通に考える「旅行記」に近くなるのである。カルディーニは、括弧付きではあるが、「宗教的ツーリズムの文学」という言葉さえ引いている。[13]

要するに、一四、一五世紀の巡礼記に含まれる種々の情報は、以下のように整理できるだろう。まず、巡礼記の道程や聖所ガイドの部分は中世の早い時期に成立し、若干変化はあるものの、基本的にはそれらが中世後期まで引き継がれていった。これらはいわば「聖地巡礼記」の「巡礼記」たる部分、核のようなものと言うことができる。つぎに、ナイル地方やシナイ半島の地理、異教徒の慣習にたいする興味も、当時の巡礼記に広く見られる現象であろう。これについては、巡礼者がその地に赴くことによって吸収した知識の他、一三世紀以来の旅行記や戦略書の影響なども考えられる。つまりこれらは、個人的ヴァリエーションはあってもさまざまな情報源が複雑に絡みあっていて、どこまでが一四・一五世紀の著者独自の内容なのか、その分析が難しい類の情報といえよう。最後に、観光的要素や実用的情報を主としたさまざまな非宗教的な事柄についての叙述部分が存在した。著者の観察や体験にもとづいて新しい要素が付け加わるのは、主にこの箇所である。これこそ、純粋に地中海を「旅する」ことによって直接すくいあげられた情報であった。

四　一四、一五世紀の巡礼記点描

一四、一五世紀にどのくらいの巡礼記が書かれたのであろうか。ダンセットのリストによると、これまで全部で四九人の巡礼記が刊行されている。さらにダンセットが「ガイド」として分類したもの[14]や、彼女の論文以降刊行されて筆者が入手した巡礼記を加えると、五八種類に達する（表3-1参照）。もちろん、じっさいに書かれた巡礼記はもっと多かったであろう。[15]なお、このリストにマンデヴィルの書が含まれていることには異論の向きもあろうが、他はほぼ現実の旅の記録であると思われる。では、これらの巡礼記はどのような新しい情報を含んでいるのであろうか。

一三四五～四六年に聖地を旅したフランチェスコ会修道士ニコロ・ダ・ポッジボンシ（ポッジボンシはフィレンツェ近郊の町）の『海の向こうについての本』Libro d'Oltremareは、その情報の豊かさと、おそらく俗語という表現の簡易さゆえによく普及した巡礼記である。[16]秩序だった教会の説明、行程、イスラム教徒に支払うべき通行税、エジプトやアラビアの地理、街の様子など幅広い内容を含んでおり、まさに網羅的な案内書であった。「キリンについて」という章もある。さらに聖地以外の情報も充実していた。例えばヴェネツィアにかんしては、運河や美しい家など観光案内書のような事柄が熱心に語られている。出発後まもなく出会った嵐については、周りの人びとの様子や自分の行動に多くの行数が費やされた。

海に出てまもなく逆風が吹いて我々は陸の方へ押し流された。帆を下げたが風は大変強く、帆を水のなかへ持ち去ってしまった。船長や商人たちはこれを見て、マリア様、助けてください、と叫び始めた。我々は力を

表3-1　14，15世紀の聖地巡礼記

	著　者	年　代		著　者	年　代
1	Ricold de Montcroix	1302頃	28	William Wey	1458～1462
2	Symon Semeonis	1323	29	Gabriele Capodilista	1458
3	Humbert de Dijon	1332	30	Louis de Rochechouart	1460
4	Jacques de Vérone	1335	31	Pierantonio Buondelmonti	1468
5	Ludolph von Suddheim	1336～1341	32	Anselmo Adorno	1470
6	Guillaume de Boldensele	1336	33	Maria Hippolyta da Calabria	1474
		～1341頃	34	Alessandro Filippo Rinuccini	1474
7	Rudolphe Framensberg	1346	35	Alessandro Ariosto	1475～1478
8	Fra Niccolo da Poggibonsi	1346～1350	36	著者名不詳	1480
9	Mandeville	1366(？)	37	Pierre Barbatre	1480
10	著者名不詳	1383	38	Félix Faber	1480～1483
11	Lionardo Frescobaldi	1384	39	Santo Brasca	1480
12	Giorgio Gucci	1384	40	Francesco Suriano	1481～1485
13	Simone Sigoli	1384			～1493
14	Thomas de Swinburne	1392			～1515
15	Nicolas da Martoni	1394	41	Frère Paul Walther	1482～1483
16	Anglure	1395	42	Bernhard von Breydenbach	1483
17	著者名不詳	1395	43	Girolamo Castiglione	1486
18	Ghillebert de Lannoy	1401,1421	44	Georges Lengherand	1486
19	Majory Kempe	1413	45	著者名不詳	1486
20	Nompar de Caumont	1418	46	Antonio da Crema	1486
21	Claude Mirebel	1419	47	Konrat Grünemberg	1486
		～1425(？)	48	Nicole Le Huen	1487
22	John Poloner	1422	49	Jean de Cucharmoys	1490
23	Mariano da Siena	1431	50	Philippe de Voisins	1490
24	Bertrandon de La Broquiere	1432～1433	51	Pietro Casola	1494
25	Pero Tahur	1435	52	Arnold von Harff	1496～1499
26	Jörg von Ehingen	1454	53-58	ガイド	14～15世紀
27	Roberto da Sanseverino	1458			

尽くしたが、なかには陸に打ちあげられそうになるのを見て泣いている人もいた。私はこれを見て気絶しそうであった。

またキプロス島付近でおそらく北アフリカの海賊船に出会ったとき、彼はヴェネツィア船のすばやい防備を賞賛したのち、船長が舵取りを励ます言葉まで逐一記した[17]。このような船旅最中の冒険談のような記述は、この後紹介する巡礼記にもよく見られる。当時のテキストのひとつの特徴的な側面を示しているといえる。なお、ニコロが聖地を訪問した時代には、まだヤッフ

ァへの定期便は出ておらず、聖地巡礼はかなり厳しいものであった。彼はヴェネツィアの商船でキプロスへ渡った後、船を乗り換えてヤッファにはいる。この港はまだ荒れ果てていて、見張りのイスラム教徒が数人いるだけであった。さらに彼には七名の同行者がいたが、その多くは旅の途中で死亡してしまう。このテキストは、組織化された巡礼旅行が始まる、まさにその入口の時代に書かれたのである。

ニコロから約四〇年後、アレクサンドリア航路も安定した頃、同じくフィレンツェ人であるフレスコバルディが巡礼記を書く。一三八四～八五年には複数のフィレンツェ人が北アフリカ経由で聖地を訪れているが、そのうち三人がそれぞれ記録を残した。(18) それぞれ力点の置き方や語り口は異なるが、総じてアレクサンドリアやカイロについての記述が詳しく、街の仕組み、食べ物、人びとの習慣、またキリンのようにヨーロッパ人にとって珍しい動物などを熱心に記している。そのなかでフレスコバルディのテキストがよく流布したのは、おそらくもっとも叙述性が高く、また旅行記として面白かったためであろう。例えば、カイロの棄教ヴェネツィア人通訳の話、アラブの役人が通行証を確かめに来た話など、当時の社会を映し出すさまざまなエピソードが彼の感想を交えて書きこまれている。また、巡礼を終えてヴェネツィアに到着したとき、元首をはじめ多くのヴェネツィア人の歓待を受けたことも書きとめられた。ただし、商品や費用についての抜け目ない情報を記しているグッチの巡礼記がもっとも興味深い、という見解もある。(19)

一五世紀には、シエナの司祭マリアーノ（一四三一年）、パドヴァの騎士カポディリスタ（一四五六年）など、フィレンツェ以外のイタリア人の巡礼記が書かれた。(20) さほど長いテキストではないが、両者とも個人的逸話にはこと欠かない。またカポディリスタの巡礼記にはキプロス女王の死など時事的情報も含まれている。末尾には、これから巡礼に出かける人のための簡単なアドヴァイスがつけ加えられた。一五世紀末の、ヴェネツィア人フランチェスコ会修道士スリアーノの巡礼記は、修道女の問いとそれにたいする修道士の答えという問答形式を取っていて、聖地やイスラム世界や信仰一般についての豊富な内容が含まれている。もっとも、そこには費用のリスト、道中の街の特産物の話なども記録されており、けっして宗教色一色ではない(21)。

これらの著者はいずれも聖職者か都市支配層の家柄に属す人物であって、巡礼記は社会の上層の人びとによって書かれる場合が多い。が、一四四一～四二年に聖地を訪れたフィレンツェの金細工師ルスティチのように、中流市民の記録も残っている。テキスト全部は刊行されていないため、ここでは手写本の紹介者の情報に頼らざるを得ない。それによると、このテキストは一風変わった体裁をとり、旅の話の他にもさまざまな余話が差し挟まれているという。創世記の話、フィレンツェの描写、体を健康に保つための方法についての覚え書き、家屋はどうあるべきかという話題、農業実務にかんする記録、自伝風のメモなどがふくまれていて、一冊の私製本のようになっている。彼がこの巡礼記を書いたのは、基本的に自分自身のためであることが推察できよう。じっさいルスティチ自身、執筆の動機として、人生の空しさに気づき、残りの日々を研究と瞑想に捧げたいと思ったと述べている。このようなテキストを「聖地巡礼記」に含めるかどうかは難しいところであるが、旅の行程、カイロの街の様子や通行証を受け取るためスルタンに支払う費用、聖墳墓教会をはじめとするエルサレムの聖所の描写など、聖地巡礼記に定番とも言える内容が中心を占めているので、ここで取りあげることに不都合はなかろう。じっさいの旅の記述部分では、エジプトからエルサレムに行く道中でアラブ人たちに珍しそうに眺められたことなどが生き生きと描かれている(22)。なお、同じフィレンツェ人で、しかも都市支配層の家に生まれた著者であっても、ブオンデルモンティの巡礼記のように短いものもある。ここでは、まず聖地旅行にかかる費用と主要な街間の距離のリストが掲載され、そのあとに聖地で訪問した場所についての簡単な説明が加えられた(23)。

活版印刷がイタリアに普及すると、巡礼記の出版も始まり、まず一四七五年頃ペルージャで先述のカポディリスタのテキストが印刷される。おそらくこの印刷本を参考に、冒頭で紹介したクレマのものと同じくらい興味深く、しかも出版によって多くの人に読まれたと考えられる巡礼記が登場した。著者は、一四八〇年に聖地を訪れたミラノの官吏サント・ブラスカである。帰国後間もない一四八一年二月にミラノで初版が出たほか、一四九七年に第二版、一五一七年に第三版が印刷された。ブラスカの巡礼記にかんしてまず気づくことは、クレマの書と同じように、寄港地の行政の仕組みや、最近その地でおこった戦いへの言及など、政治的な色彩の強い情報が豊富なことであろう。例えばラグーザでは城壁や塔などの防備施設を数字を挙げて細かく観察した後、この都市共和国の貢納義務について述べている。ヴェネツィアについては、ブラスカは、多くの他の巡礼のように運河や教会について語るよりも、統治機構や国立造船所の様子を詳しく述べる方を好んだ。(24) クレマもフェラーラ侯の城塞を通過したとき、これらが一四八三年のヴェネツィアとの戦いで破壊されたことに言及したり、ラグーザ共和国の貢納義務とその見返り、統治機構について詳細に記したりしている。(25) これらの情報はいたって正確であり、両者とも、おそらく土地の人びとないし情報通の船乗りたちに聞いたことが察せられる。彼らの巡礼記では、通過した重要な土地の政治状況について、正確で客観的な新情報が記録されたのであった。

このように、イタリア人の巡礼記では、経済情報のほか旅のなかでの個人的エピソードが多く、また一五世紀後半ではとりわけ政治的・時事的情報が目立ってきていることがわかるであろう。つぎに比較のため、アルプス以北の巡礼記を見てみよう。

一三九二年に聖地に赴いたイギリス人トーマス・ブリッグの巡礼記は、簡単な旅日誌のようなものである。たいていの段落は場所と出費のリストであって、ところどころ「同じく、同じ場所で我々は象を見た。非常に大きな動物である」といった記述が混在している。一三三七年のドイツ人修道士の手による巡礼記はもう少し詳しく、個人的逸話こそ少ないが、著者はエジプトで見たピラミッド、象やキリンに好奇心を示し、バナナのおいしさに感動している。[26] 一四一八年のフランス人、コーモンの領主の巡礼記は、ヴェネツィアではなくバルセロナから発ったために、マヨルカ島やサルデーニャ、シチリアなど、他の巡礼記ではあまり馴染みのない場所の記述が多い。[27]

一五世紀後半になると、活版印刷が発明されたこともあり、明らかに当初から出版を意図して書かれた巡礼記、またその内容の豊富さや特色ゆえ印刷によって広く普及した巡礼記が登場する。まず取りあげるべきは、ドイツのマインツ聖堂参事会員ブライデンバハのものであろう。彼の帰国の二年後、一四八六年に出版されたこの巡礼記は、同行の画家が描いたスケッチをもとにした木版画が挿入されていることが大きな特徴であり、版を重ねてよく普及した。内容自体も興味深く、案内書としても親切で、例えば、聖地の説明の他に、ヴェネツィア人船長とのあいだの船の契約内容も詳しく解説している。巻末には事項別に分類したドイツ語＝アラビア語の語彙集が付けられた。[28]

一四八六年、聖地に赴いたコンスタンツの騎士グリュネンベルクの巡礼記にも、同様の語彙集が見られる。なおグリュネンベルクは、ヤッファでエルサレムから派遣された書記が巡礼たちに渡した紙にアラビア語が書いてあったのを見つけて、それを写し取っている。[29] ウルムの修道院から旅立ったドミニコ会修道士ファブリも、将来の巡礼者のために自分の見たものを記そうと決心した一人である。彼の巡礼記は非常に大部の著作であり、彼が行なった二度の巡礼と、巡礼に旅立つまでの準備、ヴェネツィア人船長と交した契約、聖地で訪問すべき場所の他、巡礼終了後のヴェネツィアからウルム修道院への帰還の様子までが詳しく記された。[30] とりわけ特徴的なのは、海の様子、ガレー船の仕組みや規律、人びとが船上でどのように時間をすごしているかなど、いわゆる船旅の心構えやアドヴァイスが延々と記されていることであろう。この部分は三節に分けて説明されているが、船旅がどのようなものかという「多くの疑問」を前もって解決するためという前置きや、この三点を理解すれば「海を見たことがない人でも安心できるであろう」と述べているあたり、[31] 航海に慣れていないドイツ人への配慮がうかがえる。

イギリス人の巡礼記で詳しいのは、一四五八年に聖地巡礼を行なったウェイのテキストである。ここでは、貨幣換算表の他にギリシア語とヘブライ後の単語リストが添えられている。この巡礼記は、一四九八年にイギリスで出版された『聖地へ赴く巡礼のための情報』と題されたガイドブックの母胎となった。ここでは叙述的な性格は薄まっているが、イギリスから聖地へ行くためのいくつかの代表的ルート、巡礼が見るべき場所のリスト、旅行のさいの注意事項、簡単な会話集が盛りこまれており、まさにこれは「旅の包括的案内書」であった。[32] 印刷時代の「巡礼記」の一つの進むべき方向を示しているともいえる。

以上、一五編ほど紹介を試みたが、総じて聖所の説明や行程の記述を核としながらも、費用・旅先での興味深いことがらや経験・個人的感想・後進へのアドヴァイスなどがそれぞれ特徴を持って記されている。この時代の巡礼記の著者たちは、みずからの旅の経験を通して得たさまざまな新しい情報を提供していたのであった。

しかし簡単な巡礼記はともかくとして、詳細であって、かつ著者の個性がよくあらわれている巡礼記にかんしていえば、アルプス以北の人が書いた著作とイタリア人のもので、関心の方向性に少しちがいがあるように思われる。つまり、これから巡礼をする人のための「案内」を第一と考えた反復可能な情報が充実しているか、それとも、じっさいの旅の途上での自分の個人的体験やそこで見聞きした地中海情勢など、そのときかぎりの情報に力点が置かれているかというちがいである。そこで次に、地中海を旅した巡礼記の著者たちはなぜこのような情報に興味を持ったのか、それはヨーロッパに残された人びとにどの程度伝わったのか、また巡礼記の著者にこのような情報の収集を強いた、あるいは可能にした社会的背景は何か、について考えてみたい。

五　一五世紀の地中海世界と情報

まず断っておかなければならないのは、さきに述べた情報の二大種別はあくまで原則的な分類であって、現実のテキストの関心は、けっしてどちらか一方に固定されるわけではない、ということである。ミラノの官吏サント・ブラスカは、巡礼に行くための心構えとして、遺言書を書いておくこと、少なくとも一五〇ドゥカートは準備することなどを述べた後、「ヴェネツィアの港を利用するのが便利である」、「ゆれにくいのでガレー船の真ん中あたりに席を取るのがよい」、「危険なのでサラセン人と信仰の問題について議論してはならない」などのアドヴァイスを与えている。(33)先に紹介したファブリは、最初の巡礼旅行のさい、トルコの脅威のため船を聖地まで運行するか否かについてヴェネツィアやコルフ島で議論があったことを、生き生きと描いた。(34)またイタリア人の俗語巡礼記は経済情報に詳しいが、これは次の旅行者のための反復可能な「情報ソースブック」として理解できるであろう。

ただ、船旅のアドヴァイスや簡単な語彙集など「旅の実用ガイドブック」としての要素が発達したのは、やはりアルプス以北といってよいのではなかろうか。例えば語彙集は、あまり必要性を感じなかったためか、イタリア人の巡礼記にはほとんど登場しない。(35)船旅の情報にしても、いともあっさりしたブラスカの忠告に比べれば、ブライデンバハやファブリの説明はよほど丁寧である。船旅に縁のないドイツ人たちにとっては、このような情報が重宝されたのであろう。イギリスの『聖地へ赴く巡礼のための情報』にも、船長との契約内容についての詳しいアドヴァイスが添えられた。さらにこのガイドでは、イギリスとは気候も食物もかなり異なる地中海世界での、さまざまな健康上の忠告も並べられている。(36)地中海世界に馴染みがないイギリス人たちにとっては、聖地に巡礼するにあたって、まずイタリアから船に乗るという行為自体が、さまざまな親切な情報を必要とする冒険なのであった。巡礼記の著者は当然そのような情報に興味をもったし、またそれらを記すことによって読者の便宜をはかろうとしたのである。出版が意図され、しかもよく普及したアルプス以北の巡礼記に「旅の実用ガイドブック」としての要素が発達したことは、これらの地方でこのような情報が必要とされていた証拠である。一四九八年の『聖地へ赴く巡礼のための情報』は、巡礼記を母胎としながらも、アルプス以北で望まれた情報に特化し、印刷によって多くの人に普及することをめざした新しいタイプのテキストであったと推察できる。

いっぽう、イタリア人が書いた巡礼記とくに俗語のテキストは、親切な「旅の実用ガイドブック」に労力が費やされない分、他の要素が詳しくなっているように思われる。それは時には人文主義的関心に彩られたギリシア神話やローマの偉業の解説であったりするが、やはり管見の限りでは、冒険談的要素や地中海情勢にかんする内容が相対的に盛りだくさんだという印象がある。以下では、これらの特徴について情報の伝達や社会背景の面から考えてみることにしたい。

まず個人的逸話の豊かさは、「物書き商人の文化」の文脈で理解できるであろう。よく言われるように、当時のイタリアでは都市の商人層を中心に読み書き教育が普及していた。聖地巡礼旅行はかなりの出費を要するものであったため、巡礼記の著者には社会の中・上層に属する人が多く[37]、彼らは当然それなりの教養を身につけていたのである。さらにフィレンツェでは「覚書」が多数書かれていたし、フィレンツェに限らず市民のあいだで本の貸借も行なわれ、ペトラルカのようないわゆる文学作品も広く読まれていた[38]。このようなジャンルに馴染み深いため、彼らが旅の最中の印象深い出来事を生き生きとつづったということはあろう。また、言うまでもなく、イタリアは長らく東方と活発な接触をもっていた。多くの同胞が商業活動のため、あるいは外交や布教のため地中海を渡っているイタリア人にとっては、地中海情勢自体が身近な興味ある問題であったにちがいない。みずからも商売に手を染めたり、商人家系の出身であることが多いイタリア人巡礼にとっては、各港での商業活動の様子も目を引いたであろう。じっさい、イタリアでは一四世紀以前の段階から「商売の手引き」や「航海案内書」の類が流布し始めていたようである[39]。この点、アルプス以北の巡礼者と興味の方向が異なる大きな理由だと思われる。しかし、それだけではこのように豊富な内容の、とくに時事的情報に富んだ巡礼記の背景説明としては不十分であろう。なぜなら、そこには情報の収集という問題があるからである。

イタリア人巡礼にこのような幅広い情報の収集を可能にした要因として、まず思い浮かぶのが言葉の問題である。先にも述べたように、この時期、巡礼はほとんどがヴェネツィア船でヤッファに運ばれ、そこから陸路でエルサレムに向かっていた。寄港地の大半がヴェネツィアの植民地であり、ヤッファからエルサレムに行くために必要なマムルーク朝の通行許可証も、ヴェネツィアが巡礼のために準備していたのである。さまざまな方言はあるにしても取りあえず彼らはイタリア語を理解するので、海賊船と出会ったさいの船長の言動や船の航路を巡る議論などは、イタリア人の巡礼には楽に理解できたであろう。また地中海では各地にイタリア商人が散在している。エジプト周りでエルサレムにいく場合の下船地、アレクサンドリアには、いっとき五〇人を越すイタリア商人が駐留していた(40)。これら商人と情報交換することも、ごく普通に行なわれていたと考えられる。例えば金細工師ルスティチは、カイロでフィレンツェ出身の金細工師の家に宿泊した(41)。ブラスカは、自分がじっさいに行っていないカイロを記述するにさいして、「そこに行ったことのある多くのヴェネツィア商人から聞いたところによると、政治生活においても、風俗や壮麗さにおいても、面積と人口の莫大さにおいても、ミラノやヴェネツィアの比ではない」と述べている(42)。さらに彼らは現地の言葉もある程度できたとも考えられるのである。ブラスカの忠告に「サラセン人と信仰の問題で議論するな」とあったことを、思い出しておこう。ヤッファ以降は通訳が付くのが一般的であったため(43)、すべてのイタリア人巡礼たちに「サラセン人と信仰の問題について議論する」ような語学能力があったかどうかはわからない。ただ、現地に滞在したことのある修道士はアラビア語のなにがしかができたであろうし(44)、エルサレム在住のアルメニア人などのなかにはイタリア語を話す者もいたであろう(45)。またギリシア語でやり取りをする場合もあった(46)。イタリア人の巡礼たちは、船上でも途中の寄港地でも、さらに聖地でもさまざまな新しい情報を仕入れることができたのである。これらを、彼らが自分の巡礼に記したとしても、なんら不思議はない。イタリア人はたしかに情報収集の面で恵まれていたのであった。

さらに加えて、クレマやブラスカの巡礼記に政治状況にかんする記述が多いのは、彼らの職業的な経験が大きな影響を及ぼしていると考えられる。巡礼に旅立ったとき三〇代半ばであったブラスカはミラノ公国の通常収入部に勤める書記官であり、帰国後も、もとの役職に復帰、晩年は各国への大使として活躍する。ブラスカより一〇歳ほど年長のクレマは、マントヴァ侯に仕える家柄の出であり、各地のポデスタを歴任し、マントヴァとヴェネツィアとの緊張が高まった一四八〇年頃には、駐在地であるセルミデから侯に逐一報告を行なった。官吏としての経験によって培われた関心と観察眼は、通過する場所の政治状況やそこで得た地中海情勢にかんする情報を逃さず捉えたであろう。そして彼らは、巡礼記を書くことによってそれを本国の人びとに伝えようとしたのである。

また彼らが旅したときは、地中海自体にもそのような情報が満ちていた。両者の巡礼記に政治的情報の記述が多いもう一つの理由として、当時の緊迫した地中海情勢を挙げることができる。一四五三年コンスタンティノープルを陥落させてビザンツ帝国を滅ぼしたトルコ（オスマン帝国）は、いよいよ本格的に東地中海のヴェネツィア植民地と対峙するようになった。ヴェネツィアは、一五世紀初以来ロンバルディアに向けて勢力を伸張しミラノと衝突していたが、東方での新たな展開にたいしミラノといったん平和条約を結んで、海外領土の防衛強化と要塞化に乗り出す。しかしトルコの勢いは止まることなく、一四七〇年ネグロポンテが陸路より攻撃されて陥落する。一四七七、八年にはフリウリ地方にまでトルコの軍隊が攻め入り、一四七九年ヴェネツィアはレムノス、スクータリなどをトルコに譲ることを条件に和平を締結する。この条約でヴェネツィアはオスマン帝国内での通商を保証してもらうために、毎年一万ドゥカートを貢納することも認めなければならなかった。このような状況下で、地中海を航行するヴェネツィア船にとって、トルコの動静は緊急情報だったのである。

いっぽう、経済面からみれば、一五世紀はむしろヴェネツィアの東地中海植民地の繁栄期であった。じつは、一四世紀末からヴェネツィアの植民地は拡大・発展していた。これは、トルコの進出によりエーゲ海の小領主がヴェネツィアに保護を求めたことや、ギリシア人との共存が進んだことなどが大きく影響している。トルコによる征服もそれほど深刻ではなかった一五世紀前半、これらの植民地はしばしの平和を享受し開発も進んだ。例えばクレタでは、人口が増え、穀物・ブドウなどの農業生産が増大し、ヴェネツィアの財政を支える重要な役割をはたすようになっている。一四八九年以降ヴェネツィアの植民地となるキプロス島は、砂糖や綿の供給地として重要であった。他にもさまざまな物資が各地を往来していたし、それらを輸送するため帆船やガレー船が運行していた[47]。こうして政治的緊張と経済的繁栄が共存する東地中海では、商品だけでなく、情報も頻繁に行き交うことになったのである。地中海自体が情報の伝わりやすい空間を創出していたと言えよう。

ブラスカやクレマの記述はいかに各港で、あるいは海上でトルコにかんする情報が伝えられていたかを明らかにしている[48]。コルフに到着したブラスカの一行は、二二隻のガレー船の船団長ヴィットーリオ・ソランツォから、トルコの船団がロードス島を包囲しているので聖地に行くのはやめた方がよいと聞かされた。クレマの参加した一団も、クルツォラ島でレヴァントから到着した船に、「トルコがヴァローナに軍隊を集結させているが、コンスタンティノープルに向かう二隻のヴェネツィアのガレー商船がそこを通過することになっている」と告げられたため、沈痛な面もちになっている。ブラスカの記述を追っていくと、地中海でどのように情報が伝わっていたかがよくわかる。まず、彼らはコルフで先の船長の助言に従い、カンディアから到着するガレー船が持ってくる新しい情報を待つことにした。七日後船が到着し、この船は「ロードス島で二隻のヴェネツィア船が帆を下げなかったために、トルコにとらえられたが、何事もなく解放された」という情報をもたらす。ここで重要なのは、ロードス島での出来事がクレタに伝わり、それがまたコルフに運ばれていることもさることながら、新たな情報の到着がコルフで前もってわかっているということであろう。さて、この情報を得た彼らはいくぶん安心して出航し、クレタ島に向かうが、カンディアの港につくとふたたびロードス島の情勢についてたずねており、トルコとロードス島の戦いの様子について具体的に教えられる。さらにブラスカの船は帰路、ロードス島からキプロスに向かうヴェネツィアのガレー船と出会うが、この船は巡礼船を見つけると全速力で近づいてきて、ロードス島がトルコの包囲から解き放たれたことを告げた。こうしてロードス島包囲という緊急時において、ヴェネツィアの船はたんに本国に報告を行なうだけでなく、寄港地や海上で出会うあらゆる自国船にできるだけ早く情報を伝えようとしていたのである。

また特別トルコの動きが無くても、ふだんから船同士の直接の情報交換は行なわれていたようである。クレタ島に到着したクレマの一行は、カンディアの港に向かう途中、夜回りの最中のヴェネツィアの武装船に出あった。このクレタの巡視船は、ヴェネツィアからはるばる到着した巡礼船にたいして、彼らの誰かへ宛てた手紙がないかとたずねている。こうして地中海ではつねに新しい情報が行き来していたのであった。もともと官吏であるクレマやブラスカは、このような状況で積極的に各地の政治情勢をたずね、トルコの動静に気を配ったであろう。そして、ブラスカの巡礼記が帰国後すぐに出版されていること、クレマがマントヴァ侯に献じるつもりで巡礼記を執筆したことは、おそらくイタリアでも伝統的な「聖地への案内」の他に、そのような情報が待ち望まれていたことを示唆しているのである。

ここまで、一四、一五世紀の聖地巡礼記が提供する新しい情報と、そのような情報の収集を可能にした社会的背景について考察してきた。信仰の証であるはずの聖地巡礼ではあったが、巡礼旅行が組織化された中世後期においては、巡礼記をとおして「巡礼」や「信仰」とは直接関係のないさまざまな情報がヨーロッパに伝えられていたのである。ひとつにはそれは「観光」的な情報であったろう。このような旅人のメンタリティの変化にかんしては、ここでは十分論じることはできない。しかし、当時の地中海の状況と、それにたいする著者および読者の性格から必然的に発達した種類の情報もある。それは、アルプス以北の人びとにとってはイタリアから始まる地中海への旅の案内であり、イタリアの人びとにとっては地中海の時事的情報であった。巡礼旅行が組織化されればされるほど、一種のマニュアルのようなものが作りやすくなるし、また一般の人が聖地に赴きやすくなるために、マニュアルの需要も増加する。一五世紀末のドイツやイギリスの巡礼記は、まさにその要求に添ったものだと言えるであろう。

いっぽう、すでに航海や商売のためのマニュアルをひとつの独立したジャンルとして形成しつつあったイタリアでは、他の要素が巡礼記で目立つこととなった。それは一回一回の航海で更新される著者自身の体験にもとづく情報である。地中海には至る所にイタリア人が出向いており、彼らのあいだをヴェネツィアを初めとするキリスト教徒の船が往来していた。経済交流は活発に行なわれ、アルメニア人や棄教イタリア人などさまざまな種類の人との接触があった。商人の家系に属したり、あるいは都市国家の官吏であったりするイタリア人の巡礼たちは、ここから新しい情報をすくい上げ、それをみずからの巡礼記に記し、そうすることでさらに同胞のイタリア人にたいして地中海を身近なものとしていたのである。一四、一五世紀の巡礼記にあらわれた情報の種類の幅広さは、当時の地中海で行き交っていた情報の幅広さをそのまま映し出していると言えるであろう。ただし量的には、巡礼記がすくい取ったのは、地中海で行き交った情報の一部であるし、巡礼記自体も、このような情報伝達機関のわずかな部分を占めるにすぎない。「商売の手引き」、航海案内書、さまざまな外交文書、商人の手紙など、他にも中世地中海のコミュニケーションを体現する事例は多々ある。一四、一五世紀の巡礼記は過去からの巡礼記の流れに連なると同時に、これら中世地中海を彩るさまざまなジャンルのテキストの一部でもあった。

最後に一六世紀の展開について述べておこう。地中海や東方にかんする情報を満載した巡礼記は、次の時代には引き継がれなかった。フランチェスコ会とヴェネツィアのタイアップによって実現したこの一種の団体巡礼旅行も、オスマン帝国の進出によって消えてしまう。マムルーク朝が滅びた一五一七年、奇しくもドイツではルターが『九五箇条』を公にし、巡礼船は過去のものとなりつつあった。それとともに、巡礼記もあまり書かれなくなる。私的旅行記ともいえる聖地巡礼記の最盛期は一五世紀で幕を閉じてしまうのである。たしかに、ニコロ・ダ・ポッジボンシのテキストが一五〇〇年ボローニャで初めて印刷されているように[49]、すでに書かれたものの出版活動は、ある程度は続いたが、それらは一五世紀末から飛躍的に増加する出版物のわずかな部位を占めるにすぎなかった。一六世紀のヴェネツィアでは出版業が繁栄するが、すでに巡礼船の定期便の途絶えたヴェネツィアでは、巡礼記自体の出版が盛んになるわけでもないし、巡礼相手のガイドブックを大量に印刷しようという試みもなされなかったようである[50]。むしろ象徴的なのは、一五三六年にトルコの情勢についての一種の「新聞」のようなものが印刷されたことであろう。地中海情勢の変化とともに、巡礼記のなかの時事的情報・政治的情報が独立して、新たなメディアの文脈におかれるようになった、ということであろうか[51]。

調査されるべき史料、他の時代とのより確実な比較など、深められるべき問題は多々残っているであろう。が、一四、一五世紀は、主にイタリア人の活躍を通じて、まさに地中海がひとつの特徴的なコミュニケーション空間を作りあげていた時代だと言えるのではなかろうか。冒頭で紹介したクレマの巡礼記は、その典型的な現れであると捉えたい。

註

（1）印刷術が巡礼記に与えた影響については、はっきりしたことは言えない。活版印刷が盛んになる頃にはすでに巡礼船が衰退すること、手写本が印刷に回される場合もあることなどが、その理由である。

（2）Antonio da Crema, *Itinerario al Santo Sepolcro 1486*, a cura di G. Nori, Pisa, 1996. 本書の構成などは、筆者による『史林』八一―三、一九九八年の紹介を参照。

（3）J. Richard, *Les récits de voyages et de pèlerinages*, Louvain, 1981, pp. 39-42; *Viaggio in Terra Santa di Santo Brasca 1480 con l'Itinerario di Gabriele Capodilista 1458*, a cura di A. L. M. Lepschy, Milano, 1966, pp. 31-38.

（4）一〇六四年にドイツの司教によって導かれた巡礼の旅は、約七〇〇〇人の男女からなるものだったと言われている。エリック・リード（伊藤誓訳）『旅の思想史』（法政大学出版局、一九九三年）、一九三ページ。

（5）以上の記述には主に、F. Cardini, *Il pellegrinaggio. Una dimensione della vita medievale*, Roma, 1996; R. Stopani, *Le vie di Pellegrinaggio del Medioevo. Gli itinerari per Roma, Gerusalemme, Compostella*, Firenze, 1991, pp. 7-40; D. R. Howard, *Writers and Pilgrims. Medieval Pilgrimage, Narratives and their Posterity*, Berkeley and Los Angeles, 1980; E. Menestò, “Relazioni di viaggi e di ambasciatori”, in AA. VV., *Lo spazio letterario del Medioevo 1. Il Medioevo latino*, vol. I *La produzione del testo*, tom. II, Salerno, 1993, pp. 535-600; レーモン・ウルセル（田辺保訳）『中世の巡礼たち——人と道と聖堂と』（みすず書房、一九八七年）、ノルベルト・オーラー（藤代幸一訳）『中世の旅』（法政大学出版局、一九八九年）を利用、J. Richard, *Les récits de voyages et de pèlerinages*; D. R. Bohler (dir.), *Croisades et pèlerinages*, Paris, 1997; アモス・エロン（村田靖子訳）『エルサレム』（法政大学出版局、一九九八年）、ライオネル・カッソン（小林雅夫監訳）『古代の旅の物語』（原書房、一九九八年）を参照。なお最近、聖地巡礼の個別具体例について、足立広明「古代末期のキリスト教巡礼と女性——エゲリアの場合」、松本栄三「ロシア人の東方聖地『巡礼』——中世の旅行記から」（ともに歴史学研究会編『地中海世界史4　巡礼と民衆信仰』〈青木書店、一九九九年〉）の詳論が出ている。

（6）B. Dansette, “Les pèlerinage occidentaux en Terre Sainte: une pratique de la 〈Devotion Moderne〉 à la fin du Moyen Age? Relation inédite d'un pèlerinage effectué en 1486”, *Archivum Franciscanum Historicum* 72, 1979, pp. 106-122.

（7）F. C. Lane, *Venice. A Maritime Republic*, Baltimore and London, 1973, p. 130.

（8）一四四一年から一〇年だけは、政府による入札システムがとられた。なおヴェネツィア政府は商品と巡礼の混合を何度か禁止する布告を出しているが、実際問題として、巡礼船への商品の積み込み、商船への巡礼の同乗はしばしば行なわれていたようである。

（9）ヴェネツィアの巡礼船運行については、U. Tucci, *I servici marittimi veneziani per il pellegrinaggio in Terrasanta nel Medioevo*, Vicenza, 1991 がさまざまな問題を網羅的に扱っている。また、D. Jacoby, “Pelerinage médiéval et sanctuaires de Terre Sainte: la perspective vénitienne", in *Studies on the Crusader States and on Venetian Expansion*, London, 1989 (Var. Rip.), IV, pp. 27-58 は十字軍から一六世紀始めまでの巡礼の動きを、ヴェネツィアを中心に広く概説している。

(10) B. Dansette, "Les pèlerinage occidentaux en Terre Sainte", p. 117f., p. 122f.

(11) 「商売の手引き」については、大黒俊二「『商売の手引き』、あるいは中世イタリア商人の『実務百科』」中村賢二郎編『都市の社会史』（ミネルヴァ書房、一九八三年）、二四四―二六九ページ、M. Cortelazzo, "La cultura mercantile e marinaresca", in AA. VV., *Storia della cultura veneta* I, *Dalle origini al Trecento*, Vicenza, 1976, pp. 673-677.「覚書」については、徳橋曜「中世イタリア商人の覚書」『地中海学研究』一五、一九九二年、九七―一二一ページ。

(12) G. Pinto, "I costi del pellegrinaggio in Terrasanta nel secoli XIV e XV (dai resoconti dei viaggiatori italiani)", in *Toscana e Terrasanta nel Medioevo*, a cura di F. Cardini, Firenze, 1982, p. 258f.

(13) F. Cardini, Il pellegrinaggio, p. 136f.

(14) 筆者が参照し得た唯一の「ガイド」は、あるフランチェスコ会修道士によって書かれた *Itinerarium terrae sancte promissionis* である。これは旅行の報告ではなく聖地の客観的な地理的説明になっている。Ch. Kohler, "Description de la Terre Sainte par un Franciscain, vers 1465", *Revues de l'Orient Latin* 12, 1909. 他のガイドがどのようなものかはわからないが、おそらく著者の足跡や旅行の様子が記されていない、伝統的な「説明」に似通ったテキストであろうと推察できる。

(15) F. Cardini, *Il pellegrinaggio*, p. 137f. また一一〇〇年から一五〇〇年までのエルサレム巡礼にかんする話は、五二六残っているという。D. R. Howard, *Writers and Pilgrims*, p. 17.

(16) 確実に一五程度の手写本が存在する。また、作者不詳や偽名の巡礼記の多くは、本書の改作や要約であった。F. Cardini, *Il pellegrinaggio*, p. 140.

(17) *Libro d'oltramare di fra Nicolò da Poggibonsi pubblicato da Alberto Bacchi della Lega*, Scelta di curiosità letterarie inedite o rare dal secolo XIII al XIX, Bologna, 1968, pp. 1-28.

(18) *Viaggi in Terra Santa di Lionardo Frescobaldi e d'altri del secolo XIV*, a cura di G. Barbera, Firenze, 1862; L. Frescobaldi-S. Sigoli, *Viaggi in Terrasanta*, a cura di C. Angelini, Firenze, 1944.

(19) F. Cardini, *Il pellegrinaggio*, p. 143.

(20) 順に、Mariano da Siena, *Viaggio fatto al Santo Sepolcro 1431*, a cura di P. Pirillo, Pisa, 1991; "L'itinerario di Capodilista", in *Viaggio in Terra Santa di Santo Brasca*.

(21) *Il trattato di Terra Santa e dell'Oriente di Frate Francesco Suriano. Missionario e viaggiatore del secolo XV (Siria, Palestina, Arabia, Egitto, Abissinia, ecc.)*, a cura di G. Golubovich, Milano, 1900.

(22) L. Gai, "La 〈Dimostrazione dell'andata del Santo Sepolcro〉 di Marco di Baltolommeo Rustici fiorentino (1441-42)", in *Toscana e Terrasanta nel Medioevo*, a cura di F. Cardini, Firenze, 1982, pp. 189-233.

(23) "L'itinerario di Piero Antonio Buondelmonti. Viaggio al Santo Sepolcro del 1468 e del 1474", in Alessandro di Filippo Rinuccini, *Sanctissimo Peregrinaggio del Santo Sepolcro 1474*, a cura di A. Calamai, Pisa, 1993, pp. 245-265.

(24) *Viaggio in Terra Santa di Santo Brasca*, pp. 48-51, 58.

(25) Antonio da Crema, *Itinerario*, pp. 32, 42f.

(26) D. R. Howard, *Writers and Pilgrims*, pp. 18, 29-31.

(27) Seigneur de Caumont, *Voyage d'oultremer en Jhérusalem*, Slatkine Reprints, Genève, 1975.

(28) オーラー『前掲書』四一七―四二六ページ、D. R. Howard, *Writers and Pilgrims*, p. 35f.

(29) ただし、アラビア語を逆さまに写していた。*Ritter Grünembergs Pilgerfahrt ins heilige Land 1486*, ed. by J. Goldfriedrich-W. Franzel, Leipzig, 1912, p. 68.

(30) D. R. Howard, *Writers and Pilgrims*, pp. 38-49.

(31) *Fratris Felicis Fabri evagatorium in Terrae Sanctae, Arabiae et Egypti Peregrinationem*, ed. by C. D. Hassler, Stuttgart, vol. 1, 1843, p. 107. 本書には英訳および仏訳があるが、今回は参照できなかった。

(32) D. R. Howard, *Writers and Pilgrims*, pp. 20-25.

(33) *Viaggio in Terra Santa di Santo Brasca*, pp. 128-130.
(34) *Fratris Felicis Fabri* vol. 1, pp. 32, 36-39.
(35) トルコ語やギリシア語とイタリア語の語彙集は、それ自体独立した印刷本として出回っていたようである。M. Cortelazzo, “La cultura mercantile e marinaresca”, pp. 689-691.
(36) D. R. Howard, *Writers and Pilgrims*, p. 22f.
(37) 旅行に必要な費用は、乗船料・食費・聖地での通行料やロバを借りる代金・イスラム教徒への貢納金など、あわせて五〇ドゥカート前後である。当時のヴェネツィアの高級船員の一カ月の給料が六ドゥカートであったというから、普通の労働者にはなかなか手の届かぬ金額であったろう。費用および当時の物価については、U. Tucci, *I servici marittimi veneziani*, pp. 23-25.
(38) G. Ciappelli, “Libri e lettere a Firenze nel XV secolo”, *Rinascimento* 29, 1989, p. 286; M. Zorzi, “Dal manoscritto al libro”, in *Storia di Venezia* IV. *Il Rinascimento, politica e cultura*, a cura di A. Tenenti e U. Tucci, Roma, 1996, pp. 824-828.
(39) M. Cortelazzo, “La cultura mercantile e marinaresca”, pp. 674, 685f.
(40) E. Ashtor, “Il commercio levantino di Ancona nel basso medioevo”, *Rivista storica italiana* 88, 1976, p. 225f.
(41) L. Gai, “La 〈Dimostrazione〉”, p. 203.
(42) *Viaggio in Terra Santa di Santo Brasca*, p. 142.
(43) 巡礼記には turcimanno と称される通訳がよく登場する。Cf. *Viaggio in Terra Santa di Santo Brasca*, p. 70f.; Alessandro di Filippo Rinuccini, *Sanctissimo Peregrinaggio del Santo Sepolcro 1474*, p. 64.
(44) Antonio da Crema, *Itinerario*, p. 90f.
(45) ヴェネツィア人が彼らの言葉を解したのかもしれない。いずれにせよ「ガレー船の乗組員のニコラオというものが牛乳を買おうとして一人のムスリムと口論になった」という記述や、アルメニア人の案内でモスクの内部を見せてもらったという記述など、通訳なしのやりとりがうかがえる。Antonio da Crema, *Itinerario*, pp. 109, 113.
(46) フィレンツェの修道士はロードス島で「ギリシア語をよく話し、解する」スラブ人に案内をしてもらっている。

Alessandro di Filippo Rinuccini, *Sanctissimo Peregrinaggio del Santo Sepolcro 1474*, p. 77.

(47) ヴェネツィアの東地中海植民地の動静にかんしては、Thiriet, F., *La Romanie vénitienne au Moyen Age: Le développment et l'exploitation du domain colonial vénitien (xiie-xve siècle)*, Paris, 1975 (1st ed. 1959), pp. 352-439; G. Gullino, "Le frontiere navali", in *Storia di Venezia* IV が有用。また、齊藤寛海「中世後期における地中海商業」歴史学研究会編『地中海世界史3　ネットワークの中の地中海』(青木書店、一九九九年)も参考になる。

(48) *Viaggio in Terra Santa di Santo Brasca*, pp. 59, 60, 62, 120f.; Antonio da Crema, *Itinerario*, pp. 41, 72. 船同士の情報交換は、ドイツ人巡礼も目撃している。J. M. Pastré, "La circulation des nouvelles entre l'Allemagne et l'Orient: Ce que nous apprennent les récits de voyage allemands de la fin du XVe siècle", in *La circulation des nouvelles au Moyen Age*, Paris, 1994, p. 125.

(49) *Viaggio in Terra Santa di Santo Brasca*, pp. 34-36.

(50) Cf. M. Zorzi, "Dal manoscritto al libro"; A. Quondam, "La letteratura in tipografia", in AA. VV. *Letteratura italiana*, vol. 2, *produzione e consumo*, Torino, 1983, pp. 584-586; C. F. Bareggi, "L'editoria veneziana fra '500 e '600", in *Storia di Venezia* VI, *Dal Rinascimento al Barocco*, a cura di G. Cozzi e P. Prodi, Roma, 1994, pp. 615-648.

(51) M. Zorzi, "La circolazione del libro. Biblioteche private e pubbliche", in *Storia di Venezia* VI, p. 590. ただし政治的事件やある都市の出来事を印刷した「新聞」のようなものは一五世紀後半すでに作られているし、手書きのものはさらに前世紀にも存在した。U. Bellocchi, *Storia del giornalismo italiano*, vol. 1, Bologna, 1974, pp. 88-102.

第4章　地の果ての外交

――一六世紀のモルッカ諸島とポルトガル

合田昌史

一　極楽島の招く海

インドネシア共和国の東部、スラウェシからニューギニアにかけてモルッカ（マルク）諸島あるいは香料諸島と呼ばれる島々がある。かつてこの群島はヨーロッパ人の欲望の対象であった。彼らを地球の反対側から引き寄せたのはこの地にのみ自生するきわめて高価な香料である。一六世紀初頭マラッカに滞在していたポルトガル人トメ・ピレスは次のようなマレー商人の言葉を引用している。「神は白檀のためにティモール島を、荳蔻花のためにバンダ諸島を、丁字のためにマルコ［モルッカ］諸島を造りたもうた。世界で他のどこにもこれらの品々は見つからない。(1)」当時モルッカ諸島はハルマヘラ島の西岸沿いに赤道をはさんで北から南に並ぶ五つの小さな島、テルナテ・ティドレ・モティ・マキアン・バチャンを意味した。本章ではこのテルナテ・グループ五島をモルッカ諸島と呼び、バンダ諸島やアンボイナ島などを含む広義のモルッカ諸島は香料諸島と呼ぶことにする。

ヨーロッパ人のなかで香料諸島に先着したのはポルトガル人である。ポルトガル人は一五世紀後半、西アフリカ

図 4-1　15～17世紀東南アジア図

出典：池端雪浦編『世界各国史　6・東南アジア史II』（山川出版社，1999年），93ページより。

沿岸の交易・戦略拠点に商館や要塞をおいてそれらを海軍力でつなぐ交易拠点帝国を展開していたが、ヴァスコ・ダ・ガマによるインド航路の開設後も他者と肩を並べる通常の貿易の途はとらなかった。交易拠点帝国の軍事・行政の組織であったインド領の総督アフォンソ・デ・アルブケルケ（一五〇九～一五）はゴアを中心にインド洋沿岸の戦略拠点を次々と攻略して要塞を造営し、王室による香料貿易の「独占」を狙っていた。とくに一五一一年八月東西貿易の要衝マラッカ（ムラカ）の獲得は重要なステップとなった。アルブケルケはただちにマラッカ市の要塞化と東南アジア諸国および中国との修好と通商関係の樹立に取り組んだ。一五一一年末、香料諸島への遠征もその重要な一環であった。モルッカ諸島のテルナテ島にポルトガルの要塞が建設されたのは一五二二年である。だが、スペインも西回り航路によるマゼラン遠征隊のティドレ島寄港（一五二一年一一月）を契機にこの地域への介入を強めたため、両国の間にモルッカ諸島の領有権をめぐる係争が生じた(2)。

むろん、それはスペイン・ポルトガル両国間の問題である前に、モルッカ諸島の諸権力とポルトガルあるいはスペインとの間に横たわる軍事と政治と交易の問題であった。かねてよりモルッカ諸島内で覇権を争っていたテルナテとティドレの両王権は、それぞれがポルトガルとスペイン両国の配下に入る形をとったが、両王権は完全に取り込まれたわけではなかった。むしろテルナテとティドレは一六世紀後半にはポルトガル・スペイン両国の競合関係を利用してモルッカ諸島のみならず島嶼部東部において互いにその勢力圏を拡大するという点で実をとっていた。レオナルド・アンダヤは、テルナテ・ティドレの対立が構造化されたモルッカ世界像を提示したうえで、両王権の力の源は第一に丁字貿易であり、第二にイスラム教であった、と述べている。(3)

しかし、ポルトガル人の到来時に立ち返ってみると、テルナテ島とティドレ島は丁字の生産力において突出していたわけではない。むしろマキアン島は生産力で両島に匹敵し良港をいだき、しかも人口規模では両島を凌駕していたにもかかわらず、その王権はすでに弱体化していた。また、テルナテ島とティドレ島のイスラム化は香料諸島で最も早期に開始されたが、改宗は支配者層に限定され、住民の大半は「異教徒」のままであったし、その支配者層もムスリムとしての連帯感を強く抱いていたとは言いがたい。(4)ポルトガル人がインド洋の貿易で支配的だったグジャラートのイスラム商人に挑戦し、さらに島嶼部イスラム化の起点とも言うべきマラッカ王国を滅ぼしたにもかかわらず、モルッカ諸島の主権者たちはポルトガル人の貿易参入を拒否しなかったばかりか、競って呼び込もうとさえした。近年ポルトガルと東南アジア世界の関係を洗いなおしているルイス・フェリペ・トマスは、モルッカ諸島の人びとがポルトガル人に組織的な敵対行為をとらなかった理由として、イスラム世界の周縁に位置する地理的要因の他に、ポルトガル人が提示した貿易の条件がマレーやジャワのイスラム商人を上回っていたことをあげている。(5)

だが、私見によると、初期の段階からモルッカ諸島の主権者たちは貿易の条件と並んで軍事的取引にも重きをおいてポルトガル人と交渉していた可能性が強い。ポルトガル人がもたらす商品は基本的にマレーやジャワの商人と同様であったが、火器は例外であった。他方、ポルトガル人にとって香料諸島は地の果てに位置した。すでに手を広げ過ぎた感のある交易拠点帝国がとりうる選択肢はふたつしかない。ひとつはピンポイントでなけなしの資源を投下して拠点を確保すること、もうひとつは拡張を断念し他者と肩を並べる通常の貿易の途をとることである。選択する前になすべきは香料諸島の地政学的布置に関する情報を収集し主権者たちの意図を知ることであろう。最初の接触から要塞建設までのおよそ一〇年間は以上の交渉が集約的に行なわれたはずである。そして、この時期にポルトガル・モルッカ間で発生した「外交」がのちに展開されるパワー・ゲームの下地になったのではないか。本章では、まずポルトガル人到来以前の香料諸島の地政学的布置について概観し、次にポルトガルとモルッカ諸島の初期の交渉史を検討する。(6)

二　香料諸島の地政学的布置

モルッカ諸島は土地がやせており、丁字以外にめぼしい産物を持たなかった。とくにテルナテ島とティドレ島は狭小な火山島であったため、山の斜面に生育する丁字の採取と輸出を強化して生活必需品を入れざるを得なかった。モルッカ諸島の歴史は丁字とともにあったと言ってもよい。米やサゴなどの食糧はハルマヘラやモロタイなどの近隣諸島やジャワから輸入していた。一六世紀前半の人口はテルナテ島で二〇〇〇ないし四〇〇〇人、ティドレ島で二〇〇〇ないし三〇〇〇人、五島合わせても一万人程度であった。一六世紀以前の人口は明らかでないが、以上の規模を大きく上回ることはなかったであろう。モルッカ諸島内ではテルナテ国王が最有力で、ピレスによると、テルナテの人びとはモルッカ諸島の人びとのあいだでは「騎士」であった。テルナテ国王に息女を嫁がせる習いとな

図 4-2　香料諸島附近図

出典：『コロンブス，アメリゴ，ガマ，バルボア，マゼラン航海の記録』大航海時代叢書 I（岩波書店，1965年)，648ページより。

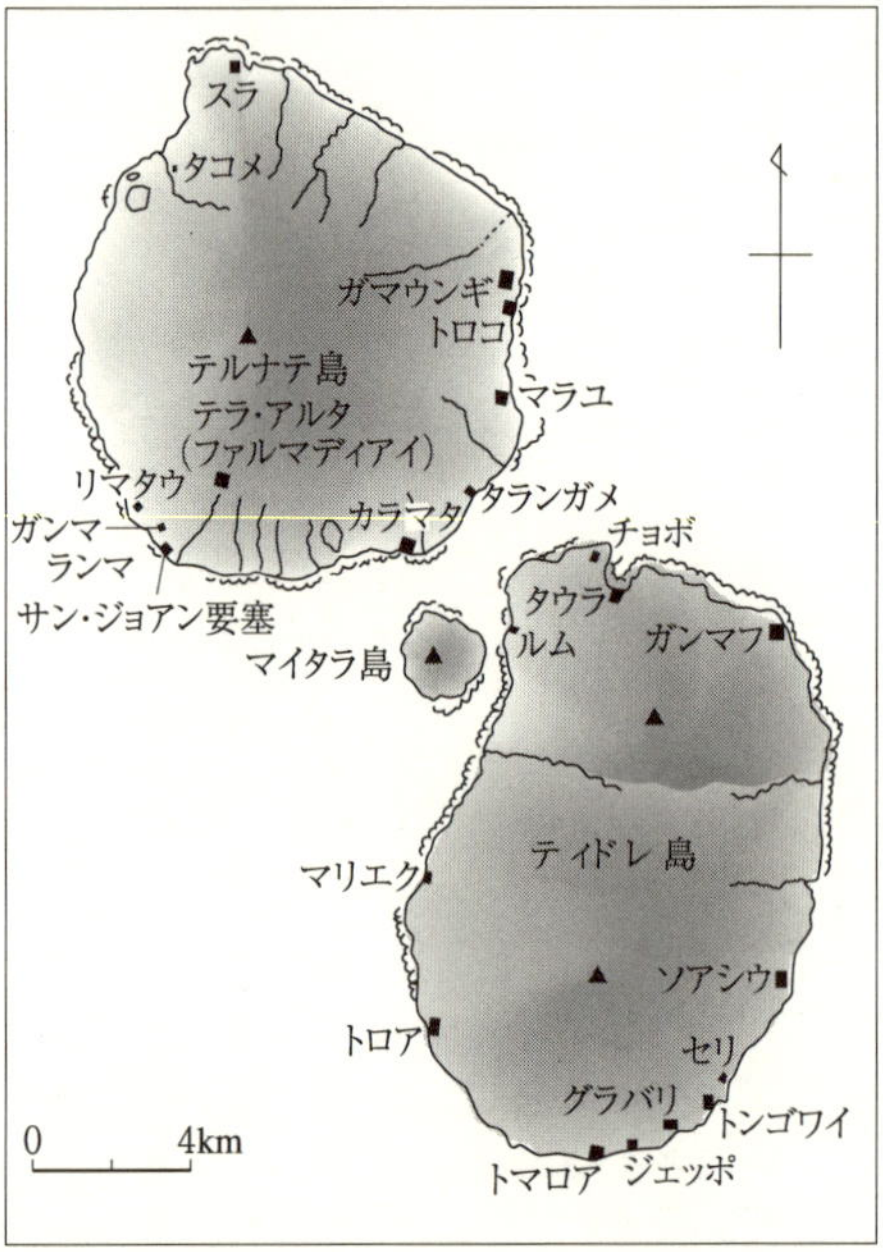

図 4-3　テルナテ島・ティドレ島

出典：生田滋『大航海時代とモルッカ諸島』（中央公論社，1998年），67ページより。

っていたティドレ国王がこれに対抗できる力を持っていたが、加えてハルマヘラ（バトシナ）島のジェイロロ国王とバチャン国王も有力であった。ハルマヘラ島はモルッカ五島には数えられていないが、野生の丁字が手に入った。バチャン島でも丁字は内陸部で野生していたが、一六世紀初頭に急速に栽培が拡大した。かつてはジェイロロとバチャンではなくモティとマキアンの二王が有力でテルナテ・ティドレと四王国を形成していたらしい。マキアン島は人口・丁字の生産量ともに最大で良港をもっていた。だが、一六世紀初頭の時点でモティはテルナテとティドレによって分有され、マキアンはティドレの支配を受けていた。モルッカ諸島の南方、セラム島とアンボン島のさらに南に位置するのが肉荳蔲と荳蔲花の原産地、バンダ諸島である。モルッカ諸島と同様に農業基盤が脆弱であったが、人口規模はさらに小さく、全諸島合わせて三〇〇〇人程度であった。バンダ諸島には国王が存在せず、長老たちが共同統治を行なっていた[7]。

通説上、貴重な香料の原産地としてのモルッカ諸島やバンダ諸島を「発見」し、これを外の世界と関連づけたのは中国人であった、と考えられている。一五三六～三九年テルナテ要塞の長官を務めたポルトガル人アントニオ・ガルヴァンのものとされる『マルコ諸島誌』の記述によると、はじめて外からこの地域に船でやってきたのは中国人であった。またモルッカ諸島で「初めて大規模に丁字を買い付けたのも中国人」であった。彼らの交易の拠点は

図4-4　丁字（クローブ）。チョウジノキの花蕾を乾燥させたもの。

図4-5　肉荳蔻（ナツメグ）と荳蔻花（メース）。果実の種子がナツメグで，種子を包む仮種子がメース。

出典：『フローラ・香料植物』（平凡社，1987年），54-55ページより。

マキアン島であった。[8] 中国人が「東洋航路」でフィリピン南方のスールー海域を経て香料諸島へ達し、その正確な認識を得るようになったのは、汪大淵の『島夷志略』（一三四九年）が書かれた頃であろう。『島夷志略』は「文老古」すなわちモルッカ諸島と「文誕」すなわちバンダ諸島に関してはじめてまとまった情報を伝えている。[9] 中国人が直接大量に丁字や肉荳蔻を買い付けたのもこの頃であろう。だが、アントニオ・ガルヴァンは、「いつ頃かは不明だが、かなり以前から中国人の船は来航しなくなった」、と述べている。[10] おそらく一四世紀後半明代に入って海禁政策がとられたことや、ジャワの諸港市が興隆しマジャパヒトの影響力がモルッカ諸島やブルネイに及ぶようになったことなどのために、モルッカ諸島までの「東洋航路」は廃れ、中国船の来航は止んだ。鄭和の遠征記録はモルッカ諸島に関して沈黙している。[11]

一五世紀に入ると、マレー半島のマラッカ王国が勃興し、島嶼部に商業覇権とイスラム化の波を及ぼしはじめた。ピレス、ガルヴァン、それに一六世紀の年代記家ジョアン・デ・バロスによると、ジャワ経由でモルッカ諸島にこの波が到達したのは一五世紀半ば過ぎである。イスラム化はアラビア文字によるマレー（ムラユ）語の表記や「スルタン（ソルタン）」の称号などをもたらした。スルタンを称したのはテルナテ国王だけで、その他の諸王は「ラジャ」あるいは「カシル」と称した(12)。マレー語は島嶼部の交易共通語としての地位を確立しつつあった。モルッカ諸島に少し遅れてバンダ諸島もイスラム化し、マレー人やジャワ人が頻繁に出入りするようになった(13)。トメ・ピレスによると、一六世紀初頭の時点で丁字と肉荳蔲の貿易はマラッカ在住の「ケリン」商人ニナ・スリア・テヴァと、マラッカ出身でジャワ東部の港市アグラシ（グレシク）に拠る商人パテ・クスフが寡占していた。ケリン人は南インド・コロマンデル出身のタミール語系ヒンドゥー教徒で、マラッカに居留地を持つ外国人商人のなかでグジャラート出身のムスリム商人と並んで支配的な勢力をもっていた。ニナ・スリア・テヴァとパテ・クスフは毎年香料諸島向けのジャンクを合わせて八隻送っていた。ピレスによると、季節風に乗るとマラッカから香料諸島まで一カ月間あまりの航海であったが、通常は直行ではなく、途中で何度か寄港して交易を繰りかえしていたため、二年ないし三年を要した。マラッカから輸出される主要商品はインド綿の三大産地カンバヤ（グジャラート）・コロマンデル・ベンガルの綿布で、この良質の綿布がジャワで中国の銅銭と交換される。この銅銭はスンバワ島で米および質の劣る綿布に換わり、これらが香料諸島に持ち込まれて丁字・肉荳蔲と交易された。マラッカに持ち込まれた丁字・肉荳蔲の一部は中国やベンガル湾岸にも向かったが、その大半はグジャラートの諸港に運ばれ、さらに紅海・ペルシア湾を経て地中海に向かった(14)。

攻略前年のマラッカで拘束されていたポルトガル人ルイ・デ・アラウジョの報告（一五一〇年二月六日）とトメ・ピレスの記述をつきあわせると、ポルトガルによるマラッカ征服の直前、丁字の年間生産量はおよそ六〇〇〇バールで、そのうちマラッカに入ったのは五〇〇〇バール弱、さらにそのうち四〇〇〇バールをグジャラート人が持ち出していた。一五世紀末におけるヴェネチアの年平均の丁字輸入量は五二トン（三〇〇バール）にすぎず、かりにこれを一六世紀初頭におけるヨーロッパの輸入量とすると、インド・西アジア・中東に三七〇〇バールもの丁字がとどまっていたことになる[15]。

以上のように香料諸島は一五世紀を境に世界市場向けの商品、丁字・肉荳蔻を通じて巨大な国際交易ネットワークのなかに組み込まれていた。注目したいのは、そのなかでモルッカ諸島とバンダ諸島の位置づけが微妙に異なっていたことである。香料貿易に関して外来商人に依存していたことは両諸島に共通しているが、一六世紀の年代記家フェルナン・ロペス・デ・カスタニェーダは貿易にまったく従事しないモルッカ人と香料諸島内の中継貿易に携わるバンダ人とを対比してとらえている。カスタニェーダによると、モルッカ諸島の住民はコラコラなどの軍用の櫂船のみを有し、丁字を搬出する船も商人もいなかった。他方、バンダ諸島の住民は「マラッカの商人から得たインド綿をもってジャンク船でモルッカ諸島に交易にやってくる。」バンダ人はモルッカ諸島から丁字を持ち帰り外来の商人に引き渡していた。「マラッカの商人はバンダ諸島までやってくるが、モルッカ諸島へは行かない。」季節風待ちのためマラッカ＝モルッカ諸島の往復はマラッカ＝バンダ諸島の往復の二倍以上の時間を要したからである。すなわち、マラッカ発一月でバンダ着は二月、積み荷を終えバンダ発七月で、マラッカ帰着は八月、したがって計七カ月間。ところが、モルッカへ行く場合は、バンダ発は五月、風待ちでモルッカ発は翌年一月、さらに風待ちでバンダ発七月、マラッカ帰着は八月、したがって計一年七カ月間。つまり一年間もの時間差が生じていた[16]。ただし、バロスはモルッカ諸島のジャンクは丁字をバンダ諸島へ運んでいたと述べているので[17]、必ずしもモルッカ諸島には丁字を搬出する船も商人も存在しなかったとは断言できない。いずれにせよ、ジャワやマラッカの商人からみると肉荳蔻の原産地バンダ諸島で丁字が得られるのだから、航海の効率を優先するならば、さらに一年間の時間を要するモルッカ諸島への航海は必要ではない。

要するにバンダ諸島は肉荳蔻の原産地としての利点に加えて中継貿易のための地理的利点を持っていたが、その反面で、モルッカ諸島に比して政治的求心力が弱かった。ピレスによると、バンダ諸島には国王が存在せず、長老たちが共同統治を行なっていたが、毎年やってくるジャワ人とマレー人が滞在中は彼らが「この国の支配権」を握っていた。バンダ諸島は「小さく弱い」ので到来するジャンクによって支配されるのだ、と。[18] 他方、バロスによると、バンダ諸島では港に住み肉荳蔻交易を統御する人びとがもっとも有力であったが、全諸島の肉荳蔻が集中して処理されるバンダ島はマルコ（すなわちテルナテ）国王の支配下にあった。[19] 一六世紀初頭のインドに滞在していたポルトガル人ドゥアルテ・バルボザも、バンダ諸島の人びとは「何人にも服従しないが、マルコの王に従う場合がある」と述べている。[20] また、モルッカ諸島に三年間滞在したバルトロメウ・ゴンサルヴェスの証言（一五二三年）によると、一五一九年頃バンダ諸島にはテルナテ国王の軍人たちが配属されており、人びとはテルナテ国王に服していた。[21] ただし、バンダ諸島におけるジャワ人とマレー人の支配とテルナテ国王の支配が併存していたのか、それとも移行したものなのかは明らかではない。

香料諸島の地政学的布置は、ポルトガル人にとって通常の交易の途をとるにせよ、交易拠点帝国の拡張をはかるにせよ、まず第一に知るべきことがらであったはずである。後述のように、ポルトガル人は香料諸島への到来直後はバンダ諸島への航海を主体にしていたが、数年後に方針を転換、モルッカ諸島へ傾斜を強めていった。また、モルッカ諸島の主権者たちもなんらかの意図をもってポルトガル人を招き入れた。次節では「要塞」を軸とする交渉の過程を考察しながら両者の意図を探っていきたい。

三　前・要塞期における交渉史

(1) 学説と史料

ポルトガルとモルッカ諸島の交渉は一五一一年末から翌一二年に始まった。マラッカから香料諸島へマラッカ在住の中国人イスラム教徒ナオダ・イズマエルのジャンク一隻、さらにその二、三日後にアントニオ・デ・アブレウ司令下の三隻の船隊が派遣されたのである。[22] 通説上、以後の交渉史における画期は一五二二年テルナテ島におけるポルトガル要塞「サン・ジョアン」の造営におかれている。もともと島嶼部に存在しなかった石と煉瓦の要塞がその威容と軍事・交易両面にわたる機能によってポルトガルとモルッカ諸島の関係とモルッカ諸島における生活を大きく変えたとしても不思議ではあるまい。ポルトガル海外膨張史の通説を担ってきたヴィトリノ・マガリャンイス・ゴディーニョに言わせると、ポルトガルが要塞を建設したのは丁字貿易の王室独占をはかるためではなく、西回り航路でモルッカ諸島へマゼラン艦隊を派遣したスペインに対抗するためであった。ポルトガルは結果として要塞の維持費捻出のために王室による独占貿易を狙うことになった、とゴディーニョは考えている。[23] この考え方に立てば、前・要塞の一〇年間ポルトガルは他者と肩を並べる通常の貿易をめざしていた、ということになる。トマスも、前・要塞期の一〇年間は既存の交易体制への適応の時期であり、ポルトガル人は「見習い中」であった、と見ている。[24]

たしかに、ポルトガル本国にはインド領における要塞の経済効率に疑問の声が多かったし、強硬な要塞推進派のインド領総督アルブケルケでさえ香料諸島に関しては慎重な姿勢を見せていた。カスタニェーダの年代記によると、総督アルブケルケはアブレウに以下の訓令を与えた。すなわち、いかなる場合でも他の船舶に追尾や捕獲の姿勢を見せてはならない。どの港も攻撃してはならない。他の船舶の積み荷を妨害してはならない。それを扱う商人がだれであれ、どのような宗教をもとうとも。むしろ手助けするほどに丁寧に対処せよ。商務員と書記官その他四名を上陸させ、現地人との交渉はすべてこの六名を介して行なうこと。港についたら国王と身分の高い人びとに贈り物をせよ。あらゆる取引と対人関係においてポルトガル人以外の商人の例に習え。各地の慣習を尊重せよ、と。(25)

しかしながら、パラミタ・アブドゥラフマンはポルトガルの意図についてゴディーニョと対極の見解をとっている。すなわち、初期の「緊張緩和」は総督アルブケルケの演出にすぎず、ポルトガル人は懐柔策の背後でつねに香料貿易の独占を狙っていた、と。(26)両者の見方を統合した立場をとっているのは、最近邦語による一六世紀モルッカ諸島史を呈示した生田滋氏である。すなわち、ポルトガルにとって要塞は、第一に来航が必至のスペイン船隊に対抗しモルッカ諸島がポルトガルの支配下にあるという既成事実をつくるために、第二に王室貿易の拡大強化のために必要であった。ただし、ポルトガルは当初は独占貿易を試みなかったが、要塞が建設され商品の供給体制が整うと独占の計画を実行に移した、と。(27)

他方、要塞をめぐるモルッカ側の対応に関しても学説の振幅は大きい。アブドゥラフマンによると、ポルトガルの貿易独占の意図を見抜いてこれを警戒したテルナテ国王は、要塞建設の「協定」をポルトガルと結びながら、その実施を先送りさせていた。テルナテ国王が要塞建設の許可をポルトガルに与えたのはティドレ島へのスペイン人の到来を見たからである、と。(28)だが、要塞の建造に積極的であったのはむしろテルナテ国王の方であった、と考えているのはアンダヤである。アンダヤは、一七世紀初頭のスペイン人レオナルド・デ・アルヘンソラの記述に依って、テルナテ国王はアブレウ本隊からはぐれてモルッカ諸島に到来したフランシスコ・セランを歓迎しポルトガル人への丁字の引き渡しを約束したが、その際に貿易の条件としてテルナテで要塞を建設するようポルトガル国王を説得してほしいとセランに依頼した、と述べている。(29)さらに、生田氏は、テルナテ国王のみならず、ティドレ、マキアン、バチャンの各国王もセランの到来後間もなくポルトガルの要塞を誘致する意思を表明していた、と指摘したうえで、モルッカ諸島の主権者たちは横並びの状況から抜け出すきっかけをポルトガルの要塞に求めていた、と説いている。ただし、生田氏に言わせると、モルッカ諸島の主権者たちは要塞が建設され独占の計画が実行に移される段になって初めて要塞の意味を悟った。それはまさしく主権の否定である、と。[30]いいかえれば、「要塞」なるものの実態と機能を知らずして熱心に引き込もうとしていた、というのである。

以上のように、要塞を縦糸とする初期交渉史はそのとらえ方に大きな差異が見られる。その理由のひとつはモルッカ側の史料がきわめて乏しいことにある。イスラム化によってアラビア文字表記のマレー語・ジャーウィは導入されはじめていたが、[31]アントニオ・ガルヴァンによると、モルッカ諸島の人びとは韻律と伝承で過去を記憶にとどめており、「年代記や歴史［記述］をもたず、文書館もない。[32]」ティドレ国王はポルトガル人との交渉のため使節を派遣したさい、「書くことに不慣れであるため」口頭での伝達に信をおいてもらいたい、と懇請していた。[33]ただし、交渉の過程でおそらくはポルトガル人からの強い要望に応えて、モルッカ諸島の諸王権はプリミティブな様式ながらもいくつかの書簡を外交文書として残している。他方、一六世紀のポルトガル人年代記作家のなかでモルッカ諸島に関してもっとも重要とされているのは、ジョアン・デ・バロスである。[34]だが、反面バロスは海外膨張に関する「最大のイデオローグ」とも評されており、[35]実際、要塞の招致に関する記述では「現地からの要請」という要因が過度に強調されている。この点は他の史料と適切につき合わせて修正されなければならない。また、バロスは依拠した資料の出所としてアントニオ・ガルヴァンの名をあげているが、[36]初期交渉史に関してバロスはガルヴァンのものとされる『マルコ諸島誌』（一五四四年頃）に記載されていない情報を盛り込んでいる。

本章で重視したいのは一五二三年に作成された『モルッカ問題供述調書[37]』（以下、『調書』と略記）である。これはスペイン国王とポルトガル国王の代表団がモルッカ諸島の領有問題を討議するバダホス・エルヴァス会議（一五二四年四〜五月）を前にポルトガルによるモルッカ諸島の「占有」を論証するための資料としてポルトガル国王が作成させたもので、証人として供述記録が残っているのは以下九名である。アレイショ・デ・メネゼス、ディオゴ・ロペス・デ・セケイラ、フェルナン・ペレス・デ・アンドラーデ、ラファエル・カターニョ、ジョルジェ・ボテーリョ、ガルシア・デ・サ、バルトロメウ・ゴンサルヴェス、ルイ・デ・ブリト・パタリム、ディオゴ・ブランダン。九人のうちアンドラーデ、ボテーリョ、パタリムの三名はアルブケルケのもとでマラッカ攻略に参加した。パタリムはマラッカ要塞の初代長官である。したがって彼らはマラッカ攻略直後の交渉史に詳しい。ただし、三名ともモルッカ航海の経験はない。残り六名は一五一〇年代半ば以降ポルトガル領インドで活躍したが、実際にモルッカ諸島ないしバンダ諸島に航海した経験をもつのはゴンサルヴェスとブランダンの二名のみである。ゴンサルヴェスはモルッカ諸島に三年間滞在した。ふたりともガルシア・デ・サがマラッカ要塞の長官であったときにデ・サによって派遣された。このデ・サとパタリムさらにアレイショ・デ・メネゼスの三名がマラッカ長官の経験者である。セケイラは一五〇九年にはじめてマラッカに到達したポルトガル艦隊の司令官でインド総督も務めた（在位一五一八〜二二）。質問の設定そのものは必ずしも年代の確定に重きを置いていないし、個々の供述は相互に矛盾する場合もあるので、取り扱いに注意を要するが、他の史料にみられない情報を多く含んでおり、初期一〇年間の交渉史を再構成するためには不可欠である。以下、『調書』をはじめとするポルトガル人やスペイン人の記録とモルッカ諸島諸王権の書簡類を適宜参照しながら初期交渉史を再構成する。

（2）　要塞誘致の虚構

アブレウの艦隊が出帆したのは一五一一年の「季節風の時期一二月」（アンドラーデ、ボテーリョ）で、フランシスコ・セランがモルッカ諸島へ到達したのは一五一二年（ボテーリョ）である。[38]いずれの供述も、また年代記類も、アブレウ隊の目的地はモルッカ諸島であった、としているが、唯一アントニオ・ガルヴァンは総督アルブケルケは「バンダの発見のために」アブレウ隊を派遣した、と述べている。[39] 実際、アブレウ隊はバンダ諸島に到達、住民からマラッカ長官・インド総督への服従の誓いを受け（ブランダン）、肉荳蔻や丁字を積み荷した（アンドラーデ、ゴンザルヴェス）[40]が、その後モルッカ諸島に向かうことなく、マラッカへの帰還の途についた。モルッカ諸島を目指さなかったのは船の状態が悪かったため（アンドラーデ、ボテーリョ、ブランダン）、あるいは季節風の時機を逸していたから（パタリム、アンドラーデ）、またはモルッカ諸島への航路をみせたくない現地人航海士の欺きのため（アンドラーデ）である。[41] 帰還途上、フランシスコ・セラン率いるジャンク一隻が本隊からはぐれ、バンダ諸島の西二五レグアに位置するルセピニョ島で難破し、そこで二カ月間滞留した（ブランダン）[42]。ガルヴァンおよびバロスによると、セランらはこの島へやってきた海賊の船を奪い、ヒトゥ島のルソテロへ到達した。ルソテロは対立するセラム島のヴェラヌラとの戦いでセランらの支援を得て勝利を収めたため、これを記念してポルトガル人のために一種の見張り台を建てた。「この勝利はただちに島々の間に知れ渡った。」テルナテ国王とティドレ国王はポルトガル人たちの存在を知ると、競って彼らを招致しようとそれぞれ船団を派遣したが、一足早く到着したテルナテの使者が彼らを獲得した。[43] テルナテ島へ招致されたポルトガル人は八〜九名（パタリム）ないし一五名（ボテーリョ）であった。[44] バロスによると、すでにテルナテ国王カシル・ボレイフェはアルブケルケによって派遣されていたナホダ・イズマエルからポルトガル人のことを聞かされていた。イズマエルのジャンクは丁字を積載して帰路についたが、ジャワで難破、一五一三年にマラッカから派遣された四隻の船隊によって積み荷が回収された。[45]

従来、イスラム教徒ナホダ・イズマエルのジャンクはアブレウ隊がモルッカ諸島に到達する前にポルトガル人によるマラッカ攻略の恐怖のイメージを和らげ交易と修好の意図をもたらす、いわば露払いの役を担わされていた、と推測されてきた。[46] だが、ナホダ・イズマエルの出帆がアブレウ隊のわずか二、三日前であったことや、アブレウ本隊の動き、この後数年間のバンダ航海の重視、アブレウはバンダを目指したというガルヴァンの言葉などを重ね合わせると、当初からナホダ・イズマエルはモルッカ諸島へ、アブレウはバンダ諸島へという役割分担があった、と考える方が自然であろう。ポルトガルの歴史叙述は先着のイズマエルよりポルトガル人セランの役割を強調した。

バロスによると、テルナテ国王カシル・ボレイフェは「ポルトガル人たちが完全武装で現れたのを見ると、両手をのべて神に賛辞を捧げた。なぜなら［神は］その死の前に鉄の人々を示すのだが、その力で王国は安定しその恩恵で子々孫々にわたってあの土地の国王の称号を保持し続けられるはずであったからだ。[47]」こうしてポルトガル人たちは「大きな名誉」を受け（アントニオ・ガルヴァン、アンドラーデ、ボテーリョ）、セランは「国家」として処遇された（バロス）。[48] さらに、セランはテルナテ国王と通商関係を「確立」したという供述（アンドラーデ、ボテーリョ）もあるが、[49] 軍事面にせよ交易面にせよ、協約に類するものが交わされた痕跡はない。テルナテ側としては、たまたま招致できたとはいえ高位の官職をもたないセランの言質に重きをおけるはずはなく、マラッカ長官あるいはゴアの総督、できればリスボンのポルトガル国王の意思を確認する必要があったであろう。事実、交渉が進みはじめるのは、翌一五一三年マラッカからアントニオ・デ・ミランダの艦隊が到来してからである。ジョアン・デ・バロスは以下のような交渉史を描いている。

アントニオ・デ・ミランダの到来後、テルナテ国王とティドレ国王の間に「丁字の積み出しに関してどちらが彼［ミランダ］に好条件を出せるかで争いが起こった。」ミランダは両者を調停しようとしたが、両国王はともにポルトガル国王マヌエル宛の書簡で以下のように懇請した。マヌエルに服属することとひきかえに「要塞」を建設してほしい、かりに両国王の要請がマヌエルを迷わせる場合は両国王が共有するマキアン島に要塞を建ててほしい、と。ミランダは丁字を満載し、両国王の要請文を携えたペロ・フェルナンデスらセラン配下のポルトガル人数名と帰還した。セランはテルナテ国王の期待を「保証するものとして」テルナテ島に留められた。この頃、総督アルブケルケはバンダ島に商館を建設することを考えていた。しかし、両国王の「書簡の力で」マヌエルはモルッカ諸島における要塞の建設を決断し、一五一七年に出帆した艦隊にこの指令を託した。王令を受けてマラッカ長官はトリスタン・デ・メネゼスをテルナテに派遣、テルナテ国王は「タランガメ港で木造の要塞をトリスタンに設営させた。」この拠点ができたためにテルナテ・ティドレ間に「新たな軋轢が生じた。」そこでトリスタンは貿易に支障が出ないよう事態の鎮静化をはかり、マヌエル王の書簡によって、「本格的な石造の」要塞は建造しない、と両国王に告げた。しかし、その後もモルッカ諸島の国王たちは「常にこの「要塞誘致の」要請に固執」したため、マヌエルはジョルジェ・デ・ブリトの艦隊を派遣した。(50)

以上のように、バロスの記述は、モルッカ諸島の現地権力が臣従と引き換えに要塞を執拗に誘致したこと、これに対して、ポルトガル国王が貿易を優先し要塞の建設に慎重な姿勢をとっていたことを強調している。当初からモルッカ諸島の諸権力が要塞を求めたという記述はガルヴァンには見られないが、『調書』の供述にはバロスの典拠と思しき記述がある。すなわち、セラン到来の直後ポルトガル国王に宛てた書簡のなかでテルナテ国王は次のように述べた。「要塞と商館を造らせてもらいたい。「テルナテ国王は」ポルトガル国王に臣下としてすべてを委ねたのだから、と」（ポテーリョ）(51)。また、マラッカ長官ジョルジェ・デ・アルブケルケもポルトガル国王宛の書簡（一五一五年一月八日、マラッカ）で、モルッカ諸島の王たちはポルトガル国王の臣下になりたがっており、また要塞をほしがっている、と述べている。(52)

だが、テルナテ国王バヤン・シルラー「カシル・ボレイフェ」からペロ・フェルナンデスに託された書簡のポルトガル語訳と推測されている日付なしの書簡を読むと、自発的な臣従の対価が要塞ではなかったことが判明する。すなわち、テルナテ国王はポルトガル国王の臣下として服従を誓い、テルナテ島をポルトガル国王に捧げる。モルッカ諸島には四人の国王がいるが、モルッカ諸島に国王はひとりで充分である。モルッカ諸島の他の国王たちはポルトガル国王を君主として認めたがらない。この地を敵から守るために武器と甲冑を提供してもらいたい、と。[53] 要するに、テルナテ国王はポルトガル国王からの兵器供与とひきかえに臣従を言明しているのだが、要塞については言及していない。

さらに、モルッカ諸島のジェイロロ国王・テルナテ国王・マキアン国王からインド領総督ロポ・ソアレス・デ・アルベルガリア経由でポルトガル国王へ宛てられた書簡もバロスの記述と食い違いを見せている。これはマラッカで一五一八年一〇月一〇日ポルトガル語訳されたもので、原マレー語書簡はみつかっていないが、おそらく一五一五年にマラッカ長官ブリトによってモルッカ諸島に派遣されたアルヴァロ・ド・コショのジャンクがセランからの書簡とともども持ち帰ったもの（ブランダン、ガルヴァン）[54] であろう。書簡のなかでジェイロロ国王イスフォ［ユスフ］はマラッカ長官からの書簡と贈り物を受け取ったものの、テルナテ国王とセランに配慮し、ポルトガルとの今後の交渉については態度を保留している。テルナテ国王はポルトガルがジェイロロと接触したことに神経をとがらせて見せる一方で、毎年多くの船舶をテルナテに送るというマラッカ長官の言を引用し、暗にその確認を求めている。だが、両国王とも要塞に言及していない。マキアン国王レベシュセン［ラジャ・ウセン］は、マキアン島に要塞を建造するため艦隊を派遣するというポルトガルからの書簡に言及したうえで、テルナテ国王の威勢が強化されたため、すでにそれは不可能な状況であると述べている。[55]

以上のテルナテ書簡および三王書簡はポルトガルがテルナテ以外の王権にも交渉をもちかけ、それがモルッカ諸島内に駆け引きを生じさせていた様子を浮き彫りにしている。だが、要塞に言及しているのはマキアン国王だけであり、バロスが伝えるような誘致合戦の様相はうかがえない。それどころかテルナテ国王が要求しているのは要塞ではなく兵器と船舶（あるいは船積みの商品）であった。この点をより端的に示唆しているのは『調書』におけるカターニョの供述である。すなわち、テルナテ国王はポルトガル国王に「服従したらしいが、［当初は］ポルトガル国王や［マラッカ］長官、商務員との友好関係も敵対関係も望んではいなかった。対応がよくなったのは何でも与えられ［るとわかっ］たからだ」、と。[56] したがって、要塞の誘致合戦に関するバロスの叙述はモルッカ諸島におけるポルトガルの軍事的存在を正当化するための虚構を含むものとして割り引いて受けとらなければならない。

（3）ポルトガルとテルナテの軍事的取引

アンダヤや生田が主張するほどモルッカ側からの引き込みが強くなかったとすると、ポルトガルはどのような視点からテルナテ島における要塞の建設を決断したのか。前述のようにゴディーニョが強調するのは対スペインの戦略である。しかし、西回りでモルッカ諸島をめざす遠征でマゼランとスペイン国王が協約を締結したという知らせがリスボンに衝撃を与えるのは一五一八年三月、マゼラン率いるスペイン艦隊の殲滅と要塞建造の使命を帯びたブリトの艦隊が出帆するのは一五二〇年四月、スペイン艦隊のティドレ到着は一五二一年一一月であるが、[57] それらに先立つ一五一七年にポルトガル国王は要塞建設の決断を下していた。つまりポルトガル国王は対スペイン戦略を本格的に発動する前に決断していた。

次に、アブドゥラフマンや生田が重視するのは香料貿易の独占ないし拡大強化であるが、貿易と航海の都合から言うならば、要塞はモルッカ諸島ではなくバンダ諸島でもよかったはずである。じっさい、セランの「発見」の一五一二年からトリスタン派遣の前年、一五一七年までポルトガル人の香料貿易はバンダ諸島中心であった。前述のようにバンダ諸島への往復航海はモルッカ諸島の半分以下の時間でこと足りたし、バンダ諸島では肉荳蔲のみならず丁字もえられた。この間にマラッカから香料諸島へ派遣された船舶のべ一四隻のうちバンダ諸島を目指していたのは九隻、モルッカ諸島は五隻である。[58] バンダ諸島の住民は前述のようにアブレウがはじめて立ち寄った際に「マラッカ長官とインド総督に服従」を誓った（ブランダン、パタリム）が、一五一六年バンダ諸島に派遣されたマヌエル・ファルカンも「土地と交易」はポルトガル国王の手中にあることを確認した（ブランダン）[59]。総督アルブケルケもまたバンダ諸島に商館を建設するようにいったん発令している（バロス）[60]。

ところが、ポルトガル国王の書簡を携えたトリスタンの到来で状況は一変し、以後テルナテ島への航海がほぼ毎年行なわれることになる。事態を変化させたのは「通信」の一往復である。一五一三年モルッカ諸王から発せられた書簡がミランダらを経てポルトガル国王にわたり、これに呼応したポルトガル国王の書簡が一五一七年に発せられトリスタンによってモルッカ諸王のもとに達したのが一五一九年（ボテーリョ）[61]、つまり七年を経てようやく両主権者間の通信が一往復し、それが交渉相手の絞り込みにつながっていた。むろんポルトガル国王のもとに届けられたのは主権者たちの書簡だけではない。現存しないセランの書簡類がマゼランに大きな影響を与えたことはバロスによって知られているが[62]、ポルトガル国王の判断の材料ともなったはずである。おそらく前述した香料諸島内の力関係に関する情報に基づいて交渉すべき相手がバンダ諸島からモルッカ諸島に移り、さらにモルッカ諸島のなかでテルナテ島が選ばれた。テルナテの選択には軍事的取引が要件としてあらかじめ組み込まれていたのではないか。この点は以下の交渉過程から推測可能である。

トリスタンがポルトガル国王の書簡を携えて到来すると、テルナテ国王は「完全なる服従の意をもって」彼を歓迎し（ゴンサルヴェス）、テルナテ島における最良の船着場であったタランガメで木造の仮設要塞を造らせた（バロス）[63]。テルナテ国王は「火器を置いて出発してほしい」とトリスタンに懇願したが、婉曲に拒絶された。そこでテルナテ国王は息子にポルトガル国王・インド総督・マラッカ長官宛の書簡をもたせて使節としてマラッカに派遣した（ゴンサルヴェス）[64]。この使節団を迎えたのは当時のマラッカ長官ガルシア・デ・サである。テルナテ大使はポルトガル国王に全面的な服従を誓ったうえ、五ないし六カ月間の滞在中一五〇ないし二〇〇名の兵士をマラッカ長官の求めに応じて奉仕させた（ガルシア・デ・サ）[65]。この時マラッカ長官に手渡された書簡のポルトガル語訳と推測されているものによると、テルナテ国王はポルトガル国王への臣従を言明しながらも、「心中に多少の不満」があると述べ、暗にその解消のために、大小の火器・火薬・砲弾を要求している[66]。この要求は満たされた。使節団は帰りに「名誉、贈り物、マルコ王の求めたものすべて」を与えられた（ブランダン）が、そのなかには「火器」があった（セケイラ、アンドラーデ、デ・サ[67]）。

以上の交換はテルナテ王権とポルトガル王権の間に一種の軍事同盟が結ばれたことを示している。ポルトガルにとってこれはマラッカ防衛上の重要なパフォーマンスになったはずである。本来モルッカ諸島はマラッカ長官の管轄下にあったが、マラッカ自体に余力があったわけではない。マラッカ陥落後、前マラッカ・スルタンはジョホールに拠点を移してマラッカに対抗していた。また、スマトラの北端ではイスラムの港市国家アチェが急成長し、マラッカは海峡の南北から貿易と軍事の両面で挑戦を受けていた。アチェのマラッカ攻撃は一五一三年、ジョホールからの攻撃は一五一七年と一五二五年にも行なわれた[68]。総督アルブケルケはマラッカ長官に要塞の守備兵として三〇〇人、マラッカの海軍司令に一〇隻の艦隊と三〇〇人の兵士・乗員を与えていた[69]が、防衛は容易ではなかった。マラッカ長官にとって一五〇ないし二〇〇人のテルナテ兵士は心強かったはずである。このテルナテによるマラッカ支援の実績はモルッカ諸島における本格的な要塞の建設に反対していた国王顧問会議を抑えるうえで効果があったかもしれない。

他方、人口二〇〇〇ないし四〇〇〇人程度のテルナテ島から二〇〇人の兵士を半年間送り込むのはたやすいことではなかったはずだ。テルナテ国王がこのような大使節団を派遣してまでポルトガルの火器を求めたのはなぜであろうか。モルッカ諸島に三年間滞在したゴンサルヴェスは、テルナテの国王は「マルコ第一の国王でありマルコの国王」であると位置づけている[70]が、モルッカ諸島には四人の国王がいるというテルナテ王権自身の書簡[71]に示されているように、テルナテ国王は最有力とはいえモルッカ諸島内で強力な覇権を確立していたわけではない。仮設要塞の建設はテルナテの突出を示唆するものとして他の諸王権に危機感を抱かせ、マラッカへの使節派遣とそれに伴う軍事力の一時低下は反テルナテ＝ポルトガルの動きを惹起した。

ことの発端はトリスタンの帰航である。ガルヴァンによると、嵐のためトリスタンの船隊は離散し、一五二〇年四月トリスタンの船はバンダ諸島に達したが、部下のシマン・コレア以下一〇ないし一二人（バロスによると七ないし八人）のポルトガル人はバチャン島に難を逃れた。バチャン島のポルトガル人たちは「多くの害悪」と「無節操」で顰蹙を買った。バチャン国王とトリスタンとの間で仲裁交渉が行なわれたが決裂し、ポルトガル人たちはひとりをのぞいてみな殺害された。(72) ゴンサルヴェスによると、バチャン国王はテルナテ国王の「臣下」であったので、トリスタンはこのことをテルナテ国王に伝えた。テルナテ国王は「ただちに顧問会議の主だった人びととセランを召集した。会議の結果セランの指揮の下に艦隊を派遣しパシャン［バチャン］島を完全に破壊することになった。」この時テルナテ宮廷にいたバチャン国王の娘は密使を走らせてこのことを父王に知らせた。そして父王の指令を受けてテルナテ国王とセランに毒をもった。国王は死去する前日王子たちを呼び集め、以下のような遺言を残した。年長の王子（アブ・ハヤト）はトリスタンの協力を得て即位して「ポルトガル国王に全面的に服従することを誓い、つねにポルトガル人たちとの通商と友好を確保しなければならない、と。王子たちと重鎮らはこれを約束した。(73)」

テルナテ国王アブ・ハヤトはポルトガル国王宛のマレー語書簡のなかで、一連の事件がティドレ・ジェイロロ・バチャンの三王の連携によって起こされた、と決めつけている。書簡によると、バチャンでのポルトガル人殺害からしてティドレとジェイロロの差し金である。アブ・ハヤトの父テルナテ国王（バヤン・シルラー）はバチャンで奪われたポルトガル国王の「船舶・物資・兵士を取り戻すために」開戦を決意したが、反テルナテの三王はすでに準備を整えており、バチャン国王の娘にテルナテ国王を毒殺させた。ただし、セランは前もってティドレに招かれて（マゼラン艦隊の一員であったアントニオ・ピガフェッタによれば、丁字の購入のためティドレを訪れたところ[74]毒を盛られ、四日後に死去した。書簡のなかで最後にテルナテ国王アブ・ハヤトは、父王は死に臨んでアブ・ハヤトをその「叔父」であるポルトガル国王に託したと述べ、テルナテを救ってほしい、と支援を訴えている。[75]だが、国王毒殺という重大事態に至っても支援要請のなかに「要塞」の言は含まれていない。

以上のように、ポルトガルは航海上の非効率にもかかわらず、テルナテを選択してそこに仮設要塞を得たうえで、テルナテ国王との間で火器と兵力の取引を成立させた。テルナテの急速な武力増強はティドレをはじめとする他のモルッカ諸王権の迅速な反撃を招いた。しかも、ポルトガル・テルナテ同盟とこれに対抗するティドレ連合はともにスペイン人の到来の前に成立していた。つまり勢力均衡のパワー・ゲームはポルトガル対スペインの競合関係が持ち込まれる前から始まっていたのである。

（4）スペイン人の到来から要塞の建設へ

一五二一年一一月初め、フィリピン、ブルネイ経由でモルッカ諸島にマゼラン艦隊の生き残り、トリニダード号とビクトリア号が到達、ティドレ島に停泊し「きわめて高い価格で」丁字を買い入れた（アントニオ・ガルヴァン）。[76]一五二三年五月スペインのバダホスでビクトリア号の帰還者一六人から聴取された供述書および二七年八月にトリニダード号の生存者三人（一時ポルトガルで拘留）から聴取された供述書によると、「ティドレ国王をはじめバチャン、テルナテおよびその他の島々の国王はカスティリャ「スペイン」国王に服従を誓い」、モルッカ諸島はカスティリャ国王によって「占有」された。ティドレ島にはスペインの商館も建設された、と。[77]だが、テルナテ国王がスペイン国王に臣従を誓ったという点は他の史料で確認できない。アントニオ・ピガフェッタによると、スペイン人に親近したのはティドレ国王の他、ジェイロロ国王とバチャン国王で、モティとマキアンにはすでに国王がいなかった、と。[78]

テルナテ国王アブ・ハヤトはポルトガル国王宛のマレー語書簡（一五二二年初め頃）のなかで次のように述べている。スペイン人はティドレ島に兵器と物資をもたらし、ティドレ国王の港を防御している。すでに四〇丁の銃砲をティドレ国王に与えたが、さらに七〇丁の弩《いしゆみ》の供給を約束し、二〇隻の艦隊も到来するという。どうかテルナテ王国を護ってもらいたい、と。この書簡ではポルトガル国王の立場は前書簡の「叔父」から「父」へ格上げされ、ポルトガルへの依存が強まったことを物語っている。(79) しかし、ここに至っても要塞への言及はなく、あくまでも兵器と武力の供与のみが求められていることに注意したい。

この間、マゼラン艦隊の殲滅とモルッカ諸島における本格的な要塞の建造を使命として派遣されていたジョルジェ・デ・ブリトのポルトガル艦隊はアチェで司令官ジョルジェを失ったあと、その弟アントニオ・デ・ブリトの指揮下で一五二二年五月バンダ諸島に到達、ここで艦隊と兵力を八隻三〇〇人に増強してティドレ島へ赴き、スペイン人たちを無抵抗で投降させた。(80) これ以降のモルッカ諸島におけるブリトの「外交」は周到である。モルッカ諸王権のしたたかな対応を予期していたためであろう。ブリトはまずティドレ国王にスペイン人を受け入れたわけを問いただし、恐怖のためやむをえず商人として受け入れたという回答をえた。さらにティドレ国王との直談判において証人としてスペイン人たちを同席させ、ティドレ国王はポルトガル国王の「よき臣下」であり、モルッカ諸島は長きにわたってポルトガル国王のものである、というティドレ国王の言質を引き出した。だが、ブリトはこれは信用しがたいと考え「いつでも牽制できるように」その言葉を供述書に写し取らせた。(81)

この後ブリトはモルッカ諸島で「もっとも偉大な」テルナテ島へ移り、テルナテ国王から臣従の誓いをうけた。ブリトは要塞についてはあえてしばらく口を閉ざし、港の良否と丁字の生産量の多寡を見きわめたうえでその建設地をテルナテに決定した、という。(82) だが、テルナテの選択はトリスタンの到来時に事実上決まっていたのだから、この言はいささか不可解である。むしろブリトはテルナテ国王からの正式の建設要請がないままに要塞の建設を執行しようとしたのではあるまいか。実際、テルナテ国王が自ら積極的に要塞を誘致したといえる明確な証拠は見つからない。おそらく、アブドゥラフマンの言うように[83]、ティドレへのスペイン人の到来を見たことがテルナテ国王による要塞容認の契機となったのであろう。しかし、容認の背景はそれだけではあるまい。注目したいのは、モルッカ諸島に各種の銃砲と火薬が出回っている、という一五二三年時点でのブリトの言である[84]。ポルトガル人の到来以後一〇年を経て銃砲が普及し、そのことが火器による攻防を制御しうる要塞の存在意義を強めたのである。

要塞の建設は一五二二年六月二四日聖ヨハネ（サン・ジョアン）の日から始まったので、要塞はサン・ジョアンと命名された。建設にはおよそ五カ月間を要した。ブリトの書簡（一五二五年二月二八日）とアントニオ・ガルヴァンの記述によると、外壁の高さは約五メートル半で、一辺四四ないし四八メートル四方の土地を囲っていた。見張り塔は二層で高さは約九メートルあった。外壁はマラッカ要塞のものより立派であったという[85]。

四　要塞はできたけれども

香料諸島における権力の起源が外来人の渡来に深くかかわっていることは、その伝承の分析と地政学的布置から容易に推測できる。だが、外来人との距離の取り方には地域差があった。バンダ諸島は外来人の影響をより強く受けていた。モルッカ人にとってバンダ人は外来人との間で緩衝材の役割を果たしていたのかもしれない。モルッカ諸島はテルナテとティドレを中心に政治的求心力を強めていた。生田氏は、モルッカ諸島ではテルナテ対ティドレの緊張関係が再生産されていたが、それは外部からの脅威の少ない社会に刺激を与えるための方便であった、と見ている[86]。しかし、むしろこの世界は断続的に外圧を受け続けてきたのであって、二極の対立はこの押し寄せる外圧の波を分散させたうえで取り込むための装置であったとみるべきではなかろうか。

一五世紀後半のイスラム化の波はこの地に「交易の時代」をもたらした。この波を追うようにして到来したのがポルトガル人であった。新しい外来人は当初は先の波形を倣うかに見えた。マラッカ以西で交易拠点帝国を築きつつあったポルトガル人といえども、遠い香料諸島では他者と肩を並べる通常の貿易の途をとることがもっとも合理的な選択肢だったかもしれない。事実アルブケルケの訓令もこの選択を示唆していた。たまたまモルッカ諸島のテルナテに招致された「鉄人」セランの存在が武威で突出したポルトガル・イメージを形成させたが、数年間はモルッカ諸島よりも航海の効率が勝るバンダ諸島との交易が優先された。しかし、「通信」の往復が事態を変化させた。モルッカ諸島以来ポルトガルとモルッカ諸島の初期「外交」は香料貿易と軍事的取引を表裏の軸として展開する。モルッカ諸島の主権者たちにとって交易と軍事が混然となった、しかも文書にその証拠が残る対外折衝は、ポルトガル人の到来以前はほとんど経験しなかったはずである。ポルトガルは点と線の帝国を香料諸島へ結びつける途を選んだ。ポルトガル国王にとって限界のある資源をどこに投入するべきかという問題はゴアの総督やマラッカ長官に一任できない重みをもっており、判断に際して香料諸島全体の状況と主権者の意図を正確に把握する必要があった。他方、モルッカ諸島の諸王権はポルトガル人の取り込みを策して書簡を送っていたが、要塞の誘致合戦という歴史叙述には虚構が含まれていた。結局「スルタン」を名乗る最有力のテルナテ王権がキリスト教徒であるポルトガル人と結びついた。ポルトガルにとってテルナテがバンダ諸島に影響力を有することも判断の材料になったはずだ。テルナテ国王はポルトガル国王に「臣従」を誓い仮設要塞を建設させたばかりでなく、多くの火器を得たいがためにマラッカ派兵を決行した。この派手な軍事的取引はモルッカ諸島内に波紋を投げかけ、ティドレを中心に反対勢力を結集させる契機となった。マラッカ派兵の間隙をついてテルナテ国王とセランが暗殺された。二極対立の図式はスペイン人が到来する前に明確化していた。ただし、到来したスペイン人をティドレ陣営が取り込むことでその図式はさらに強まった。火器の急速な普及と対立の強化は石造要塞の建設意義を高めた。それは火器による攻防を制御しうる力を持っていた。

しかしながら、インド領ポルトガルは軍事面でも交易面でも要塞効果を相殺せしめる要因を抱えていた。要塞の兵站を担うべきマラッカに余力がなかったこと、そして任期三年のテルナテ長官の交代時に付き物のゴタゴタ（一切合切を要塞から持ち出そうとする前長官とそれを許すまいとする新長官の対立）である。これらは要塞の維持に関してテルナテ王権への依存を余儀なくさせたばかりでなく、ティドレ＝スペイン陣営に付け入る余地を与えた。マラッカからモルッカ諸島への道の遠きも大きな問題であった。モルッカ諸島を近くに引き寄せるためにポルトガル人が見いだしたのはボルネオ島北岸ブルネイ経由の高速周回航路である。往路はマラッカ発八月半ばブルネイ経由でテルナテ着一〇月末、復路はテルナテ発翌年二月半ば（ブルネイでなく）アンボイナ経由でマラッカ着六月末、往復で一〇カ月間あまり。バンダ経由の倍近いスピードである。だが、これは基本的に通信・緊急用の航路で、通常の貿易にはより多くの収益を期待できる伝統的なジャワ・バンダ経由航路が用いられた。他方、スペインの西回り航路はポルトガル人に危機感を抱かせていた。一五二八年メキシコを発したアルバロ・デ・サーベドラの船隊はわずか三カ月でモルッカ諸島に到達した。サーベドラは丁字の移植計画さえも与えられていた。この頃スペインの太平洋帰航路が発見されていたら、ポルトガルの要塞は早々に壊滅の憂き目を見ていたかもしれない。一五二九年のサラゴサ条約でスペイン国王がモルッカ諸島に対して有するという権利をポルトガル国王に譲渡したため、テルナテ要塞は当面その軍事・政治的生命を保持できた。しかし、もうひとつの重要な問題は王室貿易の拠点として要塞が果たすべき役割であった。要塞建設後、ポルトガルは丁字貿易の王室独占体制を狙うが、もともとその実施に無理があることは本国でも知られていた。「独占」の障害となったのはジャワ人やスペイン人ばかりではなかった。一五三一年、インド領の庇護のもとで私貿易をもくろむポルトガル人の存在は王室貿易にとって獅子身中の虫であった。一五三一年、貿易独占に固執するテルナテ長官ゴンサロ・ペレイラが殺害された。一五三九年インド領総督は王室独占体

制の終結を表明せざるを得なくなっていた。(87)

結果的に、モルッカ諸島における二極対立の装置は、新しく到来した波に対してもその力を分散させて取り込む機能を発揮した。新しい波は火器と要塞という危険な異物を伴っていたが、のちにテルナテとティドレは異人と異物の力を援用して従来の枠を超えたパワー・ゲームを展開することになる。年代記家ジョアン・デ・バロスの眼には、邪悪と諍いがモルッカ諸島に蔓延している、と映った。丁字は神の創造物ではあるが、黄金以上に災厄のもとである、と。(88)だが、災厄を拡大させたのが自分たちポルトガル人であることにはついに思い及ばなかった。

註

（1）*A Suma Oriental de Tomé Pires*, in: A. Cortesão, ed., *The Suma Oriental of Tome Pires and The Book of Francisco Rodrigues*, I, Nendeln/Liechtenstein, 1967, p. 439. トメ・ピレス（生田滋・池上岑夫・加藤栄一・長岡新治郎訳）『東方諸国記』大航海時代叢書V（岩波書店、一九六六年）、三四六ページ。

（2）別稿において私はこの問題を科学史の視点からとらえ、モルッカ諸島と「分界線」の位置づけに関する議論を中心に検討した。合田昌史「世界分割の科学と政治——『モルッカ問題』をめぐって」『史林』七五巻六号、一九九二年、六三一—九八ページ。

（3）L. Y. Andaya, *The World of Maluku, Eastern Indonesia in the Early Modern Period*, Honolulu, 1993, pp. 55-58.

（4）*A Suma Oriental*, pp. 443-446.『東方諸国記』三五五—三六五ページ。

（5）L. Filipe Thomaz, "Maluco e Malaca", in: A. T. da Mota, ed., *A Viagem de Fernão de Magalhães e a Questão das Molucas*, Actas do II Colóquio Luso-Espanhol de História Ultramarina (25-29/9/1973), Lisboa, 1975, p. 37.

（6）一六世紀のモルッカ諸島に関する日本語の先駆的業績としてあげるべきは、岡本良知『中世モルッカ諸島の香料』（図書出版株式会社、一九四四年）。最近の研究文献としてもっとも重要なのは、生田滋『大航海時代とモルッカ諸島

——ポルトガル、スペイン、テルナテ王国と丁字貿易』（中央公論社、一九九八年）。本章も両書に負うところ大である。

（7）*A Suma Oriental*, pp. 439-449.『東方諸国記』三四七―三六九ページ。"Carta de Tristão de Ataide a El-Rei (2/20/1534)", in: A. Basílio de Sá, ed., *Documentação para a história das missões do padorado português do Oriente: Insulíndia*, I, Lisboa, 1954, pp. 321-323.

（8）H. Th. Th. M. Jacobs, ed., *A Treatise on the Moluccas* (*c. 1544*), *Probably the Preliminary Version of António Galvão's lost História das Molucas*, Rome, 1971, pp. 78-80.

（9）R. Ptak, "The Northern Trade Route to the Spice Islands: South China Sea-Sulu Zone-North Moluccas (14th to early 16th century)", *Archipel*, 43, 1992, pp. 27-33. 岡本『中世モルッカ諸島の香料』四〇―五二ページ。

（10）Jacobs, ed., *op. cit.*, p. 80.

（11）Ptak, "The Northern Trade Route to the Spice Islands", pp. 33-35; Anthony Reid, *Southeast Asia in the Age of Commerce, 1450-1680*, Vol. 2, New Haven, 1993, p. 4.

（12）*A Suma Oriental*, pp. 443-444.『東方諸国記』三五七―三五九ページ。Jacobs, ed., *op. cit.*, pp. 82-84; João de Barros, *Décadas da Ásia*, III-V-5 (H. Cidade & M. Múrias, ed., Lisboa, 1946, p. 263).

（13）弘末雅士「交易の時代と近世国家の成立」池端雪浦編『世界各国史　六・東南アジア史II』（山川出版社、一九九九年）、九四―九六ページ。

（14）*A Suma Oriental*, pp. 439-448.『東方諸国記』三四八―三六七ページ。Thomaz, *op. cit.*, pp. 31-35.

（15）Sá, ed., *Documentação*, I, pp. 29-30; *A Suma Oriental*, p. 443.『東方諸国記』三五七ページ。R. Ptak, "Asian Trade in Cloves, circa 1500: Quantities and Trade Routes, A Synopsis of Portuguese and Other Sources", in: F. A. Dutra & J. C. dos Santos, eds., *The Portuguese and the Pacific*, Santa Barbara, 1995, pp. 149-169; D. Bulbeck, A. Reid, L. C. Tan & Y. Wu, *Southeast Asian Exports since the 14th Century: Cloves, Pepper, Coffee, and Sugar*, Singapore, 1998, pp. 22-34.

（16）Fernão Lopes de Castanheda, *História do Descobrimento e Conquista da Índia pelos Portugueses*, liv. VI, cap.

XI (M. Lopes de Almeida, ed., Porto, 1979, II, pp. 172-173).

（17）Barros, *op. cit.*, III-V-5 (p. 261).

（18）*A Suma Oriental*, p. 442.『東方諸国記』三五五ページ。

（19）Barros, *op. cit.*, III-V-5 (p. 266).

（20）M. L. Dames, ed. & trans., *The Book of Duarte Barbosa*, II, Nendeln/Liechtenstein, 1967, p. 198.

（21）*As Gavetas da Torre do Tombo*, III (Gav. XIII-XIV), Centro de Estudos Históricos Ultramarinos, Lisboa, 1963, p. 30.

（22）Barros, *op. cit.*, III-V-6 (pp. 264-267); Castanheda, *op. cit.*, liv. III, cap. LXXV (M. L. de Almeida, ed., Porto, 1979, I, pp. 678-680); Gaspar Correia, *Lendas da Índia*, vol. II, cap. XXX (M. Lopes de Almeida, ed., Porto, 1975, II, pp. 265-266).

（23）V. Magalhães Godinho, *Os descobrimentos e a economia mundial*, 2.ª ed., III, Lisboa, 1982, pp. 135-141.

（24）Thomaz, "Maluco e Malaca", p. 36.

（25）Castanheda, *op. cit.*, liv. III, cap. LXXV (1979, I, p. 679).

（26）P. R. Abdurachman, "Moluccan Responces to the First Intrusions of the West", in: H. Soebadio & C. A. du Marchie Sarvaas, *Dynamics of Indonesian History*, Amsterdam, 1978, pp. 162-163.

（27）生田『大航海時代とモルッカ諸島』六〇、一四二ページ。

（28）Abdurachman, *op. cit.*, pp. 171-173.

（29）Andaya, *The World of Maluku*, p. 116; Bartolomé Leonardo de Argensola, *Conquista de las islas Malucas*, Madrid, 1891, p. 13.

（30）生田『大航海時代とモルッカ諸島』五八―五九、一四九―一五〇ページ。

（31）Thomaz, "Maluco e Malaca", pp. 32-33.

（32）Jacobs, ed., *op. cit.*, p. 84.

（33）Andaya, *The World of Maluku*, p. 61.

（34）　生田滋「補注・八　モルッカ諸島」ハウトマン、ファン・ネック『東インド諸島への航海』大航海時代叢書（第II期）一〇（岩波書店、一九八一年）、五二三ページ。
（35）　Sanjay Subrahmanyam, *The Career and Legend of Vasco da Gama*, Cambridge, 1997, p. 51.
（36）　Barros, *op. cit.*, III-V-5（p. 259）.
（37）　“Inquirição que se tirou, por ordem de el-rei, a respeito da tomada de Malaca e descobrimento de Maluco, 1523”, in: *As Gavetas da Torre do Tombo*, III, *op. cit.*, pp. 17-39.
（38）　*Ibid.*, pp. 20, 25, 27.
（39）　Jacobs, ed., *op. cit.*, p. 194.
（40）　*As Gavetas da Torre do Tombo*, III, pp. 20, 29, 37.
（41）　*Ibid.*, pp. 20-21, 25, 34, 37.
（42）　*Ibid.*, p. 37.
（43）　Jacobs, ed., *op. cit.*, pp. 194-196; Barros, *op. cit.*, III-V-6（pp. 268-269）.
（44）　*As Gavetas da Torre do Tombo*, III, pp. 25, 34.
（45）　Barros, *op. cit.*, III-V-6（pp. 269, 271）.
（46）　生田『大航海時代とモルッカ諸島』二四一二五ページ。
（47）　Barros, *op. cit.*, III-V-6（p. 270）.
（48）　Jacobs, ed., *op. cit.*, p. 196; *As Gavetas da Torre do Tombo*, III, pp. 21, 25; Barros, *op. cit.*, III-V-6（p. 271）.
（49）　*As Gavetas da Torre do Tombo*, III, pp. 27, 34.
（50）　Barros, *op. cit.*, III-V-6（pp. 271-274）.
（51）　*As Gavetas da Torre do Tombo*, III, p. 25.
（52）　Sá, ed., *Documentação*, I, p. 80.
（53）　*Ibid.*, pp. 85-86.
（54）　*As Gavetas da Torre do Tombo*, III, pp. 37-38; Jacobs, ed., *op. cit.*, p. 196.

(55) Sá, ed., *Documentação*, I, pp. 112-115.
(56) *As Gavetas da Torre do Tombo*, III, pp. 22-23.
(57) Godinho, *Os descobrimentos e a economia mundial*, III, p. 139.
(58) *As Gavetas da Torre do Tombo*, III, pp. 37-39; Barros, *op. cit.*, III-V-6 (pp. 271-273).
(59) *As Gavetas da Torre do Tombo*, III, p. 38.
(60) Barros, *op. cit.*, III-V-6 (p. 272).
(61) *As Gavetas da Torre do Tombo*, III, p. 26.
(62) Barros, *op. cit.*, III-V-6 (p. 272).
(63) *As Gavetas da Torre do Tombo*, III, p. 30; Barros, *op. cit.*, III-V-6 (p. 273).
(64) *As Gavetas da Torre do Tombo*, III, p. 31.
(65) *Ibid.*, p. 28.
(66) Sá, ed., *Documentação*, I, pp. 118-120.
(67) *As Gavetas da Torre do Tombo*, III, pp. 28, 33-34, 38.
(68) B. W. Diffie & G. D. Winius, *Foundations of the Portuguese Empire, 1415-1580*, Minneapolis, 1977, p. 371.
(69) Barros, *op. cit.*, II-VI-7. ジョアン・デ・バロス（生田滋・池上岑夫訳）『アジア史・二』大航海時代叢書（第II期）三（岩波書店、一九八一年）、八八－八九ページ。
(70) *As Gavetas da Torre do Tombo*, III, pp. 29-30.
(71) Sá, ed., *Documentação*, I, pp. 85-86.
(72) Jacobs, ed., *op. cit.*, pp. 196-198; Barros, *op. cit.*, III-V-6 (pp. 273-274).
(73) *As Gavetas da Torre do Tombo*, III, pp. 31-32.
(74) アントニオ・ピガフェッタ（長南実訳）「マガリャンイス最初の世界一周航海」『コロンブス、アメリゴ、ガマ、バルボア、マゼラン航海の記録』大航海時代叢書I（岩波書店、一九六五年）、六〇七ページ。
(75) Sá, ed., *Documentação*, I, pp. 121-123.

（76） Jacobs, ed., *op. cit.*, p. 202.

（77） C. S. Serrano, ed., *Obras de D. Martin Fernandez de Navarrete*, II, Madrid, 1964, pp. 633-635.

（78） ピガフェッタ「マガリャンイス最初の世界一周航海」六〇三―六三〇ページ。

（79） Sá, ed., *Documentação*, I, pp. 124-125. これには一五二二年八月二八日マラッカで作成されたポルトガル語訳がある。内容は原文とほぼ同一だが、スペイン国王の船隊二隻がティドレ島にもたらしたものは「要塞を造るための物資と兵器ばかり」であると述べている点が異なる（*Ibid.*, pp. 126-127）。

（80） Godinho, *Os descobrimentos e a economia mundial*, III, pp. 139-140.

（81） Sá, ed., *Documentação*, I, pp. 133-135.

（82） *Ibid.*, pp. 135-136.

（83） Abdurachman, *op. cit.*, pp. 171-173.

（84） Sá, ed., *Documentação*, I, p. 135.

（85） *Ibid.*, p. 194; Jacobs, ed., *op. cit.*, p. 210; 生田『大航海時代とモルッカ諸島』一三六―一三八ページ。

（86） 生田『大航海時代とモルッカ諸島』五四ページ。

（87） Godinho, *Os descobrimentos e a economia mundial*, III, pp. 141-158; Thomaz, "Maluco e Malaca", pp. 37-42.

（88） Barros, *op. cit.*, III-V-5（pp. 261-262）.

II 語りかける

第5章　文字のかなたに
――一五世紀フィレンツェの俗人筆録説教

大黒俊二

一　コミュニケーションにおける「聞き書き」

「ルポルタージュ」、略して「ルポ」という言葉がある。今日では現場で直接取材した報道記事という意味で用いられるが、このreportageというフランス語の語源をたどると、中世ラテン語のreportatioに行きつく。中世ではそれは「聞き書き」を意味した。それも「聞き書き」一般ではなく、おもに説教や大学の講義を聞いて記したものをこの語で呼んだようである。(1) ここで「コミュニケーションの社会史」という視点から取り上げてみたいのは、一五世紀フィレンツェの市民が書き残した二篇の説教記録である。説教の聞き書きであるから、以下ではreportatioの語に「筆録説教」の訳語をあてたいと思う。

筆録説教という史料(群)は、コミュニケーション史においてこれまで十分光の届かなかった一面を照らし出してくれそうに思われる。それは、筆録説教が説教の「聞き手」による記録であり、また説教師の「声」を文字に記したものであるからである。

第一に説教の聞き手、広くいえば情報の受け手は、コミュニケーションの歴史においてなかば忘れられた存在である。コミュニケーション史を謳う作品は多いが、それらは情報の発信者や伝達手段を扱うのみで、受け手の様態や受容の仕方に注目することはまれである。(2) コミュニケーションとは、いうまでもなく情報の発信者と受信者の双方があって成立する行為であり、それゆえ受信者は少なくとも発信者と同程度の関心を引いて当然のはずだが、現実には人びとの興味は発信者の方へ向かいがちである。これは史料の不足だけが原因ではなさそうである。おそらく情報伝達において、主導権は発信者の側にあるという理解が背後にあるからであろう。発信者が情報の収集と生産という創造的な営みに従事し、また発信という能動的な動きをみせるのにたいし、受信者はただ受け取るだけで、そこには受信者なりの主体性はないと考えられがちである。しかし情報を「受け取る」、説教を「聞く」という営みは、それほど受動的な行為なのだろうか。

「聞き書き」のプロセスはこうした前提に疑問を投げかける。われわれが経験的に知っているように、「聞き書き」を行なうとき、人は聞いたことをすべて文字に記すわけではない。すべてを書くことは速記者でもない限り技術的に不可能であり、また完全筆記がつねに有益とは限らない。耳が声を受け止めてから手が動き始めるまでの間、頭脳はつねに書くべき内容の選別と要約を行なっている。この選別と要約、あるいは言い換えにはかならず聞き手の判断がともなう。またその判断は聞き手の予備知識、理解力、好み、そのときの気分など、要するに聞き手の人格に大きく左右される。とすれば「聞き書き」とは発信者の意図を忠実に反映したものというより、聞き手の人格というレンズによって大なり小なり屈折させられた像であり、話し手と聞き手の合作というべきであろう。このように視点をずらしてみると、聞き手の誤解や曲解、忘却などもコミュニケーションの不備として簡単に否定し去ることは難しくなる。これらは聞き手の不注意や能力不足によると同時に、積極的に理解しようと努力した結果であるかもしれないのである。一見聞き手の誤解とみえるものが、ある場合には話者の予想すらしなかった方向への創造的展開である例は珍しくない。過去における「聞き手」の姿を浮かび上がらせてくれる史料は多くないが、筆録説教はそうしたまれな史料の一つなのである。

第二に筆録説教は「声」の世界にかかわる。生きた声による伝達は、もっとも原始的であり、同時に今なお一般的なコミュニケーション方法である。しかし声はその性格上、発せられた瞬間に消え、あとに残らない。録音技術の助けが得られる現代史を別とすれば、過去の声を直接聞くすべはなく、それゆえコミュニケーション史の研究者も、他の分野と同様、「史料」という書かれた文字にたよらざるをえない。しかし史料を読む歴史家は、しばしばその周囲にただよっていたはずの声の世界を忘れがちである。一連の文章が書かれるまでに飛び交った声、文字として紙上に着地するまで空中で浮遊していた声に、歴史家はもっと耳を澄ますべきではないだろうか。一見声とは無縁にみえる史料の背後に声の世界を聞き取る感性が、とりわけコミュニケーション史の研究者には必要である。そして筆録説教という声を文字に移しかえた記録は、逆に文字から声にアプローチする手段となりうるのである。本章の「文字のかなたに」という標題はこうした視座を意図している。

しかし以下で取り上げる中世末期の西欧社会において、「文字のかなたに」みえてくる「声」の世界は、口承文化やフォークロアだけではないし、無文字社会ではけっしてない。もともと歴史家が対象とする世界は、程度の差はあれ、すでに文字を手に入れた社会である。無文字社会を扱う人類学者の視点をそのまま受け入れることはできない。むしろ目を向けたいのは、文字をもつ社会における声の役割であり、文字と声の相互関係である。これは「声と文字の弁証法」とも、ブライアン・ストックにならって「テクストに規制されたオーラル・コミュニケーション」[3]ともいいかえることができよう。以下で注目したいのは「声」そのものではなく、声と文字の複雑で矛盾にみちた関係である。この両者の出会いから生まれた筆録説教は、まさしく「声と文字の弁証法」を体現する史料なのである。

二　新説教・範例説教・筆録説教

コミュニケーションのあり方を「聞き手」と「声」の面から見直すという視点は、中世後期の説教史料を調べたことのある者には自然な発想である。説教史料の残り方そのものが、こうした視点を取るよう促しているからである。筆録説教は、広大な説教史料のなかでも重要な史料群の一つであり、説教の実態に迫ろうとすればこれを無視することはできない。そして筆録説教をみるうちに、人はおのずと「聞き手」と「声」の世界に導かれるのである。そこでまず、筆録説教という史料の性格をみきわめるために、中世後期、一三世紀から一五世紀における説教のあり方を概観しておくことにしよう。

この時期の説教記録は一見してそれとわかる形式上の特徴をそなえている[4]。冒頭に聖書の一節が引用され、ついでそれがいくつかの部分——多くの場合三つ——に分割される。分割された各部分に象徴的解釈が施され、各部分はさらなる象徴的解釈にしたがって再分割される。こうして再分割されたそれぞれの部分が、今度は聖書や教父著作など権威ある著作からの引用、語義の多様な解釈、教訓説話、説教師の自由な創意などにしたがって展開される。このような構成はこの時期の説教に共通してみられ、「説教術書」ars predicandi において次のように理論化されている。冒頭におかれる聖書からの引用句は「主題」thema であり、これを「分割」divisio、「再分割」sub-divisio し、その上で「権威」auctoritas、「語釈」distinctio、「教訓説話」exemplum などの手法を用いて「展開」dilatatio/amplificatio していくという手順をふむ。場合によっては冒頭に「副主題」prothema がおかれることがあり、これにも短い「展開」がともなう[5]。こうした説教のレトリックを、ボナヴェントゥラの『日曜説教集』*Sermones dominicales* に収められた説教の一つにしたがって例示すれば図5-1のようになる。

［副主題］
「ペテロがこれらの言葉を話していると，御言葉を聞いている一同の上に聖霊が降った」（「使徒行伝」1-44）

［展開］

［主題］
「あなたがたのなかには，あなたがたの知らない人がおられる」（「ヨハネによる福音書」1-26）

［分割］　［再分割］
- 「あなたがたのなかには」
  - 神性と人性の中心
  - 真理と廉直の中心
  - 生の力の中心
- 「おられる」
  - 教皇として
  - 博士として
  - 王として
- 「あなた方の知らない人が」
  - 超自然的光の欠如による無知
  - 詭弁による無知
  - 嫉妬による無知

［展開］
権威・語釈・教訓説話等

図5-1　新説教の構造（ボナヴェントゥラ『日曜説教集』より待降節第3日曜日）
出典：註（5）参照。

以上のような特異な説教構成法は一三世紀の前半、托鉢修道会士によって開発され、「新説教」sermo modernus と呼ばれるようになった。それ以前の説教（「旧説教」sermo antiquus）が主題の語句の逐語的解釈に終始していたのにたいし、「新説教」は分割・再分割・展開という建築的構成をもつ点に大きな特徴がある。これ以後「新説教」は、一六世紀前半に「旧説教」が復活するまで、中世後期における説教の支配的なスタイルとなった。この「新説教」を考案し、拡大したのがドミニコ会、フランチェスコ会という托鉢修道会である。一三―一五世紀は托鉢修道会士による「新説教」の黄金時代である。

この時代は以前にくらべて、説教の回数も説教師の数も飛躍的に増大した時代である。一二世紀の民衆宗教運動、異端の拡大に苦慮した教会は一三世紀初頭のインノケンティウス三世時代、これらに対抗するために新たな対策を講じ始める。そうした対策の一環としてとくに重視されたのが説教である。托鉢修道会という説教の専門家集団が公認され、第四ラテラノ公会議では各地の司教に向けて、説教による民衆教化を推進するよう檄が飛ばされた。このような説教復興運動のなかで、急速に増えた説教師たちの必要にこたえるため、一連の説教マニュアルが著された(6)。おもなものに「語釈集」distinctiones、「聖書用語索引」、「教訓説話集」exempla、「説教術書」などがあるが、もっとも重要で広く普及したのは「範例説教集」である。これは説教を行なう立場にある聖職者のために、説教の実例をラテン語で記したものである。現場の説教師は一年を通じてさまざまな機会、たとえば待降節、降誕祭、四旬節、復活祭、聖霊降臨祭、聖人祝日などに説教を行なう必要があった。こうした機会にその都度新たに説教を考案するのは、平均的な説教師にとって容易ではなく、そのため説教のモデルが求められたのである。彼らは熟練の説教師が考案した範例説教によりつつ、これに適宜変更を加えて折々の説教義務をこなすようになった。範例説教は多くの場合、用途に合わせて一本にまとめられ、「教会暦説教集」sermones de tempore、「聖人祝日説教集」sermones de sanctis、「四旬節説教集」sermones de quadragesima といった形で流通した。さきにふれたボナヴェントゥラの『日曜説教集』も、こうした範例説教集の一つである。

範例説教集は著者が一気に書き下ろしたものもあるが、多くの場合、声による説教、その筆録、編集という複雑な過程を経て書物の形をとったものである。範例説教集の形成過程を、いくつかの例についてみてみることにしよう。比較的よくわかっているのはボナヴェントゥラの『日曜説教集』の場合である。彼は簡単なメモ、おそらく主題、分割法、権威などを記した紙片を手に説教にのぞんだらしい。彼はメモを見ながら即興をまじえつつ説教したようである。彼の説教には、つねに友人のフランチェスコ会士マルコ・ダ・モンテフェルトロが臨席して説教を筆録した。その後ボナヴェントゥラは、マルコの筆録をもとに内容を選択、加筆、修正した上で決定版としての『日曜説教集』を完成した(7)。この書は通常の写本作成によって広まっていったが、同時代のパリの説教師のなかには、自身の範例説教集を「公刊」する者もいた。「公刊」といっても一三世紀パリのことであるから、いわゆる「ペキア・システム(8)」に乗せる許可をあたえたという意味である。つまり範例説教集の原本をパリの書籍商に委ね、ペキア(帖)に分けて筆写用に貸し出す許可を出したのである。ニコラ・ド・ビアールやギヨーム・ド・マイイなど当時の著名な説教師の作品は、このような形で広まっていった。[9]

しかし現在残されている範例説教集の多くは、現場の説教師が自分の必要にあわせてさまざまな説教を収集し、編集してできたものである。[10]編者は、ある場合には「公刊」された範例説教集から書き写し、ある場合には実際に耳で聞いた説教の筆録を用いて自己流範例説教集を編んだ。こうして一人ひとりの説教師の用途に応じて、さまざまな個性ある範例説教集が生み出された。さて、自分用の範例説教集を編んだ説教師がそれをもとに説教を行なうと、別の聖職者がまたそれを筆録する。後者は何人もの説教師の筆録をとり、「公刊」された説教集も参照してさらに別の範例説教集を作り上げる。それはふたたび声の説教を生み出すであろう……。こうして説教は声と文字の間を絶え間なく往復することになる。この往復運動のなかで説教テクストは少しずつ変貌し、また均一化、画一化の方向に向かう。説教史料は声と文字の協働の産物なのである。「声と文字の弁証法」、「テクストに規制されたオーラル・コミュニケーション」の実例がここにあるといえよう。

このように説教の形成には筆録という行為が深くかかわっている。それでは実際の筆録はどのようにしてなされたのであろうか。筆録説教と呼ばれるものには、細かくみるとさらに二つの種類がある。一つは説教現場での早書きのメモ、もう一つはその後このメモと記憶をたよりに説教を復元したものである。今日まで残っているのは大部分後者であるが、まれにメモが残存していることがある。一二三三年、ピストイア（トスカナ北部の都市）で行なわれたと思われる説教の筆録[11]は、現場メモの特徴をはっきりとどめている。書体は乱雑で文章は極端に切りつめられ、省略記号（後述）もしばしばつけ忘れているが、話の大筋や聖書の引用句はほぼ正確にとらえている。もう一つの例は一二七三年、パリのベギン会礼拝堂において俗語で行なわれた説教の記録である。[12]これには幸いメモと復元テクストの双方が残されている。メモはキーワードと数語程度の短文を並べただけの簡潔なもので、分量も復元テクストの数分の一程度である。しかし主題となる聖書の章句や分割はきちんとメモされている。筆録者はこれを見ながら記憶をたよりに復元したと思われる。おそらく分割を繰り返す「新説教」の建築的構造が、記憶と想起を助けたのであろう。分割、再分割という手法は記憶術の教えにしたがったものというのが定説である。一三九二年、シチリアのメッシナで行なわれた説教の例では、聴衆の一人は四カ月後になってもその内容をあらまし思い出すことができたという(13)。

しかしメモにおいて注目すべきは、これがラテン語で、また省略記号——たとえば per を p、contra を ɔ: と略記する方法——を用いて行なわれている点である。中世後期の説教は、大学や修道院でのようにラテン語でなされることもあったが、多くの場合、俗人聴衆のために俗語で行なわれた。ところが俗語による説教の筆録は、後述する俗人筆録を別として、つねにラテン語で書かれているのである。筆録者は耳がとらえた俗語を瞬時にラテン語に翻訳し、省略記号を駆使してメモに記す。後にこのメモから復元したテクストもやはりラテン語である。そして必要があれば、ラテン語の復元テクストからもう一度俗語に訳し直した。俗語説教のラテン語による筆録という方法は、中世後期の聖職者による筆録では一般的であり、一六世紀になってもルターのドイツ語説教はこの方法で筆録されていた(14)。説教の場合「声と文字の弁証法」は、同時に「俗語とラテン語の弁証法」でもある。

俗語の語りをラテン語で記すという一見迂遠な方法がとられたのは、ラテン語と省略記号の密接な関係に理由がある(15)。俗語では省略記号で記す技術は長く発達しなかったし、後にラテン語風の省略記号が取り入れられてからも、ラテン語ほど広く利用されることはなかった。ラテン語と省略記号の密接な関係は偶然ではない。それは中世におけるラテン語の社会的機能から、ある意味で自然に生じたものである。第一にラテン語は文字の言語であった点があげられる。中世、少なくとも中世後期の人間でラテン語を母語として育った人間はいない。ラテン語はある年齢に達してから習い覚える言語であり、学習者の前にまず文字として立ち現れる。したがってこれは俗語のように耳で覚える言語ではなく、文字から入る言語であり、俗語よりはるかに視覚性の強い言語である。もちろんラテン語は聖職者・知識人の間ではオーラル・コミュニケーションの手段として用いられたが、これも文字言語としてのラテン語の修得が前提であったことを忘れてはならない。第二に、ラテン語は古典の伝統と学校教育を通じて文法と正書法の規範をそなえていた。この点で、地域、時代、社会層によってたえず流動する俗語とは対照的である。俗語のようなゆれ動く言語を省略記号で記すのは多くの困難がともなう。略号からつねに、正確に原語が復元できるためには、綴字や語尾変化が規範によって定められていなければならないからである。省略記法はこうした文字・視覚性の優越と文法・綴字の安定性があって初めて可能となる。これに加えて、第三にラテン語には、キケロの書記をつとめたティロが考案した略記法以来、何世紀にもわたって洗練されてきた省略記法の伝統があった。それゆえ聞き書きを取るさいに、早書きの手法としてラテン語の省略記法にたよるのは自然であったし、逆にこうした三つの条件を欠く俗語はきわめて不利な立場にあったのである。

これにもう一点、説教固有の事情をつけ加えてよいかもしれない。俗語説教の筆録には、固有名詞やラテン語に対応語がない場合をのぞいて、正確な音写は必要ない。説教の理解には音ではなく意味、議論の筋道だけでさしあたり十分である。この点は文学作品、とくに詩と大きく異なる点である。ラテン語と省略記号を用いる手法は、後に筆録から説教内容を理解するうえで大きな障害とはならなかったのである。ちなみに説教筆録のように省略記号を用いた要約筆記は、古文書学の用語では「略記法」tachygraphy と呼ばれ、声を完全筆記する「速記法」stenography とは区別される。速記法は中世ラテン語の世界では十分発達しなかった。中世の聖職者による筆録は、説教に限らずすべて要約筆記であり、「抄本にして謄本にあらず」excerpta non excepta であった(16)。

しかしこのようなラテン語と省略記号を用いた要約筆記という特徴は、あくまで聖職者に限った場合のことである、とつけ加えておかなければならない。一四世紀以降になると、俗人が俗語で説教を記録するようになってくるのである。俗人による俗語筆録はアルプス以北でも時たまみられるものの、これが広く慣行として定着したのはト

図 5-2　フラ・アンジェリコ「聖マルコ伝」(1434年頃)
出典：フィレンツェ，サン・マルコ美術館蔵。

スカナ諸都市、とくにフィレンツェである。一四―一五世紀にトスカナ語の説教で名をはせた説教師、たとえばジョルダーノ・ダ・ピーザ、ベルナルディーノ・ダ・シエナ、サヴォナローラなどの説教には、フィレンツェ市民による多くの俗語筆録が残されている。さらに筆録の範囲はほとんど無名の説教師にまでおよんでいる。次節で取り上げる二つの筆録説教もそうした俗人筆録である。

これらの俗人筆録には、聖職者の筆録のような共通の特徴はなく、筆録ごとに個性ゆたかである。聖職者のようにラテン語とスコラ学という共通の知的背景をもたない俗人は、好みと必要に応じて自由に気ままに書き記す。一つの説教がわずか数行にまとめられる場合があり、他方で、ベルナルディーノが一四二七年にシエナで行なった説教のように、筆録者が独自に考案した速記法を用いて「語りと同じ速さで」、彼の言葉を「一字一句、一つものがさず」記録した例もある[17]（これは中世において、説教が速記法によって完全筆記された唯一の例である）。また一三〇六年ジョルダーノ・

ダ・ピーザがフィレンツェで行なった説教では、筆録者は「お話ばかりで説教をしない」と不平をいい、「大事なことだけを書く」と記している[18]。ここでは聞き手が説教の内容を取捨選択している。あるいはアーロン・グレーヴィチ風にいえば、民衆が「検閲」している[19]。これとは逆に聞き手が説教のなかの物語、つまり教訓説話にしか関心を示さないこともある。たとえば一五世紀半ば頃のある俗人筆録説教集は、いくつもの説教から教訓説話だけを拾って記しており、説教集というより物語集に近づいている[20]。また説教現場のようすや筆録の場面を彷彿とさせる記述もある。「老若男女を泣かせた」、「次々に聖書の権威や言葉をあげたが、覚えていないので書かない」、「蠟板が足りなくなったので、これ以上書けない[21]」云々。

これらの俗人筆録者は、なんのために筆録したのか。聖職者の場合、説教の範例収集という明確な目的があったが、教会によって説教を禁じられていた俗人に、範例収集の意図があったとは考えられない。また今みたような気ままな筆録では、説教の素材としては大して役に立たなかったであろう。この問題を考えるために少し回り道をして、一五世紀フィレンツェにおける説教筆録のありさまを伝える一つの絵画を見ておくことにしよう。

一四三四年頃、フィレンツェのサン・マルコ修道院に属する修道士にして画家フラ・アンジェリコは、同市のリンネル商組合の求めに応じて三幅対画《トリッティコ》を作成した。その基壇《プレデッラ》に描かれた聖マルコ伝の一場面（図5-2）は、当時のフィレンツェにおける説教筆録のありさまを伝えていると考えられている[22]。画面中央、広場にしつらえられた説教壇から聖ペテロが説教し、その言葉を画面左手に腰かけたマルコが筆録している。彼の手前の男が書き終えた紙片を受け取り、向こう側にひざまずいた青年はインク壺をささげもっている。彼らはマルコの助手であろう。ここでは福音を説くペテロが説教師の姿で、福音書を書くマルコが筆録者として描かれている点に注目しておこう。福音書家マルコをこのような説教筆録者の姿で描いた例は、伝統的なイコノグラフィーにはなく、フラ・アンジェリコの独創である。福音書をつづるマルコは、伝統的イコノグラフィーでは、書斎に座して一人で書いているか、ペテロの口述を筆記している姿で描かれる。マルコが説教筆録者として描かれるのは、後にも先にもこの一例だけである。

フラ・アンジェリコがこのような特異な構成を選んだ理由として、一つ考えられるのは、彼の属するドミニコ会の使命を強調しようとしたのではないか、という推測である。ドミニコ会は「説教者兄弟団」という正式名が示すように、数ある修道会のなかでも説教活動をとくに重視する修道会である。そうしたドミニコ会の修道士・画家にとって、ペテロの福音伝道を説教として、福音聴聞をマルコの筆録として描くのは自然な発想であったと思われる。説教を福音伝道と重ねあわせ、説教内容の福音的性格を強調しようとしたのではないだろうか。しかしおそらくそれ以上に、この構図は当時のフィレンツェにおける説教の実態から影響を受けているとみるべきである。画中には同時代風物の写実とみられる要素がいくつもある。背景の町並みは古代ローマというより一五世紀のフィレンツェを思わせるし、聴衆の身なりも当世風である。とりわけ広場での説教は、この絵が描かれた頃に初めて一般化した慣習である。元来説教は典礼の後、典礼と密接な関連をもちつつ教会堂の内（身廊）で行なわれるものである。こうした説教と典礼・教会堂の密接な関連を切り離し、広場に臨時の説教壇を立てて、典礼から独立した説教を行なうという革新を行なったのはベルナルディーノ・ダ・シエナであり、一五世初頭のことである[23]。したがって一四三四年頃に描かれたこのマルコ像にも、同時代の慣習が反映されているとみることができる。ここでは筆録者マルコは古代風の寛衣をまとい聖職者の姿で描かれているが、さきにみたような当時のフィレンツェにおける俗人筆録の一般化を思えば、ここに筆録する俗人の姿を重ね合わせてみることも不当な推測ではないであろう。しかしこの絵が示唆するのはそれだけではない。

三　一五世紀フィレンツェの俗人筆録説教

筆録するマルコの背後にいるもう一人の若者に目をとめてみよう。彼は書物を手にして一心に読みふけっているようすである。彼はなにを読んでいるのか。マルコが筆録した福音書、いや説教筆録ではないだろうか。この解釈を裏づける直接の証拠はないけれども、説教師、筆録者、その助手、読書する男を配した画面構成は、これらを一つづきのものとして捉えることを求めているように思われる。読書する男は頭巾をかぶり地味な身なりをしているが、これは明らかに俗人の服装である。おそらく俗人は説教を聞いた後、それを読み返して記憶を新たにし、教えを反芻するために筆録したのである。こうした俗人の意図は、残された筆録説教からもうかがうことができる。ここでは二つの俗人筆録に目をとめてみよう。

最初の例は、一四八〇年代、フィレンツェの一女性の手で筆録されたものである。[24]本書の冒頭近くで、彼女は筆録の意図を次のように述べている。

神の名において。一四八四年四月四日。本書はローマの人マリアーノ師が、四旬節中、フィレンツェのサンタ・マリア・デル・フィオーレで行なった説教を、わが慰めのために記したものです。欠陥があればそれは私のせい、私はきちんと覚えることができなかった。私メッセル・トマーゾ・ソデリーニの娘マルゲリータが、みずから本書を記す。本書を読む人は私のために祈って下さるように。うまく書けていればそれは神の賜物、神に感謝します。善はすべて神より来り、悪はすべて私のもの。[25]

筆者のマルゲリータは、みずから名乗るようにフィレンツェの名家ソデリーニ家の出身であり、一五〇二年、サヴォナローラ後のフィレンツェで共和国最高の官職「正義の旗手」に就いたピエロ・ソデリーニは、おそらく彼女の兄弟である。(26) 他方マリアーノ師とは、アウグスティヌス会修道士マリアーノ・ダ・ジェナッツァーロ、サヴォナローラの敵対者として当時のフィレンツェではよく知られた人物であった。彼は後でみる無名氏の筆録にもしばしば姿を現す。

マルゲリータの筆録はまことに自由で素朴なものである。句読や改行はなく、単語の分かち書きすらおぼつかなく、読む者はしばしば一語の同定にも悩まされる。一つの説教が三行ですまされることもあれば、数ページにおよぶものもある。彼女はマリアーノ師の説教を忠実に記録しようとはせず、「わが慰めのために」心に残った言葉だけを簡潔に記している。彼女は正直にこう告白している。「語るべきことはたくさんあるのに、私にはできそうにない。気に入ったことだけを語ろう……。(27)」本書はこのように説教断片のモザイクのような筆録であるから、これから実際に行なわれた説教を想像することは難しい。分割・再分割・展開という新説教の構造はこの筆録からはほとんど読み取ることができない。しかし聞き手によって自由に切り取られたこれらの断片は、一人の俗人女性が説教を受け止め、内面化していくありさまをよくとどめている。

この筆録を通読してすぐに気づくのは、「お前」tu という二人称単数を使った文章の多さである。多くの筆録において、三人称で書き始められた文章が途中で二人称になり、聞き書きがいつしか自分への問いかけや命令に変じてしまうのである。たとえば次のような文章である。

主の御変容（「マタイによる福音書」一七―一～九）について。神はなぜ変容されたのか。天国の霊気を使徒たちに示し、彼らがこの世の苦しみを受けても進んでそれに耐え、永遠の生という褒賞を待ち望むようにするためである。お前がこの栄光を望むなら、聖ペテロを信仰の、聖ヨハネを愛の、聖ヤコブを希望の［守護者］とせよ。そうすればお前は救われるだろう(28)。

この「お前」はさしあたり、説教師の語りをそのまま写したものと考えることもできる。説教師は聴衆に向かってこのような語りかけをすることがあるからである。しかしこれが彼女の筆録に執拗に現れ、しかも次のような表現をともなうとき、たんに説教師の声といいきることはできないように思われる。

サン・ガッロ［修道院］にて。この世に平安はない。お前が富をもち最後までそれを求めるなら、お前は神をもつことはなく、平安を得ることもけっしてない。お前が貧しくse' povera神をもつなら、お前はすべてを手に入れ、この世で安らぐ。神を求めよ、そうすれば満足できるだろうsarai chontenta(29)。

「お前」という主語をpovera, chontentaという女性単数形が受けている点に注意しよう。これは明らかに書き手の女性をさしている。マルゲリータは説教師の言葉を自分の内面の声に変換し、自分に向かって語りつつ書いているのである。彼女の筆録で「お前」がこのように女性単数形容詞をともなう例は多くはなく、普通は一般的な二人称単数としての男性形で記されている。これが時おり女性形に変わるのは、おそらく、記憶をたぐりつつ書くうちに気分が高揚し、自己への問いかけが強まるなかで、問いかける相手に性までが同化してしまうからであろう。

このように自己に問いかける内面の声は、さらに自分の罪を責める問責の声ともなる。マリアーノ師はある説教で、善をなすのも悪をなすのもすべては人間の意志次第であるといい、善をなそうとしない人間の弱さをきびしくとがめている。これをマルゲリータは次のように記している。

医者がある病人に「この薬を飲んだらよくなりますよ」という。病人はこの薬を見て「これを飲んだらよくなるんだろう、でもなんて苦いんだ」とつぶやく。こうした場合「俺はいやだ」といって彼は薬を捨ててしまう。善行についても同じだ。おお、お前は声や説教や多くの刺激によって善をなせという教えをあれほど受けながら、お前の悪い癖で怠ってきた。「善をなしたいけどできない」などといってはいけない、「したくない」といいなさい。人はみな告解し神のもとに帰るべきである、神はお前［の罪］を贖うために来られるOgni uomo si chonfessi e torni a Dio che ne viene a ridimerti.(30)

前半の医者と病人の小話（教訓説話）は説教師の語りをそのまま写しているが、後半の自戒と反省は明らかにマルゲリータ自身の内面の声である。彼女は説教をたんに後日の備忘用に記しているのではない。彼女にとって説教を思い出しながら書くという行為は、自己の良心を精査して罪を探し出し、痛悔、告解、贖罪へと向かう歩みと重なっている。その過程で説教師の声は自己の内面の声と一体化し、自分に問いかける「お前」となって文字に記される。右の引用文最後の一文はこうした心の動きを典型的に示しており、「人はみな」と一般的な三人称で始まった文が、最後には「お前」tiの贖いで終わっている。この筆録は、それゆえ、マルゲリータという聞き手が説教を主体的に理解し内面化しようとした努力の軌跡なのであり、この聞き手はけっして受動的な人間ではない。

もう一つの俗人筆録説教(31)からは、聞き手の姿勢をさらに細かくさぐることができる。この筆録は一四六七年から一五〇二年にかけてフィレンツェで行なわれた説教を記録している。筆者の名前は不明で、彼の地位や職業を推測する手がかりもこの筆録以外にはない。書き慣れた感じのする商人草書体の筆跡は、商人か手工業者、そして男性を思わせる。ラテン語引用文をそのまま記しているところからみて、ラテン語にも多少の心得はあったようだが、文法的な誤りが多く、筆者が聖職者やヒューマニストのような知識人でないことは明らかである。筆録にみられる書体、教養、関心の向きなどから判断して、この筆者は、世俗的な仕事のかたわら読書や執筆にも強い興味を示すアマチュア作家、当時のフィレンツェに数多く現れた「もの書き商人」[32]の一人とみてよい。

この筆録の冒頭には「目次」[33]（図5-3）がおかれていて、筆者が折々に聞いた説教を体系的に配列しようと努めていることがわかる。ところが本文と照合してみると、これが通常の「目次」ではないことがすぐに明らかになる。本文には何も書いてない白紙の部分が数多く残されているのである。たとえば「聖三位一体について」や「最後の審判について」の該当ページは、冒頭に項目名を記すのみで以下は空白である。また「大罪について」の項目は最初の一葉（二ページ）にのみ記述があり、以下はやはり白紙である（以上、図5-3の「記入率」の箇所を参照）。こうした白紙の意味するところは明白である。筆者は集めた筆録を整理・分類した後でこの「目次」を作ったのではなく、最初にこの「目次」を作成し、これにしたがって説教を筆録していこうと考えたのである。したがってこの「目次」は説教に臨む聞き手の期待であり、予定であったというべきである。しかし期待はしばしば裏切られ、予定はしばしば狂う。その結果として大量の白紙部分が生じてしまったのである。しかし期待と予定が思い通りにいかないと知った筆者は、途中で軌道修正を試みる。「目次」には同一人物の筆跡でいくつもの加筆がなされている（図5-3太字部分参照）。この加筆は熟慮のうえになされている。「救霊予定」を「自由意志」に、「痛悔」を「贖罪」に、「贖宥」を「神の憐憫」に加えたのは妥当な判断であり、この筆者が教義に通じていることを物語っている。こうした体系性と神学への通暁はマルゲリータの筆録にはみられないものである。

筆録の仕方もマルゲリータより詳細で組織的である。冒頭に日時、場所、説教師の名前が記され、その後にラテン語の説教主題が続く。分割・再分割もほぼ正確にとらえており、教訓説話などは説教師の語り口を感じさせるほど臨場感にとんでいる。この筆者は説教現場で詳細なメモを取り、帰宅してすぐ本書に転記したようである。ある箇所では「今朝聞いた説教」を書くと述べている。[34]もっぱら記憶によって書いたマルゲリータと違ってこの筆者は、

＋　項目　＋　yhs

			記入率（記入枚数／予定枚数）
神の正義について	1		0/7
キリスト教信仰について	8		［欠落］
神の摂理について	19		［欠落］
聖三位一体について	30		0/7
自由意志**と救霊予定**について	37		1/7
最後の審判について	44		0/7
告解について	51		1/4
謙遜について	55		0/6
大罪について	61		2/8
贖罪**と痛悔**について	69		3,5/8
現世の空しさについて	77		0,5/4
愛について	81		0/7
聖体拝領について	88		1,5/5
キリストの肉体について	93		1/5
神の恩寵について	98		1,5/4
霊魂不滅について	102		0/9
肉体の復活について	111		1,5/8
天国の栄光について	119		4,5/7
栄光を得た肉体の感覚的快楽について	126		1,5/8
神の憐憫**と贖宥**について	133	**143までは贖宥と赦免**	1,5/10

143から148までは雑録

＋　**yhs**

貪欲について　148から152まで　および徴利［利子］について	1,5/4
高慢について　152から153まで	［欠落］
肉欲について　153から156まで	［欠落］
大食について　156から159まで	［欠落］
虚栄について　159から162まで	1,5/3
嫉妬について　162から165まで	［欠落］
怠惰について　165から168まで	［欠落］

168以降は、他のすべての罪を順番に記す
182以降は博士や聖人の権威［ある言葉］を記す
カイファスのイエス・キリストに対する判決文　172
169から170までは、ケルビーノ・ダ・スポレート師の聖母の［無原罪の］お宿りに関する
フェーオ・ベルカーリ宛書簡

筆録説教「目次」

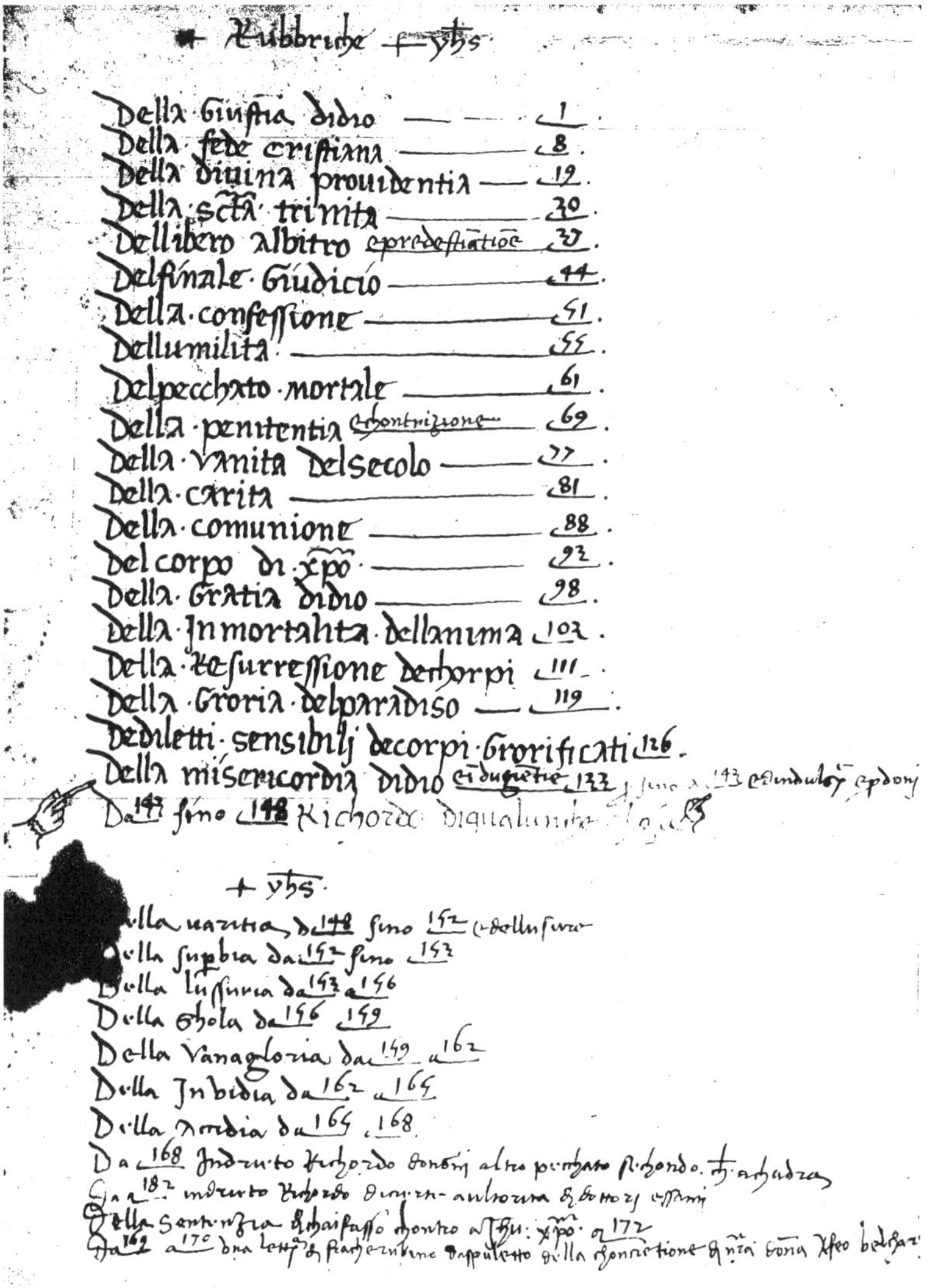

Rubbriche + yhs

Della Giustia didio — 1
Della fede cristiana — 8
Della diuina prouidentia — 19
Della scta trinita — 30
Dellibero albitro — 37
Delfinale Giudicio — 44
Della confessione — 51
Dellumilita — 55
Delpecchato mortale — 61
Della penitentia — 69
Della vanita delsecolo — 77
Della carita — 81
Della comunione — 88
Del corpo di xpo — 93
Della Gratia didio — 98
Della Jnmortalita dellanima 102
Della resurressione dechorpi 111
Della Groria delparadiso — 119
Dediletti sensibilj decorpi Grorificati 126
Della misericordia didio 133
Da 143 fino 148

+ yhs

Della Sopbia da 152 fino 153
Della lussuria da 153 a 156
Della Vanagloria da 159 a 162
Della Jnbidia da 162 a 165

図5-3　無名氏

注：太字は後日の加筆箇所。
出典：註（33）参照。

詳細は不明だが自己流の筆録法を開発していたようである。筆録の一例として「肉体の復活について」の項目をみてみよう。

サンタ・マリア・ノヴェッラ［教会］にて、復活祭後の月曜日［三月二七日］、クリストーファノ・マージ師の説教。

一四七五年。エマオに行った二人の使徒についての説教。「キリストはそのような苦しみを受けるはずではなかったのですか云々」［原文ラテン語］（「ルカによる福音書」二四―二六）。

彼が語ったいろいろなことのなかに、こんなことがあった。われわれがキリストを愛する程度に応じて、つまりわれわれが彼をどう愛したかによって、それによって［キリストは］われわれの前に出現したのだ。われわれが神をいい加減にまた遅れて愛すれば、［神も］いい加減にまた遅れて出現したのだ。われわれが俗事にまみれて彼を少なく愛し、少なく信じれば、同じように［神も］姿を隠し、変装して旅人の姿で現れたのである……。(35)

グロテスクな文章だが、原文の調子がわかるようにあえて直訳してみた。こうした繰り返しの多い、くどくどした文体がこの筆録の一つの特徴なのである。このくどさ、しつこいほどの反復はもちろん説教師のものではない。メモを片手に思い出しながら書く筆者は、説教師の教えを確認し、自分に何度もいい聞かせながら書いている。この筆者も、説教師の声を「お前」にいいかえたマルゲリータと方法こそ違うが、やはり説教師の教えを懸命に自己の内に取り込もうとしているのである。筆者は、ときには、感銘を受けた説教をうまく再現できない自分にいらだち、あるいは嘆息をもらす。天使九隊の位階についての説教を書き記す途中で、筆者は自分の表現力不足を嘆いている。

被造物はみな一人のよき天使を自分の守護者としてもっていて、天使たちは驚嘆すべき序列を有している。この点についてはわずかたりとも語ることはできない。とりわけ私には繰り返していうことなどできない。私は何も理解できず、無知な人間だ(36)。

また自分の記憶と理解に自信がもてないときは、そのことも正直に書いている。

この説教師がいったことを私は少し違ったふうにいったり、またいいすぎたりいい足りなかったりしたかもしれない。いや、きっとそうだ。しかしこの説教について私が上にいったり書いたりしたことは、大体において真実だと思う。もっとも、私よりよく知り理解した人が訂正してくれるなら、いつでもしたがうつもりだが(37)。

無名の筆録者はこのように説教の感銘と自分の理解力への懐疑の間でゆれ動きながら、自分にいい聞かすように書いている。その結果ここに集められたいく人もの説教師の声は、筆録者のフィルターを通して独特の屈折をみせることになる。本書はマルゲリータの筆録より長大で内容豊富なだけに、この屈折から当時の俗人の宗教観をさぐるのはまことに興味ある試みだが、そのためには稿を改めなければならない。ここでは、この筆録説教の校訂者ゼリナ・ザファラーナも指摘する特徴的な一点(38)にだけふれておくことにする。それはこの筆者の、善行と救済、罪と罰の関係についての独特の関心のもち方である。この人物は善行が魂の救いにどれほど効果があるか、罪はいかなる罰をともなうか、贖罪の具体的方法と効果などについての議論には異様なほどの関心を示している。俗人の筆録は聞き手の関心によって記述に精粗が生じるのがつねであり、それはこの筆者も同様だが、この人物は右のような問題になると偏執的ともいえるほど詳細に書き記す。たとえば、大罪を犯し贖罪をなさない状態で行なった善行は救済に役立つか否かという問題について、例によってくどくどと述べ立てている。

ルペルト師はこうもいった。人が大罪を犯し、そのまま一、二、三ヵ月がすぎ、彼はその罪を悔やんでいるが告解はせず、しかし告解しようと決意している場合、彼が大罪の状態にあった二ないし三ヵ月の間、つまり告解はしてないが告解する決意はしていたこの間に行なった善行は、失われることはなく功績となる。死後彼の魂は救われるが、しかし至高天に行くことはない。……［魂は］功績に応じて［天の］低いところ、高いところ、至高のところに行く。功績に応じてだ。(39)

説教師はここで、善行と救済の関係についてスコラ風の煩瑣な良心決疑論を展開しているのだが、筆録者は説教全体のなかで、この部分にだけひどく執着している。別の項目では、贖宥の効果を具体的な数字――贖罪の年数、煉獄の滞在期間など――をあげながら細かく計算している。(40) 現代の読者にはこのマニアックな計算はほとんど理解不可能である。

ザファラーナの表現を借りれば、罪と罰、善行と救済はこの筆録者においては、神と人との契約関係として現れ、契約の条件は両者の間でこと細かに決められる。契約の履行には数字を使った「合理的な」計算が介入し、善行は帳簿の「貸し方」に罪は「借り方」に記入されて、収支決算で死後の運命が決まる。このような契約と勘定という商人的慣行に色どられた宗教意識は、しかしこの筆者に特有なものではない。むしろ中世末期の商業都市の市民には一般的にみられる傾向であり、ジャック・シフォローはこれを「来世の会計簿」という巧みな比喩でいい表した。(41)「来世の会計簿」という心性は、ザファラーナやクリスチアン・ベックによれば、(42) 中世末期のフィレンツェでペンを執った「もの書き商人」たち、たとえばジョヴァンニ・モレッリ、パオロ・ダ・チェルタルド、ラーポ・マッツェイなどの著作にも共通してみられるという。その意味では救済計算に熱中するこの逸名筆録者は、中世末期の世界で孤立していたわけではない。

さてここで「コミュニケーションの社会史」という主題に立ち返って、二つの筆録説教をこれまでとは少し違った視点から見直してみることにしよう。マルゲリータと無名氏、この二人はいったい誰のために説教を筆録したのだろうか。あるいはこれらの筆録の読者は誰なのか。これは一見愚問にみえる。これまでの引用文をみても両者がまずは自分のために書いたことははっきりしている。読者は著者自身である。しかし注意して読むと、かならずしもそうとはいいきれない文句がどちらの筆録にも散見されるのである。たとえばマルゲリータはさきの引用文で「本書を読む人は私のために祈って下さるように」と書いていた。別のところでは「私はこの記録をわが娘たちのために残す(43)」ともいっている。他方、無名氏の方もさきの引用文で、「私よりよく知り理解した人が訂正してくれるなら」といって、本書が他人に読まれる可能性を示唆しているし、フラ・アンジェリコの聖マルコ伝画像においても、筆録説教を読むのは筆録者マルコとは別の人物である。とすれば筆録者は、第一には自分のために書いたとしても、それを別人が読む可能性を考慮に入れていたとみられる。俗人の筆録説教はその内容の私的な性格にもかかわらず、外に開かれているのである。

この点で興味深いのが、右の二つの筆録と同じ頃、シエナのリンネル商マルコ・ディ・フランチェスコ・チェーキの書き残した『覚書』*Ricordanze* である。彼は一四七〇年代、ケルビーノ・ダ・スポレートの説教を聞いて「ほれこんでしまい」、「だれもがこれを聞いて味わうことができるように」、「私と他の人びとaltriのために書き記すことにした(44)」という。また彼はある俗語宗教書を読んで「慰めと喜びを得たので、私と家族altri nostriのためにこの書の写本を作らせることにした(45)」とも書いている。altriやaltri nostriはややあいまいな表現だが、筆者の家族、縁者、友人あたりをさすと考えてよいであろう。家長であるフランチェスコは自分一人のためだけでなく、周囲の親しい人びとのためにも説教を筆録しているのである。この態度は、フランチェスコ会士ケルビーノ・ダ・シエナが俗人向け信仰指南書のなかで、家長の務めとしてあげるところにも対応している。[46] ケルビーノは、家族を説教に行かせるのは家長の義務であり、家族が行けなければ自分が行って、帰宅後家族に話してやるべきだという。こうした家庭内の宗教的会話において、筆録説教が折にふれて話題を提供したことであろう。筆者が兄弟団に属している場合、筆録説教の開放性はさらに強まる。兄弟団の成員は、筆録説教もふくめてさまざまな俗語宗教書を相互に貸し借りして回し読みし、あるいは筆写した。また何人かの成員が共同で筆録説教の作成にかかわることもあった。[47] 筆録説教はこのように、筆者を中心としてその周囲に、狭いながらも親密な読者や聞き手の輪を広げているのである。

筆録の回し読みや筆写、語り聞かせは、筆録説教から新たなコミュニケーションの回路が始まっていることを示している。説教というメディアが発した宗教的メッセージは一人ひとりの聞き手の胸に刻み込まれて変容し、文字化された後、今度は聞き手＝筆録者の周囲にミニコミのサークルを形成し、油のしみのように広がっていく。説教の声の行方を史料を通じてたどりうるのは、今のところここまでである。しかしここまでたどりえただけでも、西欧中世世界にあっては、むしろ稀有のことというべきであろう。これを可能にしたのは、中世末期フィレンツェの市民の間に広く深く根づいた書字文化であった。最後にこの書字文化と声の関係を考えてみることにしよう。

四　文字のかなたに

「文字のかなたに」という本章の標題は、ピーター・F・ハワードの近年の研究『書かれた言葉の向こう側』[48] から想を得たものである。ハワードはこの研究において、フィレンツェ大司教アントニーノ・ピエロッツィの著した範例説教集と説教術書をもとに、彼が一五世紀中頃のフィレンツェ市民という聴衆を意識しながら、いかに説教を組み立てていったかを分析している。ハワードの研究は、聖職者によるラテン語範例説教から「書かれた言葉の向こう側」、すなわち声の説教を望み見ようとする試みである。これにたいし本章では逆の方向から、つまり聞き手の残した筆録から声の説教をさぐろうとしてきた。どちらからアプローチするにしても、両者の間にある「声」そのものを再現することはできない。また最初に述べた通りそれは本章の目的ではない。ここで注目したいのは声になる前となった後に大量に残された文字記録である。説教という声はその前後にあふれるばかりの文字を生み出している。説教はおそらく、西欧中世においてもっとも文字化される機会の多かった声といってよい。

こうした大量の文字を前にして、現代の観察者は一つの素朴な疑問を抱いてしまう。なぜ声の説教が必要なのだろうか。文字の、文字だけによる教化はありえないのだろうか。説教師は、俗語で書いた説教書を俗人に読ませることで、声の説教に代えることはできなかったのだろうか。この問いにたいしては常識的な答えがいくつかありうる。第一は、当時のフィレンツェはおそらく西欧世界で俗人の識字率がもっとも高かった都市といってよいが、それでも文字を知らぬ人口はけっして無視しうる数ではなかった。読み書きできない民衆にたいして声の説教はなお不可欠のものであったのである。第二に、ここで取り上げた一五世紀後半という時代が、フィレンツェにおいても印刷術がようやく普及し始めた時代であったことを思い出しておく必要がある。ドイツに始まった印刷術はフィレンツェに一四七〇年代初めに導入されるが、初期印刷本で俗語説教書が出回るようになるのは九〇年代、サヴォナローラの説教集出版以後のことである。それゆえ一五世紀の大半を通じて、声の説教はなお唯一のマス・コミュニケーション手段でありつづけたのである。やがて一六世紀になり、多種多様な俗語説教書が安価な印刷本で流通するようになると、これらを通じて信仰を深める俗人の数も増えてくる。(49)

しかしむしろ注目すべきは、印刷本の俗語説教書が普及しても声の説教がいっこうに衰える気配をみせなかったという事実である。それどころか一五世紀末から一六世紀にかけての宗教的激動のなかで声の説教は新たな活力を獲得し、説教術の革新すらもたらす。おそらく説教の声には文字では代替しえない一面があり、印刷術もこれに代わることはできなかったのである。広場や教会に鳴り響く説教の声は、文字とは比較にならぬほど人びとを動かす力があった。

「声」に固有の力とはなんであろうか。「声」とはたんなる声ではない。それはさまざまな声音や抑揚をともなった声であり、説教師の身振り、表情を交えた体全体での説得である。また集まった会衆の熱気や笑い声、怒号や泣き声であり、教会堂の厳粛な雰囲気である。このような一回限りの、また生身の説教師の人格をかけた教化、説教空間の演劇性……これらすべてを合わせたものが「声」であり、これは文字ではけっして代替することができない。「文字のかなたに」と題する本章も、本来ならここまでふみ込むべきであったろう。[50] 歴史家は「史料」という文字しか手にしえないとはいえ、「文字のかなたに」、このような総体としての「声」を聞き取る方法と感性を養っていく必要があるのではないだろうか。

註

（1）R. Rusconi, 'Reportatio,' *Medioevo e Rinascimento*, vol. III（1989）, p. 8.

（2）ランスロット・ホグベン（寿岳文章他訳）『コミュニケーションの歴史』（岩波書店、一九五八年）。デイヴィッド・クローリー、ポール・ヘイヤー編（林進・大久保公雄訳）『歴史のなかのコミュニケーション——メディア革命の社会文化史』（新曜社、一九九五年）。

（3）B. Stock, *The Implications of Literacy. Written Language and Models of Interpretation in the Eleventh and Twelfth Centuries*, Princeton U. P., 1983, p. 3.

（4）J. J. Murphy, *Rhetoric in the Middle Ages. A History of Rhetorical Theory from Saint Augustine to the*

Renaissance, University of California Press, 1974, chap. VI, '*Ars praedicandi*: The Art of Preaching'; Bernardino da Siena, *Prediche volgari sul Campo di Siena 1427*, ed. by C. Delcorno, 2 vols., Milano, 1989, vol. I, 'Introduzione,' pp. 23-27.

(5) Bonaventura, *Sermones dominicales*, ed. by J. G. Bougerol, Grottaferrata, 1977, pp. 156-162.

(6) D. L. d'Avray, *The Preaching of the Friars. Sermons Diffused from Paris before 1300*, Oxford, 1985, pp. 64-90.

(7) Bonaventura, *op. cit.*, 'Introduction,' pp. 17-30.

(8) 永嶺重敏「中世の大学における書物の革新」『図書館学会年報』二八巻四号、一九八二年、一四七―一四八ページ。

(9) d'Avray, *op. cit.*, pp. 273-286.

(10) *Ibid.*, pp. 96-131.

(11) M. B. Parks, 'Tachygraphy in the Middle Ages. Writing Techniques Employed for《Reportationes》of Lectures and Sermons,' *Medioevo e Rinascimento*, vol. III (1989), p. 167 and pl. 2.

(12) N. Bériou, 'La reportation des sermons parisiens à la fin du XIIIe siècle,' *Medioevo e Rinascimento*, vol. III (1989), pp. 92-96, 107-123.

(13) Rusconi, *op. cit.*, p. 31.

(14) Parks, *op. cit.*, pp. 162-167.

(15) *Ibid.*, pp. 163, 165; Bériou, *op. cit.*, p. 95; Rusconi, *op. cit.*, pp. 11-14.

(16) Parks, *op. cit.*, p. 167.

(17) Rusconi, *op. cit.*, p. 17, n. 49; Bernardino, *op. cit.*, vol. I, p. 83. 拙稿「『危険ユエニ説教スベカラズ』――シエナのベルナルディーノにおける商業・商人観」前川和也編『ステイタスと職業――社会はどのように編成されていたか』(ミネルヴァ書房、一九九七年)、一五九ページ。

(18) Giordano da Pisa, *Quaresimale fiorentino 1305-1306*, ed. by C. Delcorno, Firenze, 1974, p. 292.「お話ばかり」というのは、ここで説教師が「物語風説教」sermo historialis を行なっていることをさしている。これは当日の説教主題を「物語風に」historialiter 詳しく語る説教技法である（Rusconi, *op. cit.*, p. 28）。筆録者は、周知の物語をく

どくどと聞かされるのに嫌気がさしたのであろう。

（19） A. Gurevich, *Medieval Popular Culture. Problems of Belief and Perception*, Cambridge U. P., 1988, p. 4.

（20） R. M. Dessì, *Écritures laïques, prédication et confréries à Florence au XVe siècle. A propos du ms. Riccardiano 2894 (1461-1466). Édition et étude historique*, thèse de doctrat de l'École des Hautes Études en Sciences Sociales, Paris, 1993.

（21） Giordano, *op. cit.*, p. 411; R. Rusconi, *Predicazioni e vita religiosa nella società italiana da Carlo Magno alla Controriforma*, Tarino, 1981, pp. 158-159.

（22） Rusconi, 'Reportatio,' pp. 22-24; id., 'Le pouvoir de la parole. Représentation des prédicateurs dans l'art de la Renaissance en Italie,' in R. M. Dessì/M. Lauwers (eds.), *Le Parole du prédicateur (V^{e}-XVe siècle)*, Nice, 1997, p. 447. 以下の図像解釈は、ほぼ上記のロベルト・ルスコーニの研究にしたがっている。ただしフラ・アンジェリコの「独創」については、本文中に述べた二つの理由以外にもう一点、『黄金伝説』（ヤコブス・デ・ウォラギネ〔前田敬作・山口裕訳〕、2〔人文書院、一九八四年〕、「福音史家聖マルコ」、九九ページ）からの影響がありうるのではないかと私は考えている。ルスコーニ氏に直接問い合わせたところ、氏はこの可能性をきっぱり否定されたが、私はなおこの解釈を捨てきれないでいる。この問題は後日再考したい。『黄金伝説』の該当箇所を御教示下さった渡邊浩氏に御礼申し上げる。

（23） Rusconi, 'Reportatio,' p. 21.

（24） Biblioteca Nazionale di Firenze, ms. Magliab. XXXV, 98（以下、BNF. Mag. 98と略記）. 本書の一部はダヴィッド・グティエレスによって公刊されている（D. Gutiérrez, 'Testi e note su Mariano da Genazzano〔1498〕,' *Analecta Augustiniana*, vol. 32〔1969〕, pp. 158-170）。以下、本書からの引用は原本によるが、引用部分がグティエレス版に収録されている場合はそのページ数も併記する。

（25） BNF. Mag. 98, f. 2v; Gutiérrez, *op. cit.*, p. 159.

（26） Gutiérrez, *op. cit.*, p. 159, n. 59.

（27） BNF. Mag. 98, f. 90; Gutiérrez, *op. cit.*, p. 168.

(28) BNF. Mag. 98, f. 14; Gutiérrez, *op. cit.*, p. 161.
(29) BNF. Mag. 98, f. 2; Gutiérrez, *op. cit.*, p. 159.
(30) BNF. Mag. 98, f. 55v-56.
(31) Biblioteca Riccardiana (Firenze), ms. Riccardiano 1186c. 本書にはゼリナ・ザファラーナによるすぐれた校訂版がある（Z. Zafarana, 'Per la storia religiosa di Firenze nel Quattrocento. Una raccolta privata di prediche,' *Studi Medievali*, 3a ser., vol. IX (1968), pp. 1017-1113, now included in id., *Da Gregorio VII a Bernardino da Siena. Saggi di storia medievale con scritti in ricordo di Zelina Zafarana*, ed. by O. Capitani et al., Perugia-Firenze, 1987, pp. 279-377）。以下の引用はこの校訂版により、ページ表記は *Studi Medievali* 版にしたがう。
(32) Ch. Bec, *Les marchands écrivains. Affaires et humanisme à Florence 1375-1434*, Paris, 1967.
(33) ms. Riccardiano 1186c, *op. cit.*, c. iv; Zafarana, *op. cit.*, pp. 295, 297.
(34) Zafarana, *op. cit.*, p. 1082.
(35) *Ibid.*, p. 1067.
(36) *Ibid.*, p. 1073.
(37) *Ibid.*, p. 1042.
(38) *Ibid.*, pp. 1024-1025.
(39) *Ibid.*, p. 1096.
(40) *Ibid.*, p. 1084.
(41) J. Chiffoleau, *La comptabilité de l'au-delà. Les hommes, la mort et la religion d'Avignon à la fin du Moyen Âge (vers 1320-vers 1480)*, Rome, 1980.
(42) Zafarana, *op. cit.*, p. 1024, n. 19; Bec, *op. cit.*, pp. 60, 110.
(43) BNF. Mag. 98, f. 97; Gutiérrez, *op. cit.*, p. 168.
(44) Rusconi, 'Reportatio,' pp. 31-32; R. M. Dessì, 'La prophétie, l'Évangile et l'État. La prédication en Italie au XVe et au début du XVIe siècle,' in Dessì/Lauwers (eds.), *op. cit.*, p. 434.

（45）*Ibid.*, p. 434.

（46）F. Zambrini/C. Negroni（eds.）, *Regole della vita matrimoniale di frate Cherubino da Siena*, Bologna, 1888, reprint, Bologna, 1987, pp. 8-9.

（47）R. M. Dessì, 'Parola, scrittura, libri nelle confraternite. I laudesi fiorentini di San Zanobi,' in *Il buon fedele. Le confraternite tra Medioevo e prima Età Moderna*, Verona, 1998, pp. 83-105.

（48）P. F. Howard, *Beyond the Written Word. Preaching and Theology in the Florence of Archbishop Antoninus 1427-1459*, Firenze, 1995.

（49）北垣千依「画像・説教・瞑想――ロレンツォ・ロット作《キリストの母への暇乞い》にみる祈りの実践」『美学』四八巻一号、一九九七年、二五―三六ページ。

（50）以下の拙稿ではそうした方向の可能性を探ってみた。「説教の『声』と『聞き手』――一五世紀トスカーナの俗人筆録説教」『歴史学研究』七二九号、一九九九年、一九九―二〇五ページ。

第6章　「聖年」の誕生

――「うわさ」の生み出したもの

山辺規子

一　聖年

西暦二〇〇〇年を迎えた。いうまでもなく、西暦とはキリスト誕生の年を基準として考えられた暦である。計算方法に問題があって、現在では歴史的事実としてのイエスの誕生の年から数えているとはみなされないが、それでも西暦二〇〇〇年は、キリスト教世界においては、たんなる二〇世紀最後の年以上に意味のある年である。その一つの好例として考えられるのが、ローマ教皇ヨハネ・パウロ二世によって宣言された「大聖年」としての二〇〇〇年であろう。教皇庁では、聖年実行中央委員会を中心に、この一〇〇〇年に一度の特別な年を迎えるため三年に及ぶ聖年行事が行なわれた(1)。

一〇〇〇年に一度といっても、紀元一〇〇〇年には「聖年」という宣言はなされなかった。この頃には、イエス・キリストの死後一〇〇〇年に世界の終末が来るという危機感については、さまざまな史料からうかがえるが、「聖年」を迎えるという意識はみられない。

それでは、「聖年」という制度はいつ、どのように生まれたのだろうか。

日本語でいう「聖年」にあたるラテン語は、ユビレウス jubileus あるいはアンヌス・サンクトゥス annus sanctus である。このうち前者は、『旧約聖書』の「レビ記」（二五—八～一二）の記述にもとづく。すなわち、「あなたは安息の年を七回、すなわち七年を七度数えなさい。七を七倍した年は四九年である。その年の第七の月の一〇日の贖罪日に雄羊の角笛を鳴り響かせる。あなたがたは国中に角笛を吹き鳴らして、この五〇年目の年を聖別し、全住民に解放の宣言をする。それが、ヨベルの年である。あなたがたは各々先祖伝来の所有地に帰り、家族のもとに帰る。五〇年目はヨベルの年である。種を蒔くことも、休閑地の畑に生じた穀物を収穫することも、手入れせずにおいたブドウ畑の実を集めることもしてはならない。この年は聖なるヨベルの年だからである。あなたがたは、野に生じたものを食物とする。」ヨベルの年には、土地も家屋ももとの所有者に戻る。奴隷も自由の身となる。このように、「レビ記」の書かれていることから、キリスト教には五〇年目の年を罪を償う罰から解放される「贖宥」の年と考える見方があったようである。

しかし、歴史的に、最初に確認できるとされる「五〇年目の贖宥の年」は、一二二〇年に認められたカンタベリにおけるトマス・ベケットの死後五〇年目の記念年である。(2) もっとも、カンタベリの場合、五〇年ごとの記念年に特別の贖宥がなされる制度が確立したわけではない。

通常、聖年と結びつけられるローマについていえば、聖ペテロの眠るヴァティカンの聖ピエトロ大聖堂、聖パウロの眠る聖パオロ・フオーリ・レ・ムーラ大聖堂という二大使徒を含む多くの殉教者の殉教の地として、中世初期から巡礼の対象となっていた。(3) 中世の巡礼地としては、聖地エルサレム、そしてスペインのサンチャゴ・デ・コンポステラと並んで、一大巡礼地である。もっとも、ローマの場合、宗教的に言っても、ローマ教皇を頂点とするローマ・カトリック教会制度の中心であり、ローマを訪れる者をローマ巡礼 Romipetae と捉えるよりも、聖職者としての職務のため、政治的理由によるローマ詣とみなすことが多い。さらに、古代ローマ帝国のイメージを求める物見遊山とみなされることも多い(4)。そのため、巡礼地としてのローマは、あまり注目されてこなかったようである。また、ローマが繰りかえし破壊されたこと、早い時代にローマを訪れた者たちが、ローマから多くの聖遺物を奪っていったことも、巡礼地としてのローマの魅力を失わせたといわざるをえない。

しかし、他の巡礼地が人気を博す一二世紀以降でも、ローマの教会にあるきわめて重要な聖遺物、なかんずくヴァティカンの「ヴェロニカのスダリウム」(ヴェロニカがゴルゴタの丘に向かうキリストの顔を拭いたといわれるハンカチ)(5)などが開示されるときには、多くの巡礼者が集まったし、ローマの各教会のミサに出席する巡礼にはかなりの贖宥が認められており、巡礼地ローマは一定の意味をもっていた。

一三世紀末のローマ巡礼にかんしては、サンプションなどのように中世半ば以降の衰微の傾向がそのまま続いていたとみなす考え(6)と、最近マッカローネやバーチによって主張されたように、十字軍国家の崩壊によってエルサレム巡礼が難しくなったこと、ローマ教皇がローマを称揚し、さらに多くの贖宥を認めるなどローマ巡礼を勧めるさまざまな施策をとったことから巡礼が増えつつあったとする考え(7)があるが、いずれにせよ爆発的なローマ巡礼があったわけではない。

ローマにおける聖年についてはどうか。一二世紀以前にはその記録も何もない。一二〇八年に「この年は、五〇年目の年、つまりユビレウスの年として祝われ、教皇庁の贖宥がなされた(8)」と伝える史料があるが、この史料の記述の信憑性には問題がある。また、もしこの年にあったとしても、「キリスト紀元の百年目祭」にはあたらない。少なくとも「キリスト紀元百年目」という区切りを祝う伝統は、ローマ・カトリックにはなかったとしてよかろう。

したがって、ローマ・カトリック教会において、ローマ教皇による「聖年」が初めて実施されたのは、一三〇〇年教皇ボニファティウス八世によって実施されたのが、まさしく最初の例である。このことは、一三〇〇年の聖年にかんするもっとも重要な史料である枢機卿ヤコポ（ジャコポ）・ガエタニ・ステファネスキの『百年祭、すなわちユビレウスについて』[9]においても、はっきりと認識されている。

では、このローマにおける「聖年」という制度は、いかにして生まれ、定着したのか。ここでは、その状況を、中世末期の教皇と人びととを結びつけたコミュニケーションのありかたの一つとして考えてみたい。

二　一三〇〇年の聖年

一三〇〇年を迎える夜、多くの人びとが聖ピエトロ大聖堂に殺到した。この一日が終わらぬうちに、参詣をしなくてはならないという強迫観念にかられるように、人びとは押し合いながら聖ピエトロの祭壇に殺到した。[10]「どうも、人びとはこのときを逃すと、何か恩恵を逃してしまいそうだと思っているらしいが、どうしてこのような行動を起こしたのか誰も確言することはできない」とステファネスキは伝えている。[11]

新しい年を迎えてからも、聖ピエトロ大聖堂に参詣する人の数は、さらにその数を増した。教皇ボニファティウス八世は、当初このような人の群れを受け入れるだけで、とりたてて積極的に行動をおこさなかった。しかし、聖ピエトロ大聖堂に参詣する人びととは、ことばを交わした。ある者は、次のように語った。自分は一〇七歳である。この前の百年祭のときに、自分の父は贖宥を求めて、自分が持ってきた故郷の食物が保つ限り、ローマに留まった。父は「もし、おまえが次の百年祭に巡りあうことがあるなら、怠慢でローマに留まることをいやがってはいけない」と言った。この年はどの日でも、巡礼者は一〇〇年の贖宥を得るのだと彼は確信していた。フランスでは、「ローマでは百年祭に罪が全面的に赦される」と、うわさになっているという。というのも、ボーヴェでは前回のことを知っているほど高齢の者が二人いたからで、イタリア人のなかにもそのことを知っているという者が一人ならずいた。曰く、「百年祭の救済を得ようとする者は、三日間にわたって聖ピエトロ大聖堂に参詣すればよい」と。[12] 教皇庁では、教皇の命を受けて、「いかにして一三〇〇年を迎えるべきか」を知るために、教皇庁に残る記録が丹念に調査された。しかし、先人が何も書き残さなかったためか、あるいはローマがしばしばシスマと戦争に見舞われたためか、何もみつからなかった。かくして、前例にもとづくのではなく、ボニファティウス八世が教皇座にあったときに、「百年祭」は生まれた。[13]

ボニファティウス八世による聖年宣言がなされたのは、一三〇〇年二月二二日聖ピエトロ大聖堂で「ヴェロニカのスダリウム」の開示の日のことであった。前述のように、ローマに集まってくる人びとが、とりわけ聖ピエトロ大聖堂に集中していた日であった。

ボニファティウスは次のように宣した。

われらが先達の信頼すべき伝統により、罪の贖宥と大いなる赦しが、この町の使徒の尊崇すべきバシリカを訪れる人びとに与えられることを認める。われらが職の尊厳にしたがって、このような贖宥と赦しの各々すべてがまちがいないものとみなし、各々の救済を願い、また救済を得るべく、われらが使徒の権威により同様のことを認め、本状により新たにこれを認めるものとする。この町にあるバシリカに信者がますます信心深く参詣するように、幸いなる使徒、聖ペテロと聖パウロがますます崇敬されるように、そして信者自身がその墓に詣でつつ霊的にご加護に満たされていると感じられるように、われらは、全能の神の恩寵と、これら使徒の御力と、われらの兄弟の助言によりて、使徒の権威の十全なるを信じ、真に悔悟し、その罪を告白し、本年一三〇〇年に——この年は祝ったばかりのわれらが主イエス・キリストの誕生祭に始まるのだが——敬虔にこのバシリカに参詣する者すべて、そしてこの後一〇〇年目ごとにこのバシリカにやってくる真に悔悟し、罪を告白する者すべてに、唯一の完全な赦しのみならず、すべての罪にかんして最高に完全なる贖宥を認める。われらが認めるこの贖宥を得ようとする者は誰でも、もしローマの住民ならば、引き続きであれ間をおいてであれ、三〇日にわたってこの同じバシリカに少なくとも一日一回参詣するように、もし外国人ないし来訪者であるならば、一五日にわたって同じようにバシリカに参詣しなければならないことと定める。しかしながら、もし各々がさらに足繁く、さらに信心深くバシリカに参詣するならば、その得るところはますます大きく、ますます効能をもって贖宥を得ることになろう。したがって、何者も、われらがこの確認、承認、更新、許可、命令の教書を侵害、非難することはできない。もし誰かがこれを攻撃しようとするならば、全能の神と幸いなる使徒、聖ペテロと聖パウロの怒りをかうであろう。われらが教皇在位六年目、一三〇〇年二月二二日　ローマ、聖ペトルス（聖ピエトロ・イン・ヴァティカーノ）において。(14)

この教書では、ユビレウスということばは用いられてはいない。一三〇〇年から一〇〇年目ごとにローマの二大バシリカに所定の日数だけ参詣すれば、全贖宥が与えられるとされるのみである。この日には、もう一つの教書 *Nuper per alias* が出された。こちらの教書では、教会の敵として聖年の赦しの対象にならない者が列挙されている。ここで列挙されているのは、異教徒と取引をする商人、アラゴンとシチリアで教皇に刃向かっている者、そして先頃ローマから追放されたコロンナ家の人びとである。(15)

聖年の教書の写しには「ぐずぐずせず来たりて、汝の罪のために祈りたまえ。時は今。今こそ、救いのとき」とコメントが付け加えられて、各地に送られた。巡礼者も、聖ピエトロの階段のところで、聖年の教書の写しを受け取り、次の聖年のことを思い起こせるように持っておくことを勧められた。そして、おそらくアスティ年代記を書き残したグリエルモ・ヴェントゥーラのように、各地にその写しを持ち帰り、ヨーロッパ各地での周知に役立った。(16)

そこには「ローマの百年目の年は、つねにユビレウスの年。すべての罪を告白せし者は、赦されむ。かくのごとく、ボニファティウスはいえり[17]」ということばが付け加えられていた。かくして、ローマにはますます人が集まるようになった。この様子は、多くの年代記に残されている。

現実に、どこから、どの程度の人数の人がローマにやってきたのか、はっきりしない。ステファネスキは、プーリア人、サルデーニャ人、コルシカ人が夏に、秋から冬にかけてはプロヴァンス、スペインから、そしてドイツやハンガリー、北の地方の人びとは気候の良いときにやってきたという[18]。

北イタリアのパルマの年代記によれば、

「男も、女も、聖職者も、俗人も、修道士も、修道女も、ローマへ行った。そして、ロンバルディア中から、フランスから、ブルゴーニュから、ドイツから、そしてそのほかのキリスト教界のあらゆる地方から、数え切れないほどの諸侯、騎士たち、そして貴婦人、その他数知れずの男女、あらゆるステイタス、身分にある人びとが、このためにローマへ行った[19]。」

また、同じく北イタリアのモデナの年代記によれば、

「数知れぬキリスト教徒が、男も女も、老いも若きも、山のこちらの者も、あちらの者も、海のこちらに贖宥を求めにやってきた。歩けない者は、馬か他の動物の背にまたがって旅行した。また、あまり貧しくて年老いた両親のために乗っていく動物を用意できない若者は、自分自身の背に親を背負っていった[20]。」

巡礼の数についていえば、みずから聖年の巡礼に赴いたフィレンツェの年代記作者ジョヴァンニ・ヴィッラーニは「一年を通じてローマには、市民のほかに、巡礼に来る者、帰る者を除いても、つねに二〇万人の巡礼者がとどまっていた」と伝え、ヴェントゥーラは「誰にも数えられないほどの数の巡礼で、道路は身動きがとれなかった。ローマ人のあいだでは、結局二〇〇万人以上の男女がこの町にやってきていただろうといわれていた。わたしは、

繰りかえし繰りかえし男も女も踏みつけられているのを見たし、わたし自身、一度ならず危うく同じ目にあうところだった」と伝えているが、このような数値の信憑性には問題があることはいうまでもない(21)。実数を知ることはきわめて難しい。

しかし、年代記だけではなく、多くの人がローマをめざしたことをうかがえる記録もある。ボーティエによれば、ヴァレ・ダオスタを通ってアルプスを越えてきた馬の数の記録から、一三〇〇年だけで、フランスから七九八七頭、イングランドから七七三頭に及び、それに先立つ数年の年平均八〇〇頭の一〇倍を越える数値を記録しているという(22)。少なくとも、これまでみられなかったほどの数のローマ巡礼者がいて、当時数万しかいなかったローマ市民の数をはるかに上回っていたことだけはまちがいなかろう。

それでは、このような大量の巡礼を受け入れる体制はどうだったのか。さいわいにして、この年イタリアは平和で、しかも豊作であった。さらに近隣からパンやワインがふんだんに運び入れられた。多少値段の高いのは気になるものの、この点では、ヴィッラーニ、ヴェントゥーラともに満足していた。また、ステファネスキも指摘するように、巡礼自身が食糧を持参してきていたことも、混乱を回避できることに役立ったであろう(23)。

とはいえ、ローマに長く逗留することに困難が伴ったことは想像に難くない。巡礼者は、しばしば贖宥に必要な参詣日数を減らすように希望した。しかし、教皇は原則的にこれを認めなかった。例外となったのは、聖木曜日と、一一月一八日（バシリカ献堂記念日）で、この二日だけは、一回バシリカに参詣しただけで、贖宥が認められた。また、年末になって、すでに参詣を始めた者で、この年のうちに所定の日数を終えられない者は新年にわたってもよいとしたのみであった。また、遠くの地方の人びとが適当な喜捨をすることで聖年の贖宥に与りたいという希望もあったが、教皇はみずからバシリカにやってきた者だけを贖宥の対象として、これを認めなかった。同様に、煉獄にいる死者にたいする適用も認められなかった。このように、ボニファティウスはローマで所定の参詣をする者本人に限って、贖宥を認めたのであって、このこともローマ行き、ローマ滞在をうながしたといえそうである。

なお、贖宥にかんして、しばしばなされた質問は、この聖年による贖宥が、犯した罪とそのために果たすべき罰の双方を赦すものかどうかという点であった。教皇庁による正式見解は、犯した罪は、当人が真に告解を行なうことによって神が赦したまうのであり、聖年の贖宥も当然心からの告解の後なされるものであったが、俗説では巡礼に行きさえすれば（たとえ告解していなくても）全贖宥がなされるというものもあり、なかには告解をしなくてすむように巡礼に行こうとした一団もいたらしい。(25)

三 「一三〇〇年の聖年」をめぐって

前節において、一三〇〇年の聖年の具体的なありかたを述べてきた。次に一三〇〇年の聖年の誕生をめぐる諸研究をみていこう。

聖年が誰のイニシアティヴで始まったかについて、諸研究の立場は二つに大別できる。

一つは、野心的なボニファティウス八世が積極的に聖年行事を推進したとする見方である。

たとえば、フルゴーニは、とりわけボニファティウス八世の意図的行動としての「聖年宣言」を示唆する。彼によれば、「聖年」は教皇権の絶対性の誇示する教書 *plenitudo potestatis* を儀式的に追認し、教書 *Unam Sanctam* にみられる世俗国家に対抗する新イデオロギーを示している。実はボニファティウス八世は、一二九九年のクリスマスから、聖年の宣言をするつもりであったとする。(26)（たしかに、教皇庁における新年はクリスマスに始まるし、爾後の聖年はクリスマスに始まってクリスマスに終わる。クリスマスに遡って話が進められている教書を読めば、クリスマスからこの聖年が始まっているかのように思われる。しかし、この点については、ステファネスキが「一月一日まで赦免の神秘は隠されていた」といっていることと矛盾する。）

さらに、すでに世俗権力の台頭の陰で、教会が輝きを失おうとしているに注目すれば、ボニファティウスは傾きつつある教会の再建策として、聖年を実施しようとしたとすることもできる。とりわけ、聖年の巡礼は個人的に完全な贖宥を求める巡礼の最初の事例であり、一三世紀の教皇がローマ教会への巡礼を高めるべく認めた贖宥と比しても、その大胆な飛躍は目をひく。実際、巡礼史のなかでは、贖宥の観点から聖年が論じられることが多い。

ボニファティウス八世が贖宥の対象から除外したものに注目し、聖年の政治的意図に注目する見方もある。すなわち、アラゴン、シチリア派は、シチリア問題にかんしてボニファティウスに逆らったものであり、コロンナ家は、ベネデット・カエタニがボニファティウス八世として登位する以前から、ローマ貴族のなかでボニファティウス反対派の主流をなしていた家である。一三〇〇年当時、ボニファティウス八世とフランス王との関係は一二九七年の和約、聖ルイの列聖により小康状態にあり、神聖ローマ皇帝（ドイツ王）には力がなかった。イングランドとスコットランドとの和解交渉は、彼自身が仲介しているところである。コロンナ家といえば、一二九八年に破門、ローマから追放したばかりであった。一三〇〇年は、ボニファティウスが過ごした激動の教皇在位期間のなかで、短期間ながら満足できる時であった。したがって、ボニファティウス八世は、この年に限れば、国際的政治情勢においても、ローマにおいてもその地位の絶対性を主張できた。つまり、聖年はボニファティウス八世にとって、自分の権力が十全たることを誰の目から見ても明らかにできる確認の証であったと見ることができるというわけである。[27]また、まさしくこの年、モンゴルの使者がローマを訪れ、エルサレムを奪っているエジプトのマムルーク朝に対抗する協力の提案もなされた。教皇としてエルサレム奪回のための十字軍の計画もありえるときでもあった。

一方、聖年の金銭的利益に着目して、財政的利益を目的として聖年行事が実施されたとする見方も根強い。アスティのヴェントゥーラが伝えるように、「聖ピエトロのバシリカでは、二人の聖職者が日夜賽銭をかき集めていた」[28]

とすれば、このような見方もあながち否定できない。もっとも、ステファネスキによれば、「通常の年の賽銭でも、三万四〇五フィオリーニだったが、この年の賽銭は、聖ピエトロに三万、聖パオロに二万フィオリーニだった。というのは、多くの賽銭は小銭だったし、巡礼の多くはあまりにも貧しくて、何も差し出すものがなかったからである。」しかも、彼によれば、教皇は大量の巡礼を受け入れるために、教会や諸施設の補修、整備をなさねばならず、賽銭をはじめとする喜捨はすべてこのために用いられた。それどころか、かえって赤字を出したほどだったという。(29) おそらく実際には、できるだけ多くの巡礼が訪れることを期待し、またその巡礼がローマの教会、そして教皇にたいする崇敬の心を増すことを期待していた教皇庁は、喜捨がどの程度のものであっても、またローマの教会整備、美化に努める意志をもっていたであろう。また、初めての宗教行事で得られる賽銭がどの程度になるかについては、ほとんど予測できなかったと思われる。したがって、このような財政的利益を得るという側面は無視できないが、主たる目的とすべきではなかろう。むしろ、これは、「教会は金儲けに走っている」という非難をますます助長した側面から捉えられるべき論点であろう。

もう一つの立場は、教皇は下からの民衆的宗教運動に押されるかたちで認めさせられたのであって、いわば民衆の宗教心の盛り上がりこそが、「聖年」を生み出したとする立場である。

マンセッリのことばを借りれば、まさしくボニファティウス八世は、たった数カ月の間に、つまり一二月から二月のあいだに、あらゆる疑いを捨ててローマへ流れ込んできて、参詣にいそしみ、慣習をうち破っていく信者たちのリクエストに降伏せざるを得なかった。(30) モルゲンもまた、教会の伝統の底流となっている「下からの宗教運動」に押されて行動したとする。すなわち、一三世紀の大きな托鉢修道会運動によって切り開かれたヨアキム的熱情にかられて、人びとは新しい救済を求めた。そこで、一〇〇年という区切りは特別な力を認められた。新しい一連の年は、時が至ったこと、そして大きな革新を意識させた。聖年は、民衆が多くの刷新を期待するうねりのなかで生まれた。モルゲン、さらにパーピもこの聖年を期に集団的な再生の期待が、個々人の特別な救済を求めるところに置き換わり、いわば新しい個人的救済の道を開く場にもなったとし、「ボニファティウスの聖年は、中世の扉を閉じ、新しいアルス・モリエンディ Ars moriendi の時代を開いた」と、高くその意義を評価している。(31)

一方で、このような民衆の動きに、高位の君侯が同意していたわけではないこともまた、史料からうかがえる。なぜならば、この年、ヨーロッパの国王は誰一人としてローマ訪問を行なっていないからである。例外的にローマを訪れているシャルル・ド・ヴァロワ（フランス王弟）の目的はコンスタンティノープルの支配者になることであり、ナポリの王子カルロの目的はハンガリー王となることであって、巡礼のためとは思われない。少なくとも、各国の支配者が、この聖年事業に積極的に関与していたわけではないことはまちがいなかろう。この点で、宗教史家たちは、下からの宗教運動が、この聖年の誕生を推進させたとする言説を強める。

ここで、このような民衆の動きを否定するつもりはない。史料を見る限り、人びとの期待が「救済」の「うわさ」となり、「うわさ」が「うわさ」を呼び、ローマに人びとがなだれ込んできた。しかし、この「うわさ」がさらに盛り上がりをみせることになるのは、いうまでもなく、教皇みずからこの「うわさ」を受け入れたからであり、各地に送られた教皇の教書が爆発的な反響を呼んだからである。

教会の通常の立場であれば、教皇庁でいくら探しても前例のみつからないような「救済」は認められるはずのないものではなかろう。教皇庁は必要とあらば、「コンスタンティヌス帝の寄進状」にみられるように、偽の伝承を造り出してでも、伝統と正統性を主張してきた。ところが、この「聖年」にかんしていえば、前例がみつからず、このとき初めて生まれたことが明記されている。ボニファティウスは聖書のヨベルの年（ユビレウス）を引用することなく、一〇〇年ごとの式年に完全な救済が行なわれることとした。ステファネスキがその著書のタイトルに「ユビレウス」ということばを使ったように、当時もしこれが聖書にもとづき「ヨベルの年」であるとすれば、五〇年ごとにあるべきではないか、という考えはたしかに存在した。おそらく、五〇年ごとの「聖年」という規定の方が、教会としてみれば正統であったであろう。この点について、ヨハネス・モナクスは次のように伝えている。「教皇ボニファティウス八世が、「五〇年目」ではなく「一〇〇年目」に、この贖宥状を下し、その割合が二倍になっているのは、わたしが彼自身から聞いたところによれば、まず、このような贖宥状はかつてキリスト生誕紀元の一〇〇年目の年に与えられることがならわしとなっていたと広く知れ渡っていた vulgatum est ことから、そして、注釈者がいうように、すべての人びとによって信じられている話は、まったくのうそではないからである。[32]」

ここでもキーワードは、多くの人びとが信じ、共有する「風説」である。ボニファティウスは、人びとの期待を受けとめ、それをローマ教会にとって望ましい形に整え、発信し直した。ちょうど一〇〇年前に、インノケンティウス三世がアッシジの聖フランチェスコを公認したように、いわば、人びとがもつ宗教にたいしてもつ期待をみずからのエネルギーとしたのである。

ボニファティウス八世自身にとって、この年は、彼の甥にして枢機卿であるジャコモ・トマッシーニ・カエタニの死（一月一日）に始まった。シチリア王国問題は相変わらず悩みの種だった。三月には新たに三人の枢機卿を任命し、教皇領各地に派遣した。当時、枢機卿と教皇との関係は良好であったが、ボニファティウスにとってもっとも忠実な枢機卿であったトマーゾ・ダクラもまた五月にナポリで没することになる。[33]彼自身の健康状態もあまり思わしくなく、四月から一〇月までアナーニで過ごした。終末論を強く説いたスピリチュアリ（フランチェスコ会心霊派）[34]と、ボニファティウスは対立関係にあったが、この年の動きをみれば、ボニファティウス自身、救済を求める人びとと共感するところがあった。教皇庁の人びともまた時代の子である。おそらく、悲観的な時代の声のなかで、一方で教皇がみずからの絶対的権力を誇示しつつも、新しい救済を希求した結果が「聖年」であったといえよう。

四　聖年の制度化

さて、初めての聖年は行なわれた。しかし、伝統をもたないだけに、これが制度として定着するためには、第二回、第三回と実施されていくことが必要である。この後の教皇庁の歩みが聖年を執り行なうには、さまざまな問題を抱えているだけに、この点に注目すべきでろう。

初めての聖年が執り行なわれたのち、ボニファティウスとフランス王フィリップとのあいだの争いが激化し、一三〇二年アナーニ事件が勃発した。その後の教皇庁は、アヴィニョンに居を移していたわけだが、このアヴィニョン教皇庁は、その行政組織上の評価はともかく、ローマと聖年実施という観点からみると、好ましくなかった。ローマから、あるいは教会の現状を憂える人からも早くローマに戻るように、という懇願が繰りかえしなされた。一三四三年教皇クレメンス六世が登位した際も、祝詞のために訪れたローマの代表が教皇にローマに戻って次の聖年を早く実施するように懇願した。この求めにたいして、教皇は、教書 *Unigenitus dei filius*[35]を発して、五〇年ごとに聖年を宣言することとした。この教書において、クレメンス六世は聖書において「五〇年」がなぜ尊重されるか述べたあと、ほとんどの信者が一〇〇年長生きすることができないのだから、できるだけ多くの者がこの贖宥に与れるように、枢機卿たちの助言にしたがって、五〇年に短縮することにしたと述べている。たしかに、聖書のユビレウスは、五〇年ごとの解放の年であり、この間隔の方が聖年の間隔としてふさわしい。クレメンス六世は、みずからローマに帰還することはなかったが、新しいエルサレム（地上の中心）としてのローマ、聖ペテロのローマを意識しており、ローマに別の司教を置いてはどうかという提案も退け[36]、教皇特使の枢機卿アンニバルド・カエタニ・チェッカーノ[37]にローマにおける聖年行事を遂行させることになる。クレメンス六世が、ローマ不在であってもローマ司教座を意識していたことは、彼によってローマ司教座教会聖ジョヴァンニ・イン・ラテラーノ（ラテラン）教会が巡礼地に加えられたことからもうかがえる。

一三〇〇年が祝福のうちに迎えられたとすれば、一三五〇年はまさしく危機のなかの聖年であった。ヨーロッパ各地で戦争が相次いでいたし、ローマでも一三四五年の洪水、一三四七年のコーラ・ディ・リエンツォの革命、一三四八年からの黒死病の流行、さらに一三四九年には地震でローマの多くの教会が損壊した。それでも、あるいは、それだからこそ多くの巡礼がローマに押し寄せた。

一三五〇年にローマに集った巡礼は、マッテオ・ヴィッラーニによればピークには一〇〇万から一二〇万、少ない時期でも二〇万を下ることはなかったという[38]。もちろん、この数字もまた当てにはならないが、少なくとも前回に比べ、ローマの食糧事情、宿泊事情は悪化しており、ワインも穀物も常に不足したようである。このような事情から、異邦人の参詣日は復活祭後一五日から八日に減らされ、年末には当初認められていなかったローマにやってこない人にたいしても特別に聖年の贖宥が認められるケースが出てきた[39]。

一三五〇年の聖年にかんして注目すべきことは、この聖年の際に「偽聖年教書[40]」が出回ったことである。このような偽教書は、たいていローマ人ができるだけ多くの巡礼ができるだけ長くローマに留まらせるために作成したもののようである。たとえば、「イタリア人は少なくとも一カ月はローマに留まって、他の教会に参詣すべし」、「巡礼者が贖宥を得るためには、七つの教会を一五回、回るべし」といったぐあいである。ベルガモの法学者ロサーテのアルベリックは妻子を連れて、贖宥を求めたローマ巡礼を行なったが、彼は正式の教書を知らず、偽教書のコピーを二通持ち帰った。彼は、このうち一通については偽教書と疑っていたが、もう一通は真正のものと信じていた。アルベリックのようにアヴィニョンに大使として赴いたこともあり、両法の法学に詳しい教養人でもこのような状態なのだから、多くの人びとにとって、真偽を見分けることはとてもできなかったであろう。どうやらウィクリフも、このような偽教書の文面を信じて、教会の腐敗を論じたらしい[41]。各地にみられるのもむしろ、偽教書の方である。ローマ人たちの期待を担って作られた「偽教書」は、鞭打ち苦行団などがみられる時代の各地の人びとの救済の期待を、ローマに向けさせるのに一役買った。いわば、偽の情報の方が、本当の情報を上回って、このころの「聖年」像を造りあげていると考えられるのである。

このような状況は、教皇庁にとって好ましいものではなかったが、それ以上に問題となるのが教会大分裂（シスマ）である。一三七八年に起きた教皇選挙の分裂に起因する教会大分裂は、ローマとアヴィニョンに教皇が並立する状況を生み出した。このうち、ローマにいたウルバヌス六世は、一三八九年教書を発して、「人生は、かつて位置づけられたよりもさらに短く、多くの人は五〇年も生きられないので、聖年の間隔を三三年（一世紀の三分の一であり、キリストがこの世にあった年月）に短縮し」、翌一三九〇年を聖年とすることを宣した。アヴィニョン側は、すぐにこれを無効とし、自派の者がローマへ行くことを禁じた。この結果、一三九〇年の聖年の巡礼はきわめて少なかったといわれる。

一方、アヴィニョン派によれば、クレメンス六世の教書が生きており、次の聖年は一四〇〇年となる。この年、多くのフランス人がローマ巡礼を行なった。ときのローマの教皇ボニファティウス九世は、教書を出して聖年を宣言するということはしなかったが、ローマ巡礼は受け入れた[42]。

ウルバヌス六世の教書の規定にしたがえば、次の正式の聖年は一三九〇年の三三年後の一四二三年ということになる。この年に聖年の行事があったかどうかについては意見が分かれている。結局、一四五〇年教皇ニコラウス五世は、ウルバヌス六世の教書を破棄し、クレメンス六世の制度、つまり五〇年ごとの「聖年」という制度に戻してやっと、聖年制度は軌道に乗ることになる。

それでは、かんたんに、その後の「聖年」について触れておこう。

教皇ニコラウス五世は一方でローマに来られない信者にも、教区教会に参詣し特別の喜捨を行なうことで、聖年の贖宥を得るチャンスを認めた。その一方で、ローマでの「聖年」行事がさらに賑々しいものとすべく、この年にシエナのベルナルディーノの列聖の儀式が行なわれた。さらに一四七〇年教皇パウルス二世は、聖年の間隔を二五年にすることを宣言した。これに従って、一四七五年教皇シクストゥス四世が聖年を主催し、聖年の間は他の贖宥を止めることを決定した。こののち一八〇〇年のナポレオン戦争の混乱のなかで、聖年を執り行なうことができなくなるまで、ずっとこの二五年ごとの聖年制度が定着する。ただし、一八〇〇年代には、政治的な問題から一八二五年しか聖年の行事は行なわれなかった。二〇世紀には、通常の聖年の行事がすべて行なわれたほか、キリストの贖いの記念の聖年という新しい制度が生まれている。(43)

一方、一五一八年、レオ一〇世は、「特別聖年」jubileus extraordinarisの制度を始めたことで注目される。「特別聖年」とは、何らかの目的を持って特別に実施されるものであって、期間も数日から一年までとさまざまである。たとえば、オスマン・トルコとの戦いやヨーロッパ内の諸侯の争いに関連して、あるいは新しい教皇が登位すると「特別聖年」が宣言された。(44)

このように、「聖年」はいったん制度化されると、教会の手によって目に見えるイヴェントのチャンスとして洗練され、儀式化された。正統な教義に明確な規定はないとしても、「聖年」は、当然行なわれるもので、人びとに訴えかける慣習として定着したのである。

五 「聖年」の「うわさ」

一九九三年にアヴィニョンで開かれた『中世におけるニュースの流布』にかんする学会において、クロード・ゴーヴァールは、「中世末期におけるうわさとステレオ・タイプ」と題する報告を行ない、そのなかで中世末期のフランスにおける「うわさ」に類する言葉の意味づけと歴史的な役割の検討をしている。従来、「うわさ」にかんする研究は、社会学あるいは心理学の分野で主としてなされてきたが[45]、いまや歴史研究においても注目されるようになった。歴史の分野、とりわけ古い時代を扱う場合、「逃げる現象」phénomène fuyant である「うわさ」をつかまえることは難しい。通常、歴史家が目にするのは、書かれた「うわさ」の記憶であり、おそらくエリートのフィルターを通して道徳化されている。そのため、どのように「うわさ」は生まれ、どのような人びとに共有され、どのような変質を遂げ、終息していったのかといった「うわさ」の性質を考えることは難しい。しかし、風聞を指示すような言葉を比較検討するなかで、ゴーヴァールはとりわけ法的側面から、多くの人びとに共有される「うわさ」と評判（名声）がいわば世論の役割を果たし、法的証拠として用いられることがあることを示す。また、しばしば騒乱に結びつく「うわさ」は、諸権威によって嫌悪の対象になっている一方で、秩序を志向し社会の安定化に参画するような人びとと諸権威を結びつける役割を果たすことがあることを指摘する[46]。

ゴーヴァールが取り上げた事例は秩序形成、あるいは破壊に関わるような評判、デマの問題であるが、ここで彼が指摘している性質は、聖年の誕生を考える際にも役に立つ。

「聖年」という制度の誕生には、伝統的にも神学的にも明確に正統な根拠がない。中世世界においては、偽文書による根拠を作り出すことも珍しくない。その世界で、おそらくもっとも文書主義の世界であった教皇庁においても「どれほど探しても前例がない」といわれた。それにもかかわらず、聖ピエトロ大聖堂に押し寄せる人びとが信じることをもとにして、「聖年」は教皇ボニファティウス八世によって生み出された。ここでは、まさしく多くの人々が信じていると主張したことが根拠となっているのである。救済の「うわさ」は暴動にも似た人びとの波を、聖ピエトロ大聖堂に送り込んだ。当初、この動きにたいして教皇庁にみせた当惑は、秩序の安定を図ろうとする権威者の立場を示している。少なくとも、聖年成立に、教皇庁側が積極的にイニシアティヴを取ろうとしたわけではなかった。しかし、結局ボニファティウス八世は、二月になって人びとの期待を取り込み、それをローマ教会の新しいエネルギーとすることに踏みきった。いわば、「世論」を公認したのである。もちろん、大胆にもローマの教会への巡礼者に完全な贖宥を認めた二月二二日の教書には、ボニファティウス八世の政治的意図が読みとれることを否定しない。しかし、ここで注目したいのは、教皇という権威が、あいまいな性格を持つ「うわさ」を取り入れたことである。その背景には、教皇自身、教皇庁内部にも共有される感覚があり、「うわさ」が権威と人びとを結びつけやすい状況があったといえるであろう。一方、二月以降教書に盛られている以上の贖宥を期待して、ますますローマを訪れる者が増えたことは、結果的に「聖年」制度の評価を高め、人びとの期待を取り入れる「聖年」制度の確立に寄与した。

かくして、人びとの期待と、教皇庁の思惑のなかで、真偽取り混ぜた情報が各地に広がり、人びとはローマへ押し寄せ、聖年は制度化される。一三五〇年の例からもうかがえるように、救済の「うわさ」を公認した教書は各地にもたらされたが、人びとの期待を盛り込んだ偽教書はそれにもまして各地に流布し、「聖年」への期待を高めた。教書というかたちで公的にみえる「情報」が、実はデマを伝達する役割を果たすことになったわけである。しかし、この場合でも、結果としては公的な「聖年」制度のイメージの普及に役立つことになったと考えられよう。このように、「聖年」という制度の確立は、「うわさ」を媒介にして人びとと権威が結びついた事例とみなせるのである。『うわさ』を著したカプフェレの表現を借りれば、「うわさ」はもっとも古くからあるマス・メディアである(47)。文字が書かれる以前の世界では、口伝えによる伝達が唯一のマス・コミュニケーションであった。文字ができてからも口伝えに情報が伝わることはなくならない。新聞、テレビ・ラジオのようなマス・メディアが成立しても、なお「うわさ」は消滅しない。ときには、マス・メディアが「うわさ」を広げる。本論で論じた聖年の制度化にもみられるように、歴史のなかにおける「うわさ」の役割については、まだ検討すべきところが多いといえよう。

註

（1）教皇庁による二〇〇〇年聖年事業については、さまざまな形で周知がなされている。詳しくは教皇庁のホームページ（http://www.vatican.va/jubilee_2000）参照。かつて聖年に際して多くの書物、論文が書かれたように、今回の聖年に関連して、多くの研究書、案内書が出されている。たとえば *Pellegrinaggio e religiosità popolare* (Credere Oggi) 87 (1995), Padova; M. Caporilli, *History of the Holy Years from 1300 to 2000, Jubilees in Rome*, Formello (Roma), 1998; F. Dufour, *Le strade cristiane per Roma*, Milano, 1998; F. Gligora-B. Catanzaro, *Anni santi. I giubileo dal 1300 al 2000*, Città di Vaticano, 1996; E. M. Jung-Inglessis, *The Holy Year in Rome* (orig. *Das Heilige Jahr in Rom. Geschichte und Gegenwart*), Città di Vaticano, 1997; B. Hamarneh-S. Manacorda, *Pellegrini a Roma*, Milano, 1998; M. Marrocchi, *I Giubilei, Origini e prospettive*, Milano, 1997; Car. P. Poupard, *La Guida del Pellegrino a Roma*, Alba, 1999; A. Santini, *Il primo giubileo dell'era telematica*, Torino, 1997; F. Sisinni, *In Viaggio. Pellegrinaggi e giubilei del popolo di Dio*, Roma, 1998; R. Stopani, *Le vie del giubileo*, Pomezia (Roma), 1996.（補）本章は、一九九九年三月に脱稿した。その後出版された文献は、史料の刊行、再版のみ加筆した。

（2）トマスの遺体の移送に際して、トマスの称揚につながる贖宥を求めた請願である。この聖年については、H. Thurston, *The Holy Year of Jubilee*, London, 1900; R. Foreville, "L'idée de Jubilé chez les théologiens et les canonistes (XIIe-XIIIe s.) avant l'institution du Jubilé Romain (1300)", *Revue d'histoire ecclésiastique*, 1961, pp. 401-423.

（3）ローマ巡礼については、cf. J. Sumption, *Pilgrimage, an Image of Medieval Religion*, London, 1975, pp. 217-256; D. J. Birch, *Pilgrimage to Rome in the Middle Ages*, Woodbridge, 1998.

（4）Cf. M. L. Nolan & S. Nolan, *Christian Pilgrimage in Modern Western Europe*, Univ. of North Carolina Press, 1989, p. 20.

（5）Cf. F. Lewis, "The Veronica Image, Legend and the Viewer", *England in the Thirteenth Century, Proceeding of the Harlaxton Conference*, Woodbridge, 1985, pp. 100-106; E. Kuryluk, *Veronica & Her Cloth*, Oxford, 1991; Birch, *op. cit.*, p. 115. ヴェロニカのスダリウムについては、ダンテが『神曲』「天国篇」第31歌のなかでその信仰ぶりを示している。

（6） E. R. Labande, "Recherches sur les pèlerins dans l'Europe des XIe et XIIe siècles", *Cahiers de Civilisation Médiévale X-XII siècles*, 1 (1958), pp. 165-166; J. Sumption, *op. cit.*, pp. 226-227.

（7） M. Maccarrone, "L'Indulgenza del Giubileo del 1300 e la Basilica di San Pietro", in: *Roma anno 1300* (ed. A. M. Romanini), Roma, 1983, p. 732; Birch, *op. cit.*, chap. 8.

（8） Thurston, *op. cit.*, pp. 15-16.

（9） D. Quattrocchi (ed.), "Iacopi Caetani Stefaneschi, *De Centesimo seu jubileo liber*", *Bessarione*, VI-vol. 7 (1899-1900), pp. 299-300.（以下、Quattrocchi と略す）; Jacopo Stefaneschi, "De Centesimo Anno seu jubileo anno. Testo latino e traduzione", ed. A. Ilari, in: *La Storia dei Giubilei*, vol. 1, BNL Edizione, 1997, pp. 198-215.（以下、Ilari と略す。）なお、この人物について、樺山紘一氏が『パリとアヴィニョン』（人文書院、一九九〇年）において、ボニファティウス八世のガエタニ家の一族として行動した枢機卿として紹介している（二八〇―二八二ページ）が、彼の父方の一族ステファネスキは、ガエタニ家よりもローマでは古く、トラステヴェレに根拠地を有していた。Cf. R. Brentano, *Rome before Avignon*, University of California Press, 1974, pp. 188-189; S. Carocci, *Baroni di Roma. Dominazioni signorili e lignaggi aristocratici nel duecento e nel primo trecento, Collection de l'École Française de Rome*, 181, Roma, 1993, pp. 327-332, 423-431. また、彼はジョットに命じて三面祭壇画を聖ピエトロに奉納したが、この絵には彼自身の姿が描かれている。なお、原文をかなり引用しているフルゴーニの一三〇〇年の聖年に関する論文も参照されたい。なお、同論文は、一三〇〇年の聖年にかんする最も基本的な研究の一つである。Cf. A. Frugoni, "Il Giubileo di Bonifacio VIII", *Bullettino dell'Istituto storico italiano per il Medioevo*, 62 (1950), pp. 13-14.（以下、"Il Giubileo" と略記。なお、今回の聖年に向けて、この論文は単行本として刊行された。A. Frugoni, *Il Giubileo di Bonifacio VIII*, Roma-Bari, 1999.）フルゴーニは一九五〇年に、ステファネスキの聖年についての研究書を発刊している。（*Il libro del Giubileo del Cardinale Stefaneschi*, Brescia, 1950.）同書に書かれた論文も含めて、

今回の聖年に向けて、フルゴーニの聖年関連の論文を集めた論集が発刊された。同書にチェッラによるイタリア語訳が掲載されている。Cf. A. Frugoni, *Pellegrini a Roma nel 1300, Cronache del primo Giubileo*, Casale Monferrato (AL), 1999.（以下、Cerra と表記。）

このほか、一三〇〇年の聖年あるいはローマの聖年にかんする基本的な文献を挙げておく。

IL storia dei Giubileo, progeto e cura editoriale G. Fossi, 4 vols., BNL Edizioni, 1998; G. Bof, P. Cannata, P. Golinelli, e R. Stopani, *Il Giubileo. Storia e pratiche dell'anno santo*, Firenze, 1997; Istituto di studi romani (ed.), *Gli anni santi*, Torino-Milano, 1934; A. M. Romanini, (ed.), *Roma anno 1300, Atti della IV settimana di studi di storia dell'arte medievale dell'Università di Roma《La Sapienza》, 19–24 maggio 1980*, Roma, 1983; F. Gregorovius, *History of the City of Rome in the Middle Ages*, London, 1897; L. H. Bautier, "Le Jubilé romain de 1300 et l'alliance franco-pontificale au temps de Philippe le Bel et de Boniface VIII", *Le Moyen Age*, 1980, pp. 189–216; P. Brezzi, "Holy Years in the Economic Life of the City of Rome", *Journal of European Economic Society*, 4(1975), pp. 673–690; idem, *Storia degli anni santi, da Bonifacio VIII al Giubileo del 2000*, Milano, 1997; P. Delogu(ed.), *Roma medievale. Aggiornamenti*, Firenze, 1998; E. Duprê-Theseider, *Roma dal commune di popolo alla signoria pontificia (1252–1377)*, Bologna, 1952; idem, "Bonifacio VIII", *Dizionario Biografico Italiano*, 12 (1970), pp. 146–170; F. Fagiolo e J. L. Madonna, *Roma Sancta. La città delle basiliche*, Milano, 1985; A. Goria, "Le indulgenze a Rome nel 1300", *Studi medievali*, n. s. 18(1952), pp. 144–151; A. Graf, *Roma nella memoria e nelle immaginazioni del medio evo*, Torino, 1923 (rpt., Bologna, 1987); É. Hubert, *Rome aux XIIIe et XIVe siècles*, Rome, 1993; J. R. Hulbert, "Some Medieval Advertisements of Rome", *Modern Philology*, 20(1922–23), pp. 403–424; E. Jombart, "Le jubilé de 1300", *Nouvelle Revue théologique* (1949), pp. 923–936; idem, "Jubilé", *Studi Romani*, 23(1975), pp. 417–491; R. Krautheimer, *Rome Profile of a City, 312–1308*, Princeton Univ. Press, 1980; J. Lecler, "Boniface VIII et le jubilé de 1300", *Études* (février 1950), pp. 14–57; E. Levi, "Il giubileo del MCCC nel più antico romanzo spagnolo", *Archivio della Società romana di storia patria*, 56–57(1933–34), pp. 133–155; M. Maccarrone, "Pellegrinaggio a S. Pietro e il Giubileo del 1300", *Rivista di Storia delle Chiesa in Italia*, 34(1980), pp. 363–429;

R. Morghen, "Il giubileo del 1300", in: *Medioevo Cristiano*, Bari, 1970, pp. 265–283; P. Rajna, "Strade, pellegrinaggi e ospizi nell'Italia del Medioevo", *Atti della Società Italiana per il Progresso delle Scienze, V riunione, ottobre 1911*, Roma, 1912; R. Stopani, *Le grandi vie di pellegrinaggio del medioevo, le strade per Roma*, Firenze, 1986; idem, *Le vie pellegrinaggio del Medioevo*, Firenze, 1991; Vicaire (intro.), *Le Pèlerinage, Cahiers de Fanjeaux: collection d'histoire religieuse XIII*e *et début au XIV*e *siècles*, 15, 1980; D. Webb, *Pilgrims and Pilgrimage in the Medieval West*, London, 1999.

なお、日本でも巡礼にかんする文献は数多く出されているが、巡礼地としてのローマはあまり注目されていない。これは、ローマ巡礼者は真剣な巡礼者としての心を欠いているといった見方が共有されていて、聖地巡礼、あるいはサンチャゴ巡礼の方を重視するためであろう。しかし、最近刊行されたもので、次の文献はローマ巡礼の特徴を概観したものとして、参考になる。河原温「中世ローマ巡礼」歴史学研究会編『巡礼と民衆信仰』（地中海世界史４）（青木書店、一九九九年）、九四―一二五ページ。また、今野國雄『巡礼と聖地　キリスト教における心の探求』（ペヨトル工房、一九九一年）、二一一―二四一ページも参照。

（10）Stefaneschi, *op. cit.*（Quattrocchi, p. 300; Ilari, p. 198; Frugoni, "Il Giubileo", p. 23; Cerra, p. 127）.

（11）*Ibid.*（Quattrocchi, p. 300; Ilari, p. 198; Frugoni, "Il Giubileo", p. 23; Cerra, pp. 127–128）.

（12）*Ibid.*（Quattrocchi, pp. 300–301; Ilari, p. 202; Frugoni, "Il Giubileo", pp. 23–24; Cerra, pp. 128–129）.

（13）*Ibid.*（Quattrocchi, pp. 299–300; Ilari, p. 198; Frugoni, "Il Giubileo", p. 24; Cerra, p. 128）.

（14）Bulla *Antiquorum habet fida Relatio* in: *Bonifacius VIII, Registers*（ed. G. Digard, M. Faucon, A. Thomas & R. Fawtier, Paris, 1884–1939）, vol. 2, pp. 922–923, no. 3875; R. Fisichella, *Gli Anni Santi attraverso le bolle*, Casale Monferrato（AL）, 1999, pp. 35–36; cf. Thurston, *op. cit.*, pp. 13–14; Frugoni, "Il Giubileo", pp. 45–46; Webb, *op. cit.*, p. 76.

（15）R. Fisichella, *op. cit.*, pp. 37–40; Frugoni, "Il Giubileo", pp. 46–47.

（16）ヴェントゥーラは、教書とともに、教皇の書記官シルヴェステルによる勧進回状、ローマの教会で得られる贖宥のリスト、およびおそらく彼自身を含む巡礼グループからなされた質問に対するローマ教会の回答をメモとして残した。

Cf. A. Goria, *op. cit.*; Frugoni, "Il Giubileo", pp. 89-91.

(17) Frugoni, "Il Giubileo", p. 90; J. Sumption, *op. cit.*, pp. 233-234. この名句の著者はステファネスキ自身ともいわれている。

(18) Stefaneschi, *op. cit.* (Quattrocchi, pp. 302-304; Ilari, p. 202; Frugoni, "Il Giubileo", pp. 93-94, 98; Cerra, pp. 132-133).

(19) *Chronicon Parmense ab anno 1038 usque ad annum 1309*, auctore anonymo sinchrono, *RISS*, 9, col. 842, pp. 80-81. Cf. Webb, *op. cit.*, pp. 118-119.

(20) *Annales Veteres Mutinensium ab MCXXXI ad Annum usque MCCCXXXVI*, *RISS*, 11, col. 75. このほかのローマに向かう巡礼に関する年代記の記述については、cf. Frugoni, "Il Giubileo", pp. 90-121.

(21) Giovanni Villani, *Historie Fiorentine*, *Nuova Cronica*, ed. G. Porta, 3 vols., Firenze, 1990-91, vol. 2, pp. 37-38. (この部分を日本語で紹介したものとして清水廣一郎『中世イタリア商人の世界』〔平凡社、一九九二年〕、一五一—一六ページ。) Guglielmo Ventura, *Chronicon Astense*, *RISS*, 11, col. 192. Cf. Webb, *op. cit.*, p. 118.

(22) Bautier, *op. cit.*, pp. 190-192.

(23) Stefaneschi, *op. cit.* (Quattrocchi, p. 303; Ilari, p. 202; Frugoni, "Il Giubileo", p. 115; Cerra, pp. 131-132).

(24) Stefaheschi, *op. cit.* (Quattrocchi, p. 304; Ilari, p. 203; Frugoni, "Il Giubileo", pp. 48-49; Cerra, pp. 133-134). 例外は、ローマへの巡礼の途上で倒れた者で、これは贖宥を受ける対象と考えられた。この点については、解釈を広げれば、行商人、あるいは死者にも適用されるとみなされないこともない。

(25) Sumption, *op. cit.*, p. 233.

(26) Frugoni, "Il Giubileo", pp. 60-77. グレゴロヴィウスもこの点でクリスマス・イヴに始まると誤解している。F. Gregorovius, *History of the City Rome in the Middle Ages*, trans. A. Hamilton, vol. 5-part 2, London, 1897, p. 557.

(27) E. Dupré Theseider, "Bonifacio VIII", *Dizionario Biografico Italiano*, 12(1970), pp. 155-156. ここでは、一三〇〇年一月六日にマッテオ・アックアスパルタがラテラノでなした説教から「教皇のみが、神のかわりに、すべての者の上に立っている聖俗の君主である」というくだりが引用されている。

(28) Guglielmo Ventura, *op. cit.*, p. 192. このほかたとえば、次のような記述があることも、教皇庁が儲けたというイメージを増すのに役立っている。トスカナでのうわさでは、「ローマへと群がってくる群集は、あまりに多くて、毎日の喜捨は一〇〇〇リブラに達した。」(Ptolomeo di Lucca, *Historia Ecclesiastica*, *RISS.*, 11, col. 1221; *Annales*, *MGH*, Rer. Germ., N. S. viii, Berlin, 1930, p. 236.)「教皇は、Romipetaeによって残された喜捨によって大いに儲けた。」(*Chronicon Fratris Francisci Pipini*, *RISS.*, 9, col. 738.) ヴィッラーニも教会が儲けたとしている。清水廣一郎『中世イタリア商人の世界』(平凡社、一九九二年)、一六ページ参照。

(29) Stefaneschi, *op. cit.* (Quattrocchi, p. 306; Ilari, p. 204; Frugoni, "Il Giubileo", pp. 118-119; Cerra, pp. 136-137).

(30) R. Manselli, "La religiosità giubilare del 1300: preposte di un'interpretazione", in: *Roma anno 1300*, pp. 727-730.

(31) R. Morghen, *op. cit.*; P. Vian Papi, "Popolo e giubilei", in: *Roma Sancta*, pp. 18-19.

(32) Johannes Monachus (1294-1313), *Glossa Ordinaria ad Extravagantes Communes*, Lyons, 1570, col. 153 (Frugoni, *op. cit.*, p. 13).

(33) 一三〇〇年の教皇庁の動きについては、cf. E. Pasztor, "L'anno 1300 nella Curia Romana", in: *Roma Sancta*, pp. 791-797.

(34) たとえば、異端として宣告されることになるピエトロ・オリヴィは、一三〇〇年を聖霊の時代の終わりとして、一二九七年に「われわれに残されているのはあと三年のみである」としている。Cf. Papi, *op. cit.*; D. Burr, *Olivi's Peaceable Kingdom — A Reading of the Apocalypse Commentary*, Univ. of Pennsylvania Press, 1993, chap. 7.

(35) R. Fisichella, *op. cit.*, pp. 43-48. Cf. Webb, *op. cit.*, p. 76.

(36) Cf. D. Wood, *Clement V — the Pontificate and Ideas of an Avignon Pope*, Cambridge Univ. Press, 1989, pp. 90-92. 教皇としてのクレメンス六世については、このほか樺山紘一、前掲書、一三四—一三八ページ参照。

(37) アンニバルド・カエタニ・チェッカーノについては同上、二八四—二八五ページ参照。アンニバルドは同年ローマにおいて死亡し、そのあとをギイ・ド・ブーローニュが受けた。参詣日数の軽減はギイによる。

(38) Matteo Villani, *Historie Fiorentine*, *Cronica*, ed. G. Porta, 2 vols., Firenze, 1995, vol. 1, pp. 57-58.

（39）Thurston, *op. cit.*, pp. 55–61; Sumption, *op. cit.*, pp. 237–240.

（40）ウェッブは、偽教書の別の例を示している。Webb, *op. cit.*, pp. 77–78.

（41）Sumption, *op. cit.*, pp. 240–241; Webb, *op. cit.*, pp. 65–68.

（42）現在の教皇庁の立場では、いちおうシスマの時代の教皇はローマ派を正統とみなしているが、ウルバヌス四世の跡を継いで教皇となったボニファティウス九世は、一三九〇年と一四〇〇年の二回の聖年を主催したと考えられている。なお、一三七三年以来巡礼地に聖マリア・マッジョーレ教会が加えられた。
一四〇〇年の聖年については、cf. F. Melis, "Movimento di popoli e motivi economici nel giubileo del 1400", *I trasporti e le comunicazioni nel medioevo*（ed. L. Frangioni）, Firenze, pp. 237–259（originally in: *Miscellanea Gilles Gérard Meersseman*, Padova, 1970, vol. 1, pp. 343–367）.

（43）一九三三年がキリストの贖いの一九〇〇周年、一九八三年が一九五〇周年として聖年事業が執り行なわれた。このほか、一九二六年には、聖フランチェスコ没後七〇〇年記念の聖年が実施され、マリアに捧げる聖年も実施された。

（44）「特別聖年」jubileus extraordinaris については、cf. Thurston, *op. cit.*, chap. 10.

（45）社会学者、あるいは心理学者による研究に関しては、以下の文献を参照。R. Knapp, "A Psychology of Rumor", *Public Opinion Quarterly*, 8(1), 1944, pp. 22–37; G・W・オルポート、L・ポストマン（南博訳）『デマの心理学』（岩波現代叢書、一九五二年）（G. W. Allport & L. Postman, *The Psychology of Rumor*, New York, 1947）。T・シブタニ『流言と社会』（東京創元社、一九八五年）（T. Shibutani, *Improvised news: A Sociological Study of Rumor*, Indianapolis, 1966）。R・L・ロスノウ、G・A・ファイン（南博訳）『うわさの心理学――流言からゴシップまで』（岩波現代選書、一九八二年）（R. L. Rosnow & G. A. Fine, *Rumor and Gossip, The Social Psychology of Hearsay*, New York, 1976）。J・N・カプフェレ（古田幸男訳）『うわさ　もっとも古いメディア』（法政大学出版局、一九八八年）（J. N. Kapferer, *Rumeurs*, Paris, 1987）.

（46）C. Gauvard, "Rumeur et stéréotypes à la fin du moyen age", *La circulation des nouvelles au moyen âge, XXIV*^{e} *Cogrès de la Société des Historiens Médiévistes de l'Enseignement Supérieur Public (Avignon, juin 1993)*, *Collection de l'École Française de Rome*, 190, Roma（*Publications de la Sorbonne*, Paris）, 1994, pp. 157–177.

(47) J・N・カプフェレ、前掲書、五ページ。

第7章　聖餐式と会衆歌

渡邊　伸

一　ミサにおけるコミュニケート——統合の機能

一四世紀後半の俗人のためのミサ典書はこう語っている。「この世でもっとも価値があり、神聖さの最高のもの、それはミサである。」[1] また一四三五年にシュトラースブルクのドミニコ会士インゴルトは「キリスト教は二つの事柄からなりたっている。すなわちミサ読唱と聖秘蹟の拝領である」と説教した。[2] 中世末の信仰の中心はミサであった。ただしミサの形式は、ルターによれば「施設や修道院や司教区で、すべての点が同じであったことは実際のところなかった。」[3] 礼拝形式は地方ごと教会ごとで多様だったのであり、実態は不詳である。

しかしボッシーの研究によると、季節ごと、地方ごと、司祭ごとによって多様ではあったが、それは枝葉末節の部分で、本質にかかわるものではなく、盛式ミサなどは宗教改革の二〇〇年ほど前から基本が定まっていた、という。多様性は、これらの各儀式の前後に祈りが付け加えられたり、とくに聖別後の聖体と顕示台の顕示などの司祭らのさまざまな所作が付け加えられて生じた、とするのである。[4]

ボッシーは、ミサの社会的意義に関して興味深い指摘を行なっている。中世末にみられた現象の一つは、しだいに私的なミサが増大したことである。ミサのなかで「主の祈り」に始まり「神の子羊」で終わる「平和」Paxの部分は、教父時代以来、共餐という秘蹟の行為をキリスト者間全体の社会的平和の儀式としていたが、中世後期以降、この「平和」の部分の意義が後退した。その要因として、聖体拝領がミサの前後や、時にはミサとは無関係に行なわれたり、個人的なミサ基金が活発に寄進されるなど利己的な利用が増加したこと。また聖体の持つ社会的統合の力がミサから君主やとくに都市が挙行する聖体祭礼に移っていったこと。このような現象を挙げている。(5)

たしかに、ミサにおいて「聖化体」したワインを聖杯からこぼすことが危惧されて、一二〇〇年頃には俗人は聖別されたパンHostiaのみに与かることとされたし、俗人の参加自体も必要ではなく、ミサに参加しても仕切りの向こう側、内陣の祭壇に向かってラテン語で行なわれる儀式をほとんど傍観するにすぎなかった。(6)中世末には民衆の間に聖体自体への関心や崇拝は活発化したが、聖体拝領自体は年に一度程度が通例であったらしく、注意を喚起し拝領を勧める説教が記録に残されている。(7)

ボッシーは、このようなミサのあり方にたいし、宗教改革はミサの公的性格、統合機能の回復をはかったと主張する。宗教改革者たちは、聖体拝領・ミサに社会的統合の中心としての役割を回復し、彼らはそれを世俗の言葉に翻訳し、二種陪餐を行なった。さらにはミサの中核部であるミサ固定文canonを省き、犠牲もないミサ、そして聖書の説教からすぐに人びとの聖体拝領へと進むミサを提供した。そして俗語の聖歌の実施において、改革者たちは彼らが狙っていた直接的で疑問の余地のない社会的統合をある程度達成した、と指摘するのである。(8)

信仰生活の中心であるミサについて、宗教改革がその社会的機能を再強化したとする見解が正しいかどうか、それがここで扱う問題である。宗教改革によるミサの改革、とくに民衆とのコミュニケーションという観点からドイツ語ミサと聖歌を中心とした改革の実態を考察することにする。宗教改革による一連のミサ改革についてスメントの研究は、礼拝形式の改革において重要な人物はカールシュタットであり、ルター派以外の礼拝形式・規定では、とくにシュトラースブルクとバーゼルが重要であったとしている。とくに福音主義的な会衆歌がもっとも豊かに展開したのはシュトラースブルクで、その歌は独自の歌詞をもち、一部は有名な旋律をもっている、と述べている。(9)後にカールシュタットはシュトラースブルクに滞在するが、この町のミサ改革には影響を与えていない。(10)そこでシュトラースブルクを例にとってミサの改革の問題を考えることにしたいが、その前にまずこの地方の改革前の礼拝からみておこう。

宗教改革が始まる以前に、すでに人文主義の影響や民衆の信仰心の昂揚を背景として、教会改革の動きがみられた。とくに都市の場合、シュトラースブルクのヨハン・ガイラーなどのような説教師たちが、説教によって民衆に神の言葉の実質を伝えようとしていた。(11)また新しい印刷技術によるミサ典書、儀式手順の刊行もより安価で大量に供給されることで広範に普及し、(12)また公的な版のチェックもより容易になった。こうしたミサ典書の印刷は、司教の側から地方典礼の統一化の一環として行なわれた性格があることを指摘できる。

シュトラースブルクでは一四七八年に司教ループレヒトの命により聖務日課書が二巻本で編纂・出版された。これは二種類作られ、一つは聖歌隊用のフォリオ版、もう一つは司祭用の小型版である。司教は聖堂参事会の規定を根拠として、司教区内の全司祭にこの聖務日課書の規定に従わせようとした。(13)その後一四八九年には印刷業者グリューニンガーから新しいシュトラースブルク聖務日課書を刊行させ、一五一〇年には司教ヴィルヘルムがヴィムプエリンクらに新たに聖務日課書を編纂させ、業者プリュスから刊行している。最初のシュトラースブルク・ミサ典書は一四九〇年にプリュスから公刊され、改訂版が一五〇八年に同じくプリュスから出版、一五二〇年には司教ヴィルヘルムが第三版をハーゲナウ市で公刊させている。これは司教区内の大半の教会でミサ典書が不足したためとされている。(14)これらから、この司教区内では、ある程度の典礼の統一化が進んでいたと考えられるだろう。

宗教改革者たちが最初の改革に着手したとき、修正はあるにせよ、これらのミサ典書で示された形式を、ラテン語をそのままドイツ語に訳すだけでシュトラースブルクの教会の典礼として用いたのである。[15]

二　宗教改革による礼拝の変更

シュトラースブルクでの改革は比較的早く、そして独自色が強かったことが特徴である。まずミサの改革の経過からみておこう。一五二〇年にカールシュタットが聖書にのっとった礼拝の新形式の必要性を主張し、翌年、『二種陪餐について』を著している。しかしそこではドイツ語によるミサは言及されていない。一五二二年に彼はヴィッテンベルクでドイツ語ミサを行なった。重要な革新としては、パンとワインの二種をとらせた点であるが、しかし伝統的な規則・順序は変更されず、ドイツ語の使用は開始の言葉と寄進の勧誘に限られたようである。[16]この間、一五二一年一二月以来、トーマス・ミュンツァーがミサの革新を行なっているが、これもドイツ語への翻訳が中心である。[17]

一五二二年、バーゼルにおいてドイツ語の福音ミサが行なわれたという報告がある。「彼（エコランパディウス）以前にレープリン、ヴァイセンブルク、カピト、ヘディオが純粋な福音を述べ伝え、儀式の過剰を削り、ドイツ語ミサを行なった。[18]」カピトとヘディオはシュトラースブルクで改革に従事することになる人物であるが、この記録は前二者の記述であり、その詳細は不明である。またこの年にはシュヴェーベルがドイツ語ミサを行なったという記事もあるが、不詳である。またカンツがドイツ語福音ミサ規定をネルドリンゲンで作っている。[19]翌一五二三年の復活祭頃、ルターの礼拝規定が出た。これは日常のミサの代わりを提供するものである。またルターの「ドイツ語ミサについて」Formurale Missae が出て、ただちにドイツ語訳された。[20]そして一五二四年二月一六日、シュトラースブルクでシュヴァルツによってドイツ語ミサが実施された[21]。

こうして導入された改革ミサ・聖餐式は、ローマ式ミサとの関係から三つのグループに大別できる。一、ほぼ、あるいはまったくの翻訳。二、全体として旧来の典礼に従うが、相当な自由をもっているもの。三、伝統的な構成をまったく放棄するもの。シュトラースブルクの場合、最初のA版は、もっともローマ式に近い一の形をとっている。そして改訂を重ねるなかで、次第にローマ式から遠ざかって、二、三の形をとっていくという特徴をもっており、その間の変遷は各種のミサ・「主の晩餐」規定を手がかりとしてたどることができる。

そこでシュトラースブルクにおけるミサ改革の状況をみていくと、ここでは宗教改革は一五二一年のツェルの説教に始まった。彼の影響で旧来のミサは不評となった。しかしミサ自体についてはさしあたり変更されず、民衆のミサ参加も問題とされなかった[22]。一五二三年四月に到来したブツァーらによって改革は新たな展開を始め、二四年に前述のシュヴァルツがドイツ語による二種陪餐を行なった[23]。ただし遇目しえた年代記にはその前、一五二三年のクリスマスにツェルが聖トマス教会で犠牲を変更した（俗人の二種陪餐のことか）、という記事がある[24]。これはラテン語で二種陪餐を行なったものと考えられる。続く一九日にはフィルンが聖トマス教会でドイツ語ミサを実施し、聖アウレリア教区教会、聖マルティン教区教会へも広がり、シュトラースブルクではドイツ語による礼拝が一般的となった。他方、種々のミサが一五二五年復活祭頃までには廃止され、一部で認められていた私的ミサも一五二九年二月に「三百人議会」の投票によって廃止された[25]。

このようなシュトラースブルクでのミサ・聖餐式の改革と変遷について、さらにその具体的な内容をミサ規定、「主の晩餐」規定から検討しよう。ところで注意すべきは、これらの礼拝規定書は公認されたものではない、というレーリヒの指摘があることである[26]。実際、これらの規定書がどこまで具体化され、実行されたかについては、確認できる直接の史料はないようである。

しかしながら、当時のシュトラースブルクを取り巻く皇帝や司教などとの政治関係からして、これらの規定書を市参事会が公認することはありえなかった。いっぽう、これらの規定書には、改革派指導者ツェル、カピト、ブツァー、ヘディオら改革派聖職者たちが積極的に関与したことが推定できる。たとえばこれらの規定書や多くの聖歌集を出版したケッフェルという業者は、カピトの甥であり、一五二四年末にブツァーがミサ改革理念を著した『主の聖餐の革新の聖書からの理由と根拠』も彼が刊行していて、彼らとの密接な関係が推定できる。したがってこれらの規定の実際の執行状況については、留保が必要ながら、改革派聖職者の意図を検討するうえでは有効な史料と考えられる。

これらのシュトラースブルクで作られたミサ規定、そして「主の晩餐」の規定をみると、名称自体にも表われているように、ブツァーの影響、とくにその『主の聖餐の革新の聖書からの理由と根拠』の理念が、しだいに明確になっていくことが判明する。そこでまず彼のミサ改革の理念を先にみておこう。

そのなかの一節「今やどのようなミサ・聖餐が行なわれるか」では、ブツァーによる教会規定は、導入 Anleitung とドイツ語聖餐式、さらに洗礼、結婚の場合、およびそのほかの歌・祈りから構成されている。「これまで、我々が主の聖餐において何を変え、やめねばならないか、その理由を示してきた。つまりミサという名称、聖体奉挙、ミサ祭服、時折のみの祈り、十字を何度もきること、聖別、祭壇〔以上の廃止〕、そして正餐を一人だけでなく、いつも一緒に集って神への祈念を行なうべきこと、それゆえに日曜に行なうようにすべきこと、である。」「日曜にゲマインデ〈会衆・共同体員〉が寄り集い、執事 Diener が罪の認識をするように警告し、そして恩寵を願い、全ゲマインデにかわって神に告白する。恩寵を願い、信者に罪の許しを勧告する。それに続いて全ゲマインデによっていくつかの短い詩篇、ないし賛歌を合唱する。そのあと執事が短い祈りを捧げ、ゲマインデに使徒による書物から読んで聞かせる。それを手短に説明する。それに続いてゲマインデがふたたび十戒ないし何か他のものを歌う。

司祭が福音を宣べ伝え、正しき説教を行なう。それに続いてゲマインデがふたたびわれらの信仰箇条 artikel unsers Glaubens を歌う。そして司祭は公権 oberkeit とすべての人、その場のゲマインデのために祈る。それにおいては、彼は愛と信仰の増進と、愛と恩寵の増進と、キリストの死が実りとなったことを畏敬をもって追憶する。つづいて彼は次のことを訓戒する。〈共にキリストの晩餐を行ない……キリストの追慕を行ないたい。それはまたあなた方の罪を取り去るものです……。〉キリストの十字架を喜んで担い、隣人を真実において愛し、信仰を強めるように勧告する。訓戒をしてから、司祭は、三つの福音書マタイ、マルコ、ルカ伝ならびにパウロのコリント人への書簡に書かれているように、キリストの晩餐の福音を解き明かす。それから彼はパンと主の杯を彼らゲマインデに分け与え、自らもそれをとる。それに続いてゲマインデはふたたび賛歌を歌う。その後執事は聖晩餐を短い祈りをもって終える。民衆を祝福し、民衆は十字を切り、主の平和の内にそこを去る。[27]」

ここでは先に指摘されているような音楽、会衆歌に与えられる役割については、言及されているが、簡潔である。すなわち、従来の祈りや歌は、ラテン語で歌い、読まれてきた。このため平民 gemein man は、ほとんど理解しないできた。少数のわかる人にのみ向けられていたがゆえにもはや問題とならない。アーメンしか言えない俗人のために祈りや歌はドイツ語でのみ認められる。そしてすべての歌のなかで詩篇がもっとも適切である、とされている。

以上のようなブツァーの改革理念が、しだいに具体化、少なくとも規定には反映されていくのである。シュトラースブルクではシュヴルツのドイツ語ミサの導入以降、ミサのやり方が変化していったと考えられている。その手がかりとなるのは、前述のようにミサ規定、「主の晩餐」規定であって、それはシュヴァルツの手稿本を基にした初版（A1、A2、A3）以降、一五六一年のP版まで作られている。[28] 以下、順にその主要内容と特徴をみていこう。[29]

A２版、一五二四年六月。シュヴァルツが行なった最初のドイツ語ミサと直接的な関係が推定されている。[30] ケッフェルによって少数部が出版された。タイトルは「シュトラースブルクのゲマインデにて行なわれているドイツ語ミサと洗礼、聖書および論争となっているところについて……。」ここではミサ祭式は相当簡略化されている。だがなによりこの版の特徴は、ラテン語ではなくドイツ語を使用していることである。司祭は祭壇で聖三位一体の召霊 Anrufung のもと、すぐに聖なる業を始める。奉献文 Offertorium やカノンにおいて、とりなしの祈りが省略されている点は改革の特徴を示すが、その他は一五二〇年にハーゲナウで刊行されたラテン語の聖務日課書をほぼ直訳している。マリアと聖人への呼びかけは排除されるが、司祭が十字を切るところには赤い十字の印が付けられていてかなり残されている。説教については聖書からの引用箇所は明示されているが、具体的に触れていない。ミサという表記、ひざまづくなどの所作、パンとワインの奉挙もそのまま残っている。[31]

注目されるのは、サンクトゥス、ベネディクトゥスに続いて、聖変化の儀式でありミサの中心であるカノン（ミサ固定文）にあたる冒頭の祈りにおいて、まず公権に関する祈りが唱えられることである。「全能なる、慈悲深き神よ。聖なるあなたの息子、われらの主イエス、私たちはその名において願います。私たちをお守り下さいますよう。さらにあなたの聖霊も、私たちが我らが公権のために願いますことを助けられますよう。私たちは心より願います。あなたが皇帝の、そして諸侯らの方がたの心に、なかんずく私たちの尊敬すべき市参事会の方がた unser herrn und obern の心にあなたの善と福音を悟らせますよう」とある。ミサの中心となる祈りに公権への祈りが置かれているのは、これ以降の版にも共通する。そして文言は一部変更されていくのであるが、その意味については後で考察したい。

B版、この版は作成者・時期が不確定であるが、一五二四年末から二五年初頭とされている。初版より内容が拡充されているが、全体として教義的には大きな変更はしていない。聖職者の指導性が強く、司祭と呼ばれている。

ミサ、奉挙、キリエ、グロリア、クレド、サンクトゥス、アニュス・デイといった用語も、聖変化も旧来のまま残されている。典礼の文言は変えられている。序文、入祭文で民衆が赦しを願うこと、「主の祈り」Vater Unser の結びの言葉、聖体拝領 communion への招待の言葉、聖体分与の言葉などである。[32] また福音の講話、神の言葉の宣教が拡大されている。そしてこのB版においては教会歌が登場する。まだ楽譜はつかないが、ルターの聖歌が一曲、また詩篇が四曲、マニフィカトのそれぞれ冒頭の章句がついている。また使徒信条を会衆によって一致して祈るものとしている点が、福音派の会衆礼拝への一歩として重要視されている。[33]

この版でもカノンの部分には公権に関する祈りがくる。その内容は「全能なる、永遠なる、慈悲深き神にして父よ。あなたはあなたの真の子、われらの主イエス・キリストを通じて約束して下さいました。私たちはその名において願います。私たちをお守り下さいますよう。さらにあなたの聖霊によって聞き届けられますよう。公権とすべての人びと（傍点筆者）のために願いますことを。そして私たちはあなたの子、われらの救い主、イエス・キリストの名において、心より願います。あなたが皇帝の、そして諸侯らの方がたの心に、なかんずく私たちの尊敬すべき市参事会の方がた Obern の心を、あなたの聖なる福音を知ることによって開かれますよう。彼らが、福音において彼らの正しき、さらに上の方としてあなたを識り、あなたのご意志にそって統治しますよう。そしてすべての人びとに、願わくは、あなたの真実の知識を与えたまい、ここにあなたの名において集まりしこのゲマインデに、あなたの聖霊を送り、われらの心にあなたの定めを書き記し、我らの生来の盲目と蒙昧を取り去って下さるよう、お願いいたします。」この後、カノンでは神の法を知らしめたまうことを願い、罪を知らせ、神にかなう生き方を知らしめたまうことを祈るとされている。[34]

C版は、一五二四年末以降、二五年五月以前に作成されたと推定されている。このC版の特徴は、ほとんどが詩篇に歌詞をもとづく会衆歌が全礼拝に浸透している点である。この都市の楽師グライッターとダッハシュタインとが詩篇に作曲したものが掲載されている。C1版は歌の冒頭の楽譜と歌詞ばかりで、礼拝の音楽ハンドブック、または教育用と推測されている。内容はイントロイトゥス、キリエ、グローリア、アレルヤなどで、説教の前後にも歌が入る。「深き苦悩より」と「神は我らに恩寵深くあらせられ」の二つである。説教の後には使徒信条も歌われる。また共餐の後にも「神を讃えよ」が歌われるように指定されている。より詳細なC2・3版には、B版が大きく残っている。また聖体奉挙が残っているなど、用語の点ではブツァーの改革理念に従っていない。またブツァーは次第に教会暦にとらわれなくなるが、C2版では使徒行伝や福音書朗読において「その時に」応じた集禱を求めている。しかしここでの聖餐教義自体はブツァーの考えに近づいており、それは祈りの変更に明白であるとされる。[35]

D版は一五二五年に作成され、ブツァーの『根拠と理由』の提議が大幅に採用されて、名称も「主の晩餐」の規定と表記されている。ケッフェルなどから刊行。特徴としては、執行者も司祭 Priest ではなく、牧師 Ministre、執事 Diener とされる。祭壇も中世の迷信として簡素化された食卓に置き換えられる。執行者は食卓で会衆の方を向いて式を行なうから、礼拝の言葉なども会衆に容易に聞き取れ、内面的にも外面的にも民衆により近い版となっている。所作、祭服も簡素化され、その他の儀式についても簡略化されているところが多い。聖体奉挙は意味を失っている。キリエ、エクセルシス、グローリアは、それぞれオプションとされている。

他方、聖書の朗読・解説がいっそう重視され、拡充されている。聖書に直接もとづく説教が設定され、導入の朗読講話や祈りの方法も聖書準拠化が進んでいる。詩篇にはコメントがつけられる。またD版では、会衆歌 Gemeindegesang がいっそう大きな部分を占める。これが昇階誦を駆逐し、その後のすべての礼拝を導くのである。[36]

カノンの冒頭の公権への祈りは、D版ではB版とほぼ共通である。相違点として目を惹くのは、「すべてのお上 Oberkeit とすべての人びとのために願うことを。」あるいは「……あなたがすべての諸侯の、そして領主の心を、さらにとくにわれわれの尊敬すべきお上、市参事会の魂を、あなたの聖なる福音の知識をもって開かれんことを。

……」（傍点筆者）となっていること、とりわけ祈りの対象から皇帝が脱落したことである。さらに奉仕者がキリストの贖罪、隣人愛、罪の赦しを祈るが、「キリストは、かつてein malわれらのためにその体と血を捧げられた」とする一回性を示す語句が注目される。ただし聖変化に伴う結びの言葉はなくなっている。[37] このD版をもって、シュトラースブルクのミサ改革の方向がほぼできあがったと言ってよいだろう。

E版「主の晩餐の規定」（一五二五年五月）、F版（一五二六年）からP版（一五六一年）のタイトルは「主の晩餐ないしミサについて」である。表題からみればやや後退といえるが、これはブツァーがルターとツヴィングリの橋渡しを意識していた状況が背景になっていると考えられる。しかし聖餐式自体については、一五二五年のE版以降、一五二九年の全面的ミサ廃止、一五三三年六月の市参事会による教会規定・訓練規定の決定、一五四七年のシュマルカルデン戦争敗北による仮信条協定期を越えて一五六一年まで、部分改訂はされたが、ほぼ一貫した形で設定されている。

失われたE版は現存するF版とほぼ同じ内容と推測されている。ローマ式とは相違がより明白となり、序誦Praefatioとサンクトゥスはなくなり、キリエとグローリアも省略可能とされる。教会暦とも関係なくなる。F版に載せられた歌はどれも指定されてはいない。F・G版には各教会での勤めの時間、曜日、会衆の歌など、シュトラースブルクにおける礼拝一般の指示が付されている。[38] そしてJ版以降では、主として大聖堂における礼拝規定になっているが複数の祈りの文言や、オプションが指示されており、斉一性は失われている。これは仮信条協定の受諾といった外部圧力の存在が反映している。[39]

カノンにおける公権への祈りは、D版とほとんど同じである。J版以降のものにはもう二つの祈りが掲げられ、それらにはふたたび皇帝の名前、さらに国王が挙げられていること、[40] そして公権Obernなどに対して、両親と同じように喜んで従うという文言があるのが注目される。[41] 全体として、F版以降の式次第には複数のものがあげられて、選択幅を設けているのが特徴といえる。

以上、シュトラースブルクにおけるミサ・聖餐式の規定から、ミサ改革の内容を検討してきたが、その結果として、シュトラースブルクのミサ改革、聖餐式の確立にあっては、当初のローマ式のミサのドイツ語化から、とくにC版・D版が大きな画期となって、説教と会衆歌を中心とするものへと進んでいったことが確認できる。そしてミサ・聖餐式の社会的機能の視点から注目されるのが、すでにA版以降、カノンにあたる部分で公権に対する祈りが設定されていることである。

この点はフーベルッがすでに指摘している。すなわちここには国家Staatの地位が変化したことがカノンに現れており、公権のために祈るということ自体は目新しいことではないが、しかしかつて教会の高顕が占めていた地位をいまや国家が占めている、[42]とこの特徴に注目しているのである。またヴァルデンマイアーも、カノンの代わりに公権とすべての人、ゲマインデのための祈りがおかれ、世俗の公権や教会の奉仕者Diener、すべての人の罪の赦しが願われていることに着目し、これは中世末の説教ミサに由来する、と指摘している。[43]両者とも教義史の観点から、カノンにおいて公権への祈りが置かれたことを大きな特徴と認めているのである。

このような変更の意義としては、宗教改革がミサの社会的統合機能を回復しようとしたという前述のボッシーの指摘につらなる、ミサ・聖餐式に期待された政治的統合機能を措定できるだろう。これが政治的背景を念頭に置いていた意図的なものであることは、その祈りのなかから皇帝の名が改革の進展のなかで脱落し、シュマルカルデン戦争以後復活していることからも推定できるからである。こうしたミサ・聖餐式の政治的、社会的な機能については、スメントがシュトラースブルクとならんで独自のミサ改革を行なったと位置づけているバーゼルの事例をみてみると、より明確になる。

バーゼルの「教会規定」公刊は一五二六年である。しかしそれ以前からエコランパディウスが改革ミサ典礼を実施していたことは、彼のツヴィングリに宛てた書簡から判明し、それによれば少なくとも一五二五年一一月四日以前には行なわれていた、とある。その主な内容は、一、説教、二、「主の祈り」、三、使徒信条と十戒、四、諸身分のための共同祈願、五、告白、六、罪の赦し、である。(44)

このなかで注目されるのが、共同祈願であるが、そこでは次のような祈りの言葉が登場する。「第一に神が、その教会と民を、真実の霊で、また私たちの主イエスの尊き敬虔なわざと知識で導き、統べ、守られることを願います。また共同の公権 gemeine Oberkeit、すべての一致せし誓約仲間 ganz gemein Eydgenosse のため、すなわち尊敬すべき市長、ツンフト長、市参事会とバーゼルの町と領村のために願います。神が皆を神の御意志に従って指し示し、導かれますことを。私たちが互いに神を敬い、平和にキリスト者の暮らしを送ることができ、この生の後に永遠の生をえられますように。(45)」

シュトラースブルクでも、祈りの言葉の冒頭には市参事会とすべての人、とくに会衆 Gemeinde が祈願すると述べられ、共同体原理が示されていたが、ここではバーゼルの属すスイス誓約同盟の政治状況から、周囲の聖俗諸侯や皇帝、帝国領、領主との政治関係を配慮せねばならなかったシュトラースブルクよりもいっそう明白に、都市の共同体自治が前提とされて、祈りの言葉が設定されていることが判明する。万人祭司主義、そしていわゆる「教会の共同体」原理にもとづいた典礼の改革であるが、それがきわめて具体的にこの都市の自治体制と結びつけられ、祈願されているのである。

このような公権への加護の祈願は他の研究をみる限り、シュトラースブルクとともにバーゼルにのみ見られる。その理由としては、市参事会の役割に対する改革者の姿勢との関連が考えられるだろう。この二つの都市はいずれも南ドイツ・スイス型の都市改革運動のリーダー格であり、同時にツヴィングリのチューリヒとちがって、この時点では市参事会の改革への全面的な支持を確保していない状況にあった。そこから改革に対する公権への期待・要求を読みとることが可能であろう。

さらにこの二都市におけるミサ改革のもう一つの特徴は、会衆歌の重視である。ちなみにバーゼルでは会衆歌についてはシュトラースブルクのものをそのまま採用していた。音楽史の研究者オネッガーは、専門家以外に知られていないことだが、プロテスタント派の音楽にシュトラースブルクは三つの点で、すなわち新しい聖餐式、会衆歌Choral、作曲の点で、重要な役割を果たした、と指摘している(46)。つぎにこの歌の問題を検討したい。

三　会衆歌の導入と意義

宗教改革以前、中世後期には宗教的な内容をもつ俗語の歌が作られ、伝えられている他、地域によっては祭礼やミサの前後などに民衆が宗教的な歌を歌っていたことはよく知られている。またミサにおいても歌うことがあったことは、コンスタンツ公会議でそれらを禁止する書簡が出ていたことから判明する(47)。しかしこの禁令が示すように、教皇グレゴリウスに遡るとされるローマ・カトリックの原則は、ミサ祭式での歌を司祭と聖歌隊に限定し、俗人会衆にはキリエのみを例外とする他は、禁じていた(48)。

宗教改革における音楽の意義については、従来、音楽史の面から、ルターが音楽に積極的に教会と信者の生活における中心的な役割をあたえ、みずからも少なくとも二〇曲の新作讃美歌を作曲したこと(49)、またそれらがドイツ・リートに及ぼした重要な意義が論じられている。しかしルターは、一五二三年の「ミサ規定」Formulae Missaeの時点では、ミサの音楽的な面に関しては何も変えようとはしていなかった。ただ歌詞の一部が改変・抹消されているにとどまる。したがって楽譜の添付も必要としなかった(50)。この点ではミュンツァーも同じで、ミサに関しては歌詞・旋律ともカトリックのものをそのまま用い、ただ翻訳した訳語の音符への割り当てに注意を払って、会衆がカトリック式の旋律をドイツ語で歌えるようにしたに留まったとされる。

その後もネルドリンゲン、シュトラースブルク（A・B版）、ニュルンベルク、チューリヒなど、改革派の重要なミサ典書の規定には、そもそも式における音楽については何も論及されず、伝統的な聖職者による歌に代わる民衆の信仰表明といった記述も出てこない。シュトラースブルクにおいても、一五二三年一二月二四日、降誕祭にあたって大聖堂の市寄進の祭壇でミサが歌われているが、「歌う」のではなく、「歌わせた」とあり、また礼拝室でカプランが歌ったとする記述もあるので、この時点ではまだカトリック式のままであることが判明する。[51] 以上からすると、宗教改革による聖歌の問題は、通説のように簡単にすませてはならないといえよう。

さて改革派のミサ規定のなかで、最初に会衆歌 Gemeindegesang が認められるのが、前述のようにシュトラースブルクのC版である。そして改革派による教会歌のなかで、シュトラースブルクの教会歌は、どこよりも民衆歌と結びついた性格のものとして採用された点にその独自性があるとされるのである。ここでは牧師、執事はただ語るべき者であり、聖歌隊については言及されず、かわりに民衆が一連の詩篇・典礼を歌う。その会衆歌については、通例、歌詞が先行し、これにあとから旋律が合わされ、つけられていったことが明らかにされている。

まず歌詞について、改革派による教会歌の作詞の種類をみてみると、一、改革以前の宗教歌、二、すでにドイツ語訳されていたラテン語聖歌、三、ミサ聖祭通常文などのラテン語祈禱文の翻訳、四、世俗的な民謡の転用など、が知られている。この点、シュトラースブルクの場合、当初はラテン語聖歌から翻訳された聖歌が中心で、しだいに聖書のテキストを用いたものに重心を移していったこと、そのなかでもとくに詩篇がもっとも重視されたことがわかっている。この点はブツァーの改革理念を反映しているが、これはスイス・南ドイツの傾向となる。[52]

一方、旋律については、もっとも多いのがグレゴリオ聖歌を中心とする従来からのラテン語聖歌で、これをそのまま借用したり、短縮したり、拍子、アクセントを変えてドイツ語の歌詞にあわせた。また世俗歌の旋律などを用いたり、あらたに作曲されたものがあったが、全体としては、改革初期にはラテン語聖歌の歌詞・旋律をドイツ語化するパターンが圧倒的であった。こうして編曲ないし作曲された会衆歌は、ツェルの妻、カタリーナ・ツェルが一五三四年に公刊した聖歌集の序文にも記されているように、たんに聖餐式や礼拝集会だけでなく、日常生活にも用いられるものであった(53)。

しかしここではとくに聖餐式における会衆歌の役割について検討しよう。シュトラースブルクの場合は、前述のようにミサ規定のC版で会衆歌が前面に登場し、聖餐式規定とされるD版で骨格が完成した。その実践の様子は、居留するフランス人のために最初に改革理念を説いたフランス人説教師ルーセルが、一五二五年一二月にモー司教に書き送った書簡からうかがえる。「［当地では］朝五時から多くの教会で説教が行なわれる。八時に大聖堂で説教があるが、これには俗語に訳された詩篇の合唱がつく。女性の歌が男性の歌に混じるのは美しい効果を生む。説教の前の聖歌 Hymns によって、神に福音の種を受けられる力を与えて下さるように祈る。そしてこれらによってそれを受ける恩寵に与るのである(54)。」

さらに一五二六年にはラテン語の教会歌はすべて廃止され、「使徒書簡」も歌われなくなり、音楽的なイントネーションのない説教に取って代わられた。これらの措置によって聖職者や聖歌隊による歌も廃止されて、聖餐式は祈り、訓戒、会衆による合唱と説教から構成されるようになった(55)。歌の旋律は、歌詞の章句ときちんと対応させられ、会衆に歌いやすいようにされた。最初の章句の旋律を知っていれば、他の部分も歌えたのである(56)。

そしてシュトラースブルクでは、会衆歌を多声部による複旋律の歌とするのではなく、単旋律を皆で斉唱する方式をとっている。これはブツァーがなによりもテキストを明確に理解できることを求め、旋律が歌詞よりも重視されるのを危惧したことを反映している。オルガンの使用も同じ観点から、当初は最小限に縮小された(57)。このことによって会衆歌は聖書のテキストの会衆への理解と普及の便宜をはかることに寄与した(58)。

このシュトラースブルクの会衆歌とルター派の会衆歌とを比べてみると、ルター派においては、ローマ・カトリック式のミサと同様に、説教と「主の祈り」Unser Vaterを除いて、すべてが歌われるか、朗詠される。歌い手についてみると、たとえばプロイセンでは旧来の形態を踏襲して、牧師、聖歌隊、民衆の合唱とが分けられている。民衆は独自の歌を唱和するのでなく、詩篇、クレド、二つの聖晩餐の歌を応唱するという旧来の形式をとっている。ブレンツによる規定でも民衆は、聖体拝領の分与の間に聖歌隊と交唱するとされている。ちなみにシュトラースブルクでもシュマルカルデン戦争後、ムールバハの指導下にルター派化が進められて、多声音楽（ポリフォニー）と聖歌隊が復活した。

ここで注目したいのは、聖歌隊の独立した役割が解消されている点が重要ではないか、という点である。ポリフォニーを残すことによって、ルター派教会では訓練された聖歌隊が必要となる。いっぽう、ポリフォニーを否定することで、シュトラースブルクでは一般の会衆が容易に聞き覚え、斉唱でき、一体となって聖餐式に参加できた。これはグレゴリウス以来とされるミサ聖祭への俗人関与の制限の廃止につながるばかりでなく、ブツァーらが主張した「教会の共同体」原理を具体化し、教会、ひいては共同体社会全体の融和・統合を祈願することにつながったと推定できるのである。このことは指導者・先唱者としての聖職者や、子供などの合唱隊が存在することと矛盾しない。要点は、その合唱隊と会衆の間に役割分担が設定されていないことにあるからである。

その効果について知る手がかりがある。バーゼルではシュトラースブルクの会衆歌がほぼそのまま採用された。前述の一五二六年の「教会規定」には、当時ヴィッテンベルクやシュトラースブルクではすでに行なわれていた、会衆による聖歌の詠唱は含まれていなかったが、この年の聖マルティン教会での復活節の礼拝の席上、会衆が自発的に讃美歌を歌った。市参事会はこれを禁止したが、改革指導者エコランパディウスは会衆による聖歌詠唱の許可を請願した。「讃美歌は神が万人に命じていることであって、司祭や合唱隊、学童に限られるべきではない。」「過ぐる復活節の際に、われわれの教区民は……何の指図も勧めもなしに讃美歌を歌い始めた。われわれはこれを妨げようとはしなかった。それがよいことだからである。それによって多くの人びとは大きな感動を受け、歓喜の念から涙を流したほどであった[59]」と記している。

聖餐式において、会衆歌が人びとの心の準備、信仰心の一致の確認、そして詩篇をはじめとする聖書の理解の助けとなったことがうかがわれる。しかしさらに会衆歌には聖餐式においてもう一つの社会的機能を与えられていた、と考えられるのではないか。それは先に見た改革されたミサ、この都市での聖餐式が、ミサの中心であるカノンの部分で公権の祈りを設定していたこととかかわる。

つまり聖餐式のこの中心部分で、市参事会とすべての人びとの赦しが祈られ、公権に神意が反映されるよう祈られて、共餐が行なわれる。そして続いて会衆（ゲマインデ）は、A・B版では「神を讃えよ」と韻文で、共餐に与ったこと、キリストの死への感謝、「真の愛と隣人への誠実への誓い、平和と一致のうちに生きられる」よう祈りを唱える[60]。C版では前半部がマリアへの感謝など変更されているが、「真の愛と隣人への誠実への誓い、平和と一致に生きられる」ことの祈りの部分は同じ歌詞で、歌うように指定される[61]。D版ではA・B版と同じ歌詞を歌うか、または詩篇の第三「敵する者がいかに多いことでしょう」を歌うと指定されている[62]。A版からの指定の推移を見ると、変化しないのが「真の愛と隣人への誠実への誓い、平和と一致に生きられる」よう会衆が祈ることであるのが注目される。しかも代わりの場合として指定されている詩篇第三の歌詞と併せてみると、ここに政治的な意図を読みとることは、十分可能であろう。つまり共餐に参加者の平和を確認する機能をボッシーが指摘しているが、ここではその前に公権への祈りが置かれ、その後には歌詞で平和と一致が確認されるのである。または外敵への加護が祈られる。それが会衆によってはっきりと理解される歌詞で合唱されることは、大きな政治的効果を期待し得たであろう。

四　聖餐式導入の意味するもの

シュトラースブルクの聖歌式 Hymnologie の影響は、バーゼルの他、ブツァーを介してイングランドにも、またフランクフルトの教会礼拝式を通じて南ドイツ各地に広まっている[63]。さらにカルヴァンに影響を与えて各地に伝えられている。カルヴァンは、ブツァーに招かれてシュトラースブルクに滞在、フランス亡命者の牧師、神学教授を務めた。ここでよく組織化されたライトゥルギーと深く根を下ろした会衆歌に接し、これをジュネーヴ改革のモデルとし、多くの聖歌を採用したのである[64]。

ところで聖歌の普及・採用については、ゲープハルトが、ザクセン選帝侯領内でのルター派の聖歌の系譜をたどり、ヴィッテンベルクのそれとザクセン侯領の大半を占めるマイセン司教区の聖歌が用いられていることを示して、そこからザクセンの教会政策との関係を推測している。すなわちブランデンブルク司教区の地方教会であるヴィッテンベルクの教会をブランデンブルク司教区から分離、独立させ、侯領内の教会を統一しようとする意図が、このような讃歌の使用に認められる、と指摘するのである[65]。

この見解が正しいとした場合、シュトラースブルクの会衆歌にも同様にこのような機能が認められるであろうか。シュトラースブルク司教区内にその領域が展開していたシュトラースブルク市の場合、ザクセンと違って領地と司教区とが一致せず、分割されるといった事態はなかった。したがってラテン語聖歌をドイツ語化することで、すでに教会側の代表である司教からの分離を、歌のうえでも確認でき、あえて他の司教区などの聖歌を参照するといった必要はなかった。

むしろ、政治的、経済的にシュトラースブルクの影響下にあったライン対岸の小都市オッフェンブルクの町が、一五二五年、教会財産の帰属問題からシュトラースブルクとの関係が悪化したとき、シュトラースブルクの聖歌・礼拝を変更している事例がある。こうした事例と、バーゼルやジュネーヴとの関係を考えると、聖歌・礼拝式が宗教的、政治・外交的にこの都市の立場や影響力を強化する一助となったことは推測できるだろう。このような政策的意図が実際にあったか否かについては、今後の課題としたい。

註

（1）J. Bossy, The Mass as a Social Institution 1200–1700, in, *Past and Present*, No. 100, 1978, p. 30.
（2）L. Pfleger, *Kirchengeschichte der Stadt Straßburg im Mittelalter*, 1943, S. 171.
（3）M. Luther, *Deutsche Messe und Ordnung Gottesdiensts*（1526）, *WA*. Bd. 19, S. 73; *Cl*. Bd. 3, S. 294.
（4）Bossy, *op. cit*., p. 32f.
（5）Bossy, *op. cit*., pp. 57–58; A. Franz, *Die Messe im deutschen Mittelalter*, 1963, S. 42.
（6）さしあたりW・ナーゲル（松山与志雄訳）『キリスト教礼拝史』（教文館、一九九八年）を参照されたい。またH. Waldenmaier, *Die Entstehung der evangelischen Gottesdienstordnungen Süddeutschlands im Zeitalter der Reformation*, 1916, S. 2.
（7）Pfleger, *op. cit*., S. 174f.
（8）Bossy, *op. cit*., pp. 59–61.
（9）J. Smend, *Die evangelischen deutschen Messen*, 1967, S. 4f.
（10）*Annales de Sebastien Brant, Bulletin de la Société pour la Conservation des Monuments historiques d'Alsace*, 1899, Nr. 4542, 4551.
（11）さしあたり拙稿「教会と民衆の文化」朝治啓三・江川溫・服部良次編『西欧中世史』下（ミネルヴァ書房、一九九五年）所収、参照。
（12）Smend, *op. cit*., S. 12.

(13) R. Bornert, *La Réforme Protestante du culte à Strasbourg au XVIe siècle*, 1981, pp. 29–30.
(14) Bornert, *op. cit.*, pp. 30–31; Smend, *op. cit.*, S. 12f.
(15) F. Huberts, *Die Straßburger liturgischen Ordnungen im Zeitalter der Reformation*, 1900, S. LXIII. ここでは一五一八年のドイツ語訳ミサ典書と後述のA版を対比できる。
(16) Smend, *op. cit.*, S. 2-3.
(17) *Ibid.*, S. 3-6.
(18) K. R. Hagenbach の年代記。J. Baum, *Capito und Butzer*, 1860, S. 257; Smend, *op. cit.*, S. 3-4. ただしその日付・内容については確固たる情報がない。
(19) Smend, *op. cit.*, S. 8-10.
(20) *Ibid.*, S. 10.
(21) *Ibid.*, S. 10.
(22) *Ibid.*, S. 10, Anm. 4.
(23) Huberts, *op. cit.*, S. LXIII.
(24) *Annales de Sebastien Brant*, Nr. 4480.
(25) A. Baum, *Magistrat und Reformation in Straßburg bis 1529*, 1887, S. 187f. 中谷博幸「マルティン・ブツァーとシュトラースブルクのミサ廃止」『史林』六三巻三号、一九八〇年、参照。
(26) T. Röhrich, Straßburger Kirchenordnungen, in, *Mittheilungen aus der Geschichte der evangelischen Kirche des Elsasses*, Bd. 2, 1855, S. 184f.
(27) *Martin Bucers Deutsche Schriften*, Bd. 1, 1963, S. 246f.
(28) Huberts, *op. cit.*, S. LXIV.
(29) 以下、各規定のテキストは、Huberts, *op. cit.* に採録されたものを使用する。この他、Smend, *op. cit.* に収録されたテキスト、D版については T. Röhrich, *op. cit.* 所収のものを参照。
(30) Bornert, *op. cit.*, p. 112; Huberts, *op. cit.*, S. LXV. 手稿本の注記を根拠。

（31） Bornert, *op. cit.*, p. 112.
（32） Huberts, *op. cit.*, S. LXVII.
（33） Bornert, *op. cit.*, p. 113.
（34） Huberts, *op. cit.*, S. 66.
（35） Huberts, *op. cit.*, S. LXIX; Bornert, *op. cit.*, p. 114.
（36） Huberts, *op. cit.*, S. 82f.; Bornert, *op. cit.*, p. 114.
（37） Huberts, *op. cit.*, S. LXX, 85-86.
（38） Huberts, *op. cit.*, S. 88-89.
（39） Huberts, *op. cit.*, S. LXXII, 90-94; Bornert, *op. cit.*, pp. 114-115.
（40） Huberts, *op. cit.*, S. 93
（41） Huberts, *op. cit.*, S. 100-108.
（42） Huberts, *op. cit.*, S. LXVI.
（43） Waldenmaier, *op. cit.*, S. 130.
（44） 出村彰『スイス宗教改革史研究』（日本基督教団出版局、一九七三年）、二一一－二一四ページ。
（45） Smend, *op. cit.*, S. 226.
（46） M. Honegger, La place de Strasbourg dans la musique au XVIᵉ siècle, in, *International Review of the Aesthetics and Sociology of Music*, 13, 1982, p. 5.
（47） J. Westpfal, *Die evangelische Kirchenlied*, 3. Aufl., 1911, S. 21f., bes., S. 28.
（48） *Ibid.*, S. 29.
（49） M. Jenny, *Luther, Zwingli, Calvin in ihren Liedern*, 1983.
（50） Honegger, *op. cit.*, p. 6.
（51） *Annales de Sebastien Brant*, Nr. 4480.
（52） Bornert, *op. cit.*, p. 473f.

(53)「かくして仕事をする職人、徒女、皿を洗う奉公人、耕圃で働く農民、菜園人、乳母車で泣く子供をあやす母、皆、神やキリストや天使と共にあり福音に与れる、そのような讃歌、祈願の歌、教えの歌、詩篇やそれと同様な歌を必要としている。」*Histoire de Strasbourg des origines à nos jours*, vol. 2, 1981, p. 494; Honegger, *op. cit.*, p. 7.

(54) *Histoire de Strasbourg*, p. 493.

(55) Honegger, *op. cit.*, p. 6. この点に関して、シュトラースブルク改革者への人文主義の影響の強さを指摘している。

(56) *Histoire de Strasbourg*, p. 493.

(57) Honegger, *op. cit.*, p. 7.

(58) Bornert, *op. cit.*, p. 115.

(59) *Aktensammlung zur Geschichte der Basler Reformation in den Jahren 1519 bis Anfang 1534*. Hrsg. v. E. Dürr, P. Roth, Bd. 2, Nr. 470. 出村前掲書、一一三ページ。

(60) Huberts, *op. cit.*, S. 74.

(61) Huberts, *op. cit.*, S. 81.

(62) Huberts, *op. cit.*, S. 87. 後者はWackernagel, Nr. 528の旋律とされている。

(63) *Histoire de Strasbourg*, p. 493.

(64) Honegger, *op. cit.*, pp. 16-19; *Histoire de Strasbourg*, p. 494; Waldenmaier, *op. cit.*, S. 72-73.

(65) F. Gebhardt, *Die Musikalischen Grundlagen zu Luthers Deutscher Messe*, Diss. zu Univ. Halle-Wittenberg, 1928, bes. S. 114f.

第8章　恋文と新聞のあいだ

——近世ポーランド王権とニュース・メディア

小山　哲

一　「この手紙は最高の新聞だ」——私信が新聞に変わるとき

私たちは日常、誰かに何かを伝えようとするとき、相手との関係や送られる情報の性質によって、メディアを使い分けている。たとえば、恋人に宛てたプライヴェートな便りをわざわざ新聞に載せるひとはまずいないであろう。しかし、今日の私たちにとって当然と思われるメディアの使い分けが、時代をさかのぼっても自明であるとはかぎらない。一七世紀後半のポーランドに、愛する女性への手紙を新聞にした男がいる。

ポーランド国王ヤン三世ソビエスキ（在位一六七四—九六）は、王妃マリア・カジミェラに宛ててたくさんの手紙を書き残したことで知られる。(1) ソビエスキはそのなかで、政治や軍事にかんすることがらだけでなく、彼個人の心情や妻への思いを綿々と、ときにはきわめてあけすけに書き綴っている。これらの一連の手紙は、君主の書簡として異色であるのみならず、バロック期のポーランド貴族男性のものの感じ方、女性にたいする接し方の記録としても興味の尽きないテキストである。

残されているソビエスキのマリア・カジミェラ宛書簡は、即位以前のものを含めると三〇〇通近くにのぼる。そのなかで最もよく知られているのは、一六八三年九月一三日夜にウィーンで書かれた手紙である。この年の三月末、オスマン帝国軍はオーストリアに向けて進軍を開始し、七月中旬にはウィーンを包囲した。ヤン三世ソビエスキを最高指揮官とするオーストリア、ドイツ諸侯、ポーランドの連合軍は、九月一二日、ウィーン郊外でオスマン帝国軍を撃破し、オーストリアの首都を包囲から解放した。翌日の夜、敗走したオスマン帝国宰相カラ・ムスタファが残した天幕のなかで、ソビエスキは妻に宛てて戦勝を報告する有名な手紙を書いた。書簡は、王妃への愛情のこもった呼びかけに始まり、戦闘の経緯、戦利品の描写、ウィーン市民の歓呼と皇帝との微妙な関係、身内の者への挨拶、リトアニア軍やコサック軍への指示など、公私のメッセージを織り交ぜながら、全体として勝利後の高揚した気分を生き生きと伝えている［HL 385-387; SL 522-526］（章末の【資料】を参照(2)）。

ここでとくに注目したいのは、手紙の後半部のつぎのような一節（【資料】の訳文中で太字にした部分）である。「この手紙は最高の新聞だ。この手紙から、これは国王の王妃宛の手紙である旨を書き添えて、全世界に向けて新聞を作るよう命じてほしい」List ten najlepsza gazeta. Napisawszy, *que c'est la lettre du Roi à la Reine*, na cały świat kazać zrobić gazetę.［SL 525］。手紙を受け取った王妃は、国王の指示を実行に移した。この書簡から、知られているかぎりで六言語、二一種類の新聞 gazeta が作られ、ヨーロッパ中に流布したのである(3)。

君主の手になるものとはいえ、愛妻への手紙を「最高の新聞」と呼び、「全世界に向けて」公表しようとする点に、今日とはやや異なるメディア感覚がうかがわれないだろうか。ヤン三世時代のポーランド宮廷の人びとは、手紙と新聞というふたつのメディアを日常、どのようなかたちで利用していたのか。王妃宛の書簡から、どのような新聞が作られたのか。王権側による戦争報道は、送り手の意図どおりに受けとめられたのか。本章ではこれらの問題を、主としてソビエスキ夫妻の書簡を手がかりとして考えてみたい。そのまえにまず、議論の前提として、ヤン三世以前のポーランド王権の情報政策を一瞥しておこう。

二　「移動印刷所」から『メルクリウシュ・ポルスキ』まで

ここまで“gazeta”を「新聞」と訳してきたが、当時の「新聞」は、現在私たちが手にする日刊紙とはいろいろな点で異なっている。(4)「新聞」の最も初期の形態は、事件が起こるごとに発行される不定期の時事通信（以下「不定期新聞」と呼ぶ）である。この種の出版物は、文章だけでなく、しばしば絵入りで刊行された。一七世紀前半になると、西欧諸国で「新聞」の定期刊行がはじまる。ただし、初期の定期新聞は、多くが週刊であった。不定期の時事通信は、新聞の定期刊行がはじまってもすぐには消滅せず、週刊新聞とならんで流布した。また、当時の「新聞」というカテゴリーには、印刷されたものだけでなく、手書きのものも含まれる。手書き新聞は、部数は限られるが、活字に組む時間が省けるために速報性が高く、検閲の対象にもならなかったので、当時のメディア環境においてはそれなりの存在意義があったのである。(5)特定の相手に宛てて時事情報を書き送る手書き新聞は、私信としての書簡と、不特定多数の読者に開かれた活字新聞の中間に位置するメディアであるといえよう。これらさまざまな形態の「新聞」は、個人が黙読するだけでなく、回し読みされたり、筆写されたり、朗読されたり、ときには節をつけて歌われたりした。「新聞」は文字（手書き、活字）、図像、音声を動員する一種のマルチメディアとして、しばしば発行部数を上回る伝達能力をもっていたのである。

一六八三年のソビエスキの王妃宛書簡は、不定期新聞のかたちで流布した。ポーランド王権は、比較的早くから、このメディアを戦争報道に利用している。(6)一五一四年のオルシャの戦いにさいしては、モスクワ軍にたいする勝利を報じたドイツ語の新聞が、ニュルンベルクの印刷業者ヘルツェルより刊行された［GU 4］。ヘルツェルは一五一二年にポーランド国王ジグムント一世からポーランド関係の出版にかんする特許を認められており、(7)この新聞の発行はポーランド王権の意向を受けたものである可能性が高い。その後、モスクワとの戦争にかんする不定期新聞は、ニュルンベルク以外のドイツ諸都市、イタリア、フランス、スペイン、ネーデルラントでも刊行されている。

一五七六年に即位した国王ステファン・バトーリも、活字による戦争宣伝に積極的であった。バトーリは、一五七七年のグダンスクへの軍事遠征にさいして、遠征先で出版活動を行なう特許をクラクフの印刷業者ミコワイ・シャルフェンベルクに与えた。(8)この「移動印刷所」drukarnia latająca の実際の運営は、シャルフェンベルクの徒弟ヴァレンティ・ワプカ（ワプチンスキ）に委ねられた。ワプカはモスクワ大公国との戦争にも従軍しており、彼の印刷所は一種の「戦時報道局」の役割をはたしたと考えられる。バトーリの戦争宣伝は国外にも向けられた。同時代の歴史家ハイデンシュタインは、バトーリが対モスクワ戦の経緯を報じる文書をまずラテン語で刊行し、次いでポーランド語、ドイツ語、ハンガリー語に訳させて各地で出版したと伝えている。(9)

このようなプロパガンダの手法は、一六世紀をつうじてほぼ定着したとみられる。ジグムント三世ヴァーザの治世期（一五八七―一六三二年）に刊行されたポーランド関係の不定期新聞二八四点（うち国内発行は八八点）を検討したコンラト・ザヴァツキは、少数の例外を除いて、記事の内容が国王の政治姿勢――親ハプスブルク、反プロテスタント――と合致すると指摘している。(10)これは、国内外で刊行される不定期新聞が、国王官房からの情報にかなりの程度まで依存していたことを示す。もっとも、国内の政治にかんしては、王権によるプロパガンダの影響力は限定されたものであった。ジグムント三世期の政治宣伝の実態を分析したウルシュラ・アウグスティニャクは、シュラフタ層にとっては、王権側が流す公式情報にもまして、大貴族が握る非公式の情報ルートが重要であったことをあきらかにしている。(11)

情報にかかわる分野のうち、ポーランド王権が出版とならんで重視したのは郵便である。一五五八年、ジグムント二世アウグストはクラクフ・ヴェネツィア間に郵便を開設し、イタリア出身のプロスペロ・プロヴァナに業務を委託した。以後、王国郵便は、タクシス、モンテルピなど主としてイタリア系の人脈に委ねられた。一七世紀までに郵便網は国土の東方（ワルシャワ、ヴィルノ）と北方（ポズナン、トルン、グダンスク）に拡大した[12]。

一七世紀に西欧諸国ではじまる週刊新聞の編集・発行作業は、郵便の一週間周期の運行のリズムに根本的に規定されていた。郵便制度の確立は、情報の流れに継続性と規則性をもたらす点で、新聞の継続発行、とりわけ定期刊行化の重要な前提だったのである[13]。ポーランドでも新聞の継続的な発行を求める声があったことは、対ロシア戦の戦況を伝える新聞（一六三三年発行）の「次号予告」からうかがえる。「ニュースを知りたいあなた、／スモレンスクから誰か書いてくれるなら、／喜んで高い金を払ってもいいというあなた。／そんなにたくさん出さなくてもいいんですよ、お客さん、／印刷したものを一〇グロシュでこころゆくまでお読みください。／もっと先が気になるあなたは、印刷所までおたずねを[14]。」この広告文は、活字新聞が手書き新聞より安かったこと、事件の経過を追うかたちで不定期新聞の継続的な発行が行なわれていたことを示している。しかし、一七世紀のポーランドのように都市の規模が小さく、読者となりうる住民が広い国土に分散している地域では、活字新聞を定期的に発行することは西欧諸国にくらべて困難であった。

ポーランド語で印刷された最初の週刊新聞は、一六六一年刊行の『メルクリウシュ・ポルスキ』である[15]。この新聞は、全国議会の開催に合わせて王権のあと押しで創刊されたが、議会で王権側の改革構想が挫折すると、わずか七カ月で廃刊となった。この新聞の編集を担当したのは、イタリア商人の出身で、国王秘書官となったヒエロニム・ピノッチである。ピノッチは、早くから西欧諸国の新聞や文通をつうじて国外の情報を集め、定期的に手書き新聞を発行していた[16]。『メルクリウシュ』は、この手書き新聞のスタイルを踏襲しながら活字化したもので、記事は国外のニュースが中心であった。注目すべきは、ポーランド語による『メルクリウシュ』と平行して、イタリア語版が発行されていたことである。イタリア語版はポーランド語版と異なりポーランド国内のニュースが中心で、王権の国外向け広報紙として企画されたと考えられるが、残念ながら二号分しか残っておらず、刊行期間などはわからない。(17) ピノッチ自身は、ポーランド語版『メルクリウシュ』の終刊後も情報収集に従事し、その活動はヤン三世ソビエスキの即位後まで続いた。一六七六年にピノッチが世を去ったのちは、やはりイタリア出身の国王秘書官コジモ・ブルネッティが国外からの情報の整理にあたっている。(18) さらにヤン三世は、一六八三年、国王秘書官イェジ・アレクサンデル・プリアミに新聞発行の許可を与え、一六九五年には同じプリアミにたいしてポーランド語、ラテン語、イタリア語による活字新聞の独占的な発行権を認めた。プリアミもイタリア系のクラクフ市民であり、ピノッチとも近い関係にあった。(19)

これらの事実から私たちは、一六世紀以来ポーランド王権が新聞を利用したプロパガンダの経験を積んでいたこと、郵便・新聞などのメディアの中枢に外国出身者、とくにイタリア系の商人や宮廷人が深くかかわっており、この構造はヤン三世の時代まで続いていること、一七世紀後半の段階では定期活字新聞は定着していないが、時事情報を継続的に伝えるメディアとして活字による不定期新聞や手書き新聞が一定の役割を果たしていたことを知るのである。

それでは、ソビエスキとその周辺の人びとは日頃、手紙や新聞をどのように利用していたのか。ソビエスキとマリア・カジミエラの書簡のなかに探ってみよう。

三　「新聞」から「果物」へ——ソビエスキとマリア・カジミエラの文通

ソビエスキとマリア・カジミエラの文通の発端は、ふたりが結婚する以前、ソビエスキがまだ王国軍騎兵隊長であった時代にさかのぼる。王妃ルドヴィカ・マリアの侍女としてフランスから連れてこられたマリア・カジミエラは、一六五八年にキエフ県知事ヤン・ザモイスキのもとに嫁いだ。[20] その翌年から六四年にかけて、マリア・カジミエラがソビエスキに宛てた手紙が残っている。当初、独身の騎兵隊長と新婚の県知事夫人との文通は、宮廷の内情や政治情勢にかんする情報交換を目的としてはじまった。残されている最初の手紙（一六五九年一一月初旬）のなかで、マリア・カジミエラは、ワルシャワにいるソビエスキに、「国王陛下ご夫妻についての新しいニュースを送ってくださるよう」依頼している［ML 100］。結婚後、宮廷を離れたマリア・カジミエラにとって、ソビエスキは貴重な情報源であった。ただし、彼女は、この文通が一方的なものではなく、ギヴ・アンド・テイクの関係になることを望んでいる。「あなたが私とニュースを分かち合うために払う労力にたいして、私はたいへん負い目を負っています。私の好奇心のために少なからずあなたのご苦労が増し、あなたをうんざりさせるのではないかと恐れています。私の方からもあなたにお返しをしたいので、私のいる方面で起こることをお知らせするつもりです」［ML 103］。王妃からの手紙をめぐるやりとりにも、同じ姿勢がみられる。「王妃殿下があなたに書くことを私に知らせてください。私は、王妃殿下が私に書くことをあなたに書き送ります」［ML 129］。さらに彼女は、国内のニュースだけでなく、フランスの縁者から手に入れた西欧の新聞をソビエスキに送っている［ML 129］。

一方、ソビエスキは、はじめのうち他人の妻にニュースを書き送ることにあまり乗り気ではなかったようである。文通相手の不熱心さにマリア・カジミエラは癇癪を破裂させる。「もしあなたが、自分はどんなに遊びまわっていようが、相手は手紙をよこして当然だと考えておられるなら、あなたはまったく愚か者です。必ず誰かが自分の新聞になってくれると考えておられるとすれば、それは大間違いです」［ML 110］。ここで、はからずも彼女は自分の役回りを「新聞」と表現している。時事情報を特定の相手に継続的に書き送るという点で、ふたりの文通は「手書き新聞」に近い地点からはじまったのである。ただし、この手紙の交換を成り立たせていたのは、商品化された情報の売買ではなく、国王宮廷、とりわけ王妃ルドヴィカ・マリアとふたりとを結ぶ緊密なパトロネージ関係であった[21]。マリア・カジミエラは「王妃殿下がニュースを知りたがっているので、情報を手に入れて、私に書き送ってください」とソビエスキに依頼し、「今後は王妃殿下への手紙は私の名前宛てに送ってください。必ず王妃の手に届きますから」と指示している［ML 131］。

王妃への書簡をマリア・カジミエラ宛てで出すという迂遠な方法がとられたのは、要人間の手紙は盗まれたり、第三者の手で改竄される危険性が高かったためである。しかし、マリア・カジミエラの出す手紙もけっして安全とはいえなかった。「彼らがあらゆる方法で私の手紙を手に入れようとしていることを知っても、驚いてはいけません。〔……〕私が自分の手で封印した手紙に、いかにスタフキが手を加えたか、自分の目で確かめました」［ML 135］。彼女は、封印に気をつけるようソビエスキに警告する。「もっとしっかりご自分の手紙に封印してください。私に渡される手紙は、誰でも開ける可能性があります。封蠟を使うのがよいでしょう。よい封蠟がありますから、近く小包で送ります。赤い封蠟が入っていますから、ごく内密の手紙はこれで封印してください。それ以外の手紙は、別の色のものを使ってください」［ML 132］。さらに彼女は手紙を読んだら燃やすよう繰り返し注意している［ML 102, 107, 130］。もっとも、私たちがこのことを知るのは、ソビエスキが彼女の指示を守らなかったおかげではあるのだが。いずれにせよ、セキュリティの面で手紙というメディアに限界があることは、マリア・カジミエラも自覚していた。「つぎに会うときに、あなたに特別なお話を口頭でお伝えします。たんに特別なだけでなく、恐るべきお話です。ただ、どうかこのことはいっさい誰にも話さないでください。手紙で私にたずねることもやめてください。こんなことは、とても手紙ではお伝えできません。〔……〕彼らはすべての手紙を開けています。用心してください」［ML 118］。

六一年夏頃から、マリア・カジミエラの手紙に変化があらわれる。ソビエスキが彼女に真剣に想いを寄せはじめためである。この年の秋、ふたりはワルシャワのカルメル修道会付属教会で密かに愛を誓いあった。[22] 道ならぬ恋におちたふたりは、文通に暗号を使いはじめた。彼らが採用したのは、文章全体を暗号で書くやり方ではなく、固有名詞や重要なことばを別の単語に置き換える方法である。[23] たとえばマリア・カジミエラは「アストレ」・「薔薇」・「精」、夫のザモイスキは「笛」、ソビエスキは「セラドン」・「秋」・「火薬」、王妃ルドヴィカ・マリアは「ハマレオン」・「チューリップ」・「トリク・トラク」などと表記され、手紙は「ジャム」・「果物」、愛情は「オレンジ」、健康は「匂い」と言い換えられた。[24] 書簡中では、撹乱性を増すために、しばしば同一人物にたいして複数の暗号名が併用されている。「なぜ**秋**が自分の**薔薇**にひとつも**果物**を送らなかったのか、私にはわかりません。**精**は、**火薬**の**匂い**が損なわれたのではないかと案じています」[ML 153]（太字が暗号の部分）。彼らが暗号を用いたのは、これまで以上に切実に手紙の内容を秘密に保つ必要が生じたためだが、ふたりにしか通用しない符牒を使うことで恋人同士の絆を確認する効果もあったにちがいない。

一六六五年四月、マリア・カジミエラの夫ヤン・ザモイスキは死去し、数カ月後にふたりは結婚した。[25] その前年の一〇月から、ソビエスキがマリア・カジミエラに出した手紙が残っている。これらの書簡から、ソビエスキもマリア・カジミエラと同様の暗号を使用し、結婚後もこの習慣が変わらなかったことが確認できる。手紙は、ソビエスキの軍事遠征（一六六五―六六、七二、七五―七六、八三年）やマリア・カジミエラのフランスへの里帰り（一六六七―六八、七〇―七一年）によって夫婦が空間的に隔てられているときに集中的に書かれた。遠征中の手紙は発送順に番号が打たれ、相手が何通目を受け取ったかがわかるようになっている。ソビエスキの手紙はたいてい「魂と心の唯一の喜び、最も美しく、最も愛しいマリシェンカへ！」といった熱烈な呼びかけにはじまり、「この世でいちばん美しいひとを抱きしめ、一〇〇万回キスします」等々の愛情表現で終わる。そのあいだに挟まれた本文の内容は、遠征の経過報告から、妻の筆不精にたいする不平不満[26]まで、多様である。しかし、なににもましてソビエスキの手紙をユニークなものにしているのは、伴侶への熱い想いを語る文章が随所に散りばめられていることである。その意味では、実用本位の「手書き新聞」から始まったふたりの手紙は、男女関係の深まりとともに甘美な「果物」（=恋文）に姿を変えたともいえよう。(27)とはいえ、どんなに文面に親密さが増しても、ふたりの文通から時事情報を伝達する役割は失われなかった。さらに、軍事遠征中の書簡には、宣伝広報というあらたな機能が加わる。(28)その具体的な様相を、ウィーン遠征中のふたりの書簡のなかにみてみよう。

四　「果物」から「新聞」へ——ウィーン遠征中の便り

ソビエスキは、一六八三年八月一五日にポーランド軍を率いてクラクフを発ち、国境まで同行したマリア・カジミエラとは八月二二日に別れを告げてオーストリアに向かった。九月中旬にウィーンでオスマン帝国軍に勝利したのち、敗走する敵軍を追撃してハンガリーを転戦し、一二月二三日にクラクフに凱旋した。国境近くのスターリ・ソンチまで迎えに出たマリア・カジミエラは、凱旋にさきだって一二月一五日に夫と再会した。(29)この四カ月足らずの別離のあいだにソビエスキが妻に出した手紙は、発送順に打たれた通し番号によって計三二通であったことが確認できる。国王は、平均して三日から四日に一通のペースで王妃に手紙を書いていたことになる。もし王妃も同じペースで書いていたとすると六〇通近くが行き来したはずであるが、今日知られているのは、ソビエスキから妻宛の手紙が三〇通、マリア・カジミエラから夫宛の手紙が二通のみである。

遠征先と王妃とのあいだの手紙の運搬は、使者に託すか、郵便を利用して行なわれた。使者をたてれば早く届くとは限らなかったようで、マリア・カジミエラは「それにしても愛しいあなた、郵便より早く届かないなら、なぜまた使者に手紙を託したりしたのです」と夫に苦言を呈している［ML 246］。しかし、郵便は安全性に問題があった。ソビエスキの九月九日付書簡によれば、陣営への郵便の集配は週二回行なわれていたが、「この郵便が今後届くかどうかは神のみぞ知る、だ。というのは、郵便総主任が申し立てているように、われわれの後方を塞いでいる者どもが、すでに騎乗の郵便配送の者二名を殺害し、略奪しているからだ」[SL 513]。マリア・カジミエラも郵便物の略奪を懸念している。「私は、自分宛ての包みが横取りされたという結論に達しました。〔……〕これでは、たとえ私たちがお互いに手紙を書いても、それが相手のもとに届くことは期待できません。ですから、手紙を届ける何か別の方法を考えなければなりません。私たちは、あなたが最良で最短と考える道に沿って自分の郵便を作るべきです。コサックが二〇人いれば十分です。そうすればあなたは、私が生まれてこのかた味わった最も残酷な苦しみから私を解放することになります。〔……〕郵便が信用できないので、私はあなたにすべてを書くことはできません」[ML 243]。

自分宛の手紙が人手に渡ることを心配するマリア・カジミエラだが、他人宛の手紙は熱心に読んでいる。「あなたについての知らせは、あなたが〔九月〕一七日にリトアニアの両軍司令官に書いた手紙、それに厩舎官がキエフ司教に書いた手紙、それからサルノフスキ〔国王秘書官〕の手紙からしかわかりません。これらの手紙、さらに教皇特使に届いた手紙には、あなたと皇帝〔レオポルト一世〕との会見について記してあります」[ML 243]。手紙は遠征先の情報を速報する最も重要なメディアであり、他人宛の書簡でも、とくに支障がなければ宮廷内で回覧されたらしい。「私は最も細かいことまでも知りたいと望んでいるばかりか、そのことで恥ずかしい思いさえしています。なぜならば、人びとは、私があなたからの手紙をもう一〇〇回も読み返しているのに、それ以外に他の人たちから私の手に入るかぎりの手紙を、同じことが繰り返し書かれているにもかかわらず、残らず読んでいることを知っているからです」[ML 249]。遠征先のソビエスキも、妻からの手紙を繰り返し読んでいる。「私は最もたいへんなときでも、あなたからの手紙は少なくとも三回読む。一度は手紙が着いたとき、二度目はおおやけの問題から自由になってベッドに横になるとき、三度目は来た手紙への返事を書くときだ」[SL 516-517]。しかし、ヨーロッパ各国の反応が気になる国王にとっては、手紙だけでは情報源として不足であり、「新聞のフランスとオランダのニュースをわれわれに送ってほしい」と依頼している [SL 548]。

ソビエスキは遠征先で新聞の記事を読むだけでなく、前述のように、自分の手紙をもとに新聞を作らせた。王妃宛ての書簡から、具体的にどのような新聞が発行されたのだろうか。

九月一三日付書簡にもとづく新聞を調査したコンラト・ザヴァツキは、ポーランド語版五点、ドイツ語版八点、イタリア語版五点、英語版一点、スペイン語版一点、デンマーク語版一点の存在を確認している。[30] このうちイタリア語版二点とデンマーク語版を除く計一八点は、ワルシャワ国立図書館にマイクロフィルムが所蔵されている。表8-1は、この一八点の新聞の紙面を書簡のテキストと比較し、おもな異同を示したものである。ここから次のようなことがいえるであろう。

第一に、ソビエスキの手紙はそのまま活字になったのではなく、いろいろと手が加えられている。たとえば、手紙冒頭の王妃への呼びかけ（①）、新聞作成の命令（⑧）、神聖ローマ皇帝にたいする不信感を表明した部分（⑨）は、いずれの版でも削除されている。文章が変更されている箇所も多い。たとえば、ウィーン市民がソビエスキを歓呼する場面（④）。原文では、当初、市民は役人たちを恐れて万歳を躊躇しているが、新聞ではソビエスキが「民衆を平静に保つようドイツ人士官たちに頼んだにもかかわらず」一部の者が万歳を叫んだことになっている。それに続く市防衛軍指揮官の冷淡な対応を述べた文章は、新聞では削除されている。⑤の傍線部は、新聞では、「皇帝は一マイル離れたところにいると伝えてきたが、私は敵を追撃しようと急いでいるので、皇帝と会う機会はない」となり、皇帝との会見を避けたことを軍事上の要請によって正当化している。手紙で「ふたりの男」（⑥）とのみ書かれている戦死者は、新聞では「ハリチ代官と宮中財務長官」と官職名が明記されている。手紙の最後の

表 8-1　９月13日付王妃宛て書簡と新聞各版の異同

	①	②	③	④	⑤	⑥	⑦	⑧	⑨	⑩	末尾付加	備考
P Ⅰ	×	×	☆	☆	☆	☆	×	×	×	☆	＋	
P Ⅱ	×	×	☆	☆	☆	☆	×	×	×	☆	＋	
P Ⅲ	×	×	☆	☆	☆	☆	×	×	×	☆	＋	
P Ⅳ	×	×	☆	☆	☆	☆	×	×	×	☆	＋	
P Ⅴ	×	×	○	☆	☆	☆	×	×	×	☆	＋	＊１
G Ⅰ	×	○	○'	☆	☆	☆	×	×	×	×	－	
G Ⅱ	×	○	○'	☆	☆	☆	×	×	×	×	－	
G Ⅲ	×	×	☆	☆	☆	☆	×	×	×	☆	＋	
G Ⅳ	×	×	☆	☆	☆	☆	×	×	×	☆	＋	
G Ⅴ	×	○	○'	☆	☆	☆	×	×	×	☆	＋	
G Ⅵ	×	○	☆	☆	☆	☆	×	×	×	☆	－	
G Ⅶ	×	○'	○	☆	☆	☆	○	×	×	☆	－	
G Ⅷ	×	○'	○	☆	☆	☆	○	×	×	☆	＋	
I Ⅰ	×	×	☆	☆	☆	☆	×	×	×	☆	－	＊２
I Ⅱ	×	×	☆	☆	☆	☆	×	×	×	☆	－	＊２
I Ⅲ	×	○	○	☆	☆	☆	○	×	×	☆	－	＊３
E	×	×	×	☆	×	☆	×	×	×	☆	＋	＊４
S	×	○	○	☆	☆	☆	○	×	×	☆	－	

注：①～⑩は手紙原文（章末の【資料】を参照）の傍線部に対応する。○は原文のまま，×は該当部分の削除，☆は文章の変更，'は細部の変更を示す。なお，一部の版では，この表に示した以外にも細部の変更や省略がある。Zawadzki, *Losy*, s. 12-20 を参照。

P＝ポーランド語版，G＝ドイツ語版，I＝イタリア語版，E＝英語版，S＝スペイン語版。各版のタイトル，発行地などは章末の一覧を参照。

備考欄：＊１　本文三人称。

＊２　冒頭部にかなりの変更あり。ウィーンを「キリスト教の防壁」とする。

＊３　「ポーランド語よりイタリア語に翻訳」と表記。

＊４　ケルン新聞 The Cologne Gazette より翻訳と表記。本文は，手紙原文からかなり逸脱している。

パラグラフ（⑩）では、家族への挨拶とリトアニア・コサック両軍への指示が削除され、バイエルン選帝侯とフランス王太子妃に馬や宝石などの戦利品を贈ったことが書き加えられている。全体として、内輪向けのメッセージをカットし（①⑧⑩）、神聖ローマ皇帝やウィーン市当局とのぎくしゃくした関係を隠蔽し（④⑤⑨）、ソビエスキの気前よさを強調する（⑩）方向で、編集の手が加えられているといえよう。

第二に、例外的に文章が三人称に書き換えられている版（P Ⅴ）もあるが、いずれの新聞も内容がポーランド国王の王妃宛て書簡であることをタイトルで示し、本文も書簡としての体裁を保っている。第三者的な報告のもつ客観性よりも、権威ある当事者が現場で伴侶に宛てて書いた「手紙」のもつ臨場感と親密な語り口が重視されているのである。

第三に、手紙と新聞のあいだだけでなく、新聞各版のあいだにも異同がある。たとえばタタールの妻の逸話（②）はポーランド語版では削除されているが、他の言語では掲載している版がある。王妃との再会の約束（⑦）も、ポーランド語以外の一部の版はそのまま載せている。③の官職名は、原文では「宮中マルシャウェク」marszałek nadworny であるが、ポーランド語版はＰＶを除く各版が「王国マルシャウェク」marszałek koronny と表記し、他国語版も表記が分かれる。このように他国語版がポーランド語版のたんなる翻訳ではなく、版によってはポーランド語版よりも手紙の原文に近いこと、また、ポーランド語版も含めて同一言語の諸版間に異同があることは、編集と翻訳の経路がそれぞれ複数あったことを示唆している。各版の系譜関係を復元することは難しいが、少なくとも一連の新聞の発行が、ポーランド語の手紙からまずポーランド語版の新聞を編集し、それを各国語に翻訳する、という単純な手順によっていないことは確かである。

新聞発行の舞台裏は、遠征中の手紙からもある程度うかがうことができる。ソビエスキは九月一七日付書簡で「私の手紙から新聞を考えだすよう命じてほしい。ただし、このなかで愚痴をこぼしていることは書かないように」と述べ、不都合な箇所を削除するよう指示している［SL 532-533］。王妃自身が新聞の編集に関与していたことは、マリア・カジミエラの一〇月三日付書簡の次の記述からあきらかである。「しかるべき新聞を作るよう命じました。また、あなたが大宰相の相続人となり、彼の天幕のなかには財宝がたくさんあったが、そこから利益を得たのはもっぱら兵士たちであると付け加えるように命じました。さらに、兵士たちが取らずに残った細々としたものは、あなたが軍隊にいる諸侯や選帝侯に分け与えたこと、あなたが諸侯や皇帝にポーランドから連れてきた馬を、立派な馬具を付けて献呈したこと、あなたが相当なお金を払って自分の配下の者から馬やさまざまな高価な品を買い取り、それをのちに諸侯や選帝侯や将軍たちへの贈り物としたことも、書き加えるように命じました」［ML 251-252］。必ずしもここに書かれたとおりではないが、ソビエスキが戦利品を気前よく分け与えたことを強調する編集がなされたことは、傍線部⑩の変更からも確認できる。

しかし、じっさいに流布した新聞は、ソビエスキの期待に添うものではなかった。一〇月六日付書簡で国王はいたく憤慨している。「私が秘密にしたかったことがポーランド語で出版され、さらに貴女宛ての私の手紙から抜粋が作られている。しかも愚かなことに、あちこち書き加えがなされているのだ。神のために、これを買い取って、燃やすよう命じてくれ。これは言いようのないほど私を傷つけるものだ！」[SL 551]。ソビエスキを激怒させた新聞が、さきに検討した五種類のポーランド語版のなかに含まれるかどうかは不明である。国王の命令にしたがって不都合な版は回収・破棄され、あらためて改訂版が刷られた可能性もある。(31) 版による本文の異同は、この間の事情を反映しているのかもしれない。ともあれ、国王がこれほど神経質になるのは、華々しい勝利の裏で、功績の評価や今後の方針をめぐって皇帝や諸侯との駆け引きが始まっていたからである。(32) 皇帝側は新聞を利用してソビエスキを貶める情報を流した。業を煮やした国王は自ら筆を執って反撃にでる。「新聞がわれわれについてとんでもない間違いを書いているのに、誰もまともに書かないから、私が自分で下手なフランス語で一号分書き上げた。われわれの敵どもが喜ぶように、これを手直しして配送するよう貴女から命じてくれ」[SL 590]。これ以外にもソビエスキは、自分に不利な噂を打ち消すためにフランス国王の側近に偽の手紙を書いたり [SL 542]、ハーグ駐在のエージェントに資金を送って新聞の発行を依頼する [SL 588] などの対抗措置を講じている。

私たちは、ウィーン遠征中のソビエスキ夫妻の書簡から、すでに当時の戦争が、ヨーロッパ諸国間の情報をめぐる戦いでもあったことを知る。手紙と新聞はこの戦いの重要な手段であり、ポーランド王権はそれらを利用して情報を意図的に操作した。ふたりだけの甘美な秘密であった「果物」も、宣伝戦の効果的な武器として動員されたのである。剣の戦いを制したソビエスキは、はたしてペンと活字によるこの戦いにも勝利をおさめたであろうか。

五　新聞と世論のあいだ

ウィーン遠征時の新聞はどのように読まれ、紙面に盛られたメッセージはどのように受けとめられたのか。一六八三年遠征の国際的な反響については、すでにいくつかの研究がある[33]。異教徒の侵攻にたいするキリスト教ヨーロッパ世界の防衛戦というイデオロギー的な性格もあって、この戦争にかんする同時代の出版物はかなりの量にのぼり、流通の範囲もヨーロッパ全域におよんでいる。しかし、世論調査の行なわれていない時代について、プロパガンダのじっさいの効果をみきわめることは難しい。ここでは、問題を考えるための手がかりをいくつか呈示する以上のことはできない。

ソビエスキの同時代人であるセヴィニェ公爵夫人の一六八三年一〇月二三日付の手紙には、ポーランド国王の王妃宛て書簡に触れたジャン・ド・コルビネリの追伸が添付されている[34]。この手紙は、ふたつの点で興味をひく。ひとつは、ザヴァツキの調査では確認されていないが、王妃宛て書簡がフランス語でも流布していた可能性がある点である。いまひとつは、新聞がたんに読まれるだけでなく、その内容が手紙に書かれることによってさらに広い範囲に伝えられたと考えられる点である。

活字新聞からの情報が手書きのメディアをつうじて流通する現象は、ポーランド国内にもみられる。トルンの文書館に所蔵された手書き新聞を調査したカジミエシュ・マリシェフスキは、手書き新聞が一六八三年遠征の経過を詳細に伝えており、王妃宛て書簡（刊行されたテキスト）の手写本二点が残存することを確認している。ルヴフの郵便主任ファビアン・ジィヴェルトがオスマン帝国関係の情報を手書き新聞に編集し、継続的にトルンに送付していたこともあきらかとなった[35]。手紙と新聞、郵便と報道はここでも密接に結びつき、活字の世界と手書きの世界は相互に浸透し合っていたのである。

しかし、新聞も手紙も重要なメディアであるとはいえ、それだけで独立して存在したわけではない。ソビエスキと同時代のフランス王権の表象戦略を検討したピーター・バークは、王権がさまざまなメディアをつうじて権威のシンボルを操作し、実体とはかけ離れたルイ一四世の公的イメージを「制作」していく過程を浮き彫りにしている[36]。フランス王権のプロパガンダは、文学作品、絵画、彫刻、舞台芸術など多様な媒体を組み合わせて構成されていた。一六八三年遠征に関連するポーランド王権のプロパガンダにも、同様の手法がみられる。ウィーンの勝利は新聞で伝えられただけでなく、頌詩によって称えられ、版画や彫刻によって視覚化された[37]。ポーランド王国最大の都市グダンスクにおける祝勝行事は、こうした複数の媒体がどのように組み合わされ、活用されたかをよく示している。

グダンスクでは、ウィーンの勝利は祝砲、鐘、器楽演奏、合唱、花火で祝われた。さらに一〇月三〇日、パルカニィでの勝利の知らせが伝わると、翌日には祝砲が鳴り、市庁舎の鐘が一時間おきにテ・デウムを打ち鳴らし、各教会で勝利を感謝するミサがあげられ、正午と五時に器楽演奏が行なわれた。行事は年を越して続き、各国語で頌詩が作られ、祝勝演説が行なわれた。また、王妃宛て書簡のドイツ語版（G III と推定される）をはじめ、戦勝を伝える出版物が刊行されている[38]。王権の軍事的成果は、音楽、典礼、文学作品、演説、新聞など各種のメディアを駆使して誇示されたのである。

それでは、このような王権側の「制作」を、グダンスク市民はどのように受けとめたのであろうか。この点にかんして、同時代の貴族ヤン・パセクの回想録のなかに興味深い一節がある。彼は、一六八三年にグダンスクを訪れたときの様子をこう記している。「このとき、カトリック信仰をもつ人びとはみな、われらの主君たる国王の勇敢な行ないに満足したし、今でも満足している。ただし、ルター派とカルヴァン派は別だ。なぜなら、彼らはこの戦争を自分たちの戦いとみなして、トルコ人が勝つように主なる神に祈っていたからだ。彼らに言わせれば、トルコ人が勝てば自分たちの利益になるのであり、トルコ人はテケイ〔ハンガリーのプロテスタント貴族。ハプスブルク家に抵抗するためオスマン帝国と結ぶ〕やすべての異端者にたいする抑圧に反対して戦っていると言うのである。私はそのときグダンスクにいた。そこでは、あちこちの教会で、主なる神に向かって、皇帝にたいする勝利をトルコ人に与えたまえ、という祈りがなされていた。そして、新聞でテケイに有利な戦いだったとか、どこかに騎馬で襲撃してドイツ人を幾人かやっつけたというような記事を読むと、たちまち勝ちどきがあがり、『おお主なる神よ、お愛する神よ！』と感謝の祈りを捧げるのだった。馬に乗って武装したテケイの絵が売られていた。新聞が刷られ、それを売る者たちはすぐにそれを歌ってみせた。あるとき私が歩いていると、ひとりの売り手が歌っていた。私は足をとめ、連中がこんなに熱心に聞いているのは、いったいなにを歌っているのかと訊ねた。彼らが言うには、これはテケイの殿についてのニュースで、いかに首尾よく皇帝に勝利したかを伝えているのだという。私が歌の内容を訊ねたのを耳にした売り手は、私にドイツ語で書かれたものを示してこう言った。『さあ、だんな、買った買った。』『いくらかね』と私は訊ねた。『一グロシュ』と彼は答えた。私は彼に一グロシュ払った。ところが、私のあとを百姓どもが、金を恵んでくれるにちがいないと、宿までぞろぞろついてきた。ひとり、ずうずうしいのがいたので、私は彼にこう言った。『おい兄弟、一ズウォティやるから、この紙で尻を拭け。』百姓は大喜びでズボンを脱ぎ、剝き出しの尻を例の新聞でぬぐって、モトワヴァ川に捨てた。ドイツ人たちは、男も女もぶつぶつにかささやき始めたので、私は立ち去った。カトリックの人たちと、船からこれを見ていた人たちはおおいに笑った。あとでカトリックの市民たちやドミニコ会やイエズス会の修道士たちにこのことを話したら、彼らは口をそろえてこう言った。『あなたが乱暴な目にあわなかったのは幸いでした。ここでは、彼らはテケイをほとんど神のように崇拝しているのですから(39)』。」

パセクは、新聞の売り方や、市民のニュースの受けとめ方を、臨場感のある筆致で描いている。新聞は、街頭で図像と並べて売られ、節をつけて歌われていたことがわかる。新聞が報じるハンガリーの戦況にたいする市民の反応は、喚声や祈りをともなう激しいものであった。活字によるニュース・メディアはグダンスクの日常生活に浸透し、時事情報にたいする市民の関心は高かったのである。問題は、この新聞が、オスマン帝国と結んだテケイを支持するドイツ語新聞であったことである。つまり、グダンスクの新教徒市民は、ポーランド王権とは敵対する陣営が発行した新聞を熱心に読んでいたことになる。回想録を書いたパセクはカトリックの強いマゾフシェ出身の貴族であり、プロテスタントの都市民にたいする偏見があることを念頭におく必要があるが、テケイの勝利にたいする新教徒市民の熱狂ぶりが事実であるとすれば、同じ人びとがポーランド王権の演出による一連の祝勝行事を抵抗感なく受け入れたとは考えにくい。都市グダンスクは、ポーランド王権側のメディアによって独占されていたわけではなく、むしろ複数の対立する政治勢力が市民への影響力をめぐってせめぎあう空間であったとみるべきであろう。(40)パセクはテケイの勝利を報じた新聞で尻を拭かせたが、かりにプロテスタント市民のなかに王妃宛て書簡から作られた新聞で同じことをする者がいたとしても不思議ではないのである。

プロテスタントのドイツ系住民が多いグダンスクは、ポーランド王国のなかではやや特殊かもしれない。(41)しかし、この都市は、即位以来、ソビエスキがとりわけ力を入れて自らのイメージの「制作」に取り組んできた場所でもあった。(42)ポーランド王権が、当時のニュース・メディアを積極的に活用して権威の演出に努めていたことは、ウィーン遠征中の報道と宣伝のあり方からもあきらかである。グダンスクの事例は、ポーランド王権のプロパガンダの手法を集約的に示すと同時に、王権側が発信したメッセージの量だけで世論への影響力を測ることの危うさをもわれわれに教えているのである。

註

（1）筆者が参照したのは *Listy Jana Sobieskiego do żony Maryi Kazimiery wraz z listami tej królewskiej rodziny i innych znakomitych osób*, uporządkował i przypisami opatrzył Antoni Zygmunt Helcel, Kraków 1860 および Jan Sobieski, *Listy do Marysieńki*, oprac. Leszek Kukulski, wyd. II, Warszawa 1970 である。以下、前者を HL、後者を SL と略記する。両版はテキストに若干の相違がある。本章では原則として SL に依拠する。[ ] 内の略号に続く数字は頁数を示す。マリア・カジミエラのソビエスキ宛て書簡（原文はフランス語）は、Maria Kazimiera d'Arquien de la Grange, *Listy do Jana Sobieskiego*, oprac. Leszek Kukulski, Warszawa 1966［以下 ML と略記する］に収められたポーランド語訳を参照した。なお、SL が収録しているのはソビエスキの結婚後の手紙（一六六五年六月以降）に限られる。結婚前の手紙は HL 1-7 および ML 211-240 に収められている。

（2）九月一三日から一四日にかけて、ソビエスキと彼の側近は、王妃宛てだけでなく、ヨーロッパ各国の君主にも書簡を送っている。Karolina Targosz, *Jan III Sobieski mecenasem nauk i uczonych*, Wrocław-Warszawa-Kraków 1991［以下 *Mecenas* と略記する］, s. 76. カエサルの「我来たり、見たり、勝てり」(Veni, vidi, vici) をもじった「我ら来たり、見たり、神が勝てり」(Venimus, videmus, Deus vicit) よりはじまる教皇インノケンティウス一一世宛ての書簡も、このときに書かれた。*Venimus, videmus, Deus vicit. Wiktoria wiedeńska 1683 roku w relacjach i dokumentach z epoki*, oprac. Mirosław Nagielski, wstęp Tadeusz Wasilewski, Warszawa 1984, s. 124.

（3）Konrad Zawadzki, *Losy listu króla Jana III do Marii Kazimiery o zwycięstwie wiedeńskim 1683 roku*, Warszawa [1983]［以下、*Losy* と略記する］, s. 49-52.

（4）Jan Lankau, *Prasa staropolska na tle rozwoju prasy w Europie 1513-1729*, Kraków 1960; Jan Pirożyński, *Z dziejów obiegu informacji w Europie XVI wieku. Nowiny z Polski w kolekcji Jana Jakuba Wicka w Zurychu z lat 1560-1587*, Kraków 1995, s. 43-81.

（5）Kazimierz Maliszewski, *Obraz świata i Rzeczypospolitej w polskich gazetach rękopiśmiennych z okresu późnego baroku. Studium z dziejów kształtowania się i rozpowszechnienia sarmackich stereotypów wiedzy i informacji o "theatrum mundi"*, Toruń 1990.

（6）コンラト・ザヴァツキがポーランド関係の活字不定期新聞を目録化している。Konrad Zawadzki, *Gazety ulotne polskie i Polski dotyczące XVI-XVIII wieku. Bibliografia*, Tom 1-3, Wrocław 1977, 1984, 1990. 以下 GU と略記する。略号に続く数字はザヴァツキによる整理番号を示す。

（7）Joannes Ptaśnik, *Cracovia impressorum XV et XVI saecrum*, Leopoli 1922, s. 169.

（8）*Ibid.*, s. 313-314; Alodia Kawecka-Gryczowa, "Dzieje drukarni latającej", w: Id., *Z dziejów polskiej książki w okresie Renesansu. Studia i materiały*, Wrocław 1975, s. 206.

（9）Rejnold Hejdensztein, *Dzieje Polski od śmierci Zygmunta Augusta do roku 1594*, przekł. M. Gliszewskiego, T. I, Petersburg 1857, s. 307.

（10）Konrad Zawadzki, *Prasa ulotna za Zygmunta III*, Warszawa 1997, s. 42.

（11）Urszula Augustyniak, *Informacja i propaganda w Polsce za Zygmunta III*, Warszawa 1981, s. 197.

（12）*400 lat poczty polskiej*, Warszawa 1958, s. 13–31.

（13）Janusz Andrzej Drob, *Obieg informacji w Europie w połowie XVII wieku w świetle drukowanych i rękopiśmiennych gazet w zbiorach watykańskich*, Lublin 1993, s. 15–25. 近世ヨーロッパにおける郵便と新聞の密接な関係については、本書所収の渋谷論文（第2章）をも参照。

（14）*Katalog wystawy czasopism polskich od w. XVI do r. 1830*, Kraków 1938, s. 16.

（15）*Merkuriusz Polski*, oprac. Adam Przyboś, Kraków 1960. 拙稿「メルクリウシュ・ポルスキ——ポーランド語による最初の国際情報誌」芝田正夫他『新聞』（シリーズ・近代ヨーロッパの探究⑥）（ミネルヴァ書房、近刊予定）所収をも参照。

（16）Karolina Targosz, *Hieronim Pinnocci. Studium z dziejów kultury naukowej w Polsce w XVII w.*, Warszawa 1967, s. 47–59.

（17）Jan Sulowski, "Włoska odmiana "Merkuriusza Polskiego"", *Zeszyty Prasoznawcze* 1(1967), s. 65–74.

（18）Karolina Targorz, *Mecenas*, s. 68–72.

（19）プリアミが発行したと特定しうる新聞は残存せず、これが定期新聞であったかどうかは不明である。*Ibid.*, s. 80–

81, 89–90.

(20) Michał Komaszyński, *Piękna królowa Maria Kazimiera d'Arquien-Sobieska*, Kraków 1995, s. 35–39.

(21) Zbigniew Wójcik, *Jan Sobieski 1629–1696*, wyd. II, Warszawa 1994, s. 76–77.

(22) Komaszyński, *op. cit.*, s. 54–55. ヴイチクは六月とする。Wójcik, *op. cit.*, s. 82–83.

(23) 一部、数字を用いている部分もある。たとえば SL 260–267 を参照。

(24) 「アストレ」・「セラドン」はオノレ・デュルフェ Honoré d'Urfé のバロック小説『アストレ』*L'Astrée* の登場人物の名前。倉田信子『フランス・バロック小説の世界』（平凡社、一九九四年）、九八―一二一ページを参照。ソビエスキの書簡とバロック小説との関係については Leszek Kukulski, "Jan Sobieski epistolograf", w: *Literatura, komparatystyka, folklor. Księga poświęcona Julianowi Krzyżanowskiemu*, Warszawa 1968, s. 199–212 を参照。

(25) 結婚の日付については議論がある。Komaszyński, *op. cit.*, s. 73–76; Wójcik, *op. cit.*, s. 100–103.

(26) フランスに里帰りしたマリア・カジミエラから音信がないことに苛立ったソビエスキはこう書いている。「あなたがどこにいて、どこに向かっているかは、おおやけの新聞からしかわからない。その証拠に、あなたがパリにいると書いている新聞を一部、あなたに送ろう。これがどんなに私にとって恥ずかしく、私と仲が悪くて反感をもっている連中を喜ばせるか、考えてみてほしい」（一六七〇年一一月一九日付）[SL 348]。

(27) ソビエスキの筆はときに閨房の話題に及んでいる。妻の身体の性的な部分に言及するさいには、「つけぼくろ（あるいは小蠅）」、「小蜘蛛」などの暗号を用いている [SL 47, 48, 60, 71, 86, 106 など]。一六七五年七月二五日付の書簡では、遠征先でカルムイク人から教わった性技について説明し、自分が帰るまでによく考えておくように（！）指示している。この部分は、風紀上の理由から HL でも SL でも削除されているが、T. Żeleński（Boy）, *Pisma*, Tom VII, *Marysieńka Sobieska*, Warszawa 1956, s. 180–181 に引用がある。

(28) 手紙にもとづく新聞作成の指示はウィーン遠征時が最初ではなく、即位翌年（一六七五年）のウクライナ遠征中の書簡にすでにみられる [SL 452]。

(29) Wójcik, *op. cit.*, s. 326–344.

(30) Zawadzki, *Losy*, s. 49–52.

（31）*Ibid.*, s. 8-9.
（32）Jan Wimmer, *Wiedeń 1683. Dzieje kampanii i bitwy*, Warszawa 1983, s. 352-355.
（33）Tadeusz Wasilewski, "Odgłosy odsieczy wiedeńskiej w Rzeczypospolitej Obojga Narodów", *Kwartalnik Historyczny*, 90-1（1983）, s. 3-19; Id., "Pierwsze echa Odsieczy Wiedeńskiej w Europie Zachodniej", *Kultura-Oświata-Nauka. Zeszyty Naukowe PAX*, 37（1983）, s. 61-65; Władysław Myk, "Wiktoria wiedeńska i Jan III Sobieski w ówczesnej prasie europejskiej", *Akcent*（1983）, nr 3, s. 58-72; *Studia Austro-Polonica*, 3（1983）[*Zeszyty Naukowe Uniwersytetu Jagiellońskiego*, 672, *Prace Historyczne*, 75] 所収の11論文 Bolesław Klimaszewski, "Der Entsatz von Wien in der europaischen Literatur des Jahres 1683", s. 111-135 および Janusz J. Tomiak, "English public opinion and the siege and relief of Vienna in 1683", s. 333-358; Jerzy Śliziński, *Jan III Sobieski w literaturze narodów Europy*, Warszawa 1979, s. 229-281, 357-371.
（34）Madame de Sévigné, *Lettres*, II, Bibliotèque de la Pléiade, Paris 1960, p. 941.
（35）Kazimierz Maliszewski, "Problematyka turecka w polskich gazetach pisanych w czasach panowania Jana III Sobieskiego", w: *Studia z dziejów epoki Jana III Sobieskiego*, pod red. Krystyna Matwijowskiego, Wrocław 1984, s. 97-109.
（36）Peter Burke, *The Fabrication of Louis XIV*, New Haven and London 1992.
（37）Juliusz Nowak-Dłużewski, *Okolicznościowa poezja polityczna w Polsce. Dwaj królowie rodacy*, Warszawa 1980, s. 119-147. 図像表現においては、ソビエスキは古代ローマのトラヤヌス帝のイメージと重ね合わされ、なかば神格化されている。Mariusz Karpowicz, "Jan III, Trajan i brama w Wilanowie", w: Id., *Sekretne treści warszawskich zabitków*, Warszawa 1976, s. 50-74.
（38）Edmund Kotarski, *Gdańska poezja okolicznościowa XVII wieku*, Gdańsk 1993, s. 125-132.
（39）Jan Pasek, *Pamiętniki*, oprac. Władysław Czapliński, wyd. IV, Wrocław 1968, s. 502-503.
（40）ヤン三世ソビエスキ治世期のグダンスク新教徒市民とカトリック教会との緊張関係については *Historia Gdańska*, T.III/1: *1655-1793*, pod red. Edmunda Cieślaka, Gdańsk 1993, s. 170-175 を参照。

（41）ヤン・バシャノフスキは、一六六一年から一七〇〇年にかけてのグダンスク住民の宗派別人口比を、ルター派八二・八%、カトリック一一・四%、カルヴァン派五・八%と推計している。Jan Baszanowski, *Przemiany demograficze w Gdańsku w latach 1601–1846*, Gdańsk 1995, s. 171, Tabela 2. 12.

（42）Edmund Kotarski, *Muza gdańska Janowi Sobieskiemu 1673–1696*, Wrocław 1985.

【本章で参照した九月一三日付書簡にもとづく新聞】

※（　）内はGU〔注（6）参照〕による整理番号、〈　〉内はワルシャワ国立図書館のマイクロフィルム番号を示す。

P I *Kopia listu Króla Imści do Królowey Ieymści pisanego z namiotów wezyrowskich w obozie pod Wiedniem die 13 Septembris 1683*, [Kraków 1683].（GU1005）〈Mf. 41513〉

P II *Copia listu Króla Imści do Królowey Ieymści pisanego z namiotów wezyrowskich w obozie pod Wiedniem die 13 Septembris 1683 Anno*, [Kraków 1683].（GU1006）〈Mf. 31854〉

P III *Copia listu Króla Imści do Królowey Ieymści pisanego z namiotów wezyrowskich w obozie pod Wiedniem die 13 Septembris 1683 Anno*, [Kraków 1683].（GU1659）〈Mf. 54099〉

P IV *Copia listu Króla Jmści do Królowey Jmści pisanego z namiotów wezyrowskich w obozie pod Wiedniem die 13 Septembris Anno 1683*, [Kraków 1683].（GU1007）〈Mf. 44711〉

P V *Relacya potrzeby która trwała godzin 14 y wiktoryey otrzymaney die 12 Septembris nad nieprzyiacielem pod Wiedniem przez woyska Naiaśnieyszego y Niezwyciężonego Króla Iego Mości Polskiego Wielkiego Monarchy Iana Trzeciego zpod namiotów wezyrskich z obozu wysłana, tudziesz excerpta z listu tegoż Naiaśnieyszego Króla Iego Mości do Królowey Iey Mości pisanego sub die 13 Septembris Anno Domini 1683*, [Kraków 1683].（GU1036）〈Mf. 31854〉

G I　*Copia eines Schreibens, welches Jhre Mayestät der König in Pohlen an Jhro Mayestät die Königin auss dem Lager vor Wien unterm dato dess 13 September Anno 1683 hat abgehen lassen*, Breslau [1683].（GU975）〈Mf. 37791〉

G II　*Copia eines Schreibens, welches Jhre Mayestät der König in Pohlen an Jhro Mayestät die Königin auss dem Lager vor Wien hat abgehen lassen*, Salzburg [1683].（GU1634）〈Mf. 62114〉

G III　*Copia Jhro Königl. Majest. Schreiben an Jhre Königl. Majestätin geschrieben aus Gross-Veziers Gezelt im Lager unter Wien, den 13 Septembr. Anno 1683*, [B. m. dr. 1683].（GU 976）〈Mf. 19838〉

G IV　*Copia Jhro Königl. Majestät in Polen Schreiben an Jhre Königl. Majestätin geschrieben aus des Gross-Veziers Gezelt im Lager unter Wien, den 13 Septembr. Anno 1683*, [B. m. dr. 1683].（GU977）〈Mf. 36487〉

G V　*Copey-Schreiben Jhrer Mayestät dess Pohlnischen Königs an Jhro Mayestät die Königin in Pohlen auss dem Lager vor Wien, de dato 13 Septembris 1683, worinnen die Schlacht und grosse Victori wider den Türcken, wie auch die unerhörte Beuth, so ihme abgenommen worden aussführlich beschriben wird*, [B. m. dr.] 1683.（GU1660）〈Mf. 62113〉

G VI　*Copey eines Schreibens von Jhr. Königl. Majestät von Pohlen an Dero Gemahlin aus des Gross-Veziers Gezelten an dem Lager vor Wien, vom 13 Sept. 1683 wegen der Entsatzung*, [B. m. dr. 1683].（GU1661）〈Mf. A 878〉

G VII　*Curieuses und recht merckwürdiges Schreiben, welches Jhro Königliche Majestät in Polen an Dero Königliche Gemahlin bey jüngster höchst-glücklichen Entsetzung der Käyselichen Residenz-Stadt Wienn, und gäntzlicher Verjagung der in mehr als 150000 Mann bestandnen türckischen Armee abgehen lassen. Wegen vieler raren Umstände nunmehr zum Druck befördert*, [B. m. dr.] 1683.（GU1009）〈Mf. 32091〉

G VIII　*Curiöses Sendschreiben Jhro Königlichen Majestät in Pohlen an Dero Gemahlin von dem erhaltenen Sieg*. W: *Curiöse Denckwürdigkeiten des Oesterrechischen triumphirenden Adllers, Das, ist Ausführliche Beschreibung aller in währender Belagerung und Entsatz der Keiserl. Residenz-Stadt Wien vorgelauffnen Denk-würdigsten Begebenheiten* ... Nürnberg 1683.（GU1662）〈Mf. 44643〉

I I　*Lettera scricta dalla Sacra Maestã del Re di Polonia alla Regina Sua Consorte colla quale le dã parte delli piú distinti e curiosi secreti e successi accaduti nel combattimento. Scritta sotto il padiglione del Primo Visir*, Genova 1683.（GU1015）〈Mf. 32101〉

I II　*Lettera scritta dalla Sacra Maestà del Re di Polonia alla Regina Sua Consorte con la quale dà parte delli più distinti e curiosi secreti e successi accaduti nel combattimento. Scritta sotto il padiglione del Primo Visir*, Lucca 1683.（GU1666）〈Mf. 54098〉

I III　*Copia di lettera della Maestà del Re di Polonia alla Sereniss. Regina Sua Consorte scritta dal padiglione del Gran Visir sotto Vienna li 13 Settemb. 1683*, Todi 1683.（GU1687）〈Mf. A 790〉

E　*Letter from the King of Poland to His Queen. In which is incerted many particulars relating to the victories obtained against the Turks ... Translated from the Cologne Gazette Octob. 19. 1683*. Numb. 84, London 1683.（GU1012）〈Mf. 62115〉

S　*Relación extraordinaria del martes 23 de noviembre de 1683. Carta, que el Senor Rey de Polonia escriviò à la Señora Reyna Su Esposa à 13 de setiembre 1683 de la tienda del Gran Visir, cerca Viena*, [Madrid] 1683.（GU1031）〈Mf. A 856〉

【資料】一六八三年九月一三日付　ヤン三世ソビエスキのマリア・カジミエラ宛て書簡

※　傍線、太字、〔　〕内の補足はいずれも小山による。

宰相〔カラ・ムスタファ〕の天幕にて
〔一六八三年〕九月一三日　夜

①魂と心を慰めてくれるたったひとりのひと、誰よりも美しく、誰よりも愛しいマリシェンカ！
永遠に神聖なるわれらの主なる神は、わが国民に、前代未聞の勝利と栄光をお与えくださった。あらゆる銃砲、陣営ま

るごと、それに数えきれないほどの戦利品がわれわれの手に落ちた。塹壕や戦場や陣営を屍で埋めた果てに、敵は混乱して逃走した。わが軍はやっと今日になって、敵が引き連れていた駱駝やらばや牛や羊をかき集め、そのかたわらトルコ人の群れを追い散らしている。かたや、立派な馬に騎り、着飾った連中、とりわけキリスト教からイスラム教に改宗した者らが、あちらからわれわれのもとに逃げてくる。あまりにも信じがたいなりゆきなので、市民たちもわれわれの陣営内でも、敵が攻め返してこないとはとうてい信じられず、今日は戦々恐々としていた。敵は、一〇〇万人でも余るほどの火薬と糧食を打ち捨てていった。昨晩、私は、かねがね見たいと望んでいたことを目にした。わが方の掠奪者たちがあちこちで火薬に火をつけたのだ。それはまるで最後の審判の日の光景だったが、人命に被害はなかった。空に、雲が湧き起こるように、煙がたち昇るのが見えた。しかし、これで多くのものが損なわれたので、その点はたいへん惜しい。

宰相〔カラ・ムスタファ〕は、馬一頭に着の身着のままで、辛うじて逃げ去った。私は彼の相続者になったようなものだ。彼が残した富は、大部分そっくり私の手に入ったのだから。たまたま先頭を切って敵陣に乗り込み、宰相のあとを追っていたら、彼の従者のひとりが裏切って、宰相の天幕がどれか教えてくれた。それはじつに巨大なもので、ワルシャワやルヴフの市壁内がすっぽり入るくらいだ。彼が携えていた宰相の標章は、そっくり私の手元にある。そのなかには、彼の皇帝が戦のために与えたマホメットの軍旗もあったが、これはすでに今日、タレンティの郵便に託してローマ教皇にお送りした。天幕や車両はすべて私の手に入ったし、それ以外に数々の美しく高価な財宝も手に入れたが、たいへん高価でまだ見ていないものもたくさんある。ホチムの戦い〔一六七三年〕のときとは、まったく比べものにならない。ルビーやサファイアをはめこんだいくつかの矢筒だけでも、数千ズウォティはするだろう。②タタールの奥さんは、旦那が戦利品なしで帰ってくると、「手ぶらで帰ってくるなんて、この腰抜け」と言うそうだ。戦利品を取る者は、先陣で戦っているはずだからだ。でも、わが愛するひとよ、あなたは私にそんなことは言うまい。私は、宰相の馬も鞍ごとそっくりいただいた。宰相自身もずいぶん追い詰めたのだが、逃げられてしまった。宰相のキハジャ kihaja、つまり彼に次ぐ地位にある男だが、これは殺され、宰相の下にいたパシャも少なからず殺された。金の剣や、その他の装備が軍隊中に溢れている。夜になったために最後のとどめがさせなかった。敵は、逃げながら激しく抵抗し、じつに巧みに防御線を構築している。敵はイェニチェリ兵を塹壕に置き去りにしたが、夜に入って彼らは切り殺された。というのも、この連中はじつに果敢で誇り高く、残る力をふりしぼってこちらの戦場でわれわれと切りむすぶかと思えば、あちらでは市内に突撃をかけるといった具合だったからだ。

私の数えたところでは、敵の軍勢は、タタールを除いて、三〇万人だ。天幕だけで三〇万あると勘定する人もいる。とすれば、天幕ひとつあたり三人としても、たいへんな数にのぼることになる。しかし、私は、いくつかの陣地を合わせて天幕は少なくとも一〇万と見積もっている。昨晩から今夜にかけて、すでに市内から人びとが出てきて、その気のある者は天幕を取り払っている。しかし、一週間たっても片づけ切らないだろうと私は思う。敵は、当地の罪のないオーストリアの人びと、とりわけ女たちをおおぜい捨て置いて去った。それも、殺せるかぎりの者は殺したうえでだ。殺されて横たわっている女はきわめて多いが、負傷しながら生きる力のある者もおおぜいいる。昨日、私は三歳くらいのとても可愛らしい男の子が、不実な敵に顔と頭を醜く切りつけられているのを見た。宰相は、皇帝のいずれかの宮殿からとても美しい駝鳥を奪っていったが、愚かなことに、これもわれわれの手に入らないように切り捨てるよう命じた。彼が自分の天幕でどれほどぜいたくに暮らしていたかは、とても書ききれないほどだ。風呂があり、庭があり、噴水があり、兎がおり、猫がいた。鸚鵡もいたのだが、飛んでいってしまい、捕まえることができなかった。

今日、私は市内に入った。この都市はこの先、五日以上は持ちこたえられなかったであろう。そこに掘られた坑道のありさまは、ひとの眼がいまだかつて見たこともないようなものだ。堂々と大きく高かった市壁沿いの要塞は、おそろしげな岩山に変じ、破壊がひどくてこれ以上支えられないほどだ。皇帝の宮殿は砲弾で完全に崩されてしまった。

全軍が自らの責務を十分に遂行したがゆえに、主なる神とわれわれにこの戦いの勝利をもたらしたのだ。宰相はわが軍と戦いを交えることになった際、ありったけの兵力を私のいる右翼にぶつけてきた。そのため、主力のいる中央も、左翼も、なすすべがなかった。そのとき、ドイツ軍が全兵力を私の方に向けてくれたのだ。すでに敵が後退を開始し、ついに撃破されたとき、諸侯たちが駆け寄ってきて、バイエルン選帝侯ヴァルデックは私の首に抱きついて頬に接吻し、将軍たちも手や足に接吻をした。ましてや兵士たちときたら！　士官たちも騎兵隊も歩兵隊もこぞってこう叫んだ。「ああ、われらが勇敢なる国王よ！」かれらは、わが軍もかつてなかったほどに私の指示によく従った。そして今朝のロレーヌ公とザクセン公の喜ばしい様子（彼らは左翼のいちばん向こう側にいたので、昨日は会えなかった。私は左翼には宮中③マルシャウェク殿［ヒエロニム・ルボミルスキ］のもとに軽騎兵数旗団を差し向けた）。ましてや現地ウィーンの防衛を指揮したシュターレンベルクの喜びようときたら！　だれもが私にキスをし、抱き締め、私を救い主と呼んだ。その後、私は教会をふたつ訪れた。民衆がこぞって私の手や足や衣服に接吻した。手をふれるだけの者も、「ああ、この勇ましい手に接吻させてください!」と叫んだ。④だれもが「万歳!」と叫びたがっていたが、士官や役人たちを恐れているのが見てとれた。ある一団ががまんしきれずに恐る恐る「万歳!」と叫んだが、好ましくない目で見られたのに私は気づいた。それで私は昼食をとっただけで市防衛軍指揮官のもとを辞し、市内から出て陣営に戻った。市民たちは市門のところまで手を振りながら私を見送ってくれた。私は、指揮官と市参事会員たちが互いに好ましからぬ目で見ることにも気づいた。⑤市参事会員たちが私を出迎えたとき、指揮官は私を彼らに紹介もしなかった。諸侯たちは立ち去り、皇帝は一マイル後方におられる旨を伝えてきている。この手紙は朝まで書いても終わらないだろう。しかし、朝になれば彼らは私がこれ以上書き加えて、あなたと喜びを分かち会うことを許さないだろうから、⑥〔今書く〕。

この戦いではわが軍も少なからぬ兵が命を落とした。とりわけふたりの男〔スタニスワフ・ポトツキとアンジェイ・モジェヨフスキ〕については、デュポンがすでにそちらで語ったことだろうが、神も惜しまれることであろう。外国軍ではデ・クロワ公が戦死し、その兄弟が射たれ、その他数名の高名な人びとが殺された。ダウィアノ神父は、私にいくら接吻しても足りないほどだったが、わが軍の上を白い鳩が翔んでいるのを見たという。

われわれは今日、敵軍のあとを追ってハンガリー方面に移動する。選帝侯たちは私の先を行こうとはやっている。われわれの上に神の祝福があり、かたや神に永遠に崇敬と栄光と賛美がありますように! 宰相〔カラ・ムスタファ〕は、これ以上持ちこたえられないと悟ったとき、息子たちを呼び寄せて、子供のように泣いたという。その後、〔タタールの〕汗に宰相はこう言った。「できるなら、私を救けてくれ!」汗は、こう答えた。「われわれは〔ポーランド〕国王をよく知っている。彼が相手ではわれわれはどうしようもない。逃げのびるにはどうしたらいいか考えるしかない。」

当地は暑さが厳しく、なにか飲まずにはとても耐えられない。今ようやく、火薬と弾を積んだ車両の恐るべき威力がわかったところだ。今後、彼らがなにを撃ってくるか、私にはわからない。現時点でわかっているのは、敵が最後に軽砲十数門を放棄して去ったことだ。すでにわれわれは馬にまたがり、まっすぐ敵のあとを追ってハンガリー方面に向かおうとしている。⑦そして、以前約束したように、主なる神がお守りくだされば、ストリィであなたに会えるだろう。彼地のヴィシンスキ殿に、⑧暖炉を準備し、古い建物を修繕するように言ってやってくれ。

この手紙は最高の新聞だ。この手紙から、これは国王の王妃宛の手紙である旨を書き添えて、全世界に向けて新聞を作

るよう命じてほしい。ザクセン公とバイエルン公は、世界の果てまでも私と共に行くと誓ってくれた。死骸と馬と牛と駱駝がひどい悪臭を放っているので、われわれは大急ぎで二マイルを進まなければならない。フランス国王に宛てて、あなたは敬虔なるキリスト教徒の王として、戦いが勝利をおさめ、キリスト教が救われたことをお認めになるであろう、と短く書いて送った。[9]皇帝は、すでにここから一マイル半しか離れておらず、ドナウ川を下っているところだ。しかし、私は、彼が不誠実にも私と会いたがらず、おそらくは自分の威信を高めるために、できるだけ早く市内に入って「テ・デウム」を歌いたがっていることを知っている。そこで、私は、最大の幸福をあとに残してここから退き、われわれがここでは味わわなかったようなこの儀式には立ち会わないことにした。

ファンファニク〔ヤクプ・ソビエスキ、国王の長男〕は最高に勇敢で、私に一歩もひけをとらなかった。大半の者が耐えられないこのような苦しい状況のなかでも元気いっぱいで、たいへん見栄えもよくなった。バイエルン公（彼はどこにいてもわれわれのところに居座る男で、昨日も私のことを聞きつけて司令官たる私のところにやってきた）とは兄弟のようなつきあいで、ファンファニクは自分の戦利品をかれに分け与えた。ヘッセン公フォン・カッセルは、危うく難を逃れて、われわれのもとに合流した。これはほんとうにかの偉大なるゴドフレッドが聖地に率いた軍隊のようだ。

[10]もうここで筆をおかなければならない。心と魂のすべてをこめて、私の最も美しいマリシェンカにキスし、抱き締めます。侯爵〔アンリ・アルベール・ダルキァン、王妃の父〕と妹〔カタジナ・ス・ソビエスキフ・ラジヴィウォーヴァ〕にもわたしの口づけを。異教徒に「あなたがたの神などどこにいるのか」と言わせなかったことを、すべての者が喜び、また神に感謝するように。子供たちにキスし、抱き締めます。ミニョネク〔アレクサンデル・ベネディクト・ソビエスキ、国王の次男〕は喜んでいいよ、彼の旗が宰相を打ち破り、全軍のなかで最高の栄誉を手にしたのだから。伯爵〔アンナ・ルイ、王妃の弟〕はとても元気で、私に一歩もひけをとらなかった。リトアニアには、こう申し送っておく、ふたりの軍司令官に、すでに当地ではなく、まっすぐハンガリーに向うように、と。裏切り者のコサックどもには、私のあとを追うように伝えてほしい。リトアニアの軍司令官あてのこれらの手紙は、できるかぎり急いで送るように。リトアニア〔軍〕がどの道を通るべきかは、別の機会に指示する。

Ⅲ　語りあう

第9章　農村の時間認識と歴史

森　明子

一　農村の時間と資本主義世界の時間

時間が、社会を秩序づける枠組みのひとつであることは、いまさらいいたてるまでもないだろう。人が時間をいかに認識するかということは、コミュニケーションのあり方を規定する重要な要素である。コミュニケーションの社会史という、本書全体の関心に対して、この論考は時間の認識という側面からアプローチする。現代世界において、人が時間をどのように認識しているのかということが、ここでのテーマである。オーストリア国境の農村で経験した、ふたつの例からはじめよう。

私が滞在していた村では、キュウリをピクルス工場に出荷している農家が数軒あり、その農家はキュウリ収穫にスロヴェニア人を雇っている。多いときは数十人になるその人たちは、毎日国境を越えて往復している。夏の日は長く、労賃は時給で支払われるから、働き手はできるだけ長く働こうとするが、村の国境は夜八時に閉まるので、国境の閉まる時間にあわせて仕事を終える。ただし畑からもどった働き手は、かならず雇い主の家の前で手を洗い、台所にはいって一椀のスープのもてなしを受けてから家路につく。雇い主は、毎夕台所でスープをあたためつづけて、ひとりずつに対応する。会話することはほとんどないが、一椀のスープのための時間を節約することはない。これが数週間のあいだつづけられる。

一椀のスープは、農家の主人のもてなしである。キュウリ収穫に限らず、村で人に仕事を頼んだ場合、報酬とは別に食べ物がもてなされる。もてなしは名誉にかかわるコミュニケーションで、もてなしの時間は他のもので代用することも、なしで済ますこともできない。一方、報酬の単位としての時間や国境を開閉する時間は、無機的で均質であるから、不足は不足として計算されるし、代替えも可能である。異なる時間の論理が、ここでは相互に折り合いをつけることで、雇い主と働き手の関係がつくられ、キュウリの収穫作業が実現している。

もうひとつの例は、人びとが現在の状況を説明するやり方で、そこではしばしば「いま」と「かつて」が対比される。次のような例である。「かつては人と話す機会がずっと多くあった。うちの前を通る人とよく話した。いま国道になっているところの道も以前からあったが、歩いたり家畜をつれた人は、足に柔らかいこの道を好んで歩いた。いまはみな自動車で下の国道を行く。それで人と話すこともなくなった。かつてはテレビもラジオもなかったが、いまより村の人のことをよく知っていた。また、かつてはよく隣家を訪問していたが、いまはしない。電話があるし、自動車で行って家には入らないですぐ帰る。」

「いま」と「かつて」は異なる時間の論理を表象し、折り合いをつけるというより、対比されることで違いが強調されている。「かつて」はコミュニティ内の緊密な人間関係の時間、「いま」は各人が外の世界とそれぞれ結びついているスピードのある人間関係の時間である。「いま／かつて」という話法は、質の異なる人間関係をふたつ別々の世界のものとして分け、境界を設定する。

本章で私は、とくに「いま」と「かつて」を対比する話法の意味を、現代世界の農村の時間認識のあり方として位置づけたいと考えている。文化人類学のいくつかの研究は、未開社会や農民社会で、資本主義の世界とは異なる時間認識があり、その折り合いをつけていることを指摘してきた。オーストリアでの私の経験の第一例は、これに相当するといえよう。しかし現代の農村社会では、そのような折り合いをつけるのを上まわる速度で、物や情報が流入し、生活様式が変化している。ここで私は、コミュニティの時間という考え方を整理し、現代の農村の人びとが、彼らの時間と外の世界の時間をどう関係づけようとしているかに注目する。そして人びとが語る歴史が、その表現媒体であると同時に表現形態であり、その語られる歴史において「いま／かつて」という話法が意味をもっていることを提言したい。以下ではまず、先行研究として、リーチ、ブルデュー、ゾナベント、ピナ=カブラルの論考をとりあげ、その後にオーストリア農村の調査をもとに、私の見解を述べる。

二　リーチ、ブルデュー、ゾナベント、ピナ=カブラルによる時間の考察

エドマンド・リーチの著名な論文(1)は、はじめに現代イギリス人が時間について抱く一般概念に、少なくとも二つの異なった種類の経験が含まれている、と指摘する。第一は繰りかえしの概念で、人が時間を計ろうと考える場合、時計の刻む音とか、日とか月とか季節の移り変わりとかの、つねに繰りかえす何かが存在する。第二は、繰りかえしはないという概念で、生きるものはみな、生まれ、育ち、老い、死ぬのであり、それを不可逆的な過程と意識している。そしてリーチは、時間の不可逆性という考え方は心理的に非常に不快であり、我々の経験的な時間としては、第一の考え方が優勢であるという。そのような時間は一つの円か循環として記述される傾向があるが、実際に経験する時間が幾何学的な存在だというわけではない。そこで未開社会では、この経験的な「時間は、持続しない何か、繰りかえす逆転の反復、対極間を振動することの連続として経験される。すなわち夜と昼、冬と夏、乾燥と

洪水、老齢と若さ、生と死という具合にである。このような図式にあっては、過去は何ら深さをもつものではない。すべての過去は等しく過去である。それはたんに現在の対立物にしかすぎない。」神話や通過儀礼において、過去は現在の対立物として位置づけられる。

ブルデューは、カビル農民の調査にもとづいて、農民の時間に対する態度を考察した。(2) カビル農民には、フランス人はあたかも未来を支配しているかのようにみえるという。では農民は、未来をどのように認識するのか。ブルデューは、農民が自分の労働をやがて収穫される生産物と連続として考えていることに注目する。農民は作物が生産される周期全体を、労働時間と同じものとみなす。「カビルの農民の生活は、神話と儀礼の暦によって区切られ、そのリズムがつくられる。」「技術的、儀礼的行為が魔術的、神話的に定型化されることで、時間の持続は魔術にかけられ、時間の展開は永遠という流動的なイメージにされてしまう。人間の活動が、経済的、社会的秩序の再生産の確保のほかに目的をもたないかぎり、そして集団が、自らが存続する以外の目的をもたないかぎり、また集団が客観的には世界を変えるにしても、それが表明されることがないかぎり、そこで行動している主体は、彼が堅く結ばれている世界の時間的持続のなかに埋没してしまっている。そこでは主体は、歴史的行為主体を自己の内に発見することはない。」カビル農民は世界の時間的持続のなかに埋没しているから、やがて起こること forthcoming は、実際にある現在の一部として認識される。これに対して、資本主義の世界において「未来」は、直接に把握されない抽象的で非人格的なものとして考えられる。そこでは合理的計算が、生産の過程全体についての直感にとってかわる。

ブルデューの関心は、カビル農民の時間に対する態度が、資本主義のそれと違うことを明らかにし、両者の違いが何によるのかを説明することにあった。

ゾナベントのフランス農村の民族誌は、人びとの時間の認識をたどることによって展開する。(3) それによると、フランス北東部ミノ村の時間は二つのカテゴリーに分けられる。一つは、連続的で同質的な時間で、日、月、年に分けられ、教室の黒板に書く日付として固定される。もう一方は、多面的でばらばらに分けられる時間で、ここに「日常生活の時間」と「一生の時間」があらわれる。それは「かつて」と「いま」から構成される。これらはサイクルをなしていて、ともに「コミュニティの時間」に融合して集団の起源へとさかのぼる。「コミュニティの時間」に対して、「家族の時間」は、家族の系譜にはじまり、家族関係と人の一生を決定づけるできごとによって区切られる。「家族の時間」は人に属していて、人が行なうことによって形をなす。村で個人は家族の時間に生きていて、彼の親族がこの時間の記憶を構造化する。ゾナベントの民族誌は「コミュニティの時間」と「家族の時間」という枠組みのもとに記述される。

私は、ゾナベントが「かつて／いま」という時間の対比をとりあげたことに注目する。ゾナベントによると、村の人びとは「いま」の生活と「かつて」の生活のあいだに断絶があると考えていて、その時期を第二次世界大戦後のほぼ一〇年間とみなしている。いまの生活や行動は、かつてどのようであったかという言及によって意味を獲得する。過去を呼び出すことは、現在を過去と同じ時間の流れのなかに浸そうとする行為と解釈される。その時間の流れが「コミュニティの時間」だというわけである。このようなコミュニティの時間は「歴史」の外側にある。

しかし一方で、コミュニティは歴史と連結し、持続している。それはどのように説明されるのだろうか。ゾナベントは「記憶のふたつの断面で、「かつて」と「いまは」、一方が他方に境界を設定すると同時に、相互に浸透しあう」、そこに醸し出される安定したタイムスパンに我々は「コミュニティの時間」を見出すのだ、という。「相互に浸透しあう対立する時間」とは、どのような状況を示しているのだろう。コミュニティの時間に関する具体的な記述につづく「時間のリンク」という節で、ゾナベントは次のようにまとめる。「すべてが変わったと思われている社会において、過去は交換や連帯、死者崇拝などの基本的な行動を通して生き続けている。過去はまた、ものの考え方においても生き続ける。この共通の行動が集団に首尾一貫性を与え、現在と過去を結びつける。」結局「時間は円形をなしていて、永遠の更新と、静止した時間への果てしない回帰を行なう。そこでは時間は終わりがなく、不変である。」

結局、ゾナベントにおいて「かつて／いま」という時間を対立させる思考方法は、サイクルをなす時間に回収される。「繰りかえす時間」のもとに「かつて／いま」という時間認識が回収されるという位置づけは、閉じられた世界としてコミュニティをとらえる立場を示している。「混乱し、首尾一貫していない、不穏な時代である現代は、安定し、永続し、秩序のある時代であった過去、大文字の時間の外側にある時間に言及することによって再構成される。」

このようなコミュニティの時間は、集団を過去の奴隷にするのではなく、急激な変化をおこさないように歴史の圧力に適応する生存能力を養ってきた、とゾナベントはいう。それは現在を説明したり未来を予言する時間ではなく、集団が生きのびていくタイムスパンを創造する。そのタイムスパンによって集団は、他の集団とは異なる記憶をもち、それによって個性を獲得する。集合的な記憶が他者という観念をつくるのであり、誰もがもっているわけではない歴史をもっていることが、集団にアイデンティティを与える。大文字の歴史の外側にあるコミュニティの時間が、集団のアイデンティティを構築する。

ピナ＝カブラル(4)は、社会的な時間は複数あり、人びとはそれを統合しようと努力していると考える。ポルトガルの村にも繰りかえさない時間という認識が存在するが、高い価値がおかれてきたのは、繰りかえす時間という認識であり、コミュニティの秩序は後者によって守られてきた。たとえば人びとは、舗装道路建設にきわめて懐疑的である。舗装道路ができれば、外界からの物流と人の動きを監視下におくことはできなくなるし、コミュニティの儀礼を演じるもとの道の重要性は低下し、ひいては儀礼そのものが脅かされる。儀礼は、コミュニティに毎年繰りかえす時間をとりもどさせ、それによってコミュニティを維持する機能をもっている。舗装道路は、コミュニティを外の世界に対してこじあけ、その存続を危険にさらすものとみなされた。

では、異なる時間認識はどのように折り合いをつけてきたのだろうか。人びとは繰りかえさない時間を「いま」「以前」「ずっと以前」という三つのカテゴリーに分ける。「いま」は現在の人びと、「以前」は老人、「ずっと以前」は現当主の曾祖父母の時代にそれぞれ対応する。人びとはこの分類において「系譜と世帯の考え方を、社会経済的な変化に関する考え方と融合させる。こうして意味的で、クロノロジカルには不正確な時間分類の統合形がつくられる。」これは不可逆的に進行する時間を、コミュニティの時間として飼い慣らそうとする時間の再構成といえよう。この再構成の枠組みにおいて、歴史は非歴史的に読み替えられ、繰りかえす時間認識に象徴的な宇宙が組み込まれる。たとえば、文字に書かれた歴史を読む農民がいたとしても、彼は都市のブルジョアジーと同じように、年代記として読むわけではない。「はじめのポルトガル王がムーア人からキリスト教徒のために土地を回復した、今日の小作人が地主から土地を買い戻すのは、それとおなじだ。」繰りかえす時間の世界を構築することで、彼は農民の世界観にもとづいたモラルを確認しているのである。

しかし一九六〇年代から起こっている変化で、コミュニティはクロノロジカルな時間に対して開かれていく。時間に対する新しい態度が形成されてそれを現在とし、従来の繰りかえす時間に依存していた状況を過去として、「いま」と「かつて」が新しい意味をもちつつある。それでも農村生活を律する時間のリズムは一元化されないから、地方の生活は都市化することはないとピナ＝カブラルはいう。このリズムによって特徴づけられる時間が、ピナ＝カブラルの「交替する時間」という概念である。それは、社会的再生産と自然の再生産にかかわる時間で、複数のリズムは、畑の収穫や豚の屠殺などの仕事に基礎づけられる。都市の産業社会は、リズムの複数性を拒否するが、農村でこの複数性を消し去ることはできない。

ピナ＝カブラルの「繰りかえす時間」「不可逆の時間」「交替する時間」は、リーチが示した時間のカテゴリーと、重なっているように見える。しかし、リーチの「繰りかえす時間」と「不可逆の時間」は、近代イギリス人の時間概念として抽出されたものであり、「繰りかえす逆転の反復」は、都市における「繰りかえす時間」と類比される未開社会における時間の概念化であったと、私は理解する。これに対して、ピナ＝カブラルの「交替する時間」概念は、「繰りかえす時間」とも異なる第三のカテゴリーとして位置づけられている。ピナ＝カブラル自身、リーチの概念をそのまま受け継いだのではないと述べているが、「交替する時間」と「繰りかえす時間」がどのように関係づけられるか、明らかではない。とくに「交替する時間」の重要性を強調しているが、それが農村の仕事のリズムに基礎づけられるというのであれば、農業の機械化や栽培種の特化などにさいして、「交替する時間」がどのように展開していくのかおぼつかない。現代世界において、そのような経営戦略の変化は実際にいたるところで起こっているのであり、それに対する展望にもふれてほしいところである。

右にとりあげた論考のうち、リーチは抽象的な時間概念を論じていて、他の三者とやや異なる。本節でリーチをとりあげる必要があったのは、他の論考に少なからぬ影響を与えていることによる。残り三者は、いずれも資本主義世界に対するローカルな世界の時間という捉え方をしている。そのなかでゾナベントは、コミュニティの繰りかえす時間を強調していて、同時に展開している「連続的で同質的な時間」への関心はうすい。ただしゾナベントがとりあげている「いま／かつて」という時間の対比は、必ずしも繰りかえす時間に回収されない意味を含んでいると私は考える。というのも「いま／かつて」という話法は、社会を生きている人びとの口を通じて明らかにされる、個人の経験に密着した、個別的でしかもそのときそのときの時間認識をとらえているからである。これは「繰りかえす時間」という概念が、コミュニティの儀礼の繰りかえしに注目した研究者によって、理念的にひきだされたのと、まったく異なる。

そこで、私がいまここで行なおうとするのは、ゾナベントによってとりあげられた「いま／かつて」を、現代世界の変化に対面している農村の人びとの時間認識としてとらえ直そうとすることである。問題は「いま／かつて」という話法をいかに位置づけるかということである。ゾナベントは、それをコミュニティの繰りかえす時間のもとに回収した。私見によれば、このことによってゾナベントの民族誌は、読者に閉じたコミュニティの伝統的なイメージを強く与えることになった。一方、ピナ=カブラルの論考にも、時間に対する新しい態度と従来の態度を対比する視点は見えていた。ただし、これも十分展開するにはいたっていない。以下では、私自身の調査にもとづいて、オーストリア農村の人びとの「いま／かつて」という話法について述べる。ただし、私がオーストリアの村について考えていることが、ゾナベントの調査した村においても同様に見られたはずだと考えているわけではない。このことをあらかじめ申し述べておきたい。私が調査したのは、一九八六年から一九九五年にかけてであり、ゾナベントは一九六八年から一九七五年にかけて調査した。私の理解するところでは、一九七〇年代以降、経済的にも社会的にもひじょうに大きな変化が、ヨーロッパの農村において起こっている。

三　物語としての歴史

さて、オーストリアの村で、私はしばしば「いま」と「かつて」を対照させる語りを経験した。この話法について私が重要だと思うのは、そこで語られている「いま」と「かつて」が、何年のことであるのかを人びとが特定しないことである。それは、とくに関心がないからあえて特定する必要がない、というのではない。特定することを嫌う傾向があるのだ。語られたことがらに対して、私は何度か、それがいつのことであったのか質問した。話の腰をおることがないように、十分注意していたにかかわらず、私の質問は、語り手からもその場に居合わせた聞き手からも好まれなかった。ほとんどの場合、「知らない」という応答だった。「知らない」Ich weiß nicht. は、しばしば拒絶の意志を含む表現である。

ただし、すべてのことがらに対して年代の特定を拒むわけではない。しばらく考えて、それは自分の親がこういうときだから○○年ころだろうとか、自分がそのころ学校に行っているころだから○○年より前だ、というふうに記憶をたどる場合もあった。後者のように記憶をたどるのは、話題がひとつの事象に限られていて、過去の事実に関する記憶の有無を尋ねているときである。たとえば「かつては農家が作物をマーケットに持っていって売っていた」という説明に対して、その年代を尋ねることはできる。

これに対して、年代を特定することを嫌う話題は、彼ら自身がそれを年代によって認識していない。だから、それを特定しろと言われても途方にくれてしまうのである。そのような場合は、複数の事象が互いに関係をもちながら語られていて、その全体が「いま／かつて」という対比を取り込んで構造化されている。私が質問をするときは、そのうちのひとつをとりあげて、それは何年ごろのことであったか、別のひとつはどうか、と尋ねることになる。別の日にそれを尋ねれば、答えを得ることができるかもしれない。しかしいまこの場においては、その質問は好まれない。その理由は、私の質問が語りの場において承認された物語を解体しようとする行為とみなされるからである。

さて、その語りを構成する複数の事象の年代を後日、別々の文脈で尋ねて総合してみる。すると、そこにかなりばらつきがあり、「いま／かつて」がそれぞれいつごろの年代をさしているのかよくわからなくなるのが通例である。しかし語りの場においては、それはひとつの「かつて」と、ひとつの「いま」として、語り手にも聞き手にも承認されていたのである。

語りの場として私が経験したのは、二、三人から六、七人程度の隣人が、台所のテーブルに座って数時間雑談する、という状況であった。幼少のころから互いを知っている人もいるが、婚姻などを契機に村に住むようになった人も含まれる。そこで語られるのは、人びとの主観的な経験からなる物語としての歴史である。それならその経験をもたない人は排除されるかというとそうではなく、また沈黙していることを押しつけられるわけでもない。ただしその人は、物語を解体するようなふるまいには出ないで、いままで知らなかったその物語を受け入れ、承認することが求められる。物語としての語りは、同じ時間意識を共有することを要請する。私がそこに同席するなら、私は調査者としてではなく、語りの場を構成する聞き手としてふるまうことを求められていたのである。口承の物語について、野家がまとめていることを参照しよう。

口承によって伝達される物語は、その都度の話者の身体を通過することによって、一種の「解釈学的変形」を被る。物語るという行為は、いわば忠実な「伝聞報告」であると同時に、話者の裁量に任された「創造的発話」でもあるのである。……口承言語による伝達過程において本質的役割を果たすのが「作者」ではなく「読者（聴者）」である。(5)

ここで私は、聞き手もともにつくる物語が、共同で時間を構造化しているということを確認しておきたい。物語の時制を構成するのが、「いま／かつて」という話法である。

四　農村のガストハウス

以下では、オーストリア農村の人びとがどのように「いま」と「かつて」を認識しているのか、さらに「コミュニティの」時間と歴史を、人びとがどのように関係づけているのか考えていこう。ここでは例としてガストハウスに注目する。ガストハウスとは、村にあって、食堂、居酒屋、宿屋のすべて、あるいはその一部を行なう営業で、村のコミュニケーションのひとつの基地を構成する。村の男性の社交の場であり、トランプ遊びをしながら情報交換が行なわれる。また宴席や催しの機会にも利用される。ガストハウスでは店の主人も交えて村のできごとが話題になり、そこでの人間関係は村の隣人関係の延長上にある。

なお、ここでとりあげる村は、カトリック教会の一教区で、教会のある集落を中心に、その周辺に散居する家々から成る(6)。教区民の合計は約八〇〇人で、ここに一九八〇年代前半まで七つのガストハウスが営業していた。一九九五年調査時にはそのうちの二軒が営業をやめ、三軒がディスコを兼業していた。ガストハウスの営業のあり方は、店によってさまざまである。

ガストハウスAは、村でもっとも格式ある教会付きガストハウス Kirchenwirt で、一九世紀前半の記録も残っている。ミサに出席した人の多くが日曜日、ここで昼食をとった。村で暖かい料理を出すのは、近年までこの店だけだった。ただし現在、日曜日にAを訪れる人はわずかである。理由はさまざまあげられる。ミサに出席する人がそもそも少ない。人びとは自動車を使い、徒歩で移動していたときのように滞留しない。ガストハウスの社交を支えていた社会関係も変化している。身だしなみを整えてガストハウスで日曜日の大半を過ごしていた男性は、土地を所有する一家の長たちだった。奉公人や間借り人は、そのような社交に参加しなかったから、その社交に加わること自体が、村で政治的な意味をもっていた。しかし現在、多くの住民が村外に雇用先を求めている。土地所有者の相対的な地位は以前より低くなったし、村の外の別々の職場で働く人びとが、村のガストハウスで社交しても、その政治的な意味は以前ほど重要ではない。

教会付きガストハウスに対して、農民酒場 Bauernwirt は、農家が自家の台所でビールや果実酒を出す。料理はしない。周辺の隣人がなじみ客である。山地のCは、遅くとも二世代前から農民酒場を営業していて今日にいたっている。

さて、一九七〇年代、村の複数のガストハウス経営者が共同して、ドイツの都市やウィーンから避暑客を呼ぼうと運動し、民宿経営も試された。このころ山地のガストハウスCの主人が、Aと同じ集落内に分譲地を購入し、避暑客を対象とするガストハウスとして営業をはじめた（ガストハウスB）。ガストハウスCにはスキーの簡易リフトを設置し、オートバイの競技用コースをつくって競技会を誘致した。避暑客は二、三年は来たが、つづかなかった。

その後、ガストハウスBは地下でディスコの営業をはじめた。ディスコは若年層を惹きつけ、その成功によって、ガストハウスBは客間やダンス用の広間を増築した。料理人を雇って暖かい料理を出すようになり、結婚式などの宴席の会場としても利用されるようになった。一方、ガストハウスCは日常的な営業はやめ、ときどき催しを企画して、そのときだけ営業している。

ガストハウスDは、前世紀から河の渡しを兼ねた渡し場のガストハウスだった。一九二〇年代後半に橋が建設され、渡しが廃止されてからは、橋のたもとに移り、ガソリンスタンドも兼ねるようになった。ガストハウスEとFは、小農家が一九六〇年代にはじめた。当時、国道の大規模な建設工事があり、多くの労働者が働いていたが、その人びとが食事をしたり休息をとる場所が不足していたためにはじめたガストハウスである。国道の工事が終了すると客がいなくなり、ガストハウスFは営業をやめた。しかし、ガストハウスEはBにならってディスコをはじめ

表 9-1　ガストハウスにおける催し（1987，1992，1993年）

	1987年			1992年			1993年		
	ガストハウスA	ガストハウスB	ガストハウスC	ガストハウスA	ガストハウスB	ガストハウスC	ガストハウスA	ガストハウスB	ガストハウスC
新年ダンス							1/2 土		
ダンス（団体）	1/5 月								
ダンス（消防団）	1/17 土			1/18 土			1/23 土		
ダンス（農民）				2/22 土			2/6 土		
トランプ大会						2/23 日			
仮装舞踏会（団体）		2/28 土							
子ども仮装舞踏会	3/1 日			3/1 日	3/1 日		2/21 日	2/21 日	
仮装舞踏会	3/3 火			3/3 火	2/29 土		2/23 火	2/20 土	
合唱・ブラスバンド	4/12 日			4/12 日			4/4 日		
復活祭ダンス	4/20 月			4/20 月			4/12 月		
合唱団とダンス	5/3 日								
ダンス				5/30 土			5/22 土		

モトクロス			5/24 日			5/24 日			
ダンス				6/20 土			6/26 土		
C礼拝堂寄進日			7/19, 20 日 月			7/19, 20 日 月			7/18, 19 日 月
N教会寄進日	7/24, 26, 27 金 日 月			7/24, 26, 27 金 日 月			7/23, 25, 26 金 日 月		
バーベキューと音楽				7月 毎金曜		8月 毎金曜			8月 毎金曜
ダンス（政党）							8/7 土		
ダンス				8/15 日（祝日前）					
合　唱		10/17 土			10/25 日（祝日前）			10/25 月（祝日前）	
ダンス（政党）				11/7 土			11/6 土		
ダンス（団体）	11/7 土								
聖カタリーナ・ダンス	11/21 土			11/21 土			11/27 土		
合唱団ダンス	12/26 土			12/26 土			12/26 日		
大晦日ダンス	12/31 木			12/31 木			12/31 金		

出典：Veranstaltungskalender 1987, 1992, 1993 にもとづいて森が作成。

て今日にいたっている。一九八〇年代半ば、ガストハウスDもディスコ経営をはじめた。これらのガストハウスでは、集客力のあるディスコ経営にガストハウス経営が依存している。最後にあげるガストハウスGは大農家で、一九九〇年代にはいるまで農民酒場を経営していた。隣人が好んで集まる家だったが、次第に客は減り、現在は後継者がなくて、店を閉めている。

これらのガストハウスで村の催しがどのように行なわれているのか概観しよう。万聖節やクリスマスなど、ガストハウスと結びつかない行事もあるが、いくつかの催しが例年ガストハウスで行なわれている。したがって年中行事の全貌をガストハウスの催しから明らかにすることはできないが、ガストハウスで行なわれる催しが、コミュニティの繰りかえす時間の一部を構成することは事実である。村ではガストハウスで行なわれる年間の催しカレンダーをつくっている。その一九八七年、一九九二年、一九九三年のものが私の手元にあるので、それを比較して表にした。

催しの会場になるのはガストハウスA、B、Cの三軒で、Aがもっとも多い。Aの恒例になっているのは、㈠新年の消防団主催のダンス、㈡謝肉祭の仮装舞踏会、㈢春の合唱団とブラスバンドのコンサート、㈣夏の教区教会寄進記念日、㈤一一月のカタリーナのダンス、㈥クリスマスの合唱団主催のダンス、㈦大晦日のダンスである。

㈠は「城の教会の祭り」Schloßkirchtag とも呼ばれる。城館の礼拝堂の寄進記念日で、その城は前世紀まで領主の居館だった。城主は一九八〇年代半ばまで農場を経営していて、村の多くの人がそこで働いた。礼拝堂のミサが例年行なわれて、その午後は消防団がガストハウスAでダンス・パーティを主催するのが恒例だった。所有者が替わって城が無住になってから、ミサは行なわれなくなったが、ダンス・パーティだけは行事として残っている。

㈡、㈣は、ガストハウスAの主人が、教会付きガストハウスとして一〇〇年以上「伝統」を守ってきたと自負する行事である。㈡は謝肉祭の火曜日に毎年行なう。ただし、一九九二年と一九九三年、ガストハウスBが同じ行事を、その直前の土曜日に行なっている。㈣は教区教会の祭礼である。日曜日が主祭であるが、金曜と月曜にも催しをする。

村のアソシエーションとして重要なのが合唱団で、合唱団が関わる催しは人気が高い。ガストハウスAでは毎年春のコンサートとクリスマスのダンスを恒例にし、ガストハウスBでは秋のコンサートを恒例にしている。ガストハウスCでは、モトクロスとC礼拝堂寄進記念日が恒例である。モトクロスはオートバイの競技会である。C礼拝堂は、Bの主人が息子の怪我が回復したことを神に感謝して一九七〇年代にガストハウスCの隣に建立した個人所有の礼拝堂である。年に一度ミサを行ない、その後ダンスや歌の会をガストハウスCで催す。

数多く行なわれている催しのうち、第二次世界大戦のころまでさかのぼることができるのは、わずかしかない。Aで行なわれているもののうち、戦間期までさかのぼるのは㈠、㈡、㈣、㈤、㈦であろう。合唱団は、現在有力なアソシエーションであるが、それは第二次世界大戦後につくられ、現在のような活動を行なうようになったのは、一九七〇年代以降である。ガストハウスBとCの催しが定期的に行なわれるようになったのは、その営業の年代から考えても、一九七〇年代後半以降である。催しの頻度は、ガストハウスの営業戦略として増えている。子どものための仮装舞踏会は新しく、AとBが同日に一時間ほどずらして開いている。BやCは、Aと競合するために新しい趣向を考えだし、それに対抗してAもまた経営努力する、という状況である。Aは一九九二年にダンス用広間を改築し、ダンスの催しを増やした。

催しが何曜日に行なわれているかにも注意したい。コンサートや子どもの集いは、日曜日の午後に行なわれる。ダンスは深夜におよぶのがつねであるから、土曜日か祝日の前日にあてられる。しかしミサ出席が強い強制力をもっていた第二次世界大戦のころまで、司祭は土曜日に宴を催すことを禁じていた。翌朝のミサ出席にさしさわるからである。現在では、勤めにさしさわりがないようにすることが最優先され、ほとんどの宴会が土曜日に行なわれる⑺。これにあたらないのは、㈡、㈥、㈦と復活祭のダンスである。㈥と㈦は、クリスマス休暇中にあたり、曜日を調整する必要がない。復活祭ダンスは、日曜日と月曜日が国の祝日になっている月曜日にあたり、このころは多くの人が一週間程度の休暇をとる。㈡については、Aが「伝統」を重んじて火曜日に行なっているが、Bは新しく土曜日の企画を打ち出した。ひとりひとりの人間からみれば選択の幅がひろがったともいえるが、村としてみるなら参加者は分散し、催しのはれがましさは低減した。この結果、コミュニティのサイクルをなす時間を区切っていた境界は曖昧になった。それはコミュニティの輪郭も曖昧にしているようにみえる。

五　ガストハウスをめぐる「いま」と「かつて」

さて、村の人びとはこのようなガストハウスを、「いま」と「かつて」という話法を使って相対的に把握する。しばしばいわれるのが、年がら年中どこかでダンスをやっているいま、ダンスはかつてほど楽しくなくなった、という意見である。ダンスの踊り方も変わったという。かつてダンスは、特定の相手だけでなく、誰とでも踊るものだった。ダンスといえば村で名だたる年長の女性が何人かいた。若者は一度はそういう女性をエスコートしたいと思い、緊張して申し込んだ。女性がそれに答えて見事に踊ると、若者はそれを誇りにしたという。これに対して、いまのダンスは、パートナーをともなって行くもので、パートナーとだけ踊る。かつてはダンスの機会に恋人ができたが、いまは恋人ができてからでないとダンスに行けない。なぜこうなったのか理由を説明するとき、人々はしばしばよそ者の存在を引き合いに出す。かつてガストハウスにいる人は、みな村の人だった。しかしいまでは知らない人が多い。

よそ者の存在は、人びとがいまを説明する重要な要素である。以前は、ガストハウスにいると、人はいつとなく歌い出し、また踊り出した。村の若者の多くがアコーディオンやクラリネットを奏し、人びとはその音楽に合わせて、歌ったり踊ったりした。間違うこともあったし、メロディーが違うということもあったが、誰もそれをとがめることはなかった。(8) いまは違う。人は楽譜がないと歌わないし、楽譜のとおり歌わないとがめられる。だから歌う者も少ない。

村の若者が奏する素人音楽にかわって、ガストハウスは、ラジオに出演しレコードも出している有名なプロの演奏家を頼むようになった。それは催しを魅力的にしようとするガストハウスの営業戦略である。村内の他のガストハウスとの競争だけでなく、自家用車で都市に出かける人や、自宅でテレビを見ている人に訴える必要がある。しかしプロの演奏家が登場することによって、素人音楽家の出る幕はなくなった。またプロが演奏する音楽はラジオで聞くように正確だが、知らない曲もある。スピーカーを通した電気楽器の音は機械的に響く。時間で契約したプロの音楽は、会場の盛り上がった雰囲気にかかわりなく、時間がくれば終わる。いまやダンスも時計の刻む時間で区切られるようになったのである。

一方、一九八〇年ころから村に登場したディスコは、若年層を対象に地下で深夜の営業をはじめた。ディスコで照明があてられるのは中央のステージだけで、そこから離れるほど暗闇は濃くなる。大音響で会話は意図的に排除される。そこで踊るダンスは、ひとりで恍惚として身体をゆするもので、様式はないと考えられている。このようなディスコを訪れる若者は、深夜から未明にかけて、周辺の都市も含めて一晩に数軒のディスコを移動してまわるのが通例である。

ディスコとガストハウスの人間関係のあり方の違いは明らかである。ガストハウスでは、客も経営者も隣人同士であり、そこには村の行動規範がゆきわたっている。ガストハウスでよそ者の客が居心地悪い思いをするのは、このためである。ディスコは逆に、村の日常生活を逆転した世界を意図的に演出する。深夜の営業、地下室、暗闇、部分的に目を眩ませる照明、会話をさえぎる大音響、自動車でやってくるよそ者などである。ディスコでのコミュニケーションは、ことばより身振り、ダンス、衣服、たばこや飲み物を重視する。

そこでガストハウスとディスコが「かつて」と「いま」として対比されることになる。ガストハウスを好む「かつて」の世代と、ディスコを好む「いま」の世代、あるいは老若男女が向かい合って踊る「かつて」のダンスと、若者がひとりで身体をゆする「いま」のダンス、身だしなみを整えた一家の主人たちが村の政治を議論する「かつて」のガストハウスに対して、暗闇で若い男女が抱き合い、あるいは麻薬の売買をしているかもしれない「いま」のディスコ、などなどの対立がつくりだされていく。

全体としてガストハウスの変遷は、さまざまなレベルで「いま」と「かつて」の対比を含んでいる。それはガストハウスAの経営内についてもいえるし、伝統に固執するAと新興のBという対比、催しに積極的なA、B、Cに対する農民酒場という対比もある。さらに全体としてのガストハウスが村の人間関係を象徴し、いまの人間関係を象徴するディスコに対比される。

六　時間をカテゴリー化することの意味

「いま」と「かつて」という話法の意味を、事象としてのガストハウスの歴史と、それをめぐる人びとの物語を参照して整理しよう。「いま／かつて」は時間によって物語を構造化する。ただし、それは個々のできごとの先後関係を問題にしない。三つ以上のできごとを「いまの事象」と「かつての事象」の二つに区分しなおして認識するのがこの話法である。そこで語りを行なう人びとの関心がどこにあるかといえば、それは「いま」をどのようにとらえたらいいか、ということであろう。これは歴史を生きている人間が、主体的に構造化する時間であって、二つに分けられるこの時間の構成要素は、語るたびに再構成される。つまり「いま」と「かつて」の境界は、いつでも変更可能である。

この点において、私はゾナベントやピナ＝カブラルがそれぞれ一九五〇年代と一九六〇年代に「いま」と「かつて」の断絶がある、としたのとは異なる見解をもつのである。ある一時点からみて、ある地域社会の経済的、社会的な変化がいつごろ急激であったか、という問題設定は可能であろう。私が調査したオーストリアの村では、とくに大きな経済的、社会的な変化が一九七〇年代に起こったと私は考えている。(9) しかし、私がここで「いま／かつて」の時間認識として注目しているのは、それとは別のものである。それはいわば、人びとが語るたびに構成する自分たちの社会に対する評価である。いつもこの枠組みを使って区分しているが、その境界がどこに設定されるかは流動的であり、流動的であるがゆえに、そこにつねに新しい意味が与えられるのである。

ガストハウスでの催し物のカレンダーが示しているのは、たしかに繰りかえす時間である。この繰りかえす時間がコミュニティのカレンダーを構成する。ガストハウスに集う人の数は以前よりは減ったが、人びとはやはりコミュニティのカレンダーにしたがって、生活のリズムを刻んでいる。その一方で、ガストハウスはディスコに対置される。

ディスコを利用しない年長者にとって、ディスコは彼らのコミュニケーションが成り立たない空間である。ディスコは非社会的な行動と結びつけられて、ディスコに仮託された「いま」がコミュニティの時間に回収されることはない。

ここでは「いま／かつて」という二項対立的な時間認識が、コミュニティを維持する「繰りかえす時間」概念を否定しているのである。「コミュニティの時間は繰りかえし、永遠に回帰し、不変である」という時間の認識は神話にすぎないことを、この時間認識が告発している。以前はああだった、しかしいまはこうなのだ、という認識は、次の段階へと進む動機を与える。コミュニティが不変であることによって維持されることは不可能で、コミュニティはつねに新しい局面に対決しなければならない。対面している事態が、未知のとらえどころのないものであったら対処することもできないが、過去との対比によって状況を把握することで、自らをどう位置づけるかという方向を探ろうとする。どこに軸を設定して対比すれば把握できるかは、そのときどきに柔軟に対応する必要がある。

「いま／かつて」の時間認識をこのように理解すれば、それが現代のコミュニティのおかれた状況に対応するものであることが見えてくる。現代、コミュニティの成員である者が、何によって成員であるのか、たとえば居住、出生、血縁等のことばで一元的に規定することは不可能である。仕事や教育による人の移動は頻繁であり、移動の途上にあって村にいまはいない者がなお成員でありつづける場合も少なくない。このような状況では、ゾナベントが述べたような共通の経験とその記憶をもつ者が「我々」であって、それを持たない者は他者である、というようなコミュニティはすでにほとんど破綻している。我々と他者との境界をどこに求めるかということは、ひじょうに流動的なのである。しかし、にもかかわらず、我々や他者という意識はなくなるどころか、それを求めようとする傾向があるというのが、私の観察である。

「いま／かつて」という時間意識に私が注目するのは、それが、これまで研究者が後生大事にしてきたコミュニティの「繰りかえす時間」という神話を否定し、人びとのことばとして不可逆の時間を確認しているからである。不可逆ではあるが、それは目に見えないかなたの未来へ直線的にのびていく時間とは違っていて、そのような時間に抵抗するための時間のカテゴリーをつくりだす。そこでは遠い過去と近い過去という違いは抹消され、ひとつの過去が現代に対比される。この手続きを通して、「いま」と「かつて」の対比がつねに更新される。それは不安な未来を、消化可能な「いま」と「かつて」へと嚙み砕く営みであるといえるのではないだろうか。「いま／かつて」は、人びとが語りにおいてコミュニティを更新する時間の概念化である、というのが私の見解である。

註

（1）E・リーチ（青木保・井上兼行訳）「時間の象徴的表象に関する二つのエッセイ」『人類学再考』（思索社、一九七四年）、二〇七―二三二ページ。Leach, E. R., *Rethinking Anthropology*, London, 1961.

（2）Bourdieu, P., "The attitude of the Algerian peasant toward time", in Pitt-Rivers (ed.), *Mediterranean Countrymen*, Maison des Sciences de L'Homme, 1963, 55-72. およびP・ブルデュー（原山哲訳）『資本主義のハビトゥス――アルジェリアの矛盾』（藤原書店、一九九三年）。Bourdieu, P., *Algerie 60, structures économiques et structures temporelles*, Les Editions de Minuit, Paris, 1977.

（3）Zonabend, F., *The Enduring Memory, Time and History in a French Village*, Translated by Anthony Forster, Manchester University Press, 1984 (French edition 1980). なお、ゾナベントの仕事については、二宮の紹介がある。二宮宏之「ミノ村の人びと」『社会史研究』三、一九八三年、二六〇―二六二ページ（二宮宏之『全体を見る眼と歴史家たち』〔平凡社、一九九五年〕に再録）。

（4）Pina-Cabral, João de, "Paved roads and enchanted mooresses: The perception of the past among the peasant population of the Alto Minho", *Man (N. S.)* 22, 1987, 715-735.

（5）野家啓一『物語の哲学』（岩波書店、一九九六年）。

（6）森明子『土地を読みかえる家族――オーストリア・ケルンテンの歴史民族誌』（新曜社、一九九九年）を参照。

（7）結婚式も同様で、第二次世界大戦のころまで、土曜日に結婚式をあげることは許されなかった。現在では結婚式は土曜日に行なうのが通例である。

（8）このような回想の舞台となっているのは、農民酒場であることが多い。そこで私が、教会付きガストハウスではどうだったのか質問すると、そこでも同様だったという答がかえってくる。

（9）森、前掲書を参照。

第10章　コミュニケーション過程としての啓蒙主義

――一八世紀末ドイツの読書協会

三成美保

一　コミュニケーション過程としての啓蒙主義

（1）問題の所在

啓蒙 Aufklärung は、一八世紀ドイツの時代概念として、啓蒙主義者たちにより自覚的につかわれた用語である。ドイツ啓蒙主義のはじまりを画する事件は、トマジウスによるドイツ語講義予告（一六八七年）とドイツ語雑誌『月刊評論』*Monatsgespräch* の創刊（一六八八年）であるといわれる。[1] 啓蒙という語そのものは一六九六年にはじめて登場し、一七四一年には「わたしたちは今の時代を啓蒙された時代 aufgeklärte Zeit とよぶことができる」[2] と記された。カントが論文「啓蒙とはなにか」Was ist Aufklärung? を書いた一七八三年は、ドイツ啓蒙主義の最盛期にあたる。

「啓蒙とはなにか」冒頭で、カントは有名な定義を展開する。「啓蒙とは人間がみずから招いた未成年状態から脱することである。……『あえて賢かれ！』自分の理性を自分で用いる勇気を持て！ というのがしたがって啓蒙主義の標語である。[3]」かれは、理性の使用法を二種類に区別する。公的使用と私的使用である。理性の公的使用とは、「学識者として、一般の読者全体の前で自分自身の理性を使用すること」をさし、理性の私的使用とは、公職者としての立場で国家を批判することを意味する。カントによれば、国家と啓蒙の対立を避けるため、理性の私的使用は制限される。しかし、学識者として著述活動を通じて読者に語りかけることと議論をかわすことは、理性の公的使用にあたり、国家による制限は許されない。[4]理性の公的使用が啓蒙成就の条件であるというカントの見解にしたがうならば、啓蒙主義は、著述と読書と議論を媒介とする「コミュニケーション過程」Kommunikationsprozeßにほかならないものとなる。

フィーアハウスは、一九八七年、雑誌『啓蒙主義』上で、「過程としての啓蒙主義」Aufklärung als Prozeßという特集をくみ、啓蒙主義を「過程」Prozeßとして理解するべきであると主張した。[5]「個々の思想家の哲学が『啓蒙』なのではなく、伝統や学問的権威、信仰内容や知識の在庫、法の合理性や制度の歴史性との知的対決の過程が『啓蒙』なのである。[6]」これをうけ、ベーデカーは、「コミュニケーション過程」としての啓蒙主義の諸側面を検討し、もっとも重要なコミュニケーション手段として、文通、雑誌、結社をあげている。[7]こうした研究動向をうけ、近年、わが国においても、啓蒙主義にかんする新しい研究が発表されている。西村稔『文士と官僚』（一九九八年）は、「文芸」の歴史的背景を解明する一環として、「知の器」たる啓蒙期結社に言及している。[8]また、屋敷二郎『紀律と啓蒙』（一九九九年）は、「社会的紀律化」と啓蒙主義との対立・補完関係の「過程」を描こうとしたものである。[9]しかしながら、個々のコミュニケーション手段の変化が啓蒙主義の拡大や変質にどのような影響を与えたのかについて、まだ明確な像は描かれていない。したがって、本章では、啓蒙主義に関心をよせる人びとのもっとも身近なコミュニケーションの場であった読書協会をとりあげ、啓蒙主義が浸透していった過程を検討してみたい。

（2） ドイツ啓蒙主義の特徴

啓蒙主義は、一七世紀末から一八世紀にかけて、全ヨーロッパ規模で展開した知的運動であり、社会運動であった。しかし、その性格は一様ではない。批判の対象とされた政治体制や宗派のあり方が、国により異なっていたからである。

イギリスでは、啓蒙主義は、比較的穏健な政治運動として展開した。一六八八年の名誉革命は、宗教戦争と絶対主義の終焉を意味した。こののち、自由主義プロテスタンティズムとむすびついたイギリスの啓蒙主義勢力は、既存勢力と妥協しながら、けっして急進化することなく、議会制の拡充をもとめていくことになる。フランスでは、王権が文芸を積極的に保護した一七世紀にすでに、デカルトの科学的精神に触発された反権威主義的な批判的精神もまた芽生えはじめていた。ナント王令の廃止（一六八五年）は、この批判的精神が、王権やカトリック教会にたいする攻撃へと転じる直接的なきっかけとなる。フランス啓蒙主義は、反絶対主義、反教権主義という性格を色濃く帯びていたのである(10)。

これにたいして、ドイツ啓蒙主義には、つぎのような固有の特徴がみとめられる。①イギリス・フランスから継受された啓蒙主義、②宗派分裂と政治的分裂の影響、③啓蒙絶対主義との親近性、④「学究的・学術的」性格(11)である。

①啓蒙主義がイギリスやフランスからの継受としてドイツに移入された結果、ドイツの啓蒙主義者たちは、啓蒙先進国としてのイギリス・フランスの出版物や政治的事件につねに注意をはらいつづけた。しかし同時にそれは、宮廷を支配したフランス文化に対抗して、ドイツ語の洗練化をはじめとするドイツ独自の文化を樹立する運動をも促進した。

②宗派分裂と政治的分裂は、二つの特徴をはぐくんだ。まず、宗派分裂を反映して、ドイツ啓蒙主義の最大の

関心は、政治・社会問題にではなく、宗教問題におかれた。当初から、啓蒙主義は、プロテスタントや敬虔主義と密接なつながりをもって展開する。[12] いっぽう、政治的分裂は、啓蒙主義の文化的中心が分散するという結果をもたらした。ロンドンやパリのような情報や人が集中する拠点を欠くドイツでは、各地の都市に在住する知識人のあいだを媒介する文字情報がいっそうの重みをもったのである。

③ドイツ啓蒙主義は、啓蒙絶対主義と妥協しながら展開した。一部は「政治化」Politisierung[13] したが、それは秘密結社を母胎に強まったにすぎない。全体として、ドイツ啓蒙主義は、君主制の転覆はめざさず、むしろ、啓蒙精神を政治にとりいれ、啓蒙主義者を国政に参加させることを要求した。そのかぎりで、君主による「上からの啓蒙化」に積極的に貢献したのである。

④ドイツの啓蒙主義は、フランスやイギリスとくらべて、対話よりも読書を重視する傾向が強く、その意味で「学術的」性格が強かった。学術的文字情報の媒体が、新高ドイツ語である。一七世紀半ば以降、官房ドイツ語とルター・ドイツ語という二つの文語がまざりあって生まれた新高ドイツ語は、そもそも、民間の口語からは意識的に距離をおく荘重華麗な文章用語であることをめざした。[14] 啓蒙期には、この高尚な文語的共通言語が、印刷物の標準言語とされ、啓蒙人の討論・談話・書簡用語となる。農民にとって、新高ドイツ語は、ハレの言葉としてまったく無縁ではなかったにせよ、日常言語にはなりえなかった。[15] 農民は、啓蒙主義の担い手たりえず、民衆啓蒙の対象にとどまる。啓蒙主義の学術化に対応できたのは、書籍・雑誌の媒体となった新高ドイツ語を自在にあやつれる階層、すなわち、一部の貴族と、都市在住の学識層・官僚、上層市民に限られていた。ドイツ啓蒙主義は、「インテリ啓蒙主義」Gelehrtenaufklärung[16] にほかならなかったのである。

二　啓蒙主義のメディア――結社と雑誌

(1)　結社の叢生

啓蒙主義の第一のメディアは、「結社」Assoziation, Verein である。それは、ギルドやツンフトのような「団体」Korporation とは異なる人的結合原理をもつ。団体では加入強制がはたらき、メンバーには身分制的特権が保障されたのにひきかえ、結社は身分制とは無縁の組織で、個人としての資格でおこなわれる自由な入退会を条件とする。[17] ハルトヴィクも指摘するように、[18] 宗教改革期にも急進派セクトのような結社が存在したのであり、近代化にともなって団体から結社へ移行したという従来のテーゼは単純にすぎるが、一八世紀が過去に例をみないほどの結社叢生の時代であったことは否めない。

ハーバーマスは、その著『公共性の構造転換』(一九六九年)のなかで、英仏独における「公論」成立の相違を比較している。かれによれば、一七・一八世紀転換期に、はじめてイギリスで、コーヒーハウスを舞台に政治的公共性が成立した。フランスでは、「公衆」は一八世紀半ばころから発生していたが、検閲制度の影響で政治的ジャーナリズムの発達が弱く、サロンが対話を軸とする社交のための集会場となる。女主人が主宰するサロンは、貴族と大ブルジョアジーと知識人が出会う場であった。これにたいして、ドイツでは、ほとんどの貴族は公論の担い手とならず、主として市民が担い手となる。啓蒙後進国であったドイツでは、結社こそ、啓蒙主義者たちにより自覚的に作りだされた「公共圏」(公権力と公衆が対峙する場)にほかならない。なかでも公衆がつどった重要な結社が、読書協会であった。[19] 読書協会において、未成年状態の市民は啓蒙され、読書と対話をとおして、公論の担い手たる公衆として成長することが期待されたのである。

ハーバーマスの指摘は、結社研究に大きな刺激をあたえた。一九七二年以降、ニッパーダイ、ダン、デュルメンの研究を得て、結社運動史は新たな局面をむかえている。[20] 臣民にたいして全面的な指導と後見をおこなおうとする絶対主義的行政国家は、自由な結社形成をすべて萌芽のうちに摘みとってしまったという、ギールケ以来の伝統的な啓蒙絶対主義のイメージはくつがえされ、むしろ、当局と結社とのあいだの友好的関係が明らかにされている。一八世紀には、事実上大幅に「結社の自由」がみとめられていたのである。[21] 一九世紀の自由主義者たちが攻撃した結社活動の制限は、けっして啓蒙期から連続する現象ではなかった。

結社運動の時代区分は研究者により差があるが、[22] ここでは、一七世紀末から、結社の自由を全面的に制限したカールスバート決議（一八一九年）までの時代を大きく五つの時期に分けておきたい。第一期（一七世紀末～一七五〇年）は発生期、第二期（一七五〇年～七五年）は発展期、第三期（一七七五～九二年）は最盛期、第四期（一七九二～一八〇六年）は停滞期、第五期（一八〇七～一九年）は再活性期とよぶことができよう。[23] 第一期から第三期まで、特定の結社を弾圧する結社制限令が出されたものの、[24] 神聖ローマ帝国における結社形成はほとんど障害なくすすんだ。読書協会は、第二期より萌芽的にあらわれ、第三期に爆発的に普及し、第四期に変質していく。

（2） 雑誌

啓蒙主義の第二のメディアが、雑誌である。雑誌は、一七世紀末に登場した新しいメディアであった。最初の雑誌『学術論集』*Acta Eruditorum*（一六八二年創刊）やトマジウスの『月刊評論』にはじまり、一七〇〇年までにすでに五八雑誌が存在していた。一七四一～六五年には、七五四雑誌が新たに創刊され、一七六五～九〇年には二〇〇〇点以上の新刊雑誌が登場した。なかでも、一七七〇年代には七一八点、一七八〇年代には一二二五点が新規刊行されている。一七八九年までにおそらく二五〇〇雑誌が刊行されていた。[25]

雑誌にかぎらず、一八世紀の出版市場はたいへんな活況を呈していた。一七八〇～九〇年代にはドイツで年間五〇〇〇点もの新刊書が刊行されていたし、一六世紀に登場していた新聞は、一八世紀末にはその数二〇〇～二五〇をかぞえた。[26] 膨大な数の書籍や新聞もまた、たしかに、啓蒙主義の浸透をささえた。イギリスやフランスでは、それが顕著である。しかしながら、情報の相互伝達を文字、とくに活字に頼らざるをえなかったドイツでは、一方的な情報伝達に終始しがちな新聞・書籍ではなく、むしろ、フォーラムとしての機能をもった雑誌が公論形成に寄与した。雑誌を舞台に、帝国中に点在する啓蒙人が論戦をくりひろげ、また、それらの雑誌を読むことをつうじて、「未成年状態」の市民が啓蒙人への道のりを模索しようとしたからである。

雑誌の洪水に拍車をかけたのが、帝国における検閲制度の不徹底である。[27] カール六世の帝国検閲令（一七一五年）は、すべての印刷所に「分別ある学識豊かな検閲官」をおくとの条件つきで、印刷所の立地制限を撤廃し、設置を自由化した。これにより、ハレやゲッティンゲンなど、新しい世俗的学問を重視する法学部中心の新興大学都市が出版拠点として重要になっていく。地域の特性を生かした地方紙誌もまた数多く出版されるようになった。帝国検閲令の実施が領邦国家や帝国都市にゆだねられたことも、検閲制度の機能不全を倍加した。親啓蒙的な君主が治めるいくつかのプロテスタント諸国では検閲は実施されず、検閲制度をしいた地域でも、実施の程度はさまざまであった。啓蒙期ドイツの検閲制度は、宗教批判の「自由」と政治批判の「不自由」を特徴としつつ、領邦分裂による検閲の不徹底から、本来は禁止された政治批判ですらも、雑誌上で公然とおこないうるような土壌をはぐくんだのである。

啓蒙期の雑誌は、多様なジャンルにおよぶ。一七六六～九〇年の新刊雑誌およそ二〇〇〇点のうち、三分の一にあたる七四二点が娯楽雑誌であった。娯楽雑誌を代表する道徳週刊誌は、家庭・女性雑誌の側面をあわせもっており、読者層に女性をかかえて、人気は安定していた。のこる一三〇〇雑誌の内訳は、文学二二四、歴史・政治二一

七、総合学術雑誌一八六、神学一五九、医学一一九、教育一〇九、自然科学一〇七、官房学八七となる。雑誌の多くは長続きせず、とりわけ、政治、文学雑誌はめまぐるしく変化した。雑誌の平均発行部数は一〇〇〇部。採算がとれるのは五〇〇部の発行といわれる。(28)

これらの雑誌のなかでも、双方向的な情報伝達機能を色濃く有したのが、総合学術雑誌と歴史・政治雑誌である。冒頭にあげたカント論文をふくむ『ベルリン月報』*Berlinische Monatsschrift* 上の「啓蒙」論議は、雑誌がフォーラムとしての機能を発揮した典型例といえる。(29) 雑誌上では、懸賞論文公募もまたひんぱんにおこなわれており、公募スポンサーには、しばしば啓蒙君主や著名人が名をつらねていた。ヴォルテールがスポンサーとなったベルン経済協会の刑法改革にかんする公募（一七七七年）、ヨーロッパ中から四〇〇篇近い論文を集めた嬰児殺防止にかんする公募（一七八〇年）がよく知られている。(30) 公論形成にあたって雑誌がもつ意義に敏感であったからこそ、啓明団 Illuminaten やフリーメイソンに属する指導的知識人は、こぞってみずから雑誌を主宰しようとしたのである。

三　読書協会

（1）啓蒙期の読書文化

啓蒙期ドイツの読書文化には、四つの特徴がある。①読者層の拡大、②読書様式の変化、③読書の組織化、④読書と議論の結合である。

①一八世紀半ばまでほとんど男性学識層にかぎられていた読書は、急速により広い範囲に拡大した。「読書する公衆」Lesepublikum とよばれた上層市民男性のほか、貴族女性や上層市民女性たちが小説や道徳雑誌の有力な読者として登場した。(31) また、識字教育をうけた手工業者や農民は、暦や実用書に掲載された生活の知恵をもとめた。

もちろん、読書文化はすべての人びとにおよんだわけではない。一八〇〇年頃のドイツで、識字層に該当するのは、人口のほぼ四分の一と見積もられる。[32]

②一八世紀の読書様式の変化を、エンゲルジンクは「読書革命」Leserevolution とよんだ。精読 intensiv から多読 extensiv へという変化である。[33] 一八世紀後半にもあいかわらず精読重視の態度はのこったという批判はありうるが、シャルチエも言うように、エンゲルジンクの卓見は、新聞・雑誌などの新しいメディアの普及が、読書態度の変化と密接に連動していたという指摘にある。[34] 学識層に特有の精読という態度はなくならなかったものの、その比重はしだいに低下したのであり、ドイツ啓蒙主義をささえたのは、おびただしい出版物のなかからみずからに必要な情報を選りだして読むといった多読・選読の態度にほかならなかったと考えるべきである。

③現代の多読を支えているのは、書籍・雑誌の低廉化と公的図書館の発達である。しかし、啓蒙期にはそのいずれもが未発達であり、読書は私的に組織化されざるをえなかった。読書のための私的組織が、貸本屋 Leihbibliothek, Leihbücherei と読書協会 Lesegesellschaft である。貸本屋は、読書協会よりもはやく、一七六〇年代後半以降登場した。顧客層はおもに、読書協会に入れない人びと、すなわち、学生、手工業職人、女性、学校教師、非貴族軍人、書記などであった。貸本屋では、低額の手数料を払えばだれでも本を借りることができたが、カタログのうちもっとも大きな部分を占めたのは、大衆文学作品である。[35] これにたいして、読書協会は、規約を定め、会員を限定し、会費を集めて運営された私設図書館つき読書組織であった。そこでは、おもに定期刊行物が体系的に収集されて、閲覧に供された。貸本屋が読書の組織化に貢献して、読者層の裾野を大きく広げたとすれば、読書協会は読書と読者の組織化に貢献して、読書を媒介とする緊密なコミュニケーション空間をつくりだしたといえよう。

④読書と議論のむすびつきは、読書協会でもっとも顕著にあらわれた。話題提供としての講話の題目をみるかぎり、けっして読書協会は政治的色彩をおびておらず、むしろ、道徳や文化への関心を共有していたとおもわれる。

しかし、他方で、読書協会は、エリートとしての地元名士と官僚、大学人、出版関係者などの啓蒙的教養人が一同に会する場であった。教育、婚姻、宗教がしばしば講話のテーマとされたことから、これらの議論を通じて、メンバーのあいだで、一定の価値観が共有されていったことは十分に推測される。

読書協会は、「読書革命」を推進した組織的読書の一原型であり、読書のみならず、議論を重視した点で、啓蒙期ドイツのコミュニケーションに決定的な役割をはたした。読書協会にかんする基本論文を著したプリューゼナーによれば、史料が残るのは三五読書協会で、単行本蔵書目録一一、雑誌目録三一、会員名簿一五、規約二二、結成経緯三、会合内容の史料四が残存する。(36) しかし、今日、小都市における読書文化の研究が進展しつつあり、史料の発掘がいっそうすすんでいる。(37) 以下では、マールブルク、リューベック、ボンといった性格を異にする都市の読書協会にかんする研究成果を利用しながら、読書協会の具体像をあきらかにしたうえで、ドイツ啓蒙主義のコミュニケーションにどのような特徴と限界があったのかについて検討したい。

(2) 読書協会の組織

[1] 形態

読書協会は、一八世紀ドイツでもっとも普及した結社である。一八世紀末までに、ドイツで四三〇以上の読書協会がうまれたといわれ、とりわけ、一七七〇年代以降に急増した（図10-1、10-2）。他のヨーロッパ諸国でも読書協会は存在したが、ドイツほどの広がりはみられない。たとえば、フランスでは、読書協会よりもフリーメイソン・ロッジの普及度のほうが高い。(38) 読書協会の浸透は、ドイツ啓蒙主義の「学術的」性格を端的にしめす現象なのである。

広義の読書協会には、さまざまな形態がある。もっとも萌芽的な形態は、定期刊行物の共同予約であり、書籍・

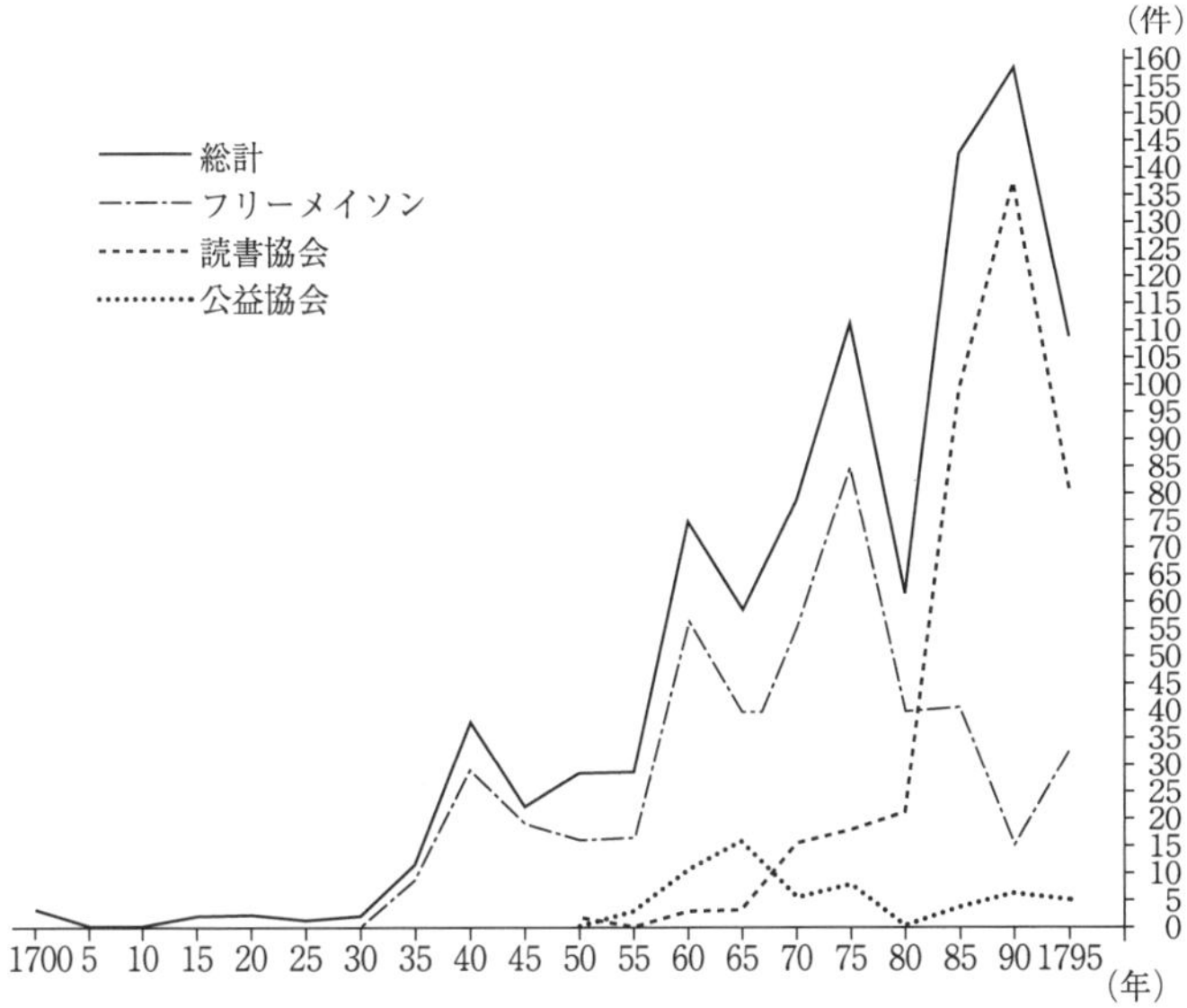

図 10-1　18世紀ドイツの結社創設数の推移
出典：van Dülmen, *Gesellschaft der Aufklärer*, S. 16.

定期刊行物を回覧する読書サークル　Lesezirkel, Umlaufgesellschaft がこれにつぐ。これらのものから、書庫をもつ読書協会　Lesebibliothek, Lesegesellschaft、閲覧・会合用の部屋をそなえた読書クラブ Lesekabinett が発展した(39)。これらの組織は排他的に発展したのではなく、しばしば併存した。また、大都市には、多数の読書協会が存在した。ブレーメンでは、一七九〇年代に三〇以上もの読書協会が活動していた(40)。

読書協会の結成経緯やメンバー構成には、地域差がある。読書協会は、まず北ドイツのプロテスタント地域で自然発生的に誕生した。その後カトリック地域にもひろまるが、そこでは読書協会は、しばしば君主により上から保護を与えられて結成された。都市の性格も読書協会に影響をおよぼした。マールブルクのような大学都市では、大学を核に学識者中心の読書協会が発達しやすく、いっぽうリューベックのような商業都市では、商人・手工業者の利害が反映された運営方針がとられる。ボンのような宮廷

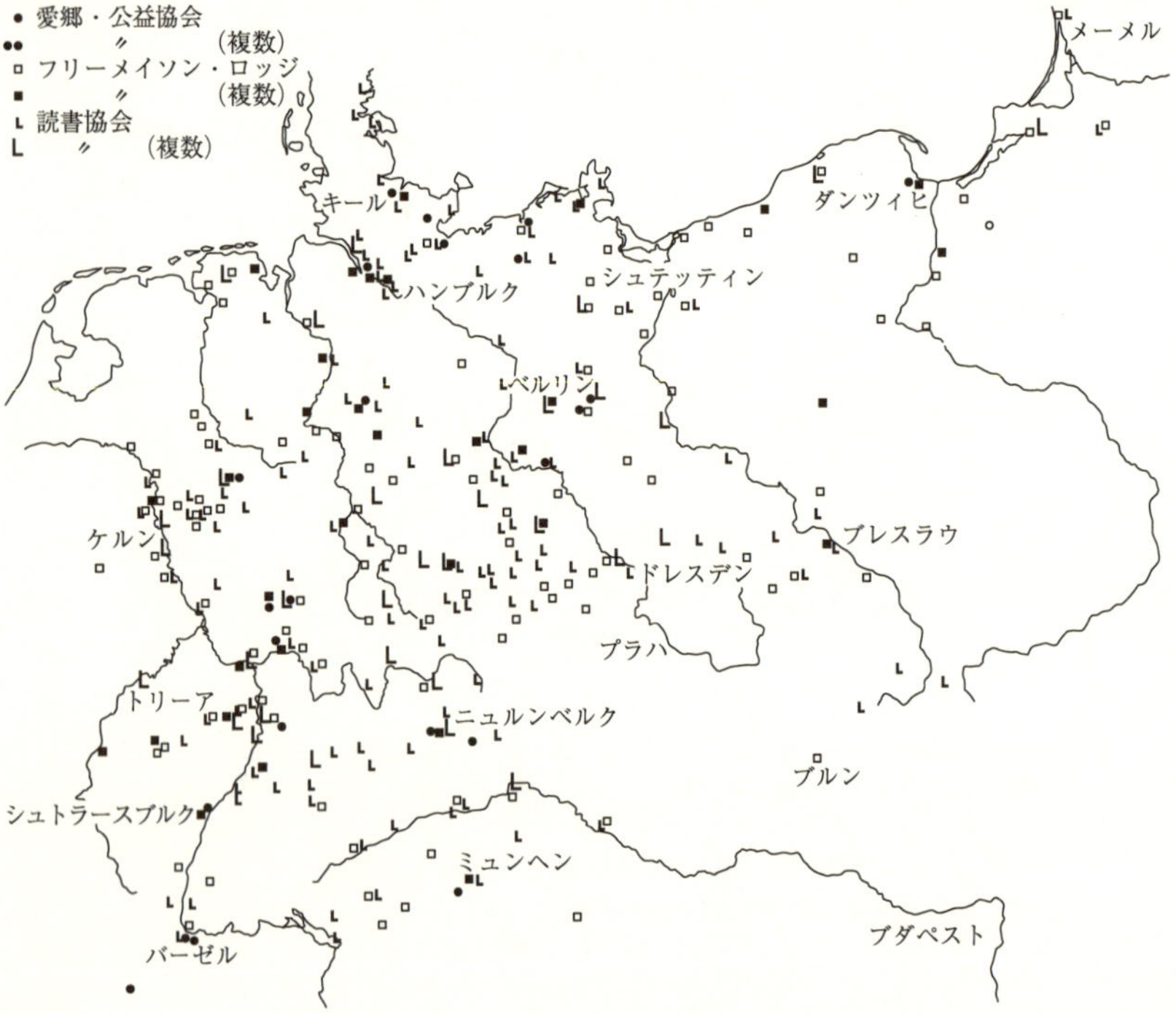

図10-2　1776～1880年の結社分布

出典：van Dülmen, *Gesellschaft der Aufklärer*, S. 178f.

都市では官僚の割合がきわめて高い。

[2]　目的と規約

コブレンツの読書協会設立を記念する招待状（一七八三年）は、読書協会の設立を、啓蒙主義拡大の手段としてはっきり位置づけている。(41)

> 有益な社交と、全帝国、全諸国の変化や事件、ならびに、あらゆる学問分野における人知の解明を世に示した著作をたえず読むことは、啓蒙主義と光を広める手段であると同時に、だれもが仕事以外の余暇時間を十分に満足して利用するチャンスを得るための手段である。

このような目標を達成するには、人びとが団結し、最上の政治・総合雑誌、評論紙誌その他の有益な著作を共同で購入し、しかるべき固有の場所にそれらを保管して、各人が都合のよいときにそれらを読み、読んだものについて語りあい、相互に情報交換を行なって利用する以外に方法はない。

いっぽう、規約からは、読書協会の具体的な姿がうかびあがる。人口五六〇〇ほどの大学都市マールブルクでは、学識・教養層と商人・手工業者親方層がほとんど融合せず、読書協会は、大学を中心に自然発生的に誕生した[42]。学芸協会 Literatur-Gesellschaft という名の読書協会が規約を作成したのは、公的注目をいっそうあつめ、さらなる発展をはかるためであった。序文では君主のお墨付きがあることがうたいあげられ、全一八条の条文では、目的、文献収集方針、活動方針、会員条件、会費等が定められている。この規約が画餅でなかったことは、後述のように、のこされた活動記録から確認できる。

マールブルク学芸協会規約抜粋（一七七四年[43]）

1　協会の目的は、ドイツならびに諸外国の学芸にかんする知識を増進することにある。

2　この目的を達成するため、協会は、ドイツ、オランダ、フランス、イギリスなどで出版されたもっとも重要で有益な雑誌や学術新聞を購入し、理事会と司書の監督のもと、それらを収集・保管する。さらに、協会の基金がゆるすかぎりで、学芸に属する他のすぐれた作品を購入することも認められる。

3　協会の各正会員には、雑誌を通読するために、八日間の貸出が認められる。司書は、貸出記録をとる。マールブルクに滞在する名誉会員が、蔵書を利用したいときには、すべての正会員が利用を終えたのち、はじめて借り出すことができる。学術新聞は、すべての会員が受付順に利用できるように、専用の配達係が雑誌を届けて回る。協会の他の全書物は、すべての会員が司書にそのつど届け出て、利用することができる。貸出された書物を汚したり、破損した場合には、協会に現金ないし現物を賠償しなければならない。

4　学芸について討議するための機会をもうけるべく、協会は、週一回、定刻かつ定例場所に集まる。協会長と正会員は、会合に参加する義務を負う。しかし、名誉会員の参加は任意である。理事あるいは正会員が、急な事情で参加できなくなった場合には、事前に、理事長に断りをいれるべきである。重病あるいは旅行以外の理由で、会合を四回連続して欠席した者は、会費出資金と会員権を失う。そして、新たに正会員として認めてもらおうとすれば、のこりの会費を支払ったうえで、ふたたび会費を支払わなければならない。

5　定例会を有益なものにするため、会合のたび、一〇名の古参会員が交代で任意のテーマにつき、ラテン語、ドイツ語、フランス語のいずれかで講話をおこなうこととする。しかし、理事の一人、あるいは、名誉会員の一人が講話を行なおうとする場合には、古参会員の講話は次の会合まで延期されるべきである。次回の講話を行ないたいとおもう者は、理事会に、そのつど、必要な届け出をなすべきである。しかしながら、前述の条件のもと、一〇名の先述の正会員のうち、つぎの講話予定者が同意すれば、講話の申込は他の者にも妨げられない。

6　理事も正会員も名誉会員もすべて、正会員（ただし、理事は除く）の行なった講話にたいする論評を文書で通知することができる。いずれの論評も、次期会合で、理事により、書いた人の名をあげることなく、読み上げられるべきである。

［中　略］

17　すべての正会員、二名の理事、司書は例外なく、会期ごとに二・五ターラーの会費を支払う。そして、会合のつど三グロッシェンを支払う。

表 10-1　読書協会の会員構成

ボン 1787-99年		トリーア 1785/93年		ルートヴィクスブルク 1769/96年		バーゼル 1787/92年	
会員数 174（うち貴族52名）		会員数 134（うち貴族18名）		会員数 66/62（うち貴族35/12名）		会員数 123	
官僚	42	官僚	50	軍人	48(25)	官僚	29
聖職者／神学者	32	聖職者／神学者	32	官僚	8(11)	教授	14
教授／教師	30	教授／法律家	10	聖職者／神学者	2(2)	軍人	8
軍人	16	軍人	5	商人	(2)	商人	8
宮廷音楽家	12	医師	3	医師	1	手工業親方	5
法律家／公証人	6	商人	3	教授	1(1)	マギスター	4
ドイツ騎士団員	6					公証人	2
商人	2						
公使	2						
宮廷俳優	2						
文書係	2						
宮廷画家	2						

出典：van Dülmen, *Gesellschaft der Aufklärer*, S. 87.

[3]　会員と会費

規約のなかで、会員条件をくわしく明記しているものはほとんどない。「啓蒙的教養人」「読書好き」Literaturfreund とあるのみで、身分的な制約はない。しかし、会員構成には、一定の偏りがみられる。まず、非識字層や読書する公衆にはいらない農民や手工業者の中・下層は、読書協会から排除された。また、たとえ識字層に属しても、原則として、女性や学生は読書協会のメンバーになれなかった。女性は一般に「理性」に欠けるところがあり、啓蒙人たりうると想定されていなかったためであり、学生は非自立的存在とみなされていたためである。一九世紀以降、読書協会が変質して社交的性格を強めていくにしたがい、女性もまたようやく読書協会のメンバーとしてむかえられていく[44]。

会員構成には、創設メンバーの意向が強く反映される。一般に、新入会員の承認には、三分の二の賛成が必要とされたからである。都市によっても異なるが、貴族と専門職についている上層市民が圧倒的多数を占め、手工業者や商人はほとんどいない（表10-1）。マールブルク学芸協会の場合、正会員は二三名限定で、名誉会員として「在地の学識者、在外の学識者、学芸に明るい人」をむかえた。名誉会員には会費等が免除された。ほかに、「理事会は、経済的事情から正規の会費を払うことができない学生のうち、もっとも有能で勤勉な学生二名を、協会の特別会員として受け入れることができる」（一六条）とされ、例外的に、優秀な貧困学生にも門戸が開かれた。会員は、全部でのべ一〇二名にも達したが、女性は存在しない(45)。

商業都市リューベックにおいてですら、読書協会成立当初には学識者の優位がめだった。一七八九年に生まれた最初の学芸協会は、ハンブルクなど周辺諸都市の協会をモデルに、一牧師が、聖堂法律顧問、法学博士、上級裁判所弁護士、商人ら四名と協力して創設した。創設当初二五名の会員は、貴族の聖堂参事会員一名、学識者二〇名（法律家一〇名、聖職者五名、教師三名、医師二名）、商人四名からなる。うち四名は現役あるいはのちの市参事会員で、一〇名はフリーメイソンであった。当時、リューベックの人口は三万、市民はほぼ二〇〇〇、そのうち、市参事会の被選挙資格をもつ市民は三五〇名にすぎない。学識者は一二〇名を数え、学識者の六分の一は、当初から読書協会に属したことになる(46)。

会費は、一般にけっして高くない。入会料を一〇〇ターラーも徴収したエルバーフェルトのような例外は別として、通常の場合、読書サークルの年会費は、ほぼ一雑誌の年間購読料に相当する二～六ターラー、読書クラブの年会費は、四～八ターラーであった(47)。

（3）読書と討議

[1]　協会の蔵書

エンゲルジンクは、ブレーメン読書協会を例にとって、リーダーが文献選定権をもつとしたが、ダンは、文献選定の「民主」的性格を強調する。ダンによれば、文献選定手続には二つのタイプがみられた。一つは、会員の総意による選定、もう一つは、大規模読書協会によくみられた手続で、リーダーや委員会による選定を総会にはかるケースである。[48] いずれにせよ、文献選定にあたって会員の意向を十分尊重しようとしたことがうかがえる。

読書協会の蔵書リストと出版市場の動向をくらべると、興味深いことがわかる。一般の出版市場において、定期刊行物の刊行点数が占める割合は五%にすぎないが、読書協会蔵書リストでは一〇~七〇%を占める。小さい協会ほど、定期刊行物の割合が高い。文学書購入の是非をめぐっては、読書協会内で激論がかわされたらしく、ボン読書協会は、ヴィーラント著作集の購入についてすらためらいをみせた。[49]

定期刊行物そのものについても、読書協会は市場とは異なる独自の動きを示している。先述のように、雑誌市場で最大のシェアをほこるのは、非学術的な娯楽雑誌である(四〇%)。しかし、それらは読書協会所蔵雑誌の二〇%しか占めていない。これにたいして、雑誌市場で一〇%を占めるにすぎない政治・歴史雑誌は、読書協会では二五%、同八%の総合雑誌にいたっては、読書協会蔵書雑誌の二〇%に達した。[50] 読書協会は、意識的に小説や娯楽雑誌を避け、政治記事や時事評論を掲載した、いわば「硬派」の雑誌を収集したのである。

[2]　総合雑誌と歴史・政治雑誌

読書協会は、①総合雑誌と、②歴史・政治雑誌を主に収集した。そのうち、総合雑誌は、一七六六~九〇年に一八六点が創刊されている。[51] それらは、三タイプに分けられ、新刊紹介と書評を掲載する評論誌 Gelehrte Zeitung、全分野にまたがる論説をおさめた論説誌、民衆啓蒙を意識した日刊新聞的な啓蒙誌がある。

①全国版の評論誌のうち、三一蔵書リスト中一九リストが名をあげている『ドイツ文献総覧』*Allgemeine deutsche Bibliothek*(一七六五~一八〇五年)は、ベルリン啓蒙主義を代表する出版業者ニコライが出版した雑誌であり、全二五六巻刊行され、計八万点以上の文献を論評した。三一リスト中二六が言及していた『(イエナ)総合学術新聞』(*Jenaer*) *Allgemeine Literaturzeitung*(一七八五~一八〇三年)は、一七八九年に一二〇名の批評家を擁し、

その後一〇年のうちに一五〇〇名の執筆者をかかえるにいたった。地方誌的性格をもつ総合雑誌もまた多数うまれ、ほとんどは大学都市で出版された。なかでも、最高一一〇〇部にのぼるほどドイツ全土に普及した『オーバードイツ総合学術新聞』*Oberdeutsche allgemeine Literatur-Zeitung*（一七八八～一八〇八年）は、三一リスト中一〇で名があげられている[52]。

論説誌のうち、全国的性格をもつのは、『ベルリン月報』と、『ゲッティンゲン学術文芸雑誌』*Göttingische Magazin der Wissenschaften und Literatur*（一七八〇～八五年）の二誌である。『ベルリン月報』は、三一リストのうち二二で購入を確認されている。この雑誌は、プロイセン啓蒙主義のプロパガンダ・メディアであり、執筆者の三分の二は、官僚であった。カントやフィヒテ、フンボルトなど、当時の名だたる知識人もまた執筆陣に加わっている[53]。

前二者にくらべ、啓蒙誌は、より実用性が高い。三一リスト中一七で言及されている『ドイツ・ジャーナル』*Journal von und für Deutschland*（一七八四～九二年）は、『ジェントルマンズ・マガジン』をまねた雑誌であって、ここでは結婚、出生、死亡記事が日付順にならび、劇場情報、破産、穀物価格、帝国議会審議録、帝国宮廷法院判決、書簡、旅行記、詩などが掲載されていた[54]。

②歴史雑誌もまた、一八世紀末に急増した。一七六六～七〇年に二一雑誌、一七七一～八〇年に六五雑誌、一七八一～九〇年に一三一雑誌が新たに創刊されている。もっとも著名な雑誌が、ゲッティンゲン大学歴史学教授シュレーツァーが主宰した『国家報知』*Staats-Anzeigen*（一七八二～九五年）である。雑誌の目的は、同時代史としての歴史学と火急の政治問題としての国家学をセットにして伝えることであった。『国家報知』は、形成されつつある公論を代表する典型的雑誌となり、内容はかなり論争的なものをふくんでいる。隔月刊行でしだいに人気をたかめ、宮廷でも読まれた。最盛期の発行部数は四四〇〇、権力者もこの雑誌でこきおろされることをおそれたと

表 10-2　マールブルク読書協会・1772年５月～1773年５月全講話一覧

年 月 日	講 話 者	講 話 テ ー マ
1772. 5.27.	Curtius, M. C.	愛国主義的学識者像
1772. 5.27.	Krafft, E. C.	ときには嘘をつかなければならないことの証明
1772. 6. 3.	Bering, J.	ローマ書 VIII. 2 の箇所について
1772. 6.17.	Hilchenbach, N. W. L.	キリスト教の長所について
1772. 6.24.	Hausknecht, J. G.	名誉欲と外面との関係は，知識と内面との関係に等しいこと
1772. 7. 8.	Krafft, E. C.	諸アカデミーでの友好関係について
1772. 7.15.	Bernhardi, J.	啓示の客観主義的必要性について
1772. 7.22.	Grosch, E.	人間本性の誤解は，われわれの目的や正義に反すること
1772. 8. 1.	Gundlach, J.（書簡）	真の愛国主義について
1772. 8. 5.	Geller, E. T.	いくつかの文芸がわれわれの道徳におよぼす影響について
1772. 8.12.	Bering, J.	ドイツ語を用いる必要性について
1772. 8.19.	Hilchenbach, N. W. L.	聖書上の人物のふるまいの自然らしさについて，聖書の作者が熱狂者でなかったことの証明として
1772. 8.26.	Hausknecht, J. G.	農村での説教師の仕事と義務について
1772. 9. 2.	Krafft, E. C.	①プロテスタント教会とカトリック教会の統合案にたいする所見 ②大学は居城都市か大都市におかれるのが最善であることの証明
1772. 9. 9.	Robert, C. W.	有徳であることの最大の勝利はなにか
1772. 9.16.	Spieker, J.	人間社会の必然性について
1772.10.28.	Curtius, M. C.	たとえ諸侯が後援しなくとも，学術は栄えうること
1772.11. 4.	Grosch, E.	（テーマ不明）
1772.11.18.	Geller, E. T.	社交がわれわれの幸福を増進することの証明
1772.11.18.	Bering, J.	一夫多妻婚が許されないことについて（１）
1772.11.25.	Hilchenbach, N. W. L.	ゲッティンゲン大学の状態について
1772.12. 2.	Hausknecht, J. G.	詩歌における都市生活の賞賛
1772.12. 9.	Krafft, E. C.	神学の種類と方法にかんする考察（１）
1772.12.16.	Hilchenbach, N. W. L.	第一モーゼ書 III. 15 にかんする考察
1772.12.23.	Robert, C. W.	リヴィウスのいくつかの箇所についてのコメント，興奮と苦悩にかんする教説を説明するために
1773. 1. 6.	Grosch, E.	冷淡な行動について
1773. 1.13.	Geller, E. T.	人間心理の認識が徳におよぼす影響について
1773. 1.20.	Bering, J.	一夫多妻婚が許されないことについて（２）
1773. 1.27.	Hilchenbach, N. W. L.	世俗の幸福とそれが満足の唯一の源であることについて
1773. 2.10.	Bip(p)art, K. W.	音楽とそれが心におよぼす影響について
1773. 2.24.	Krafft, E. C.	神学の種類と方法にかんする考察（２）
1773. 3. 3.	Spieker, J.	吝嗇が勉学におよぼす悪しき影響について
1773. 3.10.	Curtius, M. C.	偏見の価値について（１）
1773. 3.17.	Curtius, M. C.	偏見の価値について（２）
1773. 3.24.	Hausknecht, J. G.	一民謡調物語詩の断片
1773. 4.28.	Eisenberg, J.	一般社会における特別社会の効用について
1773. 5.12.	Grosch, E.	人類愛と友好の価値について
1773. 5.19.	Bering, J.	疑いについて

出典：Sirges, *Lesen in Marburg*, S. 80-82.

いう[55]。

[3]　講話と討議

討議の具体的内容まではわからないが、講話のテーマについては史料がのこされている。マールブルク読書協会の場合、週一回、会合がもたれて、一名のメンバーが順に講話をおこない、たがいに批評しあった。一七七二年五月二七日以降、会合はほぼ毎週開かれている。初回から丸一年間にわたって全三七回もよおされた会合での講話者は全一三名。各回一名で、毎回代わっている。報告テーマは、宗教問題が九件、道徳や社交については一三件、愛国主義二件、学術・大学・アカデミー・文芸が七件など多様であったが、政治的テーマは見あたらない[56]（表10-2）。

(4)　読書協会と君主——ライン地域の読書協会

プロテスタント諸国では、啓蒙主義の浸透にあわせて、読書協会が自然発生的に生まれる傾向が強かったのにひきかえ、反啓蒙主義勢力が強かったカトリック圏では、一八世紀末に、君主による「上からの啓蒙化」が急速にすすめられた。君主が臣民にたいして親啓蒙的ポーズをしめそうとする場合、もっとも効果的な手段が、教育改革と文化支援策の推進であった。学校教育・大学教育の改革と、一種のカルチャーセンターとしての読書協会の設立は、ほぼ平行してすすむ。それらは、一七七〇年代以降、しばしば同一の人物をリーダーとして展開した。小国分立状態のなかでの君主どうしの対抗心もそれに拍車をかけたと思われる。マインツ、トリーア、ケルンといった聖界選帝侯領がすべて属するライン地域は、「上からの啓蒙化」がすすめられた典型的地域であった。

ライン地域で最初の読書協会は、一七七六年、ケルンで設立された。ある書籍商のもとに一群のプロテスタントが集まり、読書協会がつくられたのである。カトリックでは、ただひとり若き市参事会員が参加していたにすぎない。しかし、協会は、反啓蒙主義陣営に攻撃され、一七八一年以降、解体する。[57]

ケルンにおける民間での読書協会結成が挫折したのち、ライン地域における読書協会設立の本格的な波は、君主の協力をうけて、一七八二年にはじまる。最初は、マインツである。マインツでは、一七七〇年以降、啓蒙主義者であるマインツ選帝侯エメリヒ・ヨーゼフ・フォン・ブライトバッハ゠ビュレスハイム（位一七六三～七四年）のもとで、学校教育改革と大学改革がはじめられていた。しかし、かれの改革は聖職者の協力を得られず、後任となったエルタール（位一七七四～一八〇二年）もまた、当初は改革を全面否定しようとした。しかし、一七八〇年、エルタールは態度を豹変させ、親啓蒙の立場を鮮明にする。[58]かれは、マインツ大学の改革に積極的にたずさわり、のちに、マインツ大学は、ライン地域の啓蒙主義のメッカとなっていく。一七八一年、選帝侯に大学改革の必要性をうったえる鑑定意見を書き、選帝侯を翻心させた当時の大学学長で法学者のホリックス、一七八二年に改革の責任者としてマインツ大学理事長に任命されたベンツェルは、ともに啓明団員であり、読書協会の会長をもつとめた。[59]

設立当初一七〇名であった会員は、一七九〇年には二〇三名にのぼった。会員名簿は残存しないが、一年交代の会長に名をつらねるのは、枢密顧問官、マインツ大学理事長、同学長、同教授などである。協会の一部屋は新聞や雑誌の閲覧室で、あと一部屋は会員の会談・討論に利用された。両部屋とも朝九時から夜一〇時まで開いていた。所蔵雑誌・新聞のタイトルには英仏の雑誌もふくまれ、一七九〇年には、およそ九〇件にのぼっている。[60]この読書協会は、一七九〇年まで存続し、以降、新しい組織にとってかわられた。

マインツ選帝侯にならって、トリーア選帝侯もまた、コブレンツ（一七八三年一二月中頃）、トリーア（一七八三年一二月二七日創設）に読書協会の設立を認可した。アーヘン（一七八三年）、ケルン（一七八四年一〇月一三日）にも読書協会が設立される。[61]

君主と宮廷が読書協会に積極的にかかわった典型的なケースが、ボン読書協会である。ケルン選帝侯の居城都市ボンは、市壁内人口一万あまりの小都市であった。事実上最後のケルン選帝侯となったマックス・フランツ（位一七八四～一八〇一年）は、兄の皇帝フランツ・ヨーゼフ二世におとらぬ啓蒙主義者として知られる。徹底して啓明団を弾圧する反面、読書協会の熱心な支援者であったという点に、啓蒙専制君主と読書協会の性格がきわめてよく読みとれる。

ボンでは、一七七七年創設のアカデミーが一七八六年に大学に昇格され、一七八一年には啓明団のミネルヴァ教会がつくられていた。一七八七年の読書協会創設には、啓明団が深くかかわっていたとされる。[62] 読書協会は、市庁舎の一室を借りうけて活動をおこなう、選帝侯公認の結社であり、メンバーの八七％が選帝侯の宮廷につかえる官僚や選帝侯から直接報酬を受け取る者たちであった。読書協会のメンバーは、当初五〇名（一七八八年）であったが、一七九四年までに一六八名に達し、平均一一〇名を数えた。[63] 規約には、会員条件として「読書好き」と記されているにすぎないが、それは非識字層の明確な排除を意味する。また、規約では「地位は問わない」と書かれていた。ボン読書協会の貴族会員は三割にのぼったが、規約にのっとり、身分の高低を問わず、読書協会では対等な地位が保障されたのである。読書協会における貴族と市民の平等原則は、経済力を身につけ、啓蒙主義の担い手として成長してきた市民が、身分制原理にたいしていだく不満のはけ口として機能した。結社における身分差別の撤廃は、すでに秘密結社に顕著であったが、いまや、君主公認の組織である読書協会で身分制原理が否定されたことの意味は大きかった。会合は二週間に一回、のちには月一回もたれ、会員平等原則にしたがって、講話と発言の機会が保障された。九名の幹部委員会が設置され、組織の管理運営にあたった。[64]

（5） 第四期以降の読書協会

フランス革命の影響がおよび、結社や表現活動にたいする規制がきびしくなった第四期以降、読書協会は変質す

表 10-3　マールブルク読書協会の変化

名　称	活動年	主要蔵書	副次的目的	メンバー
学芸協会	1766～1786	総合・学芸雑誌	学識啓蒙	教授・学生・在外学識者・高級官僚
文芸協会	1809ころ	総合・学芸・政治雑誌	社交・談話・ゲーム・食事	教授・高級官僚
アカデミー読書会	1791	総合・学芸・政治雑誌	社交・談話・ゲーム・食事	教授・学生・少数の高級官僚
医学読書会	1792～不明	専門書	医学教育	医学生
学校教師読書協会	1797～1801	専門書	上からの教育学教育	学校教師
クラブ	1800～1842	総合・学芸・政治雑誌	社交・談話・ゲーム・食事	将校・官僚・教授・少数の学生
経済読書協会	1802～不明	専門書	経済教育	教区牧師・官僚・行政官吏
教育読書協会	1817～1831以後	専門書	上からの教育学教育	
学生読書協会	1818～1825	総合・学芸・政治雑誌	学問的政治的教育・社交	学生（学生組合メンバー）
アカデミー読書協会	1832～1846	総合・学芸・政治雑誌	社交・談話・ゲーム・食事	教授・学生・官僚
オッカーズハウゼン読書会		宗教書	上からの道徳教育	
新読書協会	1846以後	総合・学芸・政治雑誌		

出典：Sirges, *Lesen in Marburg*, S. 319-323 より作成。

る。一部は解体され、一部は専門別の読書協会に衣替えされた。しかし、多くの読書協会は、会話をたのしむ社交協会へと変貌をとげていく。それは、読書協会と啓明団やフランス革命とのかかわりが疑われ、読書協会の政治化が危惧されたためであり、また、フランス革命後につづく社会変動により、啓蒙期の無邪気な学術志向が弱まったためでもあった(65)。

マールブルクでは、一九世紀になると、読書協会がしだいに社交を重んじるクラブと専門別の読書協会に分化していく傾向がうかがえる（表10-3）。総合的・学術的な読書と講話を重視する学芸協会のような読書協会は、もはや復活しない。

リューベックの読書協会は、一七九一年以降、変化する。学芸協会を公益結社に編成替えするよう提案がなされ、一七九三年、リューベック学芸協会は、公益結社の性格もあわせもつようになったのである。市当局の公認をもとりつけた結果、この結社は、市民から多大な人気を集めるようになり、一七九三年に四一名であった会員数は、一七九八年に一〇五名、一八〇六年には二五一名に達している。一八一五年フランス占領期に一時的に会員数は一四八名とおちるが、一八二〇年には二五三名となった[66]。会員数の増加は、会の性格をも変えた。発足当初は学識者がほとんどを占めていたのにたいし、一七九三年以降、商人会員が増えつづけ、一七九八／九九年には、手工業者もはじめて参加するようになる。公益協会と読書協会がリンクした点に、たんなる学術的知識にとどまらず、より実用的な知見を重んじた商業都市リューベックにおける啓蒙主義の特徴がよくうかがえる。

ボンの場合、読書協会は、フランス革命の影響をうけ、一七九四年にいったん活動を停止される。一七九八年、活動は再開されたが、性格はまったく変化した。一八一四年にボンからフランス駐留軍が撤退するまでのあいだ、ボン読書協会は、フランス軍人をメンバーとする組織となり、解放後は、純粋に市民的性格を有するにいたる[67]。貴族と上層市民が身分をこえて会談する空間としての読書協会は、啓蒙末期のわずか八年間に活動したにすぎない。

四　情報の独占と読書協会

(1) 読書協会の「非政治的」性格と結社ネットワーク

読書協会は、単独で機能したわけではない。啓蒙期に叢生した諸結社は、人的、地域的に緊密なネットワークを形成しており、読書協会もまたそのネットワークのなかで一定の役割をはたしたと考えるべきである。啓蒙期の諸結社がネットワークを作りえたのは、結社がおおむね啓蒙主義の浸透という大目的を共有し、また識字層に属する男性というごく限られた人びとを名宛人にせざるをえなかったせいであった。局地的なものから国境をこえたものまで活動の射程を異にする結社が、一都市に重層的に存在した。人びとは、複数の結社に籍をおきながら、目的に応じて結社を使い分けることができた。指導的啓蒙人ほど、より多くの結社に属しており、移動範囲もまた大きい。

読書協会は雑誌を読み、それをもとに議論する結社であったが、そこで読まれる雑誌の多くを啓明団員が編集していたことは注目に値する。しかも、かれらは、しばしばフリーメイソンであり、また、ベルリン水曜会やアカデミーの会員でもあった(68)。啓蒙期の総合・政治雑誌はおおむね短命であったが、裏をかえせば、それは、結社活動で得た情報や時事情勢の変化に敏感に対応して、時宜をえた雑誌を自由に創刊できたことを意味する。

啓蒙主義の拠点が分散していたドイツでは、パリやロンドンのような情報集積拠点が生まれず、首都を中心に地方へとひろがる放射線状の移動ルートが形成されえなかった。ドイツで意味をもったのは、複数の拠点をむすぶネットワークである。ネットワークの核は、フリーメイソン、啓明団、厳格戒律団といった秘密結社の支部組織が提供し、これらの支部と人的につながりながら、各地で読書協会や政治的討論サークルが結成され、機能しているという構図がうかびあがる(69)。ネットワーク上を走る公式の情報は、おもに雑誌により媒介され、いっぽう表にだせない情報は、秘密結社メンバー間の往復書簡や直接の移動によって伝えられたと考えられる。

啓蒙期の結社ネットワークのなかで、読書協会は、非政治的結社であることを前面にかかげながら、当局と協力して啓蒙主義を浸透させていく、いわば「表舞台」として機能したといえよう。そうであるとすれば、評論誌や論説誌に関心をよせる人びとが読書協会につどったにもかかわらず、読書協会そのものが、むしろ、慎重に政治的議論を避け、きわめて非政治的で穏健な性格を有していたことは驚くにあたらない。しかし、それは、かならずしも、読書協会のメンバーが非政治的であったことを意味するわけではない。マインツのある読書協会（一七八二～八七年）では、メンバー一七〇名のうち、三分の一がマインツ・ジャコバン・クラブのメンバーであった(70)。急進的な政治的・社会的改革をめぐる議論は、当局の干渉をおそれて、秘密結社でおこなわれたと思われる。しかし、政治的関心が高い指導者をもっているかぎり、読書協会がいかに非政治的性格をアピールしても、フランス革命の影響がおよんだ一八世紀末には君主の危惧をまねかざるをえなかった。ボンの読書協会が活動停止においこまれたのも、君主が危機感をつのらせたからである。

事実、読書協会の「非政治的」性格を否定し、読書協会を全国組織に再編する構想も生まれた。急進的な啓蒙主義者バールトのドイツ・ユニオン Deutsche Union 構想である。この秘密結社は、書き手の団体（学識者・文筆家）と読み手の団体（読者）をむすびつけるための組織とされた。「理性の友に」と題した結成呼びかけ文は、「啓蒙を愛する」人ならだれでも入れるとうたい、黄金=薔薇十字団のような反啓蒙的結社に対抗して、すべての啓蒙人が結集する必要性を説く。(71) 結局は実現しなかったが、このような構想が生まれたこと自体に、啓蒙主義にとって読書協会がもった意義の大きさを読みとることができる。

(2)　コミュニケーション過程としての啓蒙主義の限界

啓蒙期ドイツにおける結社ネットワークの形成は、たしかに、身分制を克服する新しい人的構成原理を浸透させ、結社に属する人びとを「公論」の担い手として登場させた。しかし、啓蒙期結社運動には決定的な限界もあった。それは、本質上、階層とジェンダーにもとづく排除の論理を内包していたのである。

結社形成は、たしかに、上にたいしては身分制的秩序や伝統的権威にたいする異議申し立ての運動たりえたが、下にたいしては情報の発信・受信への参加をはばむ防波堤としての役割をはたした。また、結社は、同階層の女性にたいしては、政治・経済にかんする議論を男性の手に独占する組織として機能した。一般に「理性」に欠けるがゆえに啓蒙されることなどありえない女性が、啓蒙的結社のメンバーになることは考えられなかったからである。(72)

一九世紀になると、女性独自の結社がうまれるが、それは女性としての特性にかなった戦争疾病者の看護や慈善活動などを目的とする結社にすぎず、男性結社とはあきらかに目的を異にするものであった。[73]

啓蒙主義の浸透にもっとも貢献した読書協会は、最新情報の受信基地にほかならなかった。啓蒙期には、情報を伝達する媒体（大学における言語と雑誌用語）が新高ドイツ語に統一され、情報流通制限（検閲制度）が緩和された結果、情報量が飛躍的に増え、その鮮度も高くなる。しかし、情報そのものの単価はなお高く、個人で情報を仕入れることはきわめて困難であった。新鮮な情報を大量にしかも安価に仕入れる情報受信基地としての読書協会がまたたくまに増えたのも、こうした理由による。しかし、読書と議論を目的とする読書協会は、新高ドイツ語を使えない非識字層を会員から排除し、女性については、たとえ識字層に属しても、原則として会員資格をみとめなかった。サロンが女主人のもとに開催されていたのとは対照的である。[74]

結果的に、「コミュニケーション過程」としての啓蒙主義は、コミュニケーションを公的なものと私的なものとに分け、公的コミュニケーションの担い手を自立した男性市民に限定する過程であったといえよう。結社が「公論」形成の場になったということは、その反面、結社につどった男性市民が担う公的コミュニケーションとそれ以外の私的コミュニケーションとが分化していったことを意味する。読書協会は、啓蒙人であると自負する一握りの男性市民のために組織された最先端情報の受信基地であり、「公論」形成を独占するための組織として機能した。啓蒙期には、たしかに、女性もまた男性におとらず読書をし、さかんに文通をして、「書簡の時代」Zeitalter des Briefes[75] を担った。しかし、女性の書簡はあくまで私的なコミュニケーションの枠内をこえないものとみなされた。読書協会の設立とともに、男性は読書協会でいわば硬派の時事雑誌を読んで「公」のことがらについて議論し、女性は家庭で道徳週刊誌と小説を読んで「私」的に愉しむといった性別による読書パターンが確立していく。とりわけ、道徳週刊誌は、「美徳のメッセージ」Botschaft der Tugend、すなわち、女性のかよわさやつつましさを喧伝する格好の道具として機能した[76]。啓蒙期に近代社会の諸原理が準備され、結社を舞台に市民的公共性がはぐくまれたというならば、啓蒙主義そのものと結社活動の本質的ありかたに男性原理が貫かれていたという点をみのがしてはならない。

註

（1）Schneiders, W. (Hg.), *Lexikon der Aufklärung. Deutschland und Europa*, München 1995, Einleitung, S. 9-23. Vgl., Stuke, H., Aufklärung, in: *Geschichtliche Grundbegriffe*, Bd. 1, Stuttgart 1972, S. 243-342.

（2）リヒャルト・ファン・デュルメン（佐藤正樹訳）『近世の文化と日常生活3　宗教、魔術、啓蒙主義——一六世紀から一八世紀まで』（鳥影社、一九九八年）、二九一ページ。

（3）Hinske, N. (Hg.), *Was ist Aufklärung? Beiträge aus der Berlinischen Monatsschrift*, Darmstadt 1973, S. 452［カント（篠田英雄訳）『啓蒙とは何か・他四篇』（岩波文庫、一九五〇年）、七ページ］. カントの啓蒙主義論については、西村稔「啓蒙期法思想と知識社会——カントと啓蒙官僚」長尾龍一・田中成明『現代法哲学2　法思想』（東京大学出版会、一九八三年）を参照。

（4）Hinske, *Aufklärung*, S. 455f.［カント『啓蒙』一〇—一一ページ］.

（5）Vierhaus, R. (Hg.), *Aufklärung als Prozeß* (= *Aufklärung*; Jg. 2, H. 2. 1987), Hamburg 1988, ders., Einleitung, S. 3-7.

（6）Vierhaus, R., *Was war Aufklärung?*, Göttingen 1995, S. 7. 引用文訳は、屋敷二郎『紀律と啓蒙——フリードリヒ大王の啓蒙絶対主義』（ミネルヴァ書房、一九九九年）、六ページ。

（7）Bödeker, H. E., Aufklärung als Kommunikationsprozeß, in: Vierhaus, *Aufklärung als Prozeß*, S. 89-111.

（8）西村稔『文士と官僚——ドイツ教養官僚の淵源』（木鐸社、一九九八年）、第五章。なお、同『知の社会史——近代ドイツの法学と知識社会』（木鐸社、一九八七年）をも参照。

（9）屋敷『紀律と啓蒙』序章参照。

（10）Möller, H., *Vernunft und Kritik. Deutsche Aufklärung im 17. und 18. Jahrhundert*, Frankfurt/M. 1986, S. 9.

（11）デュルメン『近世の文化と日常生活3』二九〇ページ。Vgl., van Dülmen, R., *Die Gesellschaft der Aufklärer. Zur bürgerlichen Emanzipation und aufklärerischen Kultur in Deutschland*, 1986 (ND 1996); Gerth, H. H., *Bürgerliche Intelligenz um 1800. Zur Soziologie des deutschen Frühliberalismus*, Göttingen 1976.

（12）プロテスタント圏における啓蒙主義の展開については、エンゲルハルト・ヴァイグル（三島憲一・宮田敦子訳）『啓蒙の都市周遊』（岩波書店、一九九七年）、拙稿「大学の貴族化と法学部――ゲッティンゲン大学法学部の創設をめぐって」前川和也編『ステイタスと職業――社会はどのように編成されていたか』（ミネルヴァ書房、一九九七年）参照。カトリック圏の急速な「上からの啓蒙化」については、Hammerstein, N., *Aufklärung und katholisches Reich. Untersuchungen zur Universitätsreform und Politik katholischer Territorien des Heiligen Römischen Reichs deutscher Nation im 18. Jahrhundert*, Berlin 1977.

（13）Bödeker, H. E., Herrmann, U. (Hg.), *Aufklärung als Politisierung—Politisierung der Aufklärung*, Hamburg 1987.

（14）新井皓士『近世ドイツ言語文化史論――「祖国」と「母語」が意識されゆくところ』（近代文芸社、一九九四年）、二五三、二七二ページ以下。

（15）農民の言語については、寺田光雄『民衆啓蒙の世界像――ドイツ民衆学校読本の展開』（ミネルヴァ書房、一九九六年）、八―九ページ、イレーネ・ハルダッハ＝ピンケ、ゲルト・ハルダッハ（木村育世他訳）『ドイツ／子どもの社会史――一七〇〇～一九〇〇年の自伝による証言』（勁草書房、一九九二年）、一二〇、一三〇、一三二、一三四ページ。

（16）Möller, *Vernunft und Kritik*, S. 9.

（17）Nipperdey, T., Verein als soziale Struktur in Deutschland im späten 18. und frühen 19. Jahrhundert, in: ders., *Gesellschaft, Kultur, Theorie. Gesammelte Aufsätze zur neueren Geschichte*, Göttingen 1976, S. 174-205（論文初出は一九七二年）.

（18）Hardtwig, W., *Genossenschaft, Sekte, Verein in Deutschland. Vom Spätmittelalter bis zur Französischen*

Revolution, München 1997, S. 9–24.

（19）Habermas, J., *Strukturwandel der Öffentlichkeit. Untersuchungen zu einer Kategorie der bürgerlichen Gesellschaft*, Neuwied-Berlin 1969, Frankfurt/M. 1990（erg. Aufl.）［細谷貞夫訳『公共性の構造転換・第二版』（未来社、一九九五年）］. コーヒーハウスやサロンについては、小林章夫『コーヒーハウス、都市の生活史――一八世紀ロンドン』（駸々堂、一九八四年）、同『クラブ、一八世紀イギリス――政治の裏面史』（駸々堂、一九八五年）、小林章夫他『クラブとサロン、なぜ人びとは集うのか』（NTT出版、一九九一年）を参照。

（20）Nipperdey, Verein als soziale Struktur［註(17)］; Dann, O., Die Anfänge politischer Vereinsbildung in Deutschland, in: Engelhardt, U., Sellin, V., Stuke, H.（Hg.）, *Soziale Bewegung und politische Verfassung. Beiträge zur Geschichte der modernen Welt*, Stuttgart 1976, S. 197–232; van Dülmen, Die Aufklärungsgesellschaften in Deutschland als Forschungsproblem, in: ders., *Gesellschaft der frühen Neuzeit: Kulturelles Handeln und sozialer Prozeß. Beiträge zur historischen Kulturforschung*, Wien/Köln/Weimar 1993（論文初出は一九七八年）.

（21）村上淳一『ドイツ市民法史』（東京大学出版会、一九八五年）、一二四ページ。Dann, Anfänge politischer Vereinsbildung, S. 197ff.

（22）ダンは、一七六五～一八一九年を前期結社運動の時代とよび、一七六五～九一年を第一期（結社の自由な設立）、一七九一～一八〇七年を第二期（停滞期）、一八〇七～一九年を第三期（再活性期）として区分している。Dann, Anfänge politischer Vereinsbildung, S. 197ff. デュルメンは、一七世紀末～一七四〇／六〇年に学識者による初期的な結社形成（第一期）をみ、その後一七七五／八〇年を境に、前者を学識者以外にメンバーが拡大した時期（第二期）と位置づけ、後者を教養市民が担う結社の形成期（第三期）とみなす。第二期を代表する結社が公益協会とフリーメイソンであり、第三期に登場する新しい結社タイプとして、読書協会、啓明団、ジャコバンクラブをあげている。Dülmen, *Gesellschaft der Aufklärer*, S. 29f., 55, 81f.; ders., Aufklärungsgesellschaften, S. 334ff.

（23）第一期には、ドイツ語協会やアカデミーが結成され、近代的フリーメイソンがイギリスで誕生し、神聖ローマ帝国に流入してきた。第二期には、農業・経済改革など実利的な目的をかかげる愛郷＝公益協会が各地に生まれ、フリーメイソンに飽き足りない人びとは、独自の目的をもつ秘密結社を組織しはじめた。反啓蒙主義の立場にたつ黄金＝薔薇十字団、フリーメイソンの起源を聖堂騎士団にもとめる厳格戒律団がこれにあたる。第三期は、もっとも多くの結社が生まれた時期である。啓蒙主義の推進をめざす啓明団が結成され、読書協会が爆発的に普及した。また、プロイセンの開明派官僚を中心にした政治的討論サークル、ベルリン水曜会も活動しはじめる。全世界の共和主義的革命を目的とする急進的結社のドイツ・ジャコバンクラブなどの革命支持結社が活躍したが、一転して停滞期をむかえる。フランス軍がライン地域に進駐し、ドイツ・ユニオンも登場した。第四期は、多くの市民は政治的無関心に陥った。第五期になると、ナポレオン体制にたいする国民的抵抗が高まり、愛国的＝国民的結社ブームがわきおこる。しかし、ブルシェンシャフト運動の昂揚に脅威を感じた当局は、一八一九年、カールスバートの決議において、結社の自由を全面的に制限したのである。以上の結社については、村上『ドイツ市民法史』一一八―一二七ページ、ウルリヒ・イム・ホーフ（成瀬治訳）『啓蒙のヨーロッパ』（平凡社、一九九八年）、一三二ページ以下、西村『文士と官僚』一六〇ページ以下を参照。

(24) 教皇庁が二度にわたって発布したフリーメイソン破門令は、フランス、オーストリアでは国内施行が拒否された。バイエルンでは、一七八五年に啓明団が禁止されたが、メンバーは他領邦で活動をつづけた。オーストリアのフリーメイソン令も監督令にとどまった。

(25) Wehler, H.-U., *Deutsche Gesellschafsgeschichte*, Bd. I. *1700–1815*, München 1987, S. 309.

(26) Wittmann, R., *Geschichte des deutschen Buchhandels*, München 1999 (2. erw. Aufl.), S. 119f., 122; Wehler, *Gesellschaftsgeschichte*, S. 306.

(27) ディーター・ブロイアー（浜本隆志他訳）『ドイツの文芸検閲史』（関西大学出版部、一九九七年）、一〇八ページ以下。帝国の検閲制度については、足立昌勝『国家刑罰権力と近代刑法の原点』（白順社、一九九三年）、六三―六六ページ参照。

(28) Wehler, *Gesellschaftsgeschichte*, S. 309–310; Kirchner, J., *Das deutsche Zeitschriftenwesen. Seine Geschichte und seine Probleme*, Teil I, Wiesbaden 1958 (2. erw. Aufl.), S. 115f.; Kirchner, J. (Hg.), *Bibiliographie der Zeitschriften des deutschen Sprachgebietes bis 1900*, Bd. I, *Die Zeitschriften des deutschen Sprachgebietes von den Anfängen bis 1830*, Stuttgart 1969.

（29）Hinske, *Aufklärung*, S. XXXVIIff., 444ff.
（30）楠本孝「新たに生ずべき共和国における刑事立法の綱領」東京刑事法研究会編『啓蒙思想と刑事法、風早八十二先生追悼論文集』（勁草書房、一九九五年）、一五四―一五五ページ、拙稿「近世ドイツの法と女性――嬰児殺をめぐる言説と立法」田端泰子・上野千鶴子・服藤早苗編『ジェンダーと女性』（早稲田大学出版部、一九九七年）、一三七ページ。
（31）女性の読書については、田邊玲子「純潔の絶対主義」荻野美穂・田邊玲子・姫岡とし子・千本暁子・長谷川博子・落合恵美子『制度としての〈女〉、性・産・家族の比較社会史』（平凡社、一九九〇年）、八五ページ以下参照。
（32）Dann, O., Lesegesellschaften des 18. Jahrhunderts und der gesellschaftliche Aufbruch des deutschen Bürgertums, in: Göpfert, H. G. (Hg.), *Buch und Leser. Schriften des Wolfenbütteler Arbeitskreises für Geschichte des Buchwesens*, Bd. 1, Hamburg 1977, S. 168.
（33）Engelsing, R., Die Perioden der Lesergeschichte in der Neuzeit, in: ders., *Zur Sozialgeschichte deutscher Mittel- und Unterschichten*, Göttingen 1978 (2. erw. Aufl.), S. 112-154, bes. 140. エンゲルジンクの読書文化研究として、Engelsing, R., *Analphabetentum und Lektüre. Zur Sozialgeschichte des Lesens in Deutschland zwischen feudaler und industrieller Gesellschaft*, Stuttgart 1973［中川勇治訳『文盲と読書の社会史』（思索社、一九八五年）］; ders., *Der Bürger als Leser. Lesergeschichte in Deutschland 1500-1800*, Stuttgart 1974 を参照。なお、読書革命肯定論として、ラインハルト・ヴィットマン（大野英二郎訳）「十八世紀末に読書革命は起こったか」ロジェ・シャルティエ、グリエルモ・カヴァッロ編（田村毅他訳）『読むことの歴史――ヨーロッパ読書史』（大修館書店、二〇〇〇年）をも参照。
（34）ロジェ・シャルチエ（福井憲彦訳）『読書の文化史、テクスト・書物・読解』（新曜社、一九九二年）、一一〇―一一二ページ。同編（水林章他訳）『書物から読書へ』（みすず書房、一九九二年）、一〇一―一〇七ページ。
（35）Martino, A., *Die deutsche Leihbibliothek. Geschichte einer literarischen Institution (1756-1914)*, Wiesbaden 1990, S. 61-133, bes. 133; Wittmann, *Geschichte des deutschen Buchhandels*, S. 193-199.
（36）Prüsener, M., Lesegesellschaften im 18. Jahrhundert. Ein Beitrag zur Lesegeschichte, in: *Archiv für Geschichte*

des Buchwesens, 13-1/2, 1972, Sp. 376ff.; Stützel-Prüsener, M., Die deutschen Lesegesellschaften im Zeitalter der Aufklärung, in: Dann. O.（Hg.）, *Lesegesellschaften und bürgerliche Emanzipation. Ein europäischer Vergleich*, München 1981をも参照。読書協会の会員リストや蔵書目録は一部が公刊されている。ルートヴィクスブルク、トリーア、ツーク、ヴェーデンスヴィル、シャフハウゼン、バーゼルについては、Milstein, B. M., *Eight Eighteenth Century Reading Societies. A Sociological Contribution to the History of German Literature*, Diss. Princeton 1968, Haase, C., Der Bildungshorizont der norddeutschen Kleinstadt am Ende des 18. Jahrhunderts. Zwei Bücherverzeichnisse der Lesegesellschaften in Wunstorf aus dem Jahre 1794, in: Brunner, O. et al.（Hg.）, *Festschrift Hermann Aubin zum 80. Geburtstag*, Wiesbaden 1965, S. 511-525.

（37）たとえば、Ziessow, K.-H., *Ländliche Lesekultur im 18. und 19. Jahrhundert. Das Kirchspiel Menslage und seine Lesegesellschaften 1790-1840*, 2 Bde., Cloppenburg 1988.

（38）Roche, D., Literarische und geheime Gesellschaftsbildung im vorrevolutionären Frankreich: Akademien und Logen, in: Dann, *Lesegesellschaften*, S. 181-196, bes. S. 196.

（39）Lesegesellschaft という表現はひろく流布しており、当時の百科全書や辞書等の見出しとして用いられていた。ほかの表現として、Lesezirkel, Leseinstitut, Leseverein, Lesekabinet のほか、後になると、Ressource, Societaet, Klub, Kasino, Museum, Harmonie が使われた。Prüsener, Lesegesellschaften im 18. Jahrhundert, Sp. 379ff.; Dann, O., Die deutsche Aufklärungsgesellschaft und ihre Lektüre. Bibliotheken in den Lesegesellschaften des 18. Jahrhunderts, in: *Buch und Sammler: private und öffentliche Bibliotheken im 18. Jahrhundert*, Heidelberg 1979. 読書協会に言及している日本語文献として、成瀬治・山田欣吾・木村靖二編『ドイツ史2』（山川出版社、一九九六年）、一六一ページ以下、西村『文士と官僚』一六九―一七一ページ、浜本隆『ドイツ・ジャコバン派、消された革命史』（平凡社、一九九一年）、三二―四〇ページ、的場昭弘『トリーアの社会史、カール・マルクスとその背景』（未来社、一九八六年）、一二一―一二二ページ。翻訳では、ハーバーマス『公共性』一〇三ページ以下、デュルメン『近世3』三一〇―三一二ページ、イム・ホーフ『啓蒙のヨーロッパ』一四七―一五三ページ。

（40）Dülmen, *Gesellschaft der Frühen Neuzeit*, S. 348.

（41） Hansen, J.（Hg.）, *Quellen zur Geschichte des Rheinlandes im Zeitalter der Französischen Revolution 1780–1801*, Bd. 1, Bonn 1931, Nr. 21, S. 35.

（42） マールブルクの読書文化については、ジルゲスの一連の研究がある。Sirges, T., *Lesen in Marburg 1758–1848. Eine Studie zur Bedeutung von Lesegesellschaften und Leihbibliotheken*, Marburg 1991; ders., *Die Bedeutung der Leihbibliothek für die Lesekultur in Hessen-Kassel 1753–1866*, Tübingen 1994; ders., *Zensur in Marburg 1538–1832. Eine lokalgeschichtliche Studie zum Bücher- und Pressewesen*, Marburg 1984. 一七九〇年ころ、マールブルクの住民数五五九四、学生数三〇〇。ここでは、一七四三年にイギリス型のフリーメイソン・ロッジができ、一七七二年には厳格戒律団と強い結びつきをもつロッジが生まれていた。一七八二／三年には啓明団支部もできた。一七五八年に、二〜三人単位で雑誌・新聞を共同購読している記事がみられ、一七六六年には、学芸協会という名称で読書協会が史料に初出する。学芸協会の創設者は二名。のちに法学者として活躍した急進的な神学教授ロベルトと歴史・修辞学教授クルティウスである。ロベルトは、カントの信奉者で、啓明団と厳格戒律団に属し、マールブルクのフリーメイソン・ロッジ長をもつとめた。Schüttler, H., *Die Mitglieder des Illuminatenordens 1776–1787/93*, München 1991, S. 127.

（43） Sirges, *Lesen in Marburg*, Anhang I, S. 333–338.

（44） Stützel-Prüsener, Deutsche Lesegesellschaften, S. 79.

（45） Sirges, *Lesen in Marburg*, S. 53–68.

（46） リューベックの読書協会については、Kopitzsch, F., Lesegesellschaften im Rahmen einer Bürgerrepublik. Zur Aufklärung in Lübeck, in: Dann, *Lesegesellschaften*, S. 87–102.

（47） Stützel-Prüsener, Deutsche Lesegesellschaften, S. 77.

（48） Dann, Aufklärungsgesellschaft und ihre Lektüre, S. 191ff.

（49） Dann, Aufklärungsgesellschaft und ihre Lektüre, S. 197.

（50） Dann, Aufklärungsgesellschaft und ihre Lektüre, S. 194, 196.

（51） Kirchner, *Deutsche Zeitschriftenwesen*, S. 119–127.

(52) Kirchner, *Deutsche Zeitschriftenwesen*, S. 77, 122f.; Prüsener, Lesegesellschaften im 18. Jahrhundert, Sp. 427.
(53) Schneiders, *Lexikon der Aufklärung*, S. 62ff.; Prüsener, Lesegesellschaften im 18. Jahrhundert, Sp. 428.
(54) Kirchner, *Deutsche Zeitschriftenwesen*, S. 126.
(55) Kirchner, *Deutsche Zeitschriftenwesen*, S. 127, 130. マックス・フォン・ベーン（飯塚信雄他訳）『ドイツ十八世紀の文化と社会』（三修社、一九八四年）、九八―一〇〇ページ。
(56) Sirges, *Lesen in Marburg*, S. 80-98.
(57) Hansen, *Quellen* I, Nr. 27, S. 78.
(58) Hammerstein, *Aufklärung und katholisches Reich*, S. 150ff., Prüsener, Lesegesellschaften im 18. Jahrhundert, Sp. 395-399.
(59) Schüttler, *Mitglieder des Illuminatenordens*, S. 22, 76.
(60) Hansen, *Quellen* I, Nr. 7, S. 16f.
(61) Hansen, *Quellen* I, Nr. 21(Koblenz), 22(Trier), 7(Aachen), 27(Köln).
(62) ミネルヴァ教会設立者たる一一名の啓明団員（うち一名はまもなく死去）のうち、九名が読書教会に参加した。Höroldt, D., van Rey, M. (Hg.), *Geschichte der Stadt Bonn*, Bd. 3, Bonn 1989, S. 323ff. ボン読書協会については、Ruckstuhl, K., Geschichte der Lese- und Erholungsgesellschaft in Bonn, in: *Bonner Geschichtsblätter* 15 (1961), S. 26-180; Dotzauer, W., Bonner aufgeklärte Gesellschaften und geheime Sozietäten bis zum Jahr 1815 unter besonderer Berücksichtigung des Mitgliederbestandes der Freimauerloge „Frères courageux" in der napoleonischen Zeit, in: *a. a. O.* 24(1971), S. 78-142; Dann. O., Die Anfänge demokratischer Traditionen in der Bundeshauptstadt. Zur Gründung der Bonner Lesegesellschaft im ausgehenden 18. Jahrhundert, in: *a. a. O.* 30 (1978), S. 66-81 を参照。
(63) Dann, Anfänge demokratischer Traditionen, S. 75.
(64) Dann, Anfänge demokratischer Traditionen, S. 72; Ruckstuhl, Geschichte der Lese- und Erholungsgesellschaft, S. 33.

（65） Dann, Anfänge demokratischer Traditionen, S. 78f.
（66） Kopitsch, Lesegesellschaften in Lübeck, S. 91.
（67） Ruckstuhl, Geschichte der Lese- und Erholungsgesellschaft, S. 58ff.
（68） たとえば、『ドイツ文献総覧』編集者のニコライは、プロイセンやバイエルンのアカデミー会員ならびにベルリン水曜会のメンバーであっただけでなく、啓明団員でフリーメイソンでもあった。『(イエナ)総合学術新聞』の編集に協力したイエナ大学法学教授フーフェランドもまた、啓明団員でフリーメイソンであった。地方誌的な評論誌として著名な『オーバードイツ総合学術新聞』、独仏文化の仲介的役割をはたした『シュトラースブルク学芸ニュース』、ヘルダー、ゲーテをはじめ、西南ドイツの多くの学識者をあつめた『フランクフルト学術報知』の三誌とも、編集者は啓明団員であった。また、『ベルリン月報』編集者のゲディケとビースターは、ともに啓明団員でフリーメイソンであり、ベルリン水曜会のメンバーでもあった。啓蒙誌として普及した『ドイツ年代記』の編集者二名はともに、ベルリン水曜会メンバーであると同時に、啓明団員でフリーメイソンであった。Schüttler, *Mitglieder des Illuminatenordens*, S. 110, 77, 59, 24.
（69） 啓明団の指導者ボーデの旅行記には、各地の啓蒙人と連絡をとり、さまざまな結社を訪問しているさまが描かれている。Bode, J. J. C., *Journal von einer Reise von Weimar nach Frankreich. Im Jahr 1787*, München 1994.
（70） マインツのジャコバン・クラブについては、浜本『ドイツ・ジャコバン派』、ヘルムート・G・ハーシス（壽福眞美訳）『共和主義の地下水脈、ドイツ・ジャコバン派、一七八九―一八四九年』（新評論、一九九〇年）を参照。Hermand, J.（Hg.）, *Von deutscher Republik 1775-1795. Texte radikaler Demokraten*, Frankfurt/M. 1975.
（71） Mühlpfordt, G., Radikale Aufklärung und nationale Leserorganisation. Die Deutsche Union von Karl Friedrich Bahrdt, in: Dann（Hg.）, *Lesegesellschaften*, S. 103-122.
（72） 近代的性差論について、Hausen, K., Polarisierung der „Geschlechtscharakter"—Eine Spiegelung der Dissoziation von Erwerbs- und Familienleben, in: Conze, W.（Hg.）, *Sozialgeschichte der Familie in der Neuzeit Europas*, Stuttgart 1976, S. 363-393.
（73） Frevert, U., *Frauen-Geschichte zwischen Bürgerlichen Verbesserung und Neuer Weiblichkeit*, Frankfurt/M.

1986, S. 69f.〔(若尾祐司・原田一美・姫岡とし子・山本秀行・坪郷實訳)『ドイツ女性の社会史――二〇〇年の歩み』(晃洋書房、一九九〇年)、六三ページ以下〕.

(74) ヴェレーナ・ファン・デア・ハイデン＝リンシュ(石丸昭二訳)『ヨーロッパのサロン、消滅した女性文化の頂点』(法政大学出版局、一九九八年)参照。

(75) Schneiders, *Lexikon der Aufklärung*, S. 69.

(76) Martens, W., *Die Botschaft der Tugend. Die Aufklärung im Spiegel der deutschen Moralischen Wochenschriften*, Stuttgart 1968.

第11章　会話と議論

——一八世紀フランスにおける社交の衰退

富永茂樹

王政復古とともに政界から身を引いたピエール＝ルイ・レドレルは歴史の研究に関心を向けてゆく。そして『ルイ一二世の新たな歴史のための覚書』（一八一九）などの著作のあと、一八三五年つまり彼自身が亡くなる年になって、アンシァン・レジーム期における社交界にかんする書物『フランス上流社会の歴史のための覚書』が公刊された。「一七世紀とともに首都のただなかに立ち上がり、両性を新たな紐帯、新たな感情により結びつけ、宮廷や都市の秀でた人びとや上流世界の人物、文学者たちを混ぜあわせ、［……］繊細で高貴な習俗を造りだし、言語を改革し豊かなものにし、新たな文学の飛躍を準備し、卑俗な者にはわからない楽しみの感情と欲求にまで精神を高めた」、そうした「あるエリートの社会の一覧表」を彼は描こうとしたのだった。このようにはじまるレドレルの社交にかんする記述は、その後ヴィクトル・クーザンをはじめとして多数の同種の研究が輩出してくる、その先駆けとしての位置を占めている(1)。フランス革命から、帝政と王政復古さらに七月革命を経たこの国では、過去のよき時代に向けて関心をもつことが許されまた望まれる時期が到来していたのであり、彼はまたアンシァン・レジーム末期の社交界について直接の知識をもつ最後の世代に属し、さらに帝政期に擬似的に再生した社交の舞台の中心にあった点で、このような書物への要求に応える充分な資格があったともいえるだろう。その意味ではレドレルの晩年の仕事は彼にとってごく当然のなりゆきでもあった。だが他方で、先の上流社会にかんする彼の記述を過去の時代への郷愁にあふれただけのただの讃美と受け取ってしまうことはできない。そこにはむしろ著者の複雑な感情が滲み出ているのを読み取らなくてはならない。少なくとも歴史研究をはじめる以前とりわけ革命期の彼の経歴と、そこに由来する彼の社会観についてわれわれがよく知っているかぎりにおいて。

すでに一八一五年に書いていたものを二九年になってオルレアン公の求めに応じて子息の教育のために呈したとレドレル本人が語り、さらにそのオルレアン公がルイ＝フィリップとして即位したのちの三一年に公刊される『一七八九年の革命の精神』は、フランス革命が一八世紀の観念と習俗のなかですでに準備されていたとする点で、アンシァン・レジームと革命との連続性を強調する、一九世紀の革命史学のなかでトクヴィルとともに例外的な著作である。しかも著者によれば、平等の観念をこの国の社会で拡げることで革命の準備に寄与したのは、一七世紀における文学、ついで一八世紀における哲学と学問のそれぞれの発達と結びついて成長してきた「世論」にほかならなかった。[2]ところで必ずしも明示的に書かれてはいないが、この世論の成長は先に見た上流社会における「新たな紐帯」の誕生や「言語の改革」また「新たな文学の飛躍」と無関係ではなかったはずである。『革命の精神』と並べて読むならば、三五年に出る著作はフランス革命を準備した世論のさらにその源流まで遡ったものだということになる。さらにこの二つの書物ではハバーマスであればいかにも喜びそうな「公共空間」にかんする議論が部分的にせよ先取りされているのだとさえいってよいかもしれない。もっとも、実はことはそれほど単純ではない。というのも、アンシァン・レジームあるいは啓蒙と革命との連続に注目するレドレルは、他方で連続にはある種の断絶が重なっていること、少なくとも世論やコミュニケーション空間にかんしては、フランス革命はそれ自体を準備したものをけっして引き継ぎはしなかったことをよく承知していたからである。モンターニュ派の独裁と恐怖政治の悪夢を身をもって体験したレドレルは、かつての貴族や上流ブルジョワのサロンにとってかわり、市民が自由に集まり議論する民主的な公共空間となってもよかったクラブや民衆協会が、結局は「共和国の深刻な病い」に転じてしまったことを認めざるをえなかった。[3] 彼が晩年になってアンシァン・レジーム期における社交界を哀惜したとすれば、それは革命期における市民のあいだのコミュニケーションの可能と不可能とを見きわめてのことなのだった。

一八世紀のコミュニケーションの問題を考えるにあたり、われわれもまたレドレルが見た連続と断絶の折り重なる地点からはじめることにしよう。アンシァン・レジーム期のサロンとそこでの会話は世論なるものを産出する重要な公共空間の一つを構成していた、と断言しはしないが、しかしあとで詳しく見るように、少なくとも当時の人びとの多くが信じ、そして現在でも少なからぬ歴史家たちがそのように考えている。それはフランス革命を準備したかもしれないが、しかし革命と同時に消滅し、そのかわりに新しく生まれた市民の交流の場は、これまたいく人かの歴史家の想定するのとはちがって、その機能を充分に果たすことなく自己解体してしまう。一八世紀の終わりにいたり、フランスでは社交は衰退し、あるいは少なくともその姿を大きく変えるのである。革命を一つの転回点とするこの人間のコミュニケーションの衰退ないし変貌はどのようにしてもたらされたのか。世論と社交をめぐる連続と断絶はどのようにして生じたのか。このレドレル以来の問いに答えるために、われわれはここで公共空間における二つのコミュニケーションの形式、すなわち一方でアンシァン・レジーム期のサロンにおける会話と、他方で革命期におけるクラブや民衆協会における議論とを比較検討することにする。この二つはいずれも世論の形成にとって重要な役割を果たすと考えられていた点で共通しており、さらに実際にいく人かの革命家たちの観念のなかでは前者は後者の手本でさえあった点で連続している。だが、それにもかかわらず、一方は隆盛ののちに衰退の時期を迎え、他方は成功への期待のみを残して解体するのだ。そうした衰退と挫折を導いたのはなんであったのか。二つのものの比較は一八世紀後半における社交の変貌のさまを明らかにしてくれるとともに、今日のわれわれ自身にまでつながるはずの近代の政治文化におけるコミュニケーションの問題の深さをも示してくれることだろう。

一　議論の悪夢

フランス革命のさなかに市民のための新しいタイプの公共空間を創出する試みは、国民の再生という至上命令を実現するうえで大きな期待をかけられながらも、さまざまな障碍に出会い最終的には断念されなければならなかった。しかもこの挫折は二重ないし三重の意味で決定的であった。一七九一年は新しく生まれ変わったはずの社会において中間集団が困難に遭遇する年として記憶されなくてはならない。まずこの年の三月に旧来の同業組合が廃止された（アラルド法）のにつづいて六月には労働者の結社が禁止される（ル・シャプリエ法）ことはよく知られた事実であるが、後者の法令を成立させたル・シャプリエはさらに九月の末つまり憲法が成立して立憲議会が解散するその直前に、ジャコバン・クラブをはじめとする政治結社の活動を制限する法令を提案し可決させたのだった。同じル・シャプリエが五月に通過させた民衆協会やパリの各地区の集会による請願を禁止し、さらに請願の権利を能動市民にのみ限定する法令もまた一連の措置のなかに加えることができるだろう。それらのうちとりわけ九月末の法令はこのころ明らかになったジャコバン・クラブの内部対立、さらにその結果としてクラブから成立したフイヤン派と元のクラブとの抗争を直接に反映している（ル・シャプリエはフイヤン派に属している）のはいうまでもないが、それ以上に革命期に広く共有されていた社会の編成にかかわる基本的な観念の所産でもあった。「もはや国家のなかに同業組合はないのである。各人の個人的利益と一般的な利益の外にはもはやなにもない」とル・シャプリエが六月の法令を提案したさいに発した言葉に明確に示されているように、彼らの観念のなかで社会は個人を基本的な単位として成り立っており、個人と全体社会（＝国民）のあいだにあって両者の利益を損なう集団は存在してはならなかった。[4]「市民の再編成にたいする軽蔑」が革命期全体をとおして一貫しているとリュシアン・ジョーム

は言うが、中間的な諸集団を排除する社会編成原理がこの年に集中して確認され法令化されるのだ。(5)

中間集団にたいする敵意は九月末の法令においては、さらに具体的な問題をとおしてクラブや民衆協会の活動の制限へとつながっていった。永年にわたる絶対君主政から解放されたフランス国民にとって、法はもはや国王の恣意的な意志に発するものではなく、人間と市民の権利の宣言で明言されるように「一般意志の表明」でなければならない。ところでこの一般意志の表明たる法の作成は、代表制が採用されるかぎりにおいて、国民の代表の集まりである国民議会の任務となる。九月の法令でクラブや民衆協会に禁じられたのはまず協会内での「討議」であったが、ここで討議 délibération とは、たとえばシエースが「ひと［議員］が集まるのは討議するためであり、たがいの意見を知るためであり［……］最後に多数決で共通の結論を獲得するためである」と述べているように、(6)ただの政治的議論ではなくして法律の作成のための議論つまり議会における「審議」と解釈されており、したがってそれは議会以外でなされてはならない行為であるからこそ禁止されたのであった。またル・シャプリエによればある協会がその内部で政治について議論する disserter ことまでは禁止されないが、そうした各地に存在する協会がたがいに連絡を取りあうならば、国民議会に匹敵するあるいはこれを凌駕しさえする団体が形成されることになる。そうであるからこそ、討議と並んで各協会のあいだでの「提携」が法令により禁止されるべき活動とされたのだった。

ところでこの審議という点について、法案が上程される前夜にジャコバン・クラブで演説を行なったブリッソーは次のように反論する。「法にかんして討議することは代表体制においては代表組織のみのなすべきことである、と彼ら［ル・シャプリエおよびフイヤン派］は主張している。しかり、もしも討議という語が法の作成を意味すると理解するならば。だが愛国協会が討議すると主張しているのはそんな意味でなのであろうか。協会は法ではなく法にかんする自分たちの意見を発するにとどまっており、たしかに協会にはその権利があるのだ。(7)」議員と市民とが協会に集まって法律について前もって議論することは、ブリッソーによれば国民議会で法を作成するために審議することとは別のことがらであり、それはジャコバン・クラブが設立されたとき以来の目的でさえあったのだ。一七九〇年にバルナーヴが作ったとされる協会の規約には「憲法友の会の目的は（一）国民議会において決定されるべき問題を事前に議論することである［……］」とあり、(8) まさにこの議論することこそが彼らのあいだでは討議することなのだった。協会での討議が議員の手で立法府にまで伝えられて法律に姿を変えるべき「世論」を形成するうえできわめて重要な意義をもつという、議論と世論の形成との関係に目を向けたブリッソーの主張は、これに先行して五月に請願権の制限が問題となったさいにビュゾーが示した見解においても共有されている。「名もない市民がいだく孤立した意向は無視されるであろう。そうではなくて一般的な意向が団体により、都市により、人民の願望を知る行政団体により、また市民の協会により表明されるならば、立法府や国王は世論にしたがって行動するのを義務としているのであるから、圧倒的な請願を考慮に入れないわけにはいかないであろう。(9)」ビュゾーにとって、またブリッソーにとって民衆協会とそこでの議論はいわば世論の母胎、世論を産み出しより広い世界に向けて伝達する機能を果たすと考えられていたのだった。

これに加えて彼らの観点からするなら、革命によって権利を獲得したばかりの市民はその大多数がまだ政治的に未成熟な状態におかれている。彼らが法をはじめとする社会規範を学習し充分な市民へと成長してゆくにはなんらかの手段を保証することが必要であり、民衆協会での討議はそうした市民の「社会化」とでも呼ぶべきことがらについて一つの重要な手段となるはずであった。ひとが集まり法について議論することほど市民の育成にとって効果的な手段はあるだろうか、とブリッソーは民衆協会を弁護する九月末の演説で問う。しかもこの効果はそこでなされるのがただの政治的議論ではなくして、正当な結論に到達することをめざした責任ある討議、つまり discussion ではなく délibération であるからこそ生じるのだった。彼によれば協会における市民の議論は他者の意見を理解しまたみずからの意見を表明する技術の習得をとおして、「人間の理性を完成し、それをあらゆる階級に広め、各個人に大量に分配する手段」でさえあり、子どもが公教育をとおして社会化してゆくのと同様に、すでに成人に達している者にとっては「討議する協会ほどすぐれた学校はない」のであった。[10] ビュゾーもまたこの論点を先取りするかのように、五月の請願権にかんする質疑応答のなかで協会での「穏やかな討議」の必要性を強調していたことを付け加えておこう。世論の形成および伝達、そして社会化と社交の空間の提供――。ブリッソーやビュゾー、彼らは二年後にはともにいわゆるジロンド派として追放され生命を失う運命にあるのだが、やがて一九世紀になってトクヴィルがアメリカで発見し、さらに二〇世紀のコーンハウザーが定式化する二つの中間集団の社会的機能に注目していたことになる。[11] そしてこれらの機能との関連で、議論することは重要な意味をもちうるのだった。

だが、このようなブリッソーらの期待を理解することなく、あるいは全面的に無視して、一七九一年の夏から秋にかけて中間集団にたいする一連の措置が可決されてゆくのだ。すでにふれたとおり、そこにはこの時期の政治的対立が影を落としているとともに、市民の中間的な段階での集団編成にたいする敵意という、革命期をつうじて存在する観念を見ることができる。中間集団への敵意はまた、市民のあいだの社交、さらには議論することへの軽視でもあった。革命期とりわけ立憲議会期を支配した観念のなかでいかに市民の社交への関心が乏しかったかは、たとえばル・シャプリエが五月に請願権の制限を提案したさいの言説から明確になるだろう。このとき集団による請願とともに、街路など公共空間に個人ないし集団の名でポスターを掲示することもまた禁止されたのだが、その根拠を提案者は次のように説明する。「街路、広場は公共の所有物であり、誰に所属するものでもなく［国民の］全員に所属するものである。」したがって個人ないし部分集団がポスターの掲示によって公共空間を占有することは許されないこととなる。ここには家族の規模の縮少と親密化にかかわるアリエスの議論を受け継ぎながらメイエルが指摘した、一七世紀以降の子どもの社会化との関連での都市の公共空間における社交の衰退、そこからの市民の排除という一般的な傾向と革命政府によるその追認とをうかがうことができる。こののち街路や広場など公共空間の管理はもはや国家の手にゆだねられることとなるのだ。それでは市民のコミュニケーションはどこに求めればよいのか。「教育がなされるのは街路の片隅においてではない」とル・シャプリエは言う。「それはひとが討議することなく討論し、情熱も党派精神ももたずに啓発しあう穏やかな協会においてであり、書物のなかにおいてであり、また健全な哲学者が語る法律をつうじてである。[12]」またしても討議ではなく討論！　そして情熱に欠ける穏やかな集会。これはブリッソーやビュゾーたちの求めたものではけっしてありえなかった。

あとの議論に関係してここでさらに注目しておく必要があるのは、ル・シャプリエが公共空間から市民を閉め出したとき、穏やかな集会に加えて「書物」を市民の教育、社会化の手段として挙げている点である。ル・シャプリエによる法令の提案のあと、反対意見が出て討議が紛糾したのを受けて立ち上がり、提案を支持する意見を表明する議員もまた、書物の効用に言及するであろう。ただし今度は市民の交流とのかかわりではなく、むしろ請願権のありかたつまり個人の意志の伝達と世論の形成という問題とのかかわりにおいてではあるが。フランスのように大きな人口をかかえた国では、個人の意見を国民の大多数に向けて伝えるのはきわめて困難である、とこの議員ブリオワ＝ボーメスは述べる。その場合「よい書物」こそが「より多くの知識［＝啓蒙］を広め、公共の願いを知らしめ、したがって誰であれ一定数の市民が署名した請願がなしうる以上に、世論を無視しない行政官や立法者を力強く決心させる、このことは明らかである。[13]」ここでの書物への言及はたんなる偶発的になされたものではなく、おそらくは当時かなり広い範囲で人びとのあいだで共有されていた観念を反映しているものと推定してよい。ル・シャプリエたちが読んでいたとは思えないが、『啓蒙とはなにか』（一七八四）のカントにとって「議論すること」すなわち「理性の公的な使用」は読者公衆に向けて語りかける知識人の姿によって体現されるはずであった。[14]また、これは彼らも読んでいたかあるいは少なくとも間接的に聞き知っていただろうが、フランスではコンドルセが革命のはじまる以前から活字印刷されたものを読むことの効用を説きつづけていた。テュルゴーとマルゼルブの印刷術にたいする注目を受け継ぐコンドルセにとって、印刷は空間と時間の両面において知識の伝播と普及をそれまでの時代と比べて圧倒的に確実なものとした。その結果として「いかなる人間の力からも独立した法廷」として世論が形成され社会に大きな影響力をおよぼすことになった、と彼は言う[15]。

しかも書物により伝達される世論が影響力をもつのは、ただそれが空間的・時間的に広い範囲に広がっているからだけではない。印刷術は「人間の理性を保存する技術」であり、ひとが書物を読むときそこには理性が作用し「冷静で厳しい検討」が加わるからこそ、表明された意見は多くの人間により受け容れられ共有されるのである[16]。ここに書物のもちうる真の効用がある。コンドルセの考える読書が集団による音読ではなく個人的に「沈黙と孤独」のなかでなされることは容易に想像がつくことだろう。われわれの主題に戻るならば、これは先のブリッソーが民衆協会における市民の討議をつうじてこそ市民は自己表現と他者の理解の能力を獲得し、さらには人間の理性を完成させるのだとしたことの対極にある発想である。また、これもあとでもう一度ふれなくてはならないが、九二年になってラントナスが描く理想の民衆協会の活動のさまも、コンドルセの想定するコミュニケーションの形式との対照は明らかである。ブリッソーと同じく民衆協会が成人の学校であると説くこのジャーナリストは次のような提案をする。「広大で、快適かつ清潔な場所を建設し、そのなかで可能なかぎり多くの観衆を前にして読書と講演を行なうこと。決められた日時に公衆の面前で［……］人類の道徳・政治上の作品の読書がなされること。講演によってどの読書にも説明がなされて、どんなに教育のない人間、どんなに単純な精神にも理解できようにすること[17]。」ここで協会の主要な活動として行なわれている読書が黙読ではなく音読によるものであることにさしあたりは注目しておかなければならない。つまりブリッソーの展開したことがらと併せて考えるならば、議論にせよ読書にせよ民衆協会において構想されているのはあくまでも口頭による直接的な市民の交流なのだが、まさにそうしたコミュニケーションこそを禁止する措置がル・シャプリエによってもたらされ、それにとってかわるものとして書物が、あるいは個人による孤独な黙読が人間の社会化にかんしても世論の伝達にかんしても勧められることになる。これが少なくとも法令のうえでは一七九一年の夏から秋にかけて実現した事態なのだった。

もっとも、これで問題が終わってしまうわけではない。クラブや民衆協会は法令のうえではその活動を制限されるが、それでもって政治的影響力を完全に失うどころか、むしろ以前にもましてその数をふやし大きな力を獲得するにいたるだろう。ジャコバン・クラブにかんしていえばフイヤン派からの攻撃を生き延び、さらにはジロンド派とモンターニュ派との分裂をへて後者が権力を掌握して独裁政治をはじめるのが、その後二年あまりのいきさつであることはよく知られている。そしてモンターニュ派の公安委員会がついに独裁を獲得したまさにそのときに、同じ法令によって中央の監視統制下におかれることとなる。その勢力が絶頂期に達した時点での集団としての自律性の喪失――ブーティエとブートリーはこれを「共和国二年の逆説」と呼ぶのだが(18)――は、しかし九一年の段階からまったく予測がつかないことではなかった。というのも、民衆協会での議論がブリッソーらの期待するような理性的なものではなく、いずれは協会の意向にそわない個人を非難し攻撃するものに堕すとル・シャプリエが指摘したのにたいして、みずから所属する結社の弁護に回ったロベスピエールは「われわれのおかれた状況において、外面上は祖国の大義に仕えたのちにいっそう大胆にも祖国を裏切ったいく人かの人物の評判を犠牲にして世論、公共精神は発達するのであり、これがそれほど不幸なことであろうか(19)」と、居直りと呼んでもよい論駁を行なうことで、協会における議論にどのような社会的な期待が込められているかを彼自身がなんら理解してはいないことを明らかにしてしまうのである。やがてモンターニュ派の独裁政治の頂点に立つはずの人物にとって、クラブは結局のところ権力掌握のための道具にすぎなかったのだろうか。これは中間集団にたいする一般的な敵意のさなかで生まれたクラブにとってはきわめて致命的なことだった。

このロベスピエールの民衆協会にたいする無理解あるいは道具視から導かれる暴力を被る一人が、協会の存在意義をきわめてよく理解していたブリッソー自身であったのは皮肉以上のなにものかであるといわなくてはならない。王権の停止と共和国の樹立ののち、次第に顕著になってきたモンターニュ派とジロンド派との対立の結果としてクラブを除名されたブリッソーは、それでも民衆協会そのものの意義まで否定しはせず、堕落し陰謀家の意のままになっているのはパリの協会だけであると断りながらも、少なくともそのパリでは市民のあいだで理性的な議論がなされるはずであった場所が今では「欺瞞に充ちた非難の永遠の劇場、発酵の中心、祖国愛の仮面を付けた剣闘士がたがいに引き裂きあっている闘技場」と化し、そこでは「言論の自由は放逐され」、「数は少ないが騒々しい少数派が賢明ではあるが力のない多数の者を鎖につないでいる」さまを目の当たりにしなくてはならなかった。[20] この言説そのものがイデオロギー闘争の一方の側から発されていることを差し引いて考えるとしても、ここから聞こえてくるのは葡萄が発酵して酒になるさいの泡立つ音であり、剣と剣とが撥ねあう音であり、客席からの罵声であり、要するに彼やビュゾーそしてラントナスが九一年にかろうじて聞き分けようとした集団の声が九二年秋にはもはや雑音に堕してしまっていることは容易に見てとることができる。世論を産み出し市民の規範意識を育成するはずであった冷静な議論は、非難、中傷、罵倒からなる言語のうえでの相互暴力に変貌して、その勢いはとどまるところを知らずまもなく現実の暴力（ギロチン）へと転化しさえすることだろう。

「民衆協会に人民はいるだろうか。いな。［……］協会で討議している délibérer のは怠惰な者や邪な者たちばかりであり、そこに人民はいない。[21]」このように九三年の秋以降ロベスピエールは公然と民衆協会を非難しはじめる。これに呼応してサン＝ジュストも次のように述べるだろう。「民衆協会はかつては平等の殿堂であった。［……］民衆協会では民衆がその代表と結合し、彼らに教え彼らを判定する姿が見られた。だが民衆協会が狡猾な者どもで満たされて［……］以来、協会にあまりにも多くの官吏や市民が入って以来、そこには人民は一人もいない。[22]」ここにはジャコバン派の指導者たちが政治状況の転変するなかで、先のル・シャプリエへの反論で明らかになったようなクラブの道具視をも放棄して、ついにはその存在意義自体を否定する立場に転じているのを読みとることができる。あるいは、とりわけ別のところで「革命は凍りついた」と告白するサン＝ジュストの場合についていうなら、そこには協会の変質にたいする多少の絶望を読みとってやってよいかもしれない。だがいずれにせよ、新しい社会のなかでの政治的役割がいったんは期待された集団がすでにその姿を大きく変え、罵声の渦巻く場所となっていることは見てとれる。その後テルミドールの政変を経てジャコバン・クラブは閉鎖され、さらに九五年の憲法において民衆協会と名乗る団体は法的に禁止されるにいたる（第三六〇―三六二条）ことはよく知られたとおりである。公共空間としての中間集団はこの時代の社会観のなかで充分な位置を占めることができず、集団の外部から法的措置その他をつうじてたえず攻撃されその活動を拘束されると同時に、その内部においても相互暴力を肥大化させることによって、自律的な性格を自身の手で否認し解体させていったのである。こうして近代フランスにおける最初の政治結社の試みは外部からも内部からも挫折を強いられ、市民のあいだのコミュニケーションへの希望は議論の悪夢と化していったのだった。

二　会話の愉しみ

イギリスにおける政治的公共空間とフランスにおけるそれとを比較するハバーマスは、前者では一世紀におよぶ漸進的な発達を要したものを、フランス革命はそれまで欠けていた制度、つまりクラブと新聞を政治的に自覚した公衆にもたらすことで、たった一日で創出したと語る。[23] もっとも、さほど長続きしなかったと断りながらのことではあるが、しかし革命期における議論の悪夢のさまを見てきたわれわれにはこの断りようでは不充分であり、新聞はともかくクラブは長続きしなかったどころか、たった一日で創出されたというそのときからして存在意義を理解されることなくただちに自壊に向かったと言いかえるべきだろう。この悪夢とはまったく対照的に、アンシァン・レジームにあっては世論なるものを保証しうる、あるいは少なくともそのように信じることのできる別の公共空間が存在していた。その一つが「文学的公共性」の用語をもってハバーマスも注目するサロンである。あとで詳しく見るように、サロンとそこから発するとされる世論についてもハバーマスの見方は楽観的にすぎ、さもなくば一元的なものでしかない。しかしサロンがそうした役割を果たすと考えられてきたことは当時の言説からも明らかであり、ましてや革命期の政治結社のありさまを目撃したレドレルにとっては、それがいっそう有意義な社交空間であると見えたことだろう。そしてそのサロンで展開され、まさに世論を作り出すとみなされたのがそこに参集した知識人たちのあいだでの会話であった。理性の公的な使用を説くカントが別のところで「あらゆる国民のうちでフランス人はその会話の愛好により特徴づけられ、その点では他の国民の手本となっている」と語るように、会話は啓蒙の世紀の人びとの好むことがらであり、さらにはこの世紀の本質部分と密接につながっていたのだった。(24)

「一八世紀の哲学が幸福なかたちで利用できた手段のうちでも会話のことを忘れないようにしよう。この時代の社交の進歩はことさらにこの手段を愛好したのであり、カフェやサロンがその役割を果たした」と、レドレルよりもさらに何世代かのちのジュール・バルニはその『一八世紀フランスにおける道徳および政治思想の歴史』のなかで書いている。(25)バルニがカントの著作の翻訳者であり、しかもこの著作が第二帝政下で書かれ啓蒙と世論の観念にも説きおよんでいることに注意しておきたいが、ともあれ社交生活は一七世紀のルイ一四世のもとでの宮廷に端を発し、次第に宮廷から貴族へさらに上流ブルジョワジーへと広がりつつ、サロンという空間において会話という形式をつうじて一八世紀の啓蒙思想と密接な関係を保ちながら展開されていった。サロンに招待されそこで重要な役割を果たした知識人の一人であるマルモンテルは、社交の発達とその意義をアカデミーの入会演説で次のように誇らかに語るだろう。「交流、精神の一致、彼ら［文人たち］を引きつけるこの相互の趣味、この相互の交流への欲求、彼らが経験する啓発しあい、愛しあうことの微妙な愉しみ。このような結合は、あえていうならあらゆる時代において文芸の幸福と栄光とを作ってきた。前世紀にはこの結合がもっとも著名な作家たちのあいだに広まるのが見られた。それは今日の一流の才能の持ち主のあいだでも同じであるが、いっそう平穏なものとなっている。[26]」彼らは特定のサロンに定期的に招かれ、主人や他の招待客の前で自身の作品を朗読したり、さまざまなことがらについて議論を行ない、そこでの社交生活を彩りあるものにした。サロンは時間的、空間的さらには階級の点でもかぎられた世界ではあったが、この会話の内容がまずは私的な手紙によって、さらには公的に刊行される書簡（たとえばグリムの『文芸通信』）によって、また作家自身の著作の公刊によって次第に外部の世界に伝えられることで、ある種のまとまりをもち情報を共有している世界、いわゆる「文芸共和国」の発端の一つとなってゆく。さらに世紀の後半になって「世論」なるものが社会的に重要な位置を占める（と信じられる）にいたり、サロンの会話はこの世論の形成と不可分であるともみなされるようになった。[27]

ここであらためて断っておくと、「世論」l'opinion publique とは実のところ二重の意味で矛盾撞着を含む言葉である。というのも「意見」という語のもとにあるギリシア語の「ドクサ」はまず個人が保持するものであり、したがって「公的な」という語でもって修飾されるべきものではない。それはまた「エピステメー」と対比されるかぎりにおいて正しい認識を意味するどころか、むしろ「臆見」とでも呼ぶべきものであった。ところが一八世紀の半ばにいたって「公的な意見」という表現が採用されることで、なにか社会がしたがうべき正しい方向を示すものが確実に存在するかのようにみなされてしまうのである。さらにこの二重の矛盾に加えて、すでに見てきたカントやコンドルセが明言するように、真の議論と世論は印刷メディアによって成立し理性とともに伝達されるのであるから、それは人間の直接の対面関係を超えた不可視の公衆、コンドルセの言葉にしたがえば「分散した国民[28]」のあいだでのみ共有されるのであり、したがって特定の場所を占有してはいない。いいかえれば、かりに世論なるものが存在するにしても、それがどこに存在しているのかは曖昧なままなのだ。そうした曖昧さと不確実さを覆う役割を果たすのが文人と呼ばれる人びとであり、彼らがサロンその他で行なう議論であった。やがてメルシエは文人たちが「理性の権利を評価させ〔……〕重大な危機にさいして世論を決定した。彼らによれば世論は事件にたいして大きな影響力をもっている。彼らはついに国民精神を形成しているように見える」とまで語るようになる(29)。このような言説を無思慮に信じて公共空間と世論にかんする空論を展開したのがハバーマスの誤りであったのだが、それはともかくこの啓蒙の世紀に世論なるものが存在し、サロンの会話がその存在と不可分の関係をもつと信じられるにいたったのだ。

サロンその他での知識人の会話と世論の形成との関係が当時どのように考えられていたかについて知るには、たとえばアンドレ・モルレが一七六四年に出版の自由が制限されたさいに執筆し、一一年後にはじめて公刊したパンフレット『行政の事項について書き印刷する自由の利点にかんする省察』の記述が役に立つ。「世論についてフランス啓蒙期でもっとも進んだ作品(30)」とゴードンが賞讃するほどのものとはとても思えないこの凡庸なパンフレットは、その題名どおり世論やまた知識一般が印刷物によって広められることが為政者にとっても重要であり、「統治の技術」は書物をつうじて学ばれるべきであると論じながら、さらにその書物による教育の源泉、「社会が最大の利点を抽き出しうる」源泉としての会話にまで説きおよぶ。書物と会話が世論との関係で併置されているのが、先に民衆協会における議論よりも読書を推奨するル・シャプリエを見てきたわれわれにはまずは興味深い。いやこの著者はむしろ会話の効用をこそ強調しているかにさえ思われる。ひとは議論することでそれまで自分では考えてもみなかった観念、同じことがらにかんして自分とはまったく異なる意見を知ることができる、とモルレは言う。「会話はしばしば瞑想よりも役に立つ活き活きとした、またすばやい注意をわれわれにもたらしてくれる。瞑想は疲れることがしばしばある。そしてしばらくのあいだ同じことがらにとらわれていても、瞑想からはなにも採るべきものが出てこないことがあるが、そのときに疲れた精神を救いにきてくれるのが会話である。」読書は会話にたいして従属的とはいえないまでも、彼の理想とするコミュニケーションの中心にあるのはやはり会話なのである。「行政について公的に書いたものの効果は、政治経済にかんする会話を動かすことにある。教育ある人物がこの興味深いことがらをめぐって対談する。ひとは検討し、討論し、攻撃し、防御し、知識は観念と意見の衝突から生まれてくるのである。(31)」ここには一八世紀のサロン、とりわけジョフラン夫人のサロンの常連であったモルレ自身の生活と趣味との反映を見てとることができるだろう。

書物と会話の関係についてこだわるなら、ジョゼフ＝ドミニク・ガラの『一八世紀の歴史的回想』の記述はいっそうわれわれの注意を惹く。なぜなら彼は革命期を経たのちに、したがっておそらくは書物の意義を説くコンドルセを知ったあとでも、読書の退屈と会話の愉しみとを対照させているからである。「書物には驚きもなければ興奮もない。そこでは怒りでさえもが計画されている。書物はいつも人工的に作られるものであり、人物よりもはるかに偽善的である。」読書にくらべて会話がもちうる意義を確信するガラは先のモルレとほぼ同様のことを語ろうとする。「話し言葉の大きな利点は［……］観念や表現をそれらが失われようとするその瞬間に正せること、繁殖力ある誤りの芽に精神のなかで根をはり遠くまで拡大してゆく時間を残さないことにある。(32)」印刷物による情報伝達の時間と空間の両面にわたる拡大よりも、対面的コミュニケーションにおける観念の即時の活性化のほうが、彼らにとっては重要な意味をもっていたのだ。もっとも、このようなガラから見ても、革命がはじまってからの議論はサロンにおける会話とは似ても似つかぬものであったことを断っておかねばならない。「彼ら［国民公会議員］の討議では議論は喧嘩になっており、闘いの剣が鞘に収まって彼らの傍らにあり、同時に真理の剣か誤りの剣のどちらかが彼らの言葉のなかにあった(33)」とガラが述懐するとき、われわれは先のブリッソーの九二年の言説を思い出さないわけにはいかないだろう。彼もまたレドレルと同様に革命期の議論の混乱を経験したあとでこれを書いているのであり、逆にこの著作がシュアールという、これまたサロンを中心にして活動した文人の伝記として書かれていることとあわせて、アンシァン・レジーム期に展開された心地よい会話という「記憶」がどのようにして「構成」されてきたのかもここで明らかになってくるのであるが。

元のモルレに戻るならば、一七七八年に翻訳したスウィフトの「会話論への示唆」の内容を取り入れながら革命後に書きなおし『ジョフラン夫人讃』（一八一二）に収められる「会話について」のなかで、モルレはあらためて会話が世論におよぼす影響について語り、ブリッソーやラントナスがのちに民衆協会について採用した表現を喚起させるかのように、会話が「精神の偉大な学校」であると呼ぶが、それは会話が「精神をいっそう力強い、いっそう広がりのある、いっそう鋭く、いっそう深遠なものにする」からであると述べる。会話はどのようにしてこうした効用をもちうるのか。会話においては話者の「声、身振りそして調子」こそが思想をきわ立たせるのである。ここでも注目されているのは具体的な、つまり目に見え耳で聞こえる身体とその動きをとおしたコミュニケーションである。このような会話はしかし、ただ世論の形成のうえで重要な役割を果たすのではなかった。それはこの世紀のもっと本質的な部分、つまり社交への欲求の高まりにかかわるものであり、彼によれば「人間の道徳と社交性を完成させる」働きが会話にはふくまれていた。社交における文人の位置にかんするマルモンテルの言説に呼応するかのようにモルレは次のように語る。「両性間の自由な交流が社交の完成と文明のもっとも力強い原理の一つであるといわれてきたのは正しい。ところでこのような効果は会話をとおして実現した。もし女性が自然の手でその性格にもたらされた優しさ la douceur を男たちに伝えるとするなら、その伝達は会話をとおして実現するのだ。女性の繊細、善、この心地よい感受性が襞をなして印象を作るのは会話をとおしてなのである。」(34) 優しさというのはこの世紀に好まれ多くの言説に頻出する言葉であるが、サロンでの会話はこれほどにもひととひとのあいだに心の宥和と交流をもたらす、きわめて快適なコミュニケーション行為と考えられていたのだった。

モルレはさらに議論を進めて、楽しい会話を台なしにしてしまう「悪癖」を一一種列挙してそれぞれについてコメントを加えている。すなわち「不注意、話に割り込んだり同時に複数のことを話す習慣、あまりにも急いで才気を示すこと、利己主義、専制あるいは支配する性癖、衒学趣味、脈絡の欠如、ふざけの性癖、反対する性癖、諍い、一般的な会話ではなく特殊な会話」である。[35] あまり順序だって並んでいるともいえないこれらの悪癖をあえて整理するなら、会話の形式ないし進めかたにかかわるものと内容にかんするものとに区分することができるだろう。たとえば最初の二つや「脈絡の欠如」は明らかに内容よりは形式にかかわっている。才気を示すこと、エゴイスム、衒学趣味などは会話の内容についての注意であろう。最後の一般的な会話と特殊な会話の対照は一見したところ内容にかんしてのことであるかのようだが、あとのコメントを読むと必ずしもそうではないことがわかる。モルレによれば、「サークルないし仲間を構成するすべての人物のあいだでなされ、話者としてであれ聞き手としてであれ各人が寄与する」のが一般的な会話であり、つまり会話に参加した者たちのあいだでのある種の平等がここでは要請されているのだ。[36] 才気を示すことやエゴイスムなど内容にかかわることがらもまた、参加者が自身の個性を強調するのを戒めているのだといいかえるなら、そこにいる者のあいだでの差異の消失つまりは平等が追求されているといえる。形式の徹底と自己の抑制とによる平等の実現、これが会話の愉しみに不可欠な要素なのだ。会話における形式の徹底についてはスタール夫人、アンシァン・レジーム末期のパリで両親が催していたサロンの様子を知らなかったはずがないスタール夫人が『ドイツについて』のなかで「会話の精神について」という一章を設けて、首都でことのほか好まれている会話がひとに喜びをもたらすのはその内容ではなくて形式であり、「他者にたいする振る舞いかた、どのようにして交互にかつ速やかに自身の喜びを作るか、どのようにしてアクセントや身振り、まなざしをとおして自身の精神をあらゆるニュアンスとともに示すか」にくらべるなら、会話で話される観念や知識はさほど重要ではないと語っているのを付け加えておいてもよい。[37]

社交の問題を「純粋ないし形式社会学」の格好の題材として採りあげるゲオルグ・ジンメルによれば、諸個人のあいだの相互作用の総体である社会はその内容あるいは実質と形式とに区別して考えなくてはならない。内容すなわち個人がかかえる衝動や関心、目的などが形式を獲得して相互作用に参入することがジンメルのいう社会化にほかならない。形式とは内容を容れるいわば器であるかぎりにおいて生命にたいする拘束であるが、ときにその形式の追求が徹底され自己目的化してゆくと、生命にかかわる具体的な動機が次第に消滅して、逆説的なことだが生命は現実から解放され自由を獲得するようになる。この自由こそが芸術、遊戯そして社交の本質部分をなしているのだ。社交は現実の社会的属性からかぎりなく離れた人間によってなされているかぎりにおいて、「お芝居の民主主義」であるとはいえこれにかかわる者のあいだの平等を前提にしており「理想的な社会学的世界を創造する。」この平等は参加者各人のあいだの差異を嫌うので、社交においては個人の特殊性や独自性を主張することもまたできるだけ避けられなくてはならない。さらにこの社交が実現する現実的な形式の抽象化は、話をすることが自己目的化した会話においてもっとも明らかな姿をとって現れる、とジンメルはいう[38]。このような形式社会学の理論を受け容れるならば、どうしてスタール夫人がサロンの会話で観念や知識（内容）よりもそれらの語られかた（形式）が重要視されている点に注目したのか、またどうしてモルレが特殊な会話よりも一般的な会話を行なうことで平等の実現を図るとともに、エゴイスムや衒学趣味を会話から排したのか、われわれは理解することができるだろう。逆にまた、形式の徹底の結果としての生命の解放と自由、これこそが一八世紀において会話がこのうえもなく心地よいものと考えられたことの背景にあると推測してよい。

ただしもう少し注意深く見てゆくなら、こうしたジンメルの展開する社交の「理論」と歴史のなかで起きた、あるいは起きたようだと一八世紀の言説をとおして推測できるサロンの会話の「実際」とのあいだにはある種の齟齬があることにわれわれは気がつかないわけにはいかない。なぜなら、一方でジンメルの理論はきわめて微妙な社会学として呈示されており、彼のいう成員のあいだでの平等を前提とする社交はあくまでも「理想的な社会学的世界」にとどまっており、あるいは会話において形式の自己目的化が進行するとすればそれは現実からのかぎりない遊離と対になっているのであるから、このような会話が政治問題であれ経済問題であれ、ある特定の主題にかんして現実に効力をもつ世論なるものに結びつくことは困難になってくる。社交における会話が遊戯として楽しみを保持するには内容が形式と同等の意味をもってはならず、「議論が実質的なものになる途端に、もう社交的ではなくなる」のだとジンメルはいう[39]。他方で、たとえばモルレの『一八世紀とフランス革命の回想』を読むと、著者がジョフラン夫人の家での昼食のあと、ダランベールやレイナル、エルヴェシウス、ガリアニなどとともにテュイルリーへ出かけて政府を批判したり哲学を論じたりしたという場面に出会う（「われわれは大きな遊歩道の木の下で輪をつくって座り、自分たちの呼吸する外気と同じくらい自由で活き活きとした会話に身をゆだねた」[40]）。わざわざ外へ出かけて話をしたのは夫人がそうした話題を好まなかったのに加えて、おそらくは密偵が耳をそばだてて聞くのを避ける意図があったのであろう。いずれにせよそれだけ生なましいことがらが彼らの口にのぼっていたのである。これは社交の理論からすればもはや社交ではありえない。それとも彼らがこれを社交の一部と見なしているのであるとすれば、ジンメルの理論は現実とは別のところで構成されているにすぎないのだろうか。逆にジンメルの理論に忠実であろうとするなら、モルレたちの会話は社交の本質を逸脱していることになり、したがって社交に特有の活力をもはや失ってしまっており、その愉しみが精神の刺激をとおしてさらに世論なるものの効力を裏付けるなどということは不可能なことになるであろう。このことは、サロン自体の空間的ないし階級的な限界とあいまって、そこでの会話が世論の出発点の一つであるとする観点自体に疑いをさしはさむことになるかもしれない（それではハバーマスの「文学的公共性」の理論はなりたちえないのだが）。だがわれわれは今、歴史の現実と社会学理論の齟齬にのみ目を向けて結論を急ぐのではなく、さしあたりこの二つをつなぐ当時の人びとの観念を彼ら自身の言説から読みとろうとしているのだ。そしてこの言説を眺めるかぎり、社交と会話が現実の社会にとって意義をもっていたのかどうかは別として、モルレたちがそのように考えて生きていたことだけは否定できない事実として残ることだろう。少なくとも彼らの観念と言説のなかでは会話の愉しみは存在したのだった。

三　類似と差異／連続と断絶

アンシァン・レジーム期のサロンと革命期のクラブや民衆協会、あるいはそこでの会話と議論とは、啓蒙の拡大また世論の形成との関連で重要な機能を果たしうる（と少なくとも考えられていた）点で共通したものをもっている。だが前者への期待が心地よい会話をとおして充たされた（と少なくとも信じられていた）のにたいして、後者は悪夢のなかで自壊への道をたどらざるをえなかった。この二つのコミュニケーション行為のあいだの共通ないし類似と差異の併存は、一八世紀の公共空間にかかわる連続と断絶の重なりあいに微妙につながっている。つまり、サロンをその一部に含むハバーマスのいわゆる「文学的公共空間」は世論と習俗のなかで革命を準備した、また実際に各種のサークルや読書クラブがのちに民衆協会の母胎となったとされるという意味では、革命期のクラブや協会は一八世紀のコミュニケーション空間に連なっているのだが、しかしそれらは革命のなかで政治化したとたんに、その起源にあったのとはまったく異なる集団となり果ててしまうのだ。(41) この集団の政治化とともに生じる断絶は、元に戻って会話と議論との決定的な差異をきわだたせる。こうしてわれわれは一八世紀の公共空間にかんしていわば堂々めぐりをつづけることに気づき困惑しないわけにはいかない。それに気づくことなく気楽な議論をつづけておれるのはハバーマスとそのエピゴーネンくらいだろう。ところで、この類似と差異、連続と断絶の奇妙な重なりあいはほんとうに政治化という集団の機能の変化がもたらしたものなのだろうか。今しがた見てきた社交の理論ともかかわる複雑な問題ではあるが、モルレたちの証言を信じるかぎりサロンにもまた多少とも政治の世界が介入してきているのだった。とすれば、類似が差異を産み出し、連続が断絶に転じる過程を知るには、ここでわれわれは集団の社会的機能ではないなにものかに目を向けてみる必要がある。二つのあいだの連続と類似は実は機能以外にも認めることができるのだった。それは会話と議論とがなされるはずの空間の構造そのもののなかにおいてである。

だがそうした集団構造の比較の作業をはじめる前に、いやはじめるためにというべきだが、革命期の議論の困難と対照的なサロンにおける会話の洗練と成功が、それほど単純なかたちで実現したわけではけっしてなかったことを見ておくことにしよう。というのも、フランスにおける会話の愛好について語るとともに理性の公的な使用としての議論に注目するカントによれば、人間の社交性には「非社交的社交性」と呼ぶべき奇妙で矛盾した性格を認めることができるからだ。人間は結合し社会を組織しようとする傾向と同時に仲間から離れて孤立したがる傾向をももっている。そして社会秩序はただ社交性によって可能になるのではなくむしろこの非社交的性格あるいはそこから生じる敵対関係を通過してはじめて実現するのだとカントはいう(42)。会話におけるエゴイスムなどの抑制を推奨する一方で、会話の効用が自身のとはことなる観念を知ることであり、また結論は会話による「観念の衝撃」からこそ生まれるのだと述べたとき、モルレもまたこの非社交的社交性の逆説をかなりよく理解していたのかもしれない。彼はさらに別の論文で「矛盾の精神」の重要性を説いて、それが盲信や模倣にたいする文明社会の最大の特徴であり、会話を活性化させるのは参加者の観念のあいだの差異であり矛盾であるとも語る(43)。議論はそこに矛盾や対立が存在するにもかかわらずではなく、存在するからこそ調和的な結論へと水路づけられるのであり、敵対関係はモルレの語るサロンにおいては社交の源泉でさえあった。他方で、革命期の民衆協会の成員たちのあいだでの利害やイデオロギーの対立は拡大しつづけ相互の暴力を、さらには集合的な暴力となって爆発したのだった。

それではある集団では対立が和解にいたり、別のところでは対立が解消されることがないどころか次々と新たな対立を生むしかないという、このちがいはどこから出てくるのだろうか。これまでみてきたモルレの議論はほとんどが心理学的なものにとどまり視点を集団構造にまで向けてはいなかったが、「会話について」の最後の部分にいたって彼はサロンを催している家の女主人が「仲間のある種の中心」となっているところにしか快適な会話が成り立っているのを見たことがないと告白する。[44] この論文が収められたのが『ジョフラン夫人讃』というサロンの主人の一人に捧げられた書物であったことを思い出しておきたいが、このジョフラン夫人が社交の中心にあってどんな役割を果たしていたのかについては、たとえばガラが次のように書いている。いうまでもなく会話は読書とはことなり同じ場所に集まった複数の人間による口頭によるコミュニケーションであり、そこでは場合によっては相手の攻撃的な言辞やまた自身の声の高ぶりから参加者のあいだで興奮状態が生じることもないわけではない。民衆協会と同様にサロンもまた潜在的な暴力をはらんでいた。だが、ジョフラン夫人はこのような興奮状態を鎮めるのがたいへん巧みであったという。「彼女は性格や意見を和らげてくれた。しばしば議論が熱くなってくると、彼女は声が大きくなるのを妨げた。なぜなら魂の動きはほとんどいつも声の動きにしたがい、いわば声とともに高まるからである。[45]」同じ人物についてマルモンテルもまた彼女が「本来自由な集まりを主宰し、監視し、自分の手許に引きとめ、この自由に限度を設け、しかもまるで見えない紐をもちいるように一言で、また一度の身振りでもって集まりに自由を戻すのが巧みであった」と回想する。[46]

社交、ジンメルのいう社会化のもっとも純粋な追求である社交において参会した全員が完全な自由の雰囲気を受け取ったとすれば、その自由は実は女性主人の巧みな手によって産出されたものであった。またそこでの自由な会話を保証する参会者のあいだでの平等はたんなる平等ではなく、彼らの誰からも上位に位置するある審級により支えられた平等であった。モルレが「多くの徳と男性にかんする多くの知識で知られる女性」、これもジョフラン夫人のことなのだが、彼女が「自分の友人を滅多にほめないこと」あるいはもしほめる必要があっても「一般的にはめ、けっしてあれこれの事実ではほめない」ことを原則としていたと語るのも、サロンの参会者の誰からも一定の距離を保つことがその場の平等に、したがって自由な会話の実現につながっていたことを示すものである。[47] 他方でモルレは「そこでは会話は良好ではあったが、ネッケル夫人の厳しさにより多少拘束されていた」と、ジョフラン夫人の開くそれとはちがって快適と気詰まりが混じりあうサロンについても述べている。ネッケル夫人はプロテスタントであり、「彼女の傍らではふれることのできない話題が多く、彼女はとりわけ宗教上の意見の自由を語るのを嫌がった。もっとも文学にかんしてはわれわれは快活に議論しまた彼女自身もよく話した。[48]」これは話題が現実から遊離するにつれて社交がその本質部分につながるとする先に見てきたジンメルの理論を思い出させると同時に、会話が円滑に進行するかどうかが結局は女主人の性格に依存していることをも示している。さらにまた同じモルレの述懐によれば、主人があまりにも会話に介入しすぎてその場の雰囲気を台なしにしてしまう場合もあった。「エルヴェシウス家にはドルバック男爵家とほぼ同じ人物が別の日に参会した。しかし会話は［後者ほどには］良好でも筋道だったものでもなかった。女主人は自分のもっとも気に入った人びとを傍らに集め、もっとも悪い者たちは選ばなかったのだが、集まりをちょっと毀していた。彼女もドルバック夫人と同様に哲学を好まなかった。それでもドルバック夫人はなにもいわずに片隅にとどまるか、だれか親しい者と小声で話していっさい邪魔をしなかったが、エルヴェシウス夫人は美人で独自の精神と辛辣な性格をもっていて、哲学の議論をたいへんに乱すのだった。[49]」ここでも女主人の性格、そして彼女と参会者とのあいだの距離の有無が会話の快適と不快とを距てていることがわかる。モルレの目にはエルヴェシウス夫人はジョフラン夫人の対極に位置していると映ったことだろう。

他方で革命期のクラブや民衆協会に目を転じるならば、この集団にも指導者がいたとはいえ、彼らの多くは集団の社会的役割、とりわけそこでの議論の意義を充分に把握していたわけではなく、サロンの女主人にあたる中心、会話を水路づけ、場合によっては険悪な雰囲気を穏やかなものに変えてくれる存在が欠如していたことが、新たな社会での公共空間として期待されたことがらを成功させるどころか、相互暴力の悪夢を惹き起こして集団の自壊を導いた原因であったといえる。もっとも、議論の過熱と紛糾を回避して納得のゆく結論へと導くことのできる存在が、この集団でもまったく欠如していたというわけではなかった。いや、現実にそれが欠如していたからこそ民衆協会は挫折するにいたったのはまちがいないが、しかしそうした存在は少なくとも観念のなかで構想されてはいたのだ。ラントナスの九二年のテクストでは、先に見てきたとおりの協会の理想的な活動が語られたあとには次のような記述がつづいている。このジャーナリストによれば読書（音読）と講演が主要な活動となっている「この集会の場では［……］非難や、利害を喚起し情念を呼び覚まし、理性を追い払うことを目的とする議論は注意深く回避される」べきである。そしてもし必要なら、集団のうちで「もっとも賢明な人物が厳密な検閲を行なうことで」雑音や無秩序を排除し沈黙と秩序を維持する役割を担うことになっていた[50]。民衆協会に集まった者たちの議論のなかで情念が噴出し混乱が広まる可能性を見落としてはいなかったラントナスは、無秩序を回避し議論を望ましい方向へと導くための仕掛けをあらかじめ用意していたのである。その前年に公刊したパンフレットで彼は出版の無制限の自由を主張するが、ただしその無制限の自由からは意図的であるかいなかを問わず誤解や中傷が産み出される可能性がないわけではないので、フランスの各都市に二四名の良識者からなる評議会を設けて世論の監視にあたらせることを提案し、この評議会を「世論の調停者」le modérateur de l'opinion publique と名付ける[51]。これにならっていうなら民衆協会で秩序の維持にあたる「もっとも賢明な人物たち」もまた、クラブや協会の調停者すなわち文字通りにいうなら議論を穏やかな modérée ものにする存在と呼ぶことができるだろう。サロンの女主人に類似した存在は革命期の結社でも完全に忘却されてはいなかった。この点でも、二つの公共空間は少なくとも観念のなかでは類似した集団構造をもっていたのだ。

ラントナスの「調停者」の構想が彼の独創によるものなのか、それともどこかの手本に倣ったものなのか、さらに先行する手本があるとしてそれはひょっとしてサロンで会話を水路づけた女主人であるのかどうか――この問題を実証的に明らかにするための材料は残念ながらわれわれの手許にない。したがって二つの集団構造の類似がたんなる偶然によるものかどうかもまた明確ではない。だがここでブリッソーの革命以前の経歴を知る者には、ある種の推測がまったく不可能なわけではない。科学アカデミーの批判を行なう一方でアンシァン・レジーム末期の非合法出版にかかわるなど、かなりきわどい、あるいはいかがわしい世界にいたブリッソーは、一七八三年にロンドンで「リセ」や「ミュージアム」を開くことを考えていたという。リセやミュージアムとは今日いう意味での中等教育機関や博物館とは多少ことなるもので、「そこには週のうちのきまった日に全世界の知識人、哲学者が集まり、あらゆる芸術作品が集められるはずだった。私はまたこの学者の会合の結論を世に広めるための雑誌の発刊を夢想した。この雑誌はあらゆるフランス人に接種すべき哲学上や政治上の真理のパスポートとなるはず」であり、しかも彼の構想は「ラブランシュリーがパリではじめた学問・技芸の施設の一部」を実行に移すものであった[52]。ここで言及されているラブランシュリーは、マノン・フィリポンつまりのちのロラン夫人の最初の恋人で、サロンの様子を外部の世界に伝える出版物の一つである『文芸共和国便り』を一七七七年に発刊し、翌年にはサロンを模した、しかしサロンとはちがって誰もが自由に出入りし議論できる団体、ブリッソーが右のように回想する団体の設立を構想する。こうしてブリッソーはラブランシュリーを介して一八世紀後半における「文芸共和国」とそこからの延長線上にある集団につながり、他方ですでに見てきたとおり革命の開始後にも民衆協会という自生的な集団の存在を擁護したのだった。きわめておおざっぱな俯瞰しかできないのを承知でいえば、ブリッソーは間接的にはサロンと民衆協会をつないでいる。ここに二つの集団のあいだの連続をあらためて人的にも確認することができる。そして、やがてジロンド派の領袖となる人物と政治的に近接したところ、たとえばセルクル・ソシアルという団体に出入りしていたラントナスが、サロンを主宰する女主人を想起させるような仕掛けを民衆協会のために創案したのはたんなる偶然のことだといってしまえるだろうか。

デナ・グッドマンはその『文芸共和国』と題した書物の結論部分でブリッソーの革命前と革命後の活動のあとを追って、彼が啓蒙とフランス革命またサロンと民衆協会とのあいだをつなぐ役割を果たしていたと位置づけて、そこにある種の連続を認めようとしているかのような議論をする。だが彼女の見るところではこの連続は見かけのうえの、ないしは人的なものにすぎず、より本質的な部分においてはむしろ断絶をこそ見なくてはならない。あるいは革命の以前と同様に革命がはじまってのちにも新たな公共空間を設定しようとしたブリッソーの試みにもかかわらず、サロンや文芸共和国の伝統は革命後の世界に伝えられることがなかった。いやこれはブリッソーの問題であるのみならず、彼がロンドンで「リセ」を構想したさいの手本となったラブランシュリーにおいても断絶は明白であった。後者が七八年に思想団体を設立しようとした段階ですでに文芸共和国は終焉しており、言いかえればフランス革命は実際には一〇年以上早くはじまっていたのだ。なぜならラブランシュリーやブリッソーにおける文芸共和国の終焉、女性を中心とするサロンの習慣の拒否は、まさに彼らが「男たちによる自己統治の幻想」the fantasy of masculine self-governance をいだき、サロンの会話の成功がジョフラン夫人に体現されるような女性の才能によるものであることを無視したこと、また女主人による客の制限をなくして誰もが議論に参加できるようにしたことによりもたらされたのだという。[53] グッドマンの論旨はジェンダー論の視点から一八世紀の公共空間を眺めようとする点でいくつかの新しい示唆をもたらしてはいる。とりわけサロンと女主人の魅力との不可分の関係に注目したのはたしかに画期的なことであった。だが、サロンの会話の成功をほんとうに女性に固有の性質にのみ帰してよいものなのだろうか。この研究がアンシァン・レジーム期を中心にしているかぎり期待すべくもないが、グッドマンは明らかに革命期のテクストの読みかたが不充分であり、したがって連続を人物の面でしか捉えることができず、なるほど民衆協会に出入りしたのはほとんどが男性であったかもしれないが、しかしそこでもかつてのサロンの女主人のそれに類似した役割を果たす存在が構想されていたことに彼女は気づいていないのだ。集団構造に着目しない研究は、結局のところよき時代の終わりを確認するだけにとどまってしまうしかないだろう。

同じく一八世紀の文芸共和国と社交の問題を扱うダニエル・ゴードンの『主権なき市民』もまたモルレやシュアールに注目し、啓蒙の進展と並行した市民的公共空間の発達を論じながら、しかしグッドマンのように革命期の中間集団に目を向けることさえなく、会話を基礎とした社交がフランス革命の到来とともに急速に消滅してゆくのをただ茫然と眺めるばかりで、ほとんどなんの社会学的な説明もなしえないままに終わってしまっている。ゴードンの議論でわずかに見るべきところがあるとすれば、それはモルレの革命期の回想に依拠しつつ革命を民主政、人間が「数字の単位」でしかなくなった社会の出現と考え、これとの関連で社交の終焉を捉えている点だろうか[54]。だが、民主政ないし平等という曖昧な言葉を用いるだけではサロンにおける会話の衰退を説明したことにならないのはいうまでもない。まず彼のいう「民主政」が政治システムにかかわるものであるとするなら、これに対比されるべきサロン、文芸共和国さらに一般に市民的公共空間は政治的性格の希薄な空間であるということになるが、それではサロンが世論の形成をとおしてフランス革命の準備に寄与したとするレドレル以来の見かたと整合しなくなるだろう。政治は一八世紀をつうじてサロンで展開される会話の話題の少なくとも一部をなしていたのであり、またそこでの会話から出発して形成される世論こそが政治的影響力をもちうると信じられてきたのはこれまでに見てきたとおりである。他方で「平等」を広く社会的な意味で理解するならば、まさにそうした参加者たちのあいだで実現する社会的平等こそが、ジンメルのいうように社交と会話の生命であったのだ。つまり政治的ないし社会的のどちらの意味であれ、平等はすでに文芸共和国やサロンの特性をなしていたのであり、ここから革命以後の平等な社会が姿を現したことはありうるとしても、逆にその社会が平等を原理としていたためにサロンに敵対しさらにそれを消滅させたと考えるのにはかなりの困難をともなう。重要なのはサロンの会話では快適な調和を産み出した平等が革命期の民衆協会での議論においては非難と中傷の反復という結果しか導かなかったのはなぜなのか、あるいはこの二つの公共空間がともに平等を前提としているとして、それぞれの平等は同じものであるのかそうではないのかを問うことである。そしてその解答は二つの集団構造の類似と差異を見てきたわれわれには充分以上に明らかであろう。

すでに見てきたとおり、サロンの参会者たちは外部では、あるいは社交の空間に参入する直前まではさまざまな社会集団に所属しているのだが、そのさまざまな集団所属に起因する各人の差異はまさに社交にかかわることによって消滅する。彼らは全員が女主人とあいだの距離の点で平等になり、この平等を前提として快適な会話が展開されていったのだった。政治結社への参加者たちもまたある意味では「平等」ではあったが、この平等はたとえば権利の宣言によって、つまり個別の集団の形成の以前から抽象的に保証された市民のあいだの平等であり、そうした平等な人間ばかりで成り立つ集団においては、彼らの誰とも距離を保つ特別の審級はかりにサロンを模範にして構想されることはあったとしても、現実に姿を現して力を発揮しそうにはない。そこでは各人が主張する利害は誰かの手で調整されたり抑制されたりすることはありえず、利害の対立は解消するどころか無限に悪化の道をたどり、やがて相互のあいだの暴力を迎えることになる。これが革命期の民衆協会において確認できたことであった。サロンでは集団が成立することによって平等が実現しているのにたいして、民衆協会にあっては法的に平等な人間が集まることで集団が成立している。集団への参入あるいはその中心人物との出会いが産み出す平等と、集団形成の以前から前提として存在しその活動を拘束する平等——この二つの平等を明確に区別しなくてはならない。介入しすぎもせずしかし完全に放置するのでもなく巧みに空間を操り維持する女主人のもとで応答しあうことの平等をさしあたりは「応答的平等」と名付けることができるとすれば、ただ参加者の利益の主張と獲得が競われるばかりで、しかしそれゆえに議論が帰着すべき点が永遠に見出されることのない平等は「獲得的平等」ないしは「競争的平等」と呼んでよいであろう(55)。あるいはまた、果てしのない競争の悪循環のなかで発生している人間関係を言葉の本来の意味で平等な関係であるとするなら、応答的な平等に支えられて会話を愉しむ人間のあいだの関係はむしろ対等な関係であるというべきであるかもしれない。応答的平等と獲得的平等、また対等関係と平等関係、このちがいこそがサロンと民衆協会という、類似しつつも相違し、連続しながらも断絶しあう二つの集団の構造に見ることのできる最終的な差異、そして一方ではきわめて快適な効果を産み出すと見なされる会話と、他方でこれとは対照的に悪夢の反復におわった議論とのあいだの差異にほかならなかった。

こうして、ある種の平等が別の種類のそれにとってかわられるとき、一八世紀をつうじて追求されてきた社交は変貌しあるいは終焉を迎えることとなる。快適な会話の展開される社交空間はこれ以降は擬似的また一時的に再建されることは別にしても、むしろ一九世紀の人びとの、さらには現代の歴史家の観念のなかでノスタルジーとともに語られる主題としてしか存続しないだろう。また、この会話がどれほど効力ある世論を産み出したかは疑わしく、モルレたちがそう信じていたのだとしかいいようがないけれども、しかし市民の集会と議論をつうじて世論を作ってゆくはずの公共空間は、革命後の新しい社会のなかでも創出されることがなかった。獲得的な平等が過度に支配する社会集団において社交とコミュニケーションは大きな困難に直面せざるをえないのだ。ハバーマスの「公共空間」論は、少なくともフランスにかんしていうと、一八世紀において世論なるものがもちえた影響力の点でごく疑わしく、また革命期での継承ないし再生を確認できないかぎりにおいて、二重の意味であらためて検証が必要になってくるだろう。ついでに思い出しておくならば、シエースは先に議会における討議について、その目的が対立しあう個別の利害を突き合わせ、相互の意見を知り共通の結論に達することであるとしながら、しかし結論は「多数決」でしか獲得できないと告白していたが、法律のための討議という行為を市民集団から奪い独占しようとした国民議会でさえ一般意志の形成にいたることはむずかしいのである。このことからは革命期の切迫した状況下のみならず民主政のもとでは一般に集団的な合意形成が不可能あるいは困難であるのかもしれないこと、民衆協会の機能不全は代表制議会主義の未来を先取りしていたのかもしれないことが充分に感知される(56)。

ともあれ応答的平等の衰退とともに、かつてある集団のなかで聞こえていた心地よい声は消滅し、そのあとには罵声か雑音、さもなくば深い沈黙しか残らないのだ。それとも、この沈黙はコンドルセやル・シャプリエがとりわけ中間集団との関係で書物を推奨していたように、印刷メディアが口頭によるコミュニケーションにとってかわる時代の到来を意味しているのだろうか。だが、そのようなコミュニケーションはコンドルセのいう「分散した国民」、ひととひとが直接に会するにはあまりにも広すぎる範囲で展開されるものであり、しかもそこでは会話や議論での肉声がもたらす興奮は存在せず冷静な意見が開示されるわけだが、その冷静さは冷ややかさでもありうるのであるから、これ以後われわれは沈黙と冷気そして孤独の支配する世界を生きることを強いられるのである。さらに、読者全体に向けて語る知識人の姿に体現される「理性の公的な使用」としての議論の効用を説くカントによれば、啓蒙の時代とは「フレデリックの世紀」にほかならず、この啓蒙専制君主は「諸君の好むどんなことがらについても、諸君が好むかぎり議論せよ（理性を用いよ）、だが服従せよ」ということのできる唯一の存在であった(57)。ミシェル・フーコーが「合理的な専制と自由な理性との契約(58)」と呼ぶこの事態は、われわれの文脈に移していうなら、サロンにおいて快適な会話の進行を支えていた女主人が退場し、彼女にかわる具体的な審級の不在が議論の混乱を招いたあとには、フレデリック二世あるいはそうした名前をもつ国家理性が腰を据えて、全面的な服従とひきかえにコミュニケーションの自由を保証しているのだという逆説を意味している。一八世紀の末における社交の衰退と新しい公共空間の創出の挫折とが近代の政治文化、そしてわれわれ自身の営む社会関係について教えてくれることはけっして小さくはないのである。

註

（1）*Mémoire pour servir à l'histoire de la société polie en France*, Paris, 1835, pp. 5-6. この書物を含む社交にたいする一九世紀における関心については M. Fumaroli, «La conversation», in P. Nora (s. l. d.), *Les Lieux de mémoire*, t. III-2, pp. 678-743 を参照。

（2）*L'Esprit de la Révolution de 1789*, Paris, 1831, pp. 4 et 24-25.

（3）*Des sociétés particulières, telles que clubs, réunions etc.*, Paris, an VII, p. 18.

（4）石井三記訳、河野健二編『資料フランス革命』（岩波書店、一九八九年）、二五八ページ。

（5）*Le Discours jacobin et la démocratie*, Paris, Fayard, 1989, p. 222. この年の中間集団にたいする一連の措置とその社会学的な示唆については Shigeki Tominaga, «L'impossible groupement intermédiaire: l'été-automne 1791», *Zinbun*, no. 28 (1993), pp. 1-22 を参照。

（6）«Dire sur la question du veto royal», in *Ecrits politique*, pré. par R. Zapperi, Paris-Montreux, Edi. Archives Contemporaines, 1985, p. 238.

（7）*Discours sur l'utilité des sociétés patriotiques et populaires, sur la nécessité de les maintenir et de les multiplier par-tout*, Paris, 1791, p. 4.

（8）F.-A. Aulard, *La Société des Jacobins: Recueil de documents pour l'histoire du Club des Jacobins de Paris*, Paris, 1889, t. I, p. xxx.

（9）*Archives parlementaires*, t. XXV, p. 690.

（10）Brissot, *op. cit.*, pp. 10, 12 et 16. なお、民衆協会を成人の学校とみなす発想は当時広い範囲で共有されていた。たとえばある協会の規約ではその目的の一つが「政体にかんする学問を参加者に教える」ことであるとされている（*Règlement de la Société patriotique de Sainte-Geneviève*, Paris, 1790, p. 2）。

（11）トクヴィルの中間集団への関心についてはさしあたり富永「トクヴィルにおけるアソシアシオンの概念」『ソシオロジ』第七四号、一九七九年、を参照。またコーンハウザーの中間集団の社会学は、辻村明訳『大衆社会の政治』（東京創元社、一九六一年）で展開されている。

(12) *Archives parlementaires*, t. XXV, pp. 680-681. アンシァン・レジーム期をつうじての公共空間の衰退については、Ph. Ariès, *L'Enfant et la vie familiale sous l'Ancien Régime*, Paris, Seuil, 1873, pp. 308-310 および Ph. Meyer, *L'Enfant et la raison d'Etat*, Paris, Seuil, 1977, pp. 10-13 を参照。

(13) *Archives parlementaires*, t. XXV, p. 689.

(14) «Réponse à la question: qu'est-ce que les lumières ?», trad. par H. Wismann, in *Œuvres philosophiques*, Paris, Gallimard, 1985, vol. II, p. 212.

(15) *Esquisse d'un tableau historique des progrès de l'esprit humain*, pré. par A. Pons, Paris, Flammarion, 1988, p. 188.

(16) «Discours de réception à l'Académie française», in *Œuvres complètes*, Paris, 1847, vol. I, p. 393; «Rapport et projet de décret sur l'organisation générale de l'instruction publique», in *Œuvres complètes*, vol. VII, p. 475.

(17) *Des sociétés populaires considérées comme une branche essentielle de l'instruction publique*, Paris, 1792, pp. 2-3. 強調は原文。

(18) J. Boutier et Ph. Boutry, «Les sociétés politiques en France de 1789 à l'an III», *Revue de l'histoire moderne et contemporaine*, t. XXXVI, no. 1 (1989), p. 50.

(19) *Œuvres*, vol. VII, Paris, P. U. F., 1952, p. 748.

(20) *Sur la société des Jacobins à Paris*, Paris, 1792, pp. 30 et 34.

(21) «Intervention à la Société de la liberté et de l'égalité», in *Œuvres*, vol. X, Paris, P. U. F., 1967, p. 287.

(22) «Rapport sur les factions de l'étranger», in *Œuvres complètes*, Paris, Gérard Lebovici, 1984, p. 728. 傍点は引用者。なお、以上の民衆協会の変質の詳細については S. Tominaga, «Voice and Silence in the Public Space: the French Revolution and the problem of Secondary Groups», in *Cahier d'Epistémologie*, no. 9607, pp. 3-22 を参照。

(23) *L'Espace public*, trad. par M. B. de Launay, Paris, Payot, 1992, p. 79.

(24) *Anthropologie du point de vue pragmatique*, trad. par M. Foucault, Paris, Vrin, 1991, p. 155.

(25) *Histoire des idées morales et politiques en France au XVIIIème siècle*, Genève, 1865, p. 45.

(26) «Discours à l'Académie française [22 décembre 1763]», in *Œuvres complètes*, Paris, 1819, p. 8.

（27）文芸共和国については、さしあたり H. Bots et F. Waquet, *La République des lettres*, Paris, Belin, 1997 および D. Goodman, *The Republic of Letters: A Cultural History of the French Enlightenment*, Ithaca, Cornell University Press, 1994 を参照。

（28）Condorcet, *Esquisse…, op. cit.*, p. 188.

（29）Louis-Sébastien Mercier, *Tableau de Paris*, Paris, 1782, vol. VIII, p. 289. 一八世紀における世論の観念の変化については K. M. Baker, «Politique et opinion publique sous l'Ancien Régime», in *Annales E. S. C.*, jan.-fév., 1987, pp. 21-53; M. Ozouf, «L'opinion publique», in *L'Homme régénéré*, Paris, Gallimard, 1989, pp. 41-71 その他を参照。

（30）*Citizens without Sovereignty: Equality and Sociability in French Thought, 1670-1789*, Princeton, Princeton University Press, 1994, p. 201.

（31）*Réflexions sur les avantages de la liberté d'écrire et d'imprimer sur les matières de l'administration*, Londres, 1775, pp. 24-25.

（32）*Mémoires historiques sur le XVIIIème siècle*, Paris, 1820, vol. I, p. 244.

（33）*Ibid.*, vol. II, p. 338.

（34）«De la conversation», in *Mélanges de littérature et de philosophie du 18ème siècle*, Paris, 1814, t. IV, pp. 74-78.

（35）Ibid., p. 83.

（36）Ibid., p. 122.

（37）*De l'Allemagne*, in *Œuvres*, Paris, 1868, vol. II, p. 22.

（38）清水幾太郎訳『社会学の根本問題』（岩波文庫、一九七九年）、六七—七三、八四—八五ページ。

（39）同前、八五ページ。

（40）*Mémoires sur le XVIIIème siècle et sur la Révolution*, Paris, 1822, t. I, p. 86.

（41）民衆協会の起源についてはさしあたり、P・ゲニフェー、R・アレヴィ「クラブと民衆協会」（フュレ、オズーフ編、河野健二・阪上孝・富永茂樹監訳『フランス革命事典』みすず書房、一九九五年、第一巻、六五〇—六六九ページ）を参照。

(42) «Idée de l'histoire générale dans une vue cosmopolite», trad. par Luc Ferry, in *Œuvres philosophique*, *op. cit.*, t. II, p. 192. カントの終生にわたるコミュニケーションの問題にたいする関心、とりわけ非社交的社交性および敵意の好意への転換については Pierre Saint-Amand, *Les Lois de l'hostilite*, Paris, Seuil, 1992 が詳細に論じている。

(43) «De l'esprit de la contradiction», op. cit., pp. 140-141.

(44) «De la conversation», op. cit., p. 129.

(45) *Mémoires historiques……*, *op. cit.*, vol. I, p. 113.

(46) *Mémoires d'un père pour servir à l'instruction de ses enfants*, in *Œuvres complètes*, t. I, p. 340.

(47) «De l'esprit de la contradiction», op. cit., p. 134.

(48) *Mémoires…*, *op. cit.*, t. I, 154.

(49) *Ibid.*, p. 141. なおモルレの女性観については J. Merrick, «Society Needs Women "Like Coffe Needs Sugar": André Morellet on the Female Sex», in J. Merrick & D. Medlin eds., *André Morellet in the Republic of Letters and the French Revolution*, New York, Peter Lang, 1995, pp. 95-113 を参照。

(50) *Des sociétés populaires…*, *op. cit.*, p. 3.

(51) *De la liberté indéfinie de la presse et de l'importance de ne soumettre la communication des pensées qu'à l'opinion publique*, Paris, 1791, pp. 32-33.

(52) *Mémoires*, Paris, n. d., t. I, p. 239.

(53) Goodman, *op. cit.*, p. 297.

(54) Gordon, *op. cit.*, p. 238. 「数字の単位」という表現はモルレの『回想録』からのもの（*Mémoires…*, *op. cit.*, t. I, p. 362)。なおゴードンやグッドマンの著作が基本的に「非政治的」なものにとどまっているというミラーの指摘は正確ではあるがまだ充分な批評ではない（cf. P. N. Miller, «Citizenship and Culture in Early Modern Europe», in *Journal of History of Ideas*, vol. LVII, no. 4, 1996, p. 740)。

(55) この二つの平等の区別は、ジンメルの『社会学の根本問題』の第二章で言及される群集と第三章の社交とにその内部で平等が認められるという共通点を見出しながら、前者の平等を「斉一的平等」、後者のそれを「応答的平等」と呼んで区別する作田啓一の「ロマン主義を超えて」(『叢書・文化の現在　一一　喜ばしき学問』岩波書店、一九八〇年)から発想をえている。

(56) この問題はアローのいわゆる「民主主義の不可能性定理」につながるとともに、ベルナール・マナンがシエースは「多数」pluralité でもって「全員一致」unanimité に置き換えていることを指摘して、この議論の結果を正当化するための置き換えに《trans-substantation》という新語を当てながら進めようとする代表政体の批判的検討にも深いところでかかわっている(Bernard Manin, *Principes du gouvernement représentatif*, Paris, Calmann-Lévy, 1995, pp. 242-243)。

(57) «Réponse à la question...», op. cit., p. 215 et 216.

(58) «Qu'est-ce que les Lumières ?» in *Dits et écrits*, Paris, Gallimard, 1994, vol. IV, p. 567.

第12章　ラテン語とドイツ語のはざまで
——生存闘争のなかの人文主義者

佐々木博光

一　ドイツ人文主義と母国語

この節の表題として掲げた「ドイツ人文主義と母国語」というフレーズに、違和感を覚える方もすくなくなかろう。ルネサンスの別称とされることもある人文主義は、古典古代の文学作品にたいする関心がたかまり、その探索や研究に並々ならぬ熱意が傾けられた時代と理解されるからである。たとえば、『哲学歴史用語辞典』の「人文主義」の項をひけば、第一の意味として、「理想的な人間性が古典古代の文学作品の包括的な探究のなかで達成される」と考える精神運動とある。(1) この意味で、人文主義者が主として関心をよせた言語も、ラテン語、ギリシア語、ヘブライ語といった古典語であった。このような人文主義の一面にのみ固執するならば、「ドイツ人文主義と母国語」という問題設定自体がナンセンスなものとなろう。

ここでふれたような性格描写が、ドイツ人文主義の重要な側面を捉えていることは疑いをいれない。しかし、それはあくまでもドイツ人文主義の一面をこえるものではない。人文主義運動一般にみられるもうひとつの重要な特性として、国民語の価値の発見という側面が忘れられるべきではなかろう。この点でドイツ人文主義もまた例外ではない。ドイツ語教育の歴史にかんするホルスト・ヨヒム・フランクの研究によれば、俗語にたいする評価の高まりに先べんをつけたのは、ほかならぬ人文主義者たちであった。最初はイタリアで、つぎにフランス、イングランド、ネーデルラントで、最後にドイツでも俗語は国民語として高い評価をあたえられるようになった。ヨーロッパ諸国であらたにめざめた国民意識は、自民族の歴史と、それぞれの俗語の重要性を発見するにいたった。イタリアにおいてローマの古典にたいする関心が国民的な再生の序曲となったように、再発見されたタキトゥスの『ゲルマーニア』がドイツにおいては栄えあるゲルマンの太古の記憶をよびさました。(2) しかし、フランクは、その後の俗語の国民語への発展が各国一律であったと考えているわけではない。イタリアにおいては、すでにダンテやペトラルカの時代以降、俗語による文学が高級文学の域に達したのにたいして、また、フランスにおいてはプレイヤード派の詩人たちが、エリザベス朝のイングランドにおいてはスペンサー、シドニー、シェークスピアらが国民文学の黄金時代を現出したのにたいして、ドイツでは人文主義運動は国民文学の胎動を告げるものとはならなかった。フランクによれば、ドイツにおいてはバロック時代の詩人マルティーン・オーピッツ（一五九七～一六三九年）がようやく国民文学のパイオニアとなったのである。(3) このような国民文学興隆期の時間差にかんする認識は、当のオーピッツの言説にもうかがうことができる。オーピッツによれば、「イタリアでペトラルカが初めて母国語の詩を推奨した」ように、また、フランスでは「すでにロンサールが母国語の詩を擁護した」ように、ドイツでもいまや「母国語に手が差しのべられ、母国語の詩に、それがすでに勝ち取っていてもおかしくない栄誉があたえられ」なければならない。(4)

人文主義者は古典文学の教化的な意義をあらたに認識し、古典語教育の効用を宣伝することに努めた。いっぽうで、かれらは母国語としての俗語の価値を発見し、その洗練に心を砕いた。イタリア、フランス、イングランドでは、このふたつの課題は矛盾なく共存することができた。これにたいして、ドイツの人文主義者はふたつの課題を同時にこなすことができなかった。いずれにしても、母国語にたいする関心の高まりが、ドイツにおいては国民文学の興隆に直結することがなかったという点は注目されてしかるべきであろう。この国民文学興隆の遅れという事態の背後には、いったいいかなる要因が潜んでいるのであろうか。この要因をあきらかにするために、ここでは以下の手順で考察を進める。

ドイツにおいても人文主義の時代には国民意識のめばえが認められた。この時期の国民意識の高揚と、そこから母国語の価値が認識される経過をまずふりかえる。ドイツの人文主義者も母国語の意義を十分すぎるほど理解していた。しかし、母国語の重要性を主張する人文主義者の声は、かれらの置かれた状況のゆえに、すでにかれら自身の内部でトーン・ダウンしてしまう。そこにはどんな事情が横たわっていたのであろうか。この特殊事情をあきらかにすることは、ドイツ人文主義がもついまひとつの側面に光を当てることにもつながろう。

二　ドイツ人文主義と国民意識の覚醒

ルネサンスの時期には、中世の文物がしめすラテン語水準の顕著な低下を指弾する声がたかまった。さらに、語学能力の減退は、単なる語学能力だけの問題にとどまらず、たとえば、教会の腐敗といったさまざまな社会問題一般の源になっているとも考えられた。このような認識を共有するものたちは、語学能力の向上こそが社会問題解決の鍵であると理解した。かれらはしばしば人文主義者とよばれる。人文主義者は古代の修辞的な作品をすぐれたラテン語の模範と考えた。しかし、古代の作品のなかには、当時すでに行方がわからなくなってしまっているものもすくなくなかった。このような状況のもとで、古代の文物の写本探索が熱を帯びる。ここで問題になる古代ローマの文筆家タキトゥスの『ゲルマーニア』も、このような写本探索事業の一環として、一四五五年になってあらたに発見された作品である。この年、イタリア人アスコリのエノッホが、おそらくヘルスフェルトかフルダの修道院にあったと思われる写本をイタリアにもちこんだ。したがって、このテキストを最初に目にしたのはイタリアの人文主義者たちであった。(5)

以前からエノッホと親交のあったエネア・シルウィオ・ピッコローミニ（一四〇五～六四年）は、エノッホが隠匿していた『ゲルマーニア』の写本をいち早く閲読することに成功した。のちに教皇にまで昇進し、ピウス二世（在位一四五八～六四年）を名のることになるエネアも、このときはまだ枢機卿であった。枢機卿としてのエネアを悩ませていたのが、教皇庁に各種上納金の低減をもとめる、ドイツの高位聖職者たちの嘆願書の処理にほかならない。このような要望が当時の教皇庁にしばしば舞い込んでいた。エネアは、マインツ選帝侯の尚書マルティン・マイヤーの書簡を選び、このような苦情一般に応じようとした。(6)『ゲルマーニア』の写本を閲読したエネアは、タキトゥスのゲルマン人を現在のドイツ人の祖先と考えることによって、現在のドイツの状況をゲルマンの太古と比較する。「ゲルマーニアの風習、地勢、習俗、境遇について」と題する一四五七／五八年のパンフレットにおいて、エネアはゲルマーニアの物質面における格段の進歩に言及する。(7)そして、このような進歩や文化的な成熟の推進者が、ほかならぬ教皇庁であったことを強調した。「このような利益をもたらしたのは教皇庁である。教皇庁は不信心者をキリスト教徒にかえ、野蛮人をローマ人にかえ、邪悪な輩を誠実な人にかえ、極悪の輩を救われるに値する人にかえた。(8)」エネアのパンフレットのねらいは、ドイツ人にローマ教皇庁の恩恵を思いおこさせることにあった。エネアは、タキトゥスの叙述のなかから、ゲルマン人の物質面にかんする報告だけをとりだし、ドイツ人の祖先が野蛮な生活を送っていたことを強調した。かくして、現在のドイツの繁栄は、教皇庁によるキリスト教化の努力に負うことを印象づけようとしたのである。

『ゲルマーニア』はおそらく一四七一年以降にイタリアのどこかで初めて印刷された。しかし、ドイツの人文主義者がこのテキストを受容しはじめるのは主として一五〇〇年頃以降のことであり、このことは、エネアのパンフレットがドイツでも一五〇〇年頃にようやくライプツィヒで出版されたことと無縁ではあるまい[9]。このパンフレットは、ローマ教皇庁やカトリック教会にたいして反発を強めるドイツの人文主義者たちのやり玉にあがらざるをえなかった。

その急先鋒となったのは「大人文主義者」の異名をもつコンラート・ツェルティス（一四五九〜一五〇八年）であった。かれはドイツの大学でタキトゥスについて初めて講じた人文主義者として知られている。ツェルティスはフランケンワイン製造業者の息子として生まれ、ケルン、ハイデルベルク、ロストック、ライプツィヒの諸大学で神学、修辞学、詩学を学んだ。一四八七年四月一八日、ドイツ人として初めて皇帝フリードリヒ三世からニュルンベルクの居城で「桂冠詩人」の称号をうけた。その後、人文主義教育の先進地域であったイタリアやクラカウへ留学し、一四九二年には、バイエルンのゲオルク富裕侯によってインゴルシュタット大学の詩学と修辞学のための員外教授に迎えられた。インゴルシュタットを去った一四九七年の秋には、ウィーンに赴き、国王マクシミリアンの要請でウィーン大学の詩学と修辞学のための正教授に就任し、没するまでその職にとどまった[10]。

一四九二年八月三一日にツェルティスはインゴルシュタット大学で就任記念講義を開いた。講演自体のねらいとするところは、大学教育にしめるべき詩学や修辞学の重要性をアピールすることであった[11]。ところで、この講演のなかには、おそらくすでにふれたエネアのパンフレットに触発されたと思われる次のような一節がある。「イタリア人の派手好みと、銀をかすめとることにかけての野蛮なまでの残忍さが、どれほどわれらを堕落させたことだろうか。それは、われらが祖先の時代の粗野な、森のなかの生活を送っているほうが、すなわち、われらが大食や華美の原因になる材料をもちこんだり、外国の風習をとりいれたりせずに、節度を守って暮らしているほうが、よほど信心深く、敬虔に思えるほどである。[12]」ツェルティスもエネアとおなじく太古のゲルマン人を現在のドイツ人の祖先と考えている。しかし、ツェルティスのゲルマン人にたいする評価はエネアのそれとは根本的に異なる。ツェルティスはエネアが無視したゲルマン人の倫理性にかんするタキトゥスの報告を重くみる。このようなツェルティスの姿勢は、後続のドイツの人文主義者にとっても模範となるものであった。

一五〇〇年にツェルティスは学生向けテキストとしてタキトゥスの『ゲルマーニア』を編集した。ツェルティスはこのテキストをかれ自身が付した序文とあわせて国王マクシミリアンに献呈している。そこでかれは、よく知られたドイツ人のトロイア出自の風説をきっぱり否定し、「ゲルマン人は土着である」Germani sunt indigenae というタキトゥスの言明にあくまでも固執する。[13] ゲルマン人の土着性を支持するツェルティスの見解は、ハインリヒ・ベーベル（一四七二〜一五一七年）のなかにすぐれた共鳴を見出すことになった。ベーベルは一四七二年にシュヴァーベンの農民家系に生まれた。一四九二年に当時人文主義教育のメッカと謳われたクラカウ大学に学籍登録したかれは、そこで学芸学部の学士を取得したのち、一年間をバーゼル大学ですごした。一四九七年にテュービンゲン大学の詩学と修辞学のための員外教授に就任し、四年後の一五〇一年には国王マクシミリアンからインスブルックの居城で「桂冠詩人」の称号をうけた。その後は一五一七年に没するまでテュービンゲンにとどまった。[14]

ベーベルは一五〇一年に「桂冠詩人」の称号をあたえられたさいに、国王マクシミリアンを前にして『ゲルマーニアの功績と威厳について』*De laudibus atque amplitudine Germaniae* と題する講話をおこなった。ベーベルもタキトゥスが認めたゲルマン人の種族的・文化的な遺産、すなわち、その土着性、土地の広さと多様性、かれらが生まれながらにもっている戦闘本能を高く評価する。講話はベーベルのみた夢の内容を語るというかたちで進む。ベーベルは夢で人間離れした体軀の、老衰した女があらわれるのをみた。かれはすぐに彼女が母なるゲルマーニアであると悟った。ベーベルをマクシミリアンのもとに遣わしたのはまさしく彼女にほかならず、それは苦渋にみちた彼女の境涯を国王に告げ知らせるためであり、帝国の輝く首長マクシミリアンを「ゲルマーニアの繁栄と名誉のために」ad commodum et gloriam Germaniae あらたな治績に駆り立てるためであった。ベーベルの理解では、当時の帝国は、内においては諸侯が四分五裂して相争っており、外ではトルコ人の脅威に有効に対処することができず、まさしく内憂外患の様相を呈していた。諸侯をひとつにまとめ、このような苦境を打開できるのはマクシミリアンをおいてほかにはなかった。しかも、マクシミリアンの「教養と愛顧」humanitas atque benivolentia は、「詩人たち」poetae やかれらの「学問」studia にとっても欠くことのできないものであった(15)。それはともかく、ベーベルもやはりゲルマン人を現在のドイツ人の直接の祖先と考えていたのである。

人文主義はそれまでのドイツ人の歴史の見方に一石を投じた。一口にまとめるならば、それは祖先の発見ということにつきよう。以前の歴史叙述の主たるモチーフは、神の国による救済を待つ地の国の運命をしめすことにあった。歴史は「救済史」として構想されていた。そのさい、事実上はもはや存在しない「ローマ帝国」が、いまも地の国を体現しつづけていると考えられた。したがって、歴史作家の関心も、「ローマ帝国」をかつて担った先人たちの歴史に向けられるのをつねとした。ドイツ人にとって、それはローマ人やフランク人の治績であった。中世のドイツ人は、ローマ人の後継者として、自分たちがいま「ローマ帝国」を支配していることに誇りを感じていた。これにたいして、人文主義の時代には、古典古代の民族誌の発見がきっかけとなって、「ローマ帝国」にけっして服属したわけではなかった自分たちの祖先の治績があらたに注目されるようになった。ドイツ人の自意識も重層的になる。ローマ人の後継者であるという自負はその後ものこりつづけた。しかし、自分たちはもはやローマ人の単なる後継者ではない。自分たちの祖先はローマ人が最強を誇った時代にもローマ人に屈することなく、対等にわたりあっていたという自負があらたに加わったのである(16)。

アルザスの人ヤーコプ・ヴィンプフェーリンク（一四五〇～一五二八年）は、祖先の発見が歴史意識におよぼした影響をもっともよく体現した人文主義者であった。かれはシュレットシュタットの裕福な鞍つくり職人の家に生まれた。父の死後、聖職にあった叔父のすすめで、一四歳の年でフライブルク・イン・ブライスガウの大学に入った。一四六六年に当地の大学で学芸学部の学士号を取得後、短期間エアフルト大学で学び、最終的にハイデルベルク大学で学業を終えた。ハイデルベルクで一四七一年に学芸学部の修士をとり、一四七九年には学芸学部の学部長、一四八一年には学長を経験した。一四八二年には神学部の学士を取得してもいる。一四八三年に聖職に転じ、シュパイアー大聖堂の説教師を経て、一四九八年には詩学および修辞学を講じる員外教授としてハイデルベルク大学に復帰した。しかし、早くも一五〇一年には大学を去り、その後は主にシュトラスブルクに滞在し、わずかな聖職禄と貴族の子弟の家庭教師で生計を立てた。一五一五年に故郷の町に隠遁し、一五二八年に没するまで当地にとどまった。[17]

ヴィンプフェーリンクは一五〇一年の『ゲルマーニア』*Germania* ではまだ、アルザスをふくむ「ローマ帝国」がフランスの支配下にあったことは一度もなく、ドイツ人こそがその後継者であると主張していた。このようなモチーフは一五〇五年の『ドイツ史略』*Epitome rerum Germanicarum* にも受け継がれている。しかし、ヴィンプフェーリンクはそこでゲルマン人の起源がローマ人のそれに劣らず古く、由緒正しいということをも指摘する。[18]ヴィンプフェーリンクにとってもゲルマン人は現在のドイツ人の直接の祖先であった。しかし、かつてエネアがドイツ人の祖先にたいして下した低い評価はここでは完全に逆転している。「ゲルマン人はローマ人にけっして劣っていたわけではない。なぜなら、ゲルマン人はつねに忠誠、純血、正義、気前のよさ、誠実さを絶やさなかったからである。[19]」ドイツ人がローマ人の後継者としてこんにちあるのは、教皇庁のおかげばかりではなく、それ以上に祖先の栄光の賜物と理解されたのである。

人文主義の時代、歴史叙述は一種の世俗化を体験し、これ以後徐々に規範となる「国民史」のモチーフが輪郭をあらわした。しかし、このような変化は端緒についたばかりであった。「救済史」のモチーフが一挙に放棄されるには伝統の力があまりにも大きすぎた。また、あらたに創出された「国民史」のモチーフがすぐさま支配的になるには、祖先にかんする情報量がことのほかすくなすぎた。このため、「救済史」と「国民史」の奇妙な混合が、人文主義時代の歴史叙述を特徴づけることになったのである。

三　母国語の価値

人文主義者が自分たちの祖先と考えた人たちは、すくなくともキリスト教に改宗する以前は文字史料をまったくのこしていない。かれらにかんするわずかな報告は宿敵であるローマ人の手になるものばかりであった。このように祖先にかんする情報が圧倒的に不足していたこと、さらには、そのわずかな情報すらも部外者であるローマ人から発した偏向の強いものであることが、この時代の歴史意識のいまひとつの特徴を決定づけることになった。ドイツの人文主義者は、自分たちの祖先について記述するさいに、その道徳的な完全性に関心を集中せざるをえなかった。歴史は祖先の潔癖性を証拠立てるための道具となった。西欧では久しく歴史の使命は道徳的な模範に素材を提供することと考えられてきた。このような歴史叙述の使命にかんする理解は、人文主義の時代もそれ以前と大きく変わるところがなかったのである。(20)

タキトゥスのゲルマン人評はそもそもふたつの側面をふくんでいた。かれらは依然として物質的に恵まれない生活環境におかれているいっぽう、すぐれた倫理性を保持してもいた。エネアのようなイタリアの人文主義者が主に重視したのは前者の側面で、逆にドイツの人文主義者が重視したのはエネアによって等閑に付された後者の側面であった。(21)ドイツの人文主義者にとって、歴史とは祖先の倫理性を証してくれるものにほかならず、同時にその倫理性が現在のドイツ人にも連綿と受け継がれていることを示唆してくれるものでもあった。そして、このような祖先の倫理性は、歴史だけではなく母国語にも反映していると考えられたのである。

人文主義者は現状を打開せんとした改革者とみなされてきた。しかし、かれらはそもそもなにを改革しようとしていたのであろうか。一口に人文主義者といっても、出身階層も異なれば、性向も異なる雑多な人たちを指す集合概念である。したがって、各人の要求にはおのずと開きもあり、人文主義者を等しく拘束するように思われる利害を前にしても、かれらがそれをめぐって統一戦線を結成するのはむしろまれであった。それでも、人文主義者の要求には、人文主義者を人文主義者たらしめるような一定の共通項が存在したこともまた事実である。それはラテン語の乱れを糺し、それを刷新しようとする要求にほかならない。そして、そのために推奨されたのが、古典古代の詩人の作品を味読することであった。ドイツの人文主義者は外に向ってはイタリアの文士の揶揄に反発した。しかし、かれらの要求はそれだけではなく、内に向っては貴族や聖職者の文化不毛状態を告発し、かれらにラテン語の能力をもういちど磨くことを強く訴えたのである。

しかし、ラテン語の刷新という綱領的な要求とは別に、人文主義者のなかには母国語としてのドイツ語の価値に理解をしめす感性が確実に存在した。この方面でも立役者として活躍したのはツェルティスである。むろん、母国語による国民文学の創出という課題は、ツェルティスのあずかり知らぬ問題であった。そもそも、かれはドイツ語の作品をのこしてはいない。しかし、たとえ本人の意志から出たものではないとしても、やはりツェルティスは母国語の価値をたかめることに貢献した。タキトゥスの『ゲルマーニア』には、古ゲルマーニアにギリシア語の碑文が存在したことを暗示する記事がある。[22]ツェルティスにとって、この記事が信憑性をもつならば、それはローマやイタリアを介することなくドイツが地中海文化圏との接点を有したことを意味する。また、ツェルティスは反聖職者という動機から、タキトゥスがゲルマン人の唯一の文学形式と評価する「歌」carmina に注目した。ツェルティスはこの技巧に流れない「歌」を、教会の私利私欲に汚染されない礼拝がゲルマーニアにも存在したことをしめす有力な証拠とみなし、また、この「歌」が礼拝の偽らざる文句であるとも考えた。むろん、「歌」は美的な理由、文学的な理由からツェルティスの関心を引いたわけではない。しかし、かれが古典文献のなかの信憑性を欠く情報を積極的にとりあげたことは、後続の人文主義者たちに多大な影響を振るわずにはいなかった。(23)

「ドイツのヴァッラ」とよばれることを望み、聖職者やスコラ学者に損なわれていない純粋なラテン語の復興をくり返し訴えたベーベルも、ツェルティスがこの方面でのこした足跡をさらに進めた人文主義者のひとりである。ベーベルも、ゲルマン人が文字で保存され、固定して伝承される文学をもたなかったこと、このためゲルマン人が古典古代や人文主義の水準からみれば野卑で教養がない人たちであることを認めるのにやぶさかではなかった。むしろ、ベーベルを駆り立てたのは、ローマ人の文学とはまったく様式の異なるゲルマン文学の存在を証することであった。ベーベルは、ゲルマン人のような倫理的に潔癖な民族が、文学なしに生存しうる様子を思い浮かべることができなかった。芸術なくして道徳が育まれることはありえないという理解、さらに、文学なくして教養は存立しえないという理解は、ベーベルのラテン語で書かれた人文主義風の作品にも認められる傾向である。かれは、未開人の集団倫理にかんする描写を、技巧を施していない匿名の「自然詩」と考えるような、一種ロマン主義風の立場をとった。かくして、ゲルマン人の道徳性について直接多くのことを語っている『ゲルマーニア』は、間接的にかれらの文学についても扱っているとされたのである。(24)

ヴィンプフェーリンクも道徳の向上に気を配った人文主義者であった。かれの膨大な著作群のなかで、神学、政治、歴史関係の著述と比べ、教育学関係の論考は後世に群を抜いて大きな影響をおよぼした。ヴィンプフェーリンクのこの分野における主著のひとつとされる『青年』*Adolescentia* の編集を手がけたオットー・ハーディンクによれば、ヴィンプフェーリンクの教育学上の論考がめざしたところは、つまるところ「神学に通じる平信徒の創出」

にほかならなかった。[25] むろん、そのためには詩や雄弁の学習を通じて、ラテン語の能力を磨くことが不可欠となることはいうまでもない。しかし、おそらくシュパイアー大聖堂付きの説教師として活動した経験からであろうが、ヴィンプフェーリンクは、純粋な信仰心から聖書や教父伝、その他の神学上の論考にラテン語では無理でも、母国語でふれようとする広範な平信徒がいることをけっして忘れてはいなかった。[26]

人文主義期は母国語の倫理的な価値にたいする意識がとみにたかまった。しかし、その価値を理解した当人たちが、みずからの手で国民文学の創出という事業に乗り出すことはついになかった。この理由を考えようとするとき、近年の研究がとくに関心を寄せつつあるドイツ人文主義のいまひとつの側面に注目しなければならない。それはドイツ人文主義の大学改革運動という側面にほかならない。

四　大学改革運動

一九世紀の歴史家は、ルネサンスの開明性、革新性というブルクハルトの理解に触発されるか、あるいは自由主義や国民主義への熱狂という現実の事態に影響をうけ、人文主義者を近代世界の先駆者として描き、中世的な束縛、スコラ的な野蛮からドイツ精神を解放する使命をかれらにあたえた。このような人文主義理解の模範をダーフィト・フリードリヒ・シュトラウスのフッテン伝にみることができる。かれのフッテン伝が描こうとしたところは、ドイツの英雄的な解放者として華々しく活躍する人文主義者のすがたであった。フッテンは、「闇に抗する光のための、野蛮に抗する文化のための、専制に抗する自由のための、外国の抑圧者に抗する祖国のための」闘士と称えられた。また、古ヘブライ語学者として著名なヨハンネス・ロイヒリンも、「人間精神を斜陽にさしかかった中世の重苦しさから、ルネサンスのより解放的な空気のなかにもたらした」人として描かれている。[27] つまり、一九世紀の歴史叙述は、人文主義をスコラ主義的な中世からの解放をめざす闘争の歴史と理解したのである。ここには、一九世紀の進歩主義史観の影響が色濃く反映しているのがわかる。そして、あらゆる進歩主義史観のつねとして、この闘争の歴史も、新来者の勝利のうちに幕を閉じるものと暗黙裡に前提された。

このような判で押したような人文主義解釈にたいする反動が一八九〇年代に始まる。それはグスタフ・バウフの著述のなかにもっとも顕著に認められる。(28) バウフは、人文主義者とスコラ学者の関係の実際を理解するためには、人文主義者の感情的な言辞に翻弄されるばかりではなく、分析をさらに前進させなければならないという。かれは大学内で一流、二流の人文主義者がなめた辛酸を網羅的に吟味する。たしかに、バウフも人文主義者とスコラ学者の不和軋轢の実例を発見した。しかし、それはシュトラウスが描くような一大闘争とはよびがたいものであった。また、ストーリーの結末もクリア・カットな人文主義者の勝利とはいえなかった。むしろ、バウフが見出したのは両者の妥協や和解といったモチーフであった。スコラ学者は次第に古典研究にたいする反対をゆるめ、大学カリキュラムのなかで修辞学や詩学にそれなりの地位を認めた。いっぽう、人文主義者のほうも、けっしてスコラ学の一掃をもくろんでいたわけではなく、あくまでもその改善に主眼を置いていたのである。

バウフの修正主義的な理解の糸口を、一九二〇年代にゲアハルト・リッターがよりいっそう完全なかたちで発展させた。(29) リッターは、ルネサンスが「啓蒙的な人文主義者」と「暗愚なスコラ学者」の戦場であったとする見方を完全にしりぞけた。かれによれば、人文主義者とスコラ学者の衝突の事例はむしろすくなく、その深刻さについても誇張されてきたほどではないという。たしかに、このような衝突はイタリアでは起った。そこでは人文主義が大学の外部で、大学に代表されるような教育の伝統に敵対するかたちで成長を遂げたからである。いっぽう、ドイツの人文主義運動は大学に拠点を見出し、めだった反対に遭遇することもなく、すみやかに認知されるにいたった。そして、まれに起る衝突もけっして理念や原理の相克を意味するものではなく、むしろ、生理的な反撥、ポストをめぐる競合、昇進にまつわる対立といった私的な性格をもつものであった。リッターは、人文主義者とスコラ学者のあいだには、概して「平和的な共存」関係があったと結論する。

リッターの研究に触発されたその後の研究は、人文主義の時代全般を「平和的な共存」という概念で性格規定するのには慎重なようである。これらの研究では、人文主義はしばしばふたつの局面——「初期人文主義」と「盛期人文主義」——に分けて考察されている。リッターのいう「平和的な共存」がみられるのは「初期人文主義」の時代であり、「盛期人文主義」の時代には知的風土は確実に変質し、かつての共存共栄関係は崩れる。分水嶺をどこにみるかは論者によってまちまちであるが、一五〇〇年頃ないしは遅くとも一五一〇年代にはこのような変化が明瞭になると理解されている(30)。

しかし、ドイツの人文主義者が大学に拠点を見出そうとしたことを言い当てたのは、やはりリッターの動かしがたい功績であった。人文主義者とスコラ学者の戦場とよべるようなものが仮に存在したとするならば、それは一部の例外を除けば大学以外には考えられない。人文主義者の改革とは、かれらがみずからの得意とする専門分野をもって大学にかかえられることを欲し、学則やカリキュラムの改変を要求した運動にほかならない。このような大学改革運動というドイツ人文主義の性格は、目下のわれわれの課題を考えるうえでも重要となる。人文主義者は母国語の意義を認識した。しかし、すでにふれたように、ドイツにおいてはそれがすぐさま国民文学の興隆につながることはなかった。母国語とはいえ、この時期の大学にはドイツ語にかんする研究や教授が認知される環境はまったくといっていいほど育っていなかった。また、人文主義者のほうも、ドイツ語にたいする関心によって大学に召しかかえられることを本気で望んでいたわけではない。かれらにはそれよりもずっと有望な選択肢があったのである。

五　大学人となった詩人たち

すでにふれたように、ツェルティスやベーベルは「桂冠詩人」poeta laureatus の称号をうけた。「詩人」poeta ということばは、当時はすくなくともふたつの意味で使われていた。ひとつは、古典古代の模範に則った本格的な詩歌を創作できる能力を指した。しかし、それと同時に「詩人」という概念には制度的な意味もふくまれていた。「詩人」は、創作能力とはまったく関係なく、大学における「職業の呼称」でもあった。[31] しかし、「詩人」ということばが大学における「職業の呼称」として定着をみていたからといって、それはその分野がすでに大学教育のなかで認知されていたということを意味するわけではない。ここで、「詩人」をとりまく当時の大学の環境に一瞥を加えておくことも無意味ではなかろう。

「詩人」のポストが設けられたのは主として学芸学部であった。学芸学部は、神学、法学、医学といった三つの上級学部に進学するものたちに基礎教育を施す場であり、教師の数も他の三学部をあわせたよりも大勢であった。他の三学部の教授陣が博士号取得者によって構成されていたのにたいして、学芸学部の場合には、学部の修士号取得者と、その後上級三学部に進学した学生たちが講師職を担っていた。このため、学芸学部は大学内において一等低い地位に甘んじざるをえなかった。このことは単なる威厳の問題にとどまらず、学芸学部の教授たちは、上級学部の同僚たちと基本的に異なる生活条件のもとで暮らすことを余儀なくされた。大学の経営者があたえる助成金や聖職禄は、主として上級学部の教師たちを扶養するのに利用され、学芸学部の教師たちにはまわってこないのがつねであった。つまり、学芸学部では、他学部よりはるかに多くの人員が、他学部よりもはるかにすくないパイをめぐりしのぎを削っていたのである。

学芸学部の講師の大半は学生の支払う聴講料に依存せざるをえなかった。かれらは学寮内での個人レッスン、学生が望むテーマにかんする時間外講義などの副業をこなすことによって、かろうじて生計を維持していた。いっぽう、これとは対照的に、学位のために必修となっていたテキストにかんする「正規の」講義ははるかに有望であった。これらの講義の担当者は学生の納める聴講料ばかりでなく、しばしば大学からの俸給を期待することもできた。また、学士試験や修士試験に立ち会い、合格者から認定料を徴収する試験官の役職も経済的に魅力あるものであった。そして、講師を選別し、講義時間のスケジュールを組み、試験官を選出する役目は、学部評議会に一任されていた。したがって、学部評議会に出席権を有し、そこでの審議に立ち会えるかどうかが、教師たちにとって死活問題となった。なぜなら、この団体がすべての学部構成員の生存を左右しかねない決定を下したからである。

学部評議会の出席権は、時代が経過するにつれて、少数の年長者に握られるようになった。寡頭制支配が学部行政の特徴となる。各大学の学則は、一五世紀の経過のなかで、学則改定のたびに評議会員資格の取得にかかる年数を漸次引き上げている。加えて、評議会員の権益も拡大された。このことは学芸学部の若手教師たちにとって大きなプレッシャーとなった。大学にのこったもののストレスがいかに大きなものであったかは、評議会員資格の拡充、評議会の権限の縮小、会員の任期の短縮等をもとめる数多くの嘆願書の存在が如実に語るところである。かくして、一五世紀末には学芸学部は少数の年長者に牛耳られていた。かれらは学部行政を司り、威厳のある講師職を独占した。このような環境のもとで新しいアイデアをもつ若者が地位を築くのは至難の業であった。そして、これこそが、「詩人」をとりまく当時の学芸学部の日常風景だったのである。(32)

学芸学部の役割は専門課程に進む前の学生に準備教育を施すことにあった。そのさい、神学部の教育課程の基礎を提供することがとくに強く意識された。このため、学芸学部のカリキュラムは神学部教授連の意向を敏感に反映せざるをえなかった。いわゆる中世の「三学」trivium のなかで論理学のしめる比重が絶大であったことに、このことはうかがえる。これにたいして、中世ドイツの大学では文法学や修辞学にたいする関心は低く抑えられた[33]。学生が使う文法学のテキストやその注釈書は、論理学色が濃厚であり、文学作品から借用されるような例文をまったく欠いていた。テキストや注釈書の執筆者の真のねらいは、純粋に文法を教えることにはなく、論理学やアリストテレス哲学の学習に応用できるような入門を提供することにあった[34]。文法学の目的は哲学色の強い教育要領にあわせて規定しなおされていた。いっぽう、「三学」のいまひとつの要素である修辞学は、事実上その教授が放棄されていたといっても過言ではない。修辞学の履修を学則で義務づけている大学はまれだったし、それが義務づけられている場合にも、入学前に勉強していれば免除されるというような抜け道が存在した。この点にかんして、ジェームズ・オーヴァーフィールドのあげるエピソードが興味ぶかい。エアフルトのある学生が、かつて自分が学士試験の準備のために勉強した二二冊の本のリストを一四二〇年に作成した。そのさい、かれは論理学については一七冊のテキストをあげたが、修辞学については一冊もあげていない[35]。大学において修辞学教育の伝統はすたれきっていたのである。このような状況下にあって、文法学の向上と修辞学の再興をもとめる「詩人」たちの声は斬新そのものであった。つまり、「詩人」たちは新しい要求を掲げて大学に登場したのである。したがって、かれらにとって大学に職をえたということは、将来の生活が保証されたということをけっして意味するものではなかった。むしろ、それはようやく厳しいサバイバル・レースのスタート・ラインに立ったことを意味したにすぎない。かれらは自分の小さな島を守り固めてゆかねばならなかった。失敗すれば、せっかくえた職を失うかもしれない。かれらは就任後も大学上層部に向けて、自分の能力と担当分野の有用性をアピールしなければならない立場にあった。この目的のためのコミュニケーション言語は、むろんラテン語以外にはありえなかった。

コンラート・ツェルティスは大学以外の場所では生きてゆけないタイプの人間であった。かれの生涯は人文主義者のつねとして放浪に彩られてはいるものの、どこにいてもかれは大学を離れることはなかった。人文主義者がしばしば放浪を余儀なくされたのは、員外教授や私講師として、かれらの大学における生活が安定しなかったことに最大の原因がある。このことはツェルティスの場合にも当てはまる。「大人文主義者」の異名をとるかれも、ウィーン大学に招聘されるまでは、学部評議会に席をもたない一介の講師にすぎなかった。とくに、期限付き講師としてすごしたインゴルシュタットでの経験は惨澹たるものであり、最後には学生たちからもそっぽをむかれる始末であった。(36) しかし、それでもかれは教壇にこだわりつづけた。ウィーン大学はそんなツェルティスを学部評議会の一員として迎えたのである。だからといって、かれの担当科目が必修となったわけではない。ツェルティスは、大学の旧い体質のもとでは人文主義教育が陽の目をみることはないという結論に達した。かれは、一五〇一年に国王マクシミリアンに、詩人と数学者の特別なコレージュを既存の四学部とは独立に大学内に設けるよう直訴し、そのことを認可する勅許をとりつけた。(37) このように、ツェルティスにとって大学はけっして安住の地を意味したわけではなく、そこでの生活はもとより自分の得意とする分野の必要性を認めさせるための闘いの連続であった。すでにその一端を紹介したインゴルシュタットでのかれの就任記念講義も、そこでくり返される主題は詩学や修辞学といった分野の重要性をアピールすることにあったのである。

ツェルティスにかんするすぐれたモノグラフを公刊したルイス・スピッツによれば、ツェルティスの生涯は、ドイツの人文主義者に典型的にみられるふたつの傾向のあいだを揺れ動いていたという。ひとつはイタリア＝ルネサンス文化にたいする憧憬であり、いまひとつはイタリア人にたいする激しい敵意である。このことは、学究生活の場では、いっぽうでは古代のギリシア人やローマ人の高度な文学作品への沈潜となってあらわれ、また、いっぽうでは太古のゲルマン人の気高い無垢や、ラップ人のような同時代の素朴な自然人にたいする関心となってあらわれた。(38) 後者の関心が、すでに紹介したツェルティスのロマンティック・ナショナリズムの傾向である。しかし、ツェルティスは、かれのロマンティック・ナショナリズムを吐露する作品でも、ラテン語を使いつづけたのである。

かれは生涯ドイツ語でものを書くことがなかった。このことは、かれが大学以外に活動の拠点を見出すことができなかったこととけっして無縁ではあるまい。

ツェルティス以上に母国語の意義を理解していたハインリヒ・ベーベルにもそれはいえる。かれも大学での学究生活を強く希求した「詩人」のひとりであった。テュービンゲン大学のパトロンであったヴュルテンベルク伯エバーハルトが、大学に「雄弁術」の講座を新設したのは一四八一年のことである。その後、このポストはおそらく学内の他分野の教授たちの非常勤によってまかなわれていた。ベーベルの赴任とともに、ようやく大学は修辞学と詩学を講じる真の「人文主義者」をかかえるにいたった[39]。この就任のさいのいきさつは、ベーベルが初めから意識してこのポストをねらっていたことをうかがわせる。ベーベルは一四九六年にテュービンゲン大学に学籍登録すると同時に、テュービンゲン大学の著名な教授連や大学のパトロンであるヴュルテンベルク伯に、媚びを売るような一連の韻文詩を執筆しはじめたのである。このへつらいは功を奏したもようで、かれは早くも翌一四九七年には修辞学と詩学のためのポストについた[40]。しかし、ベーベルが涙ぐましい努力によって手にしたポストも、しばしば誤解されるような正教授職や講座といったものではなく、さしあたりは講師席にすぎなかった[41]。

そもそも、ベーベルが手にした講師職は期限付きのポストであり、かれは二〇年以上におよんだテュービンゲンにおける教授活動のあいだに、数回は確実にその職の延長を申請し、学部評議会の裁定を仰がねばならなかった。ベーベルは亡くなる二年前の一五一五年にもまだこのような認可をうけていたのである。「詩人」の席を大学に置くべきかどうかはつねに議論の的でありつづけた。同僚たちのなかには、ベーベルの役割を時流におもねるだけの、無意味な時間の浪費とみるものもすくなくなかった。テュービンゲン大学の学芸学部は、一四九二年の学部規約で、学寮の討論会において詩学にかんする講演を催すことを固く禁じていた。理由は学生の必修科目の学習に支障を来さないためにということであった。詩学や修辞学の担当者にたいするいやがらせはベーベルの赴任後もつづく。ベーベルの講義はたえず不利な時間帯に組みこまれた。学部評議会は、かれの講義時間に必修科目をかちあわせることによって、はじめから学生たちがベーベルの講義に出席できないように誘導していたのである。これは学生の聴講料がたよりの講師にとっては死活問題であった。このような学部評議会の態度にたいして、ベーベルはあからさまに不快の意を表明しつづけた。(42) ベーベルの苦境は、「最下層出身の最悪の境遇にある青年」adulescens infimae condicionis humillimoque loco natus として、かれが大学内にめぼしい知己をもたなかったことによっても増幅されていたと思われる。(43) ベーベルは就任後もスコラ学を信奉する同僚たちのために、かれらの著作に付される頌詩をふるまいつづけたのである。(44) また、いっぽうでかれは、自分の担当分野である「作詩法」poetice の意義を強く弁護しなければならなかった。「弁明」apologiae ないし「弁護」defensiones は、後年にいたるまでベーベルの著作および講義のライトモチーフでありつづけたのである。(45)

ベーベルは、故郷に伝わる伝承を収録した『笑話』*Facetiae*（一五〇八年に第一部出版、一五一二年の第三部で完結）や、『ドイツのことわざ』*Proverbia Germanica*（一五二六年にパリの印刷業者の手で出版）の作者でもある。これらの作品は、内容的にみるならば、ドイツ語で書かれるのがもっともふさわしかったであろう。これらは、のちに格言収集家、言語史家、民俗学者らによって重要史料の扱いをうけるようになる。(46) しかし、このような民俗学色の濃い作品を執筆するさいにも、ベーベルはやはりラテン語を使った。人文主義者にとって、自分の才能を誇示するための言語は、ラテン語以外には考えられなかったのである。

ベーベルが任地にとどまりつづけたのと比べるなら、ヴィンプフェーリンクの生涯はまさしく起伏に富むものであった。ハイデルベルク大学の学長にまで昇りつめたかれは、その後大学の職を辞し、シュパイアー大聖堂の説教師に転身する。やがてその職も捨て、母校の教壇に舞い戻ったが、ふたたびほどなくそこを去る。このような変節の動機はいったいどこにもとめられるのであろうか。それを解く鍵は、ヴィンプフェーリンクの晩年の行動に隠されている。こだわりつづけた聖職禄を手にする望みが最終的に絶たれたときに、かれは故郷の町への隠遁を決意したのである。[47] しかし、聖職禄にたいする野心は、かれのなかでもっと早くから存在したのではなかろうか。このような思いに駆られるのは、特定の人物に複数の聖職禄が集中することを激しく非難するのが、ヴィンプフェーリンクの著作の重要な主題のひとつでありつづけたからである。[48] かれの人生そのものが、有望な聖職禄を手に入れるための駆け引きの連続であったと考えられないこともない。

当時は、大学教授が俸給として聖職禄をうけとる慣行がすでに定着したものとなっていた。[49] しかし、聖職禄の受領は、学芸学部の教師たちにとってはやはり高嶺の花であった。ヴィンプフェーリンクが大学を去り、聖職についた真意はわからない。おそらく、これ以上大学にいても生活の安定を望めそうもないという思いがどこかにあったのではなかろうか。そんなかれがふたたび母校にもどる決心をしたのは、人文主義がすでに大学において確固たる地位を築いているという淡い期待があったからにほかなるまい。復帰後のかれの深い失望感がそのことを証明している。一四九九年八月一二日に大学人のコミュニティで開かれた講演において、ヴィンプフェーリンクは同僚たちの詩と雄弁にたいする無理解に辛辣な批判を浴びせた。かれによれば、バーゼル、フライブルク、テュービンゲン、インゴルシュタット、ウィーンの各大学が、当時すでに人文主義教育のための正式な有給教授職を設けていた。準備学校でさえ、生徒が古代の詩に慣れ親しむ機会を提供していた。嘆かわしいことに、このような生徒がハイデルベルクにやって来たとしても、各学寮の長たちの妨害で、それ以上は雄弁家や詩人の作品にふれることができなかった。ヴィンプフェーリンクは、こんなことがつづけば、ハイデルベルクは真の大学とよぶに値しなくなると警告した。[50] この講演にたいする学内の反応はネガティヴであった。新学寮の長ヨハンネス・ホッサーは、講演後間髪を入れずに出した公式の書簡で、ヴィンプフェーリンクの提案をことごとく却下した。かれは詩学と修辞学には価値がないと断じてさえいる。[51] 人文主義にたいする学内の逆風を肌で感じたヴィンプフェーリンクの動揺は計り知れない。かれは早くも一五〇一年には大学を去る。依然として大学はかれにとって安住の地ではなかったのである。

すでにふれたように、ヴィンプフェーリンクの悲願が聖職禄の取得であったとすれば、その目的にすこしでも近づくために利用できる言語は、ラテン語をおいてほかにはありえなかった。たしかに、かれは母国語がもつ教育的な価値に着目していた。しかし、そのおなじ教育学関連の論考のなかで、かれはラテン語教育において翻訳のためにドイツ語を使用する慣行に強い難色をしめしてもいるのである。かれによれば、このような慣行がラテン語の乱れの原因になっているという。[52] ヴィンプフェーリンクにとって、ドイツ語の価値は、ラテン語を解せない階層のコミュニケーション手段となることにあった。ここで志向されているのは、ラテン語教育とドイツ語教育の厳格な棲み分けにほかならない。そして、ヴィンプフェーリンクの関心はあくまでも上流子弟の教育、すなわちラテン語による教育にあったのである。

なるほど、ヴィンプフェーリンクは数篇のざれ歌をドイツ語で詠んでいた。なかには、一四九二年作のざれ歌のように、アルザスやドイツにおける反仏感情の古さを証すものとして後世ひんぱんに言及されたものもある。この作品でヴィンプフェーリンクはフランス王シャルル八世の暴挙を告発する。王は許婚であったマクシミリアンの娘マルガレーテを父王のもとに送りかえし、かわりにマクシミリアンの許婚ブルターニュのアンナを娶ろうとした。ヴィンプフェーリンクはフランス王の使節に釈明をもとめる書簡をラテン語で出し、それにドイツ語の韻文詩を添えたのである。このざれ歌のリフレイン、「花の命は短し」die Lilien welkenは、一四九五年にはヤーコプ・ロッハーによって、ついで一五一九年にはゼバスティアン・ブラントによって、かれらの作品のなかで愛国的心情を吐露する場面に利用されていた。[53] しかし、いずれにしても、かれのドイツ語の詩歌は、量的にみても質的にみても国民文学の礎となるにはけっして満足のゆくものではなかった。

母国語の使用にたいする躊躇は、大学に籍を置かない在野の人文主義者にもみられた。この点で忘れがたいのはウルリヒ・フォン・フッテン（一四八八〜一五二三年）の生涯であろう。フッテンは、帝国騎士で同名の父と、母オティリエ・フォン・エバーシュタインの第一子としてこの世に生をうけた。父母はかれが将来聖職者になることを願い、一四九九年に息子をフルダ修道院の付属学校に預けた。フッテンはそこから研修のために二年間エアフルト大学に派遣されている。しかし、かれは修道院には二度と戻らず、マインツ、ケルン、フランクフルト・アン・デア・オーデルの諸大学を転々とした。一五〇六年九月一四日にフランクフルトで学士号を取得したのちも、ライプツィヒ、グライフスヴァルトの諸大学を遍歴し、一五一一年にはウィーンへの放浪を敢行している。当地でフッテンは人文主義に好意的であった皇帝マクシミリアンの宮廷と接触をもつにいたった。一五一二年から一四年にかけて、かれは北イタリアを訪れ、パヴィア、ボローニャで勉学を積んだ。一五一五年には一時帰国したものの、法学の勉強を続行するためにふたたびイタリアに戻り、ローマ、ボローニャ、フェラーラ、ヴェネツィアに滞在する。一五一七年の七月に帰還し、同月の一二日には皇帝マクシミリアンから「桂冠詩人」の称号をあたえられている。[54]

フッテンの大学にたいする未練がいかほどであったかはわからない。いずれにしても、かれは街頭の戦士として活動する道を選んだ。この傾向は、マルティン・ルターの活動を文筆によって支援するようになってますます強まった。一五二〇年には、かれは初めてのドイツ語の作品『訴えと諫言』*Klag und Vormahnung* を発表している。この一五七八行の詩をフッテンが執筆した動機は、教皇と聖職者の横暴を糾弾するためにドイツ人に共闘をよびかけることにあった。そこにはつぎのような一節がある。「これまでわたしはラテン語で書いてきた、それはすべての人にわかるわけではなかった。これからはわたしは祖国に向って吠えることにした、ドイツ国民に向ってかれらのことばで。」[55]しかし、高らかな宣言とは裏腹に、ドイツ語で書くことにたいする抵抗感は、街頭の戦士となった人文主義者にとってもけっして小さなものではなかった。同年の一二月三一日に発表された『小対話』*Gesprächbüchlin* の序文にはつぎのようにある。「ドイツ語よりもラテン語のほうがずっと心地よく、ずっと芸術的に響くかもしれない。」そして、フッテンはこの作品に自署せず、それは「神の真理と祖国を愛する無名の人によって」執筆されたと弁解している。[56] ドイツ語で書くことにたいするためらいは、確実に在野の人文主義者にも影を落としていたのである。

フッテンが文筆活動によって国民意識の覚醒に果した貢献は計り知れない。なかでも特筆すべきは、ローマの支配から祖国を解放した古代の英雄アルミニウスを発見したことであろう。対話篇『アルミニウス』*Arminius* は一五一八年に執筆され、フッテンの死後、かれの友人エオバーヌス・ヘッススの手で一五二九年に出版された。フッテン以降、九〇をこえる戯曲、小説、オペラがこの主題に捧げられており、この主題を扱った作家たちのなかにはヴィーラント、クロップシュトック、クライストなどの著名人が名を連ねている。[57] フッテンの対話篇は文字通り国民文学の礎とよぶにふさわしい作品であった。しかし、かれもやはりこの主題をラテン語で執筆していたのである。

すでにみたように、ドイツの人文主義者は大学制度や大学教育のあり方を批判し、それを改革しようとしていた。しかし、他方でかれらは大学のポストやそれにまつわる利権にはあくまでもこだわりつづけた。かれらが母国語の価値を認識しながらも、執筆にあたって母国語の使用に踏み切れなかった最大の原因をそこにみたい。なぜなら、当時の大学における枢要なコミュニケーション言語は、やはりラテン語だったからである。しかし、問題はそれに尽きるわけではない。人文主義者のこのような姿勢は、かれらの大学改革の質ばかりか、その成否をも左右することになるのである。

註

（1）Pape, I., Art. Humanismus, Humanität, in: Ritter, Joachim (Hg.), *Historisches Wörterbuch der Philosophie*, Bd. 3, Basel 1974, S. 1217ff. 引用は、S. 1218.

（2）　Frank, Horst Jochim, *Geschichte des Deutschunterrichts. Von den Anfängen bis 1945*, München 1973, S. 39f.

（3）　*Ebd.*, S. 41.

（4）　Opitz, Martin, *Buch von der Deutschen Poeterey; Neudrücke deutscher Literaturwerke des XVI. u. XVII. Jahrhunderts*, Nr. I, hg. v. Braune, Wilhelm, 5. Aufl. Halle 1949. なお、引用は以下の文献によった。Frank, *a. a. O.*, S. 40. なお、オーピッツの生涯と業績については、Muncker, Franz, Art. Opitz, Martin, in: *Allgemeine Deutsche Biographie*, Bd. 24, Berlin 1970², S. 370ff. 邦語では、さしあたり下記の文献を参照。藤本淳雄他『ドイツ文学史』（東京大学出版会、一九九五年、第二版）、五四ページ以下。

（5）　『ゲルマーニア』の写本の探索と発見、イタリアへの流入の経過については、Krapf, Ludwig, *Germanenmythus und Reichsideologie. Frühhumanistische Rezeptionsweisen der taciteischen »Germania«*, Tübingen 1979, S. 11ff.

（6）　このマイヤーの書簡は、Schmidt, Adolf (Hg.), *Aeneas Silvius Germania und Jakob Wimpfeling: "Responsa et Replicae ad Eneam Silvium"*, Köln/Graz 1962, S. 9f.

（7）　Schmidt, *op. cit.*, S. 13ff.

（8）　*Ibid.*, S. 89.

（9）　Krapf, *a. a. O.*, S. 44ff.

（10）　コンラート・ツェルティスの生涯については、Spitz, Lewis W., *The Religious Renaissance of the German Humanists*, Cambridge/Massachusetts 1963, p. 81; Overfield, James H., *Humanism and Scholasticism in Late Medieval Germany*, Princeton/New Jersey 1984.

（11）　このテキストには英訳がある。Celtis, Conrad, Oration Delivered Publicly in the University in Ingolstadt, in: Spitz, Lewis W. (ed. and tr.), *The Northern Renaissance*, New Jersey 1972, p. 15. また、この講演の簡便な内容紹介としては、Overfield, *op. cit.*, p. 72.

（12）　引用は前述の英訳によった。Spitz, *a. a. O.*, p. 22.

（13）　Spitz, *Religious Renaissance*, p. 84.

（14）　ベーベルの経歴については、Barner, Wilfried, Einführung, in: Heinrich Bebel, *Comedia de optimo studio iuvenum/Über die beste Art des Studiums für junge Leute*, hrsg. u. übersetzt v. ders. Stuttgart 1982, S. 124ff.; Overfield, *op. cit.*, p. 145.

（15）講話の内容は以下の文献によった。Barner, a. a. O., S. 103f.

（16）Graus, František, Verfassungsgeschichte des Mittelalters, in: *HZ* 243, 1986, S. 529ff. ここではとくに、S. 530ff.

（17）ヴィンプフェーリンクの経歴については、Spitz, *Religious Renaissance*, p. 42; Schnur, Harry C., Nachwort, in: Jakob Wimpheling. *Stylpho*, hrsg. u. übersetzt v. ders., Stuttgart 1971, S. 53ff.

（18）以上の解説は以下の文献によった。Borchardt, Frank L., *German Antiquity in Renaissance Myth*, Baltimore/London 1971, p. 98.

（19）引用は以下の文献によった。von See, Klaus, *Deutsche Germanen-Ideologie. Vom Humanismus bis zur Gegenwart*, Frankfurt am Main 1970, S. 14f.

（20）Hardtwig, Wolfgang, *Geschichtskultur und Wissenschaft*, München 1990, S. 62ff.

（21）この点についてはたとえば、Krapf, Ludwig, *a. a. O.*, S. 115f. 邦語では、拙稿「出自神話でみるドイツ史」『人文学報』（京都大学人文科学研究所）七一号、一九九二年、九七ページ以下。ここではとくに、一〇七ページ以下。

（22）タキトゥス（泉井久之助訳註）『ゲルマーニア』（岩波書店、一九九〇年、第一四版）、三五ページ以下。

（23）Krapf, *a. a. O.*, S. 111f.

（24）*Ebd.*, S. 113ff.

（25）Herding, Otto（Hg.）, *Jakob Wimpfelings Adolescentia. Jacobi Wimpfelingi Opera Selecta I. Adolescentia*, München 1965, S. 144.

（26）*Ebd.*, S. 123.

（27）シュトラウスからの引用は下記の文献によった。Overfield, *op. cit.*, p. xi. なお、以下のドイツ人文主義研究史の概観については、オーバーフィールドの研究が大いに参考になった。*Ibid.*, p. ix.

（28）Bauch, Gustav, Wittenberg und die Scholastik, in: *Neue Archiv für Sächsische Geschichte und Altertumskunde*, Bd. 18, 1897, S. 285ff.

(29) Ritter, Gerhard, Die geschichtliche Bedeutung des deutschen Humanismus, in: *HZ* 127, 1923, S. 393ff.
(30) Overfield, *op. cit.*, p. xv.
(31) Barner, a. a. O., S. 117f.
(32) Overfield, *op. cit.*, p. 18.
(33) *Ibid.*, p. 26.
(34) *Ibid.*, p. 36.
(35) *Ibid.*, p. 40.
(36) *Ibid.*, p. 129.
(37) *Ibid.*, pp. 139, 209.
(38) Spitz, *Religious Renaissance*, p. 85.
(39) Overfield, *op. cit.*, p. 113.
(40) *Ibid.*, p. 145.
(41) Barner, a. a. O., S. 109.
(42) Ebd., S. 135f.
(43) 引用は以下の文献によった。Ebd., S. 109.
(44) Overfield, *op. cit.*, p. 151.
(45) Barner, a. a. O., S. 137.
(46) Ebd., S. 169ff.
(47) Spitz, *Religious Renaissance*, p. 53; Schnur, a. a. O., S. 55.
(48) Schnur, a. a. O., S. 58f.
(49) Oexle, Otto Gerhard, Alteuropäische Voraussetzungen des Bildungsbürgertums—Universitäten, Gelehrte und Studierte, in: Conze, Werner u. Kocka, Jürgen (Hg.), *Bildungsbürgertum im 19. Jahrhundert*. Tl. I. *Bildungssystem und Professionalisierung im internationalen Vergleichen*, Stuttgart 1985, S. 29ff. ここではとくに，S. 50 u. 76.

（50）Overfield, *op. cit.*, p. 109.

（51）*Ibid.*, p. 217.

（52）*Ibid.*, p. 83.

（53）このざれ歌については、以下の文献を参照。Paul, Ulrich, *Studien zur Geschichte des deutschen Nationalbewußtseins im Zeitalter des Humanismus und der Reformation. Historische Studien*, H. 298, Berlin 1936, S. 74.

（54）フッテンの生涯については、Bernstein, Eckhard, *Ulrich von Hutten*, Hamburg 1988. 邦語としては、オットー・フラーケ（榎木真吉訳）『フッテン――ドイツのフマニスト』（みすず書房、一九九〇年）。

（55）フッテンの著作については、以下の全集版を利用。*Ulrich Hutteni, equitis Germani, opera quae reperiri potuerant omnia*, hg. v. Böcking, Eduard, 5. Bde., Leipzig 1859-61. Nachdruck Aalen, 1963. 引用は、*Ebd.*, Bd. 3, S. 484.

（56）*Ebd.*, Bd. 1, S. 247.

（57）Bernstein, *a. a. O.*, S. 83. なお、後世のフッテン受容にかんする興味深い研究として、Kreutz, Wilhelm, *Die Deutschen und Ulrich von Hutten. Rezeption von Autor und Werk seit dem 16. Jahrhundert*, München 1984.

Ⅳ　争う

第13章　中・近世ドイツ農村社会の武装・暴力・秩序

服部良久

一　農村社会の武装と暴力

藤木久志氏は日本中世・戦国期農村社会の研究において、村の境相論・入会地争い（山野水論）における自力（フェーデ）＝「村の合戦」を活写し、農村の武装と実力行使の生々しい現実を明らかにした。藤木氏によれば自検断・自力の慣習を保持する農民たちは、しばしば隣村と入会地利用等をめぐって武装して争い、少なからぬ犠牲者を出すこともあった。農民たちは寺社や公家である荘園領主に、裁判における支援を期待することはあっても、こうした領主の軍事的な支援を恃みにすることはなかった。むしろ緊急の実力行使においては近郷村落の加勢（合力）が現実的な意味をもっていたのである。しかも興味深いことに、村落間の協力は場合によっては仲裁行為をも導くなど、いわば公権力から自立的な地域間の平和維持に貢献するネットワークが存在したのである。日本中世の農村社会では必ずしも領主の保護＝支配下に平和な農耕生活が保証されていたのではなく、また農民は秀吉の刀狩によっても武装解除されず、近世まで潜在的な武力を維持していた。同時に農民は相争う領主たちの攻撃・略奪の対象であるばかりではなく、彼ら自身のなかから、暴力の担い手でもある雑兵・野盗の類を生み出していた。いわば社会全体が暴力と密着し、繰りかえし暴力を生み出していたのであり、支配権力もこれを利用こそすれ（雑兵・傭兵）、社会の武装・暴力を統制、排除することはできなかったのである。(1)

ではヨーロッパ中・近世の農村社会において武装・暴力は、どのような意味をもっていたのか。従来の農村史研究はこうした問題にほとんど関心を示すことはなかった。ドイツでは農村領主制の研究とともに、村落・農村共同体の研究も長い歴史と蓄積を持っている。戦後、主として法制史的な視点から、中世の村落共同体に関する三部作を公にしたバーダーの業績は、その代表的なものである。しかしこうした村落研究者にとって、村落共同体とは何よりも「平和共同体」であり、この点で都市共同体と同様な法原則によって貫かれていたのである。(2)

周知のようにペーター・ブリックレは、ドイツ中・近世の領邦における農民のラントシャフト（領邦議会に参加する臣民団体）や農民戦争・農民蜂起のなかに、農村共同体の政治的・国家的機能を読み取り、この時期を「コムナリスムスの時代」と呼ぶ。(3) さてブリックレのいう「共同体の政治的機能」が際立っていたのは、主としてスイス（盟約者団）やティロル、ザルツブルクなど南ドイツの領邦・地域であったが、スイス農民はいうまでもなく、ティロルの農民も近世を通じて武装能力を維持し、領邦君主に軍事奉仕をもなしたことは周知の事実であり、また戦士的気風と名誉心がこれらの地方の農民の心性を特徴づけるものであったことは、しばしば民俗学者の指摘するところでもある。しかしブリックレ自身は必ずしもスイスやティロルの農村共同体の政治的・国家的機能を、その武装能力・軍事力を基盤にしたものとはみなしていないように思われる。ブリックレにとって共同体の政治的機能は、領主に対抗する共同体の連帯と意志決定・意志表示の民主的・合理的プロセスにもとづくものであり、一時的な武装蜂起を除いて武装暴力は農村社会では本質的な意味をもたない。村落間のフェーデは問題にならないのである。実はブリックレのみならず、ドイツの農村史研究において村落間の実力行使に言及される例はほとんどない（この点はドイツ以外の西欧中・近世農村史研究も同様であろう）。さらに注目されるのは、村落共同体内部における農民相互間の暴力あるいは自力・フェーデは、藤木氏の農村社会史研究においても、まったく問題にされてはいないことである。自力の主体として村の一体性が維持されている以上、村落内の階層構造や軋轢は重要ではないということであろうか。この点は、村落共同体の連帯・団結を議論の出発点とするブリックレ説も同様であり、それゆえ少なからぬ研究者が、ブリックレ説では村落内部の矛盾・対立が軽視されていると批判する。ブリックレにとっても村落共同体とは平和団体だったのである。(4)

しかし後述のように近年の犯罪社会史的事例研究は、中世末期～近世の都市および農村の日常が、さまざまな暴力・傷害事件に満ちていたことを示している。また平和令や共同体の諸法令にみられる武器にかんする規定は、市民のみならず農民も頻繁に武器を携行していたことを暗示している。とすれば、ドイツ中・近世においても武装と暴力の問題を共同体内、共同体間の現象として考えてみる必要があるだろう。この問題は個人の武装・暴力という視点から共同体の構造を考えるという点では、都市と農村の双方にかかわるものであるが、とりわけ農村社会についての検討が重要であるのは、領主制、すなわち領主・農民関係を再考することにも連なるからである。それは、一定の暴力を構成要素（媒体）とする社会秩序を考察することでもあり、紛争（暴力）と紛争解決という相互的行為によって維持される、共同体のコミュニケーションの一面を明らかにすることでもある。なおここでいうコミュニケーションとは、個人の意志表示行為にもとづく住民（集団）相互の交渉と了解に至るプロセスを意味する。本章は農村社会の武装と暴力という視点から、このような地域社会と共同体における住民間の、そして住民と支配権力の相互行為と秩序形成を考えていくための予備的考察をなすにとどまる。

二 暴力と社会的規律化

かつてヴェーバーが合理化された近代社会の秩序として、官僚組織、軍隊、工場経営を典型とする「規律」を指摘し、さらに戦後エーストライヒらが、絶対主義に向かう「初期近代国家」の統治手段として社会的規律化を論じて以来、社会的規律化は近代国家による臣民の形成過程として注目されてきた。とくに一九八〇年代以後シリングらの研究は宗教改革後の宗派体制において、国家に支援された教会が、日常生活の監督・統制によって臣民の規律化を進めたことを明らかにした。そこではカルヴァン派都市エムデンの事例に示されるように、日常的な暴力が刑事的処罰よりもむしろ、教会の指導する贖罪・和解といった手段を通じて克服され、当事者間の宥和による社会秩序の回復・維持が重視されたのである。(5) またブリックレ門下のシュミットは、社会的規律化を都市・農村共同体のキリスト教的倫理にもとづく自己規律であるとする。シュミットは一五世紀末〜一七世紀において、暴力（殺害、傷害）、誹謗中傷から夫婦生活、性道徳、名誉毀損、奢侈にいたる日常生活の問題を管掌した、スイスのカトリック・福音主義の両地域における風俗取締裁判をとりあげ、この裁判が共同体住民自身のキリスト教的倫理観を基盤にした平和的隣人関係の維持にあったと述べる。(6)

このように近年の社会的規律化論は、国家、支配権力による規律化にたいして、むしろ教会の役割や共同体自身の動向を重視しようとしている。しかしリヒャルト・ファン・デュルメンが「勤勉・従順にして礼儀をわきまえた臣民」を創出するという初期近代国家の努力は見るべき成果を伴わなかったと述べるように、社会的規律化という理念・目標とその法令化が、実際に社会の日常生活に与えた影響については否定的な見解も少なくない。裁判史料にもとづく犯罪史の事例研究によれば、一六世紀から一七、一八世紀にいたるまで、都市や農村社会における住民間の暴力事件は減少しておらず、むしろ地域によっては一八世紀に増加している。近世の「村の平和化」「文明化」はけっして自明の事実ではなかった。(7) 社会的規律化の対象は暴力のみならず、あらゆる生活領域に及ぶが、さしあたり住民間の暴力事件にかぎってみれば、その処理の大半においては処罰よりも当事者間の和解が優先された。中世後期のチューリヒにおける裁判記録を考察したスザンナ・ブルクハルツによれば、記録された事件では傷害がもっとも多く、しかも罰金による処罰件数を当事者の和解による解決の件数が上回っているという。このチューリヒの都市裁判では、「公共の平和」と「個人の名誉」がともに都市社会における規範として尊重されたのである。同市の傷害事件にかかわった者には上層市民が多かったことを考えれば、こうした当事者間の和解を重視するという原則も理解できよう。(8)

都市や農村内部の暴力の背景には、しばしば当事者間の名誉をめぐる葛藤が存在していた。ブルクハルツが闘争文化 Konfliktskultur とよび、同様にヴェストファーレン地方の農村社会を考察したライナー・ヴァルツが、近世農村の「抗争的文化、抗争的コミュニケーション」agonale Kultur, agonale Kommunikation とよぶ、暴力（言葉による暴力＝誹謗・中傷を含む）を不可欠の構成要素とする社会秩序において、個人の名誉は中心的な価値をなしていた。(9) 近年刊行された共同研究の成果『損なわれた名誉』の編者、クラウス・シュライナーとゲルト・シュヴェアホーフがその序論で述べるように、この問題を扱う歴史家はブルデューの概念を借用し、名誉を一種の象徴資本と考える。ヴェーバーは、名誉は身分状況、身分的生活スタイルと同義であるとした。ジンメルによれば、名誉は法の強制と道徳的責任の中間に位置し、法が立ち入らない日常生活レベルで社会構成員の行為を規定するものである。(10) しかし社会における頻繁な暴力行為の意味を考えるためには、こうした静態的な理解ではなく、名誉を自他の関係において蓄積・減少を繰りかえす、財貨と同様な価値と考えるブルデューの理解は示唆的である。また留意すべきは、名誉は個人の内面にとどまる価値ではなく、相互関係のなかで、換言すれば自他の行為によって増減することである。シュライナーによれば、名誉はこの意味で社会的な相互関係とコミュニケーションを規定するメディアであった。人々はこの名誉という象徴資本の蓄積につとめ、その減少には機敏に反応した。個々人の名誉は社会のなかで確認され、公的な場で試される。名誉を損なわれた者は、これを回復しなければ社会的、公的地位・信用を失い、それは場合によっては政治的な地位のみならず、生業の危機にもつながった。

損なわれた名誉を回復するもっとも重要な手段は報復であった。その典型が対抗暴力である。それゆえ、ミハエル・フランクの表現を借りるなら、「名誉のコードには強い抗争のポテンシャルが内在する。(11)」この点で、農村社会の文化は財産・モノをめぐる競合のみならず、誹謗、威嚇、実力行使によって相手の評判を低下させるための争いによって特徴付けられる、とのやや誇張されたヴァルツの指摘も、名誉をひとつの媒体とする社会秩序の一面を示すものである。(12)名誉と暴力が表裏一体となって秩序とコミュニケーションを規定するという点は、家門・血統意識とフェーデ慣行によって特徴づけられる貴族身分において、より明確であろう。名誉と結びついた暴力が都市・農村社会においても頻発していたとすれば、ひとつの共同体に集住する住民相互の日常における密度の濃い接触や利害対立など、貴族社会とは異なる具体的な生活条件のなかでその意味を考えねばならない。名誉が個人的・内面的な価値ではなく、また貴族の名誉が家・血統・顕職・軍功などと密接に結びついていたとすれば、そもそも農民の名誉とはいかなる物的要因、行為、関係によって創出、維持、毀損されるのだろうか。

本章ではこの点を詳論する用意はない。ここで確認しておきたいのは、都市・農村社会の秩序が、法・制度外の名誉という価値規範の影響を強く受けていたとすれば、支配者、あるいは共同体の当局もまた、こうした価値規範を尊重することによって社会の平和維持をはからねばならなかったことである。もちろん後述のように一七世紀以後、被害者の報復＝実力行使や当事者間の和解に対する裁判当局の介入と統制が強まり、刑法的処罰原則が強化されつつあったことは否定できない。(13)しかし一七世紀にいたるまで当局はなお、公共の平和と個人の名誉の双方のバランスに配慮せねばならなかったのである。中世後期、近世においても都市当局はしばしば殺人犯を市外追放しているが、これは刑罰としての永久追放というよりも、期限つきの追放であり、被害者の家族との間に和解が成立すれば帰還が許されたように、むしろ当事者間の報復を回避させ、同時に和解を促す手段であった(14)。後段で述べるように、殺人についてとりわけ当事者主義的な措置が長く存続することについては、別に検討を要する。いずれにせよ、当事者間の和解は犯罪の民事的解決をもたらすのみで、刑事的責任を解消するものではない、という一五三二年のカロリーナ刑法典の原則は、ドイツ諸都市、農村社会の現実となるにはなお長期を要したのである(15)。

三　農民の武装と平和

日本中世における「村の自力・村の合戦」は当然ながら、農民の武器所有と不可分の現象であった。ドイツ中・近世における農民と武器の関係については今世紀初頭のハンス・フェールの研究以後、本格的な考察がなされていない。フェールが論じる農民の「武装権」（厳密には「武器の権利」Waffenrecht）は、武器所有・携行・使用の権利、さらに武器使用についてはフェーデ、裁判決闘、犯人追跡などの行為をも含む包括的な概念である(16)。武器所有自体はさきに述べてきた農村社会内の暴力に直結するものではないが、このような広い意味での「武装権」は、第一節で述べたように、領主・農民関係、村落間の紛争とその解決方法、すなわち地域の平和維持の問題、そして村落内部の社会秩序・農民の名誉にもかかわり、中・近世農村社会史において看過できぬ意味をもつ。概説書レベルではしばしば、農民はいっぽうで中世盛期のうちに武装権を失うとともに、フェーデ資格をも奪われ、他方で特別の保護下に置かれたとの記述がみられるが、ヨーロッパ中・近世の農民が少なくとも武器を持たない丸腰の存在でなかったことは明らかである。以下ではおもに平和令などの法史料により、したがって支配権力の視点から、中世における農民の武装がどのように認識され、統制されたのかを考察する。

（1）平和令よりみた農民の武装権

皇帝フリードリヒ・バルバロッサの発令した三つの平和令のうち、一一五二年の帝国ラント平和令は正当防衛以外のフェーデ禁止という原則を示しているが、ここでは農民の武器携行をも禁止する規定が平和令の歴史において初出する。[17]他方で聖職者など特定の人々への特別保護（平和）の保障は記されていない。ところが一一七九年の同皇帝によるライン・フランケン地方のラント平和令では、フェーデは一定の曜日と場所（村落外の野原）の条件を付したうえで容認されている。農民は聖職者、ユダヤ人、商人、女性などとともに、つねに平和を享受する（フェーデの攻撃対象外の）者として保護され、村から出るときは剣に限って携行を許された。また、農民は裁判官の犯人逮捕に協力するために、家内にはどのような武器をも所有すべしとの箇条が注目される。[18]先の平和令におけるフェーデ禁止は、即位後まもない若い皇帝の理想を示すものではあれ、現実的ではなかった。そこで一一七九年にはフェーデに一定の抑制を加えること、農民をその被害から保護することが皇帝の現実的な目標となったのである。しかし実際には農民の安全を保障する皇帝や諸侯の権力装置はけっして充分ではなかった。とりわけ村域外においては農民は自身の武装により最低限の自衛を図らざるを得なかった。また逆に、農民の武装奉仕は地域の治安維持にとっても不可欠であり、そのためにも農民の武器所有自体は公認されたのである。

一一八六年の皇帝フリードリヒの「放火犯に対する規定」では、聖職者および農民の息子が騎士的な帯剣を行なうことを禁止している。[19]この規定は下位身分や卑しい出自の者が騎士に成り上がる、あるいは取りたてられることを禁止するものであり、明確に身分統制的な意図をもつ。もちろん富裕な農民の子弟が騎士的生活を模倣し、また領主によって騎士に取りたてられるという風潮は、一三世紀の諷刺作品に繰りかえし現れるように、その後も止むことはなかった。[20]

このようにシュタウフェン朝の平和令には、たしかに農民の武装を禁止ないし制限し、他方で農民を特別平和の保護下（フェーデの対象外）に置こうとする意図が読み取れる。しかしゲルンフーバーが指摘するように、平和の保障と武装禁止を表裏一体と考えることは、当時の社会現実には合わない。原則的に特別保護下におかれた商人が武器携行を禁止されることはなかったように、社会全体がなお武装暴力と本源的に結合し、騎士のみならずすべての人間が能力に応じて自衛を心がけねばならない状況では、農民に武器所有と一定条件下での武器携行を認めることこそ、平和維持の課題を負う支配権力の現実的な方策であった。[21] 農民の帯剣禁止のごとき武装規制は、むしろ騎士身分の確立をめざすシュタウフェン朝の身分政策的意図によるものであった。武器は暴力の物理的な手段であるのみならず、地位・身分を象徴する威信財でもあったのだが、このことはじつは農村社会においても重要である。

この点に関連して一二四四年のバイエルンの平和令はいくつかの興味深い規定をもつ。ここでは、農民は祝祭日には、胸甲、兜、小刀、鎖ジャケツなどを帯びて教会に赴いてよいが、それ以外の日には短剣と（犂耕用の）鉄棒以外の、他の武器を帯びてはならない、とされている。すなわち農民は、中・近世の農民の図像が示しているように短剣をつねに所持し得、またその他の武器（武具）をも所有しており、教会祝祭日にはこれらを身につけて出歩くことができた。それは一種の晴れ着のごとき意味をもっていたのであろう。[22] またここでは、家長のみが長剣を所持し得るともされている。留意すべきは、この武装規定が「農民について」de rusticis という条項のなかに、農民の髪型についての規定（耳より長くしない）と、服装の奢侈禁止規定の間に挟まれて記されていることである。武装は農民の、とりわけ家長の名誉やプレスティジにかかわるものであった。領邦当局にとって農民の武装の規制は、いっぽうで農村社会の平和、治安および身分秩序の維持という支配者としての関心と、他方で農民自身の価値規範にもとづく社会秩序への配慮にもとづいていたといえよう。ただしこうした農民社会内部の立ち入った考察は、平和令からは困難である。

　さて一三世紀以後、農民に対する保護規定は他の「弱者」に比べて希薄になるように思われる。ザクセンシュピーゲルのラント法では、村域は特別平和領域とされたが、聖職者や女性、ユダヤ人と異なり、農民は恒常的な特別平和の保護下に置かれず、中世後期の平和令においても、農民は農作業中、あるいは農地への往来に限って特別保護を与えられることはあれ、農民身分が全体としてつねに保護下に置かれることはなかった(23)。前述のバイエルンの平和令においても、修道院・墓地・製粉所・葡萄畑など特定場所の平和（アジール）は挙げられているが、農民や、その他の特定身分・職業に対する特別平和・保護はない。また一四四二年のフランクフルトの平和令では、労働中の農民への加害行為を、皇帝の恩寵喪失と罰金によって禁止しているものの、農民の武装禁止の規定はないように、中世後期の法令は、農民に対する保護、武装禁止の規定がともに後退しているとの印象を与える(24)。その背景としてつぎの点を挙げることができる。すなわち、ブルンナーが述べるように本来「正当なフェーデ」においては、敵対者に属す、人と物的財を含めたあらゆる財産に対する加害行為（殺害・掠奪・破壊・放火）が許容され、とくに中世後期にフェーデが猖獗をきわめるなかで、農民への恒常的な平和の保障は現実的意味をもたなくなったこと、傭兵崩れの強盗・野盗の徘徊など治安の悪化に対し、農民の自衛が重要な意味をもったこと、である。

　同様の背景としてさらに推測するなら、中世後期には農村共同体の法的、経済的自立性が強まるとともに、農民の個々の、そして集団の武装能力が向上していたのではないだろうか。このことは、すでに一一七九年の帝国平和令にも現れていた農民の犯人追跡義務が、一三世紀以後次第に本格化していくことと関連する。現行犯逮捕のための地域住民の犯人追跡義務はカロリング時代に遡るものであるが、やはり中世盛期以後の平和令のなかで何よりも農民の義務として、罰則とともに明記されるようになる。一二世紀初めのアレマニエンの平和令 pax Alamannica では被害者の叫喚告知により、犯人が潜む城を包囲・攻城するのは第一に農民（伯、大公、有力者 maiores と区別された一般民 populus）の義務であった。[25] 前述のバイエルンの平和令では、犯罪者を追跡する裁判官やその他の人の叫び声を聞いた者は武器または棍棒を持って駆けつけるべしとされ、さらに先にふれた武装に関する条項に続いて、祝祭日にのみ携行を許された武器はラント patria の防衛、裁判官の犯人追跡への協力など、ラントの共通の必要のために家内に保管すべし、とある。[26] 農民の犯人追跡義務は中世後期には、領邦当局によりいっそう拡充・整備された。バイエルンの一五一二年のラント条令では、追跡のさいのリーダーとなる農民を各地区より二名あらかじめ選出し、鐘の音を聞いたら彼らがまず武装して裁判所に馳せ参じる、とされている。なお貴族の協力は強制ではなく任意とされた。

フェールによれば元来共同体的な治安維持の自警的義務であった犯人追跡義務が、このように領邦当局による警邏隊的な動員へと拡充され、さらこの動員組織は、同じく一五世紀から始まるラント防衛のための選抜民兵制度の発展と重なる。一四三一年のバイエルン大公の動員令では、貴族はその農民を二〇人に一人の割合で召集し、一四六二年の徴兵リストでは、八地区より農民は五人に一人、計二万人余が選抜された。[27] また一五世紀後半には大公は農民が家内に所有する武器の調査をさせ、定期的な武器点検を命じている。それによれば平均的農民は当時、剣・槍を、富裕な農民は弩を、また一六世紀には小銃をも所有していた。実戦における農民の能力の限界にもかかわらず、傭兵の出費や欠陥を補うために選抜民兵は漸次拡大整備され、一五世紀のうちに司法・警察的義務としての犯人追跡は、ラント防衛の軍役に吸収されていった。バイエルンの選抜民兵制は一七世紀前半、大公マクシミリアン一世下に農地の規模に応じた武装と一定の訓練実施を加えて、再編されている。[28] またティロルでは皇帝マクシミリアン一世は、すべての家持ち農民にラント防衛義務を課している。[29] 領邦君主と渓谷共同体等を単位とした農民の直接的な結合の強いティロルでは、農民の軍役は中世後期から近世を貫いている。

フェールは一六世紀を農民の武装権のピークと考えているが、農民の武装権の強化と民兵制の発展はかならずしも対応しない。一六世紀には火器の発達とともに、農民自身の所有する武器は諸侯レベルの戦闘には役に立たなくなっていた。それゆえ領邦当局の武器庫からその都度、農民に武器が貸与されるようになる。他方で農民戦争とその後の農民蜂起の頻発のなかで、農民自身の火器所有を危険視する傾向が強まり、バイエルンの領邦当局は一五六二年には農民に、所有する長・短の銃を領邦当局に引き渡すよう命じており、さらに一五九六年には、平時は城・館を持つ領主が農民の武器を預かり、保管するように定めている。[30] このように近世までを展望するなら、長期的には農民の徴兵への歩みは、農村社会と武装の本源的な結合が次第に失われ、農民が武装解除されていくプロセスでもあったといえよう。近代の「国民徴兵制」が社会の武装解除と国家による武装・暴力の独占の完成を意味することはいうまでもない。この点に留意したうえで、一五世紀～一六世紀初を農民の武装権のピークと考えることが可能であろう。この時期には農民はかなり自由に武器を携行し得たのである。ただしこれはバイエルンの事例であり、領邦ごとに農民・農村共同体の法的地位や軍制が異なることは考慮しなければならない。

一六、一七世紀の下オーストリア・ヴァイステューマーにおいても、農村社会における日常生活が武器と密接にかかわっていたことを思わせる規定が少なくない。トゥルマウの一七世紀のヴァイステューマーによれば、夜間に村内で槍や弩を携行することは禁止されたが、農民が外部から入村してくるさいには例外とされた。[31] また一六世紀のオーデル・デープリング、一七世紀のジーフェリングのヴァイステューマーには、小銃の携行禁止、夜間に矢をつがえた弩、抜き身の剣を携行することの禁止、村内の争いにおける剣、槍などの使用禁止規定があるが、いずれも処罰は罰金にとどまっている。さらには、領主と隣人たちへの助力のために必要な場合は、村民は弩、槍、剣(刃物)、その他の武器を携行・使用し得るが、投げ鈎、十字鈎のような禁じられた武器は、領主の従者、裁判官、村の誓約者(村の役職者)のみが携行し得るとされている。[32] 鈎つきの武器はおそらく捕り物用で、村民が持つことは危険視されたらしく、シャイプスのヴァイステューマーにもみられる。[33] また危険の察知が困難な夜間は、とくに他人に不安を与える行為は厳禁され、夜間の武器携行禁止規定は他のテクストでも度々現れる[34]。この他暴力と傷害事件の罰金は、用いた武器ごとに詳細に定められ、また居酒屋で武器を抵当にすることの禁止など、農民の日常における武器との濃密な関係をうかがわせるテクストは枚挙にいとまがない。たしかに領主ないし村当局は、とくに夜間や市場日などには、武器携行による暴力の危険を抑制しようとしたが、所有はいうまでもなく、日常における剣などの携行そのものは禁止されておらず、危険人物（徘徊する常習犯）逮捕など、治安や共同体のための武装奉仕は義務であった。さらにブルクシュタルのヴァイステューマーでは、屋内や路上での争いのさいに、とくに「間借り人」が剣や槍を用いることを禁止していることは、武装権に関して村内の階層別に差異があり、家持農民の場合はある種のオープンな争い、すなわち後述する「名誉ある戦い」における武器使用が容認されていたことをも思わせる[35]。

以上のように、中世～近世初頭を通じて農民は（長）剣、短剣、槍、鎧、弓、小銃など様々な武器を所有し、一定の条件下で携行をも認められていた。一二、一三世紀の平和令は農民に対する特別平和（フェーデからの除外）をうたっているものの現実味はなく、また武器携行の禁止も主として身分政策的な意図によるものであった。そこで問題とされたのは騎士の武器を騎士的スタイルで帯びること（帯剣と帯剣式）であった。中世後期にはせいぜい限定された平和空間の設定（都市・市場・村・製粉所など）や、その内部での武装の制限（夜間の武器携行など）、農民の農耕労働時の安全などを規定しているにすぎない。また他方で武装に関する規定は、農村社会内の自律的秩序にも配慮し（家長の帯剣、祝祭日の武装など）、さらに地域の治安維持や防衛への農民の武装動員のためにも、彼らの武器所有は承認、奨励された。このように、支配権力（領邦）は農村社会の武装ポテンシャルを完全に抑圧、統制することはできず、むしろこれを容認しつつ、利用せざるを得なかったのである。このような実情はおそらくドイツの諸領邦において、少なくとも一六世紀末までは存在したであろう。とすれば、農民は中世盛期には武装権とともにフェーデ権をも失ったとの通説は再考の余地があろう。農民の武装、ないしは潜在的武装能力は農民社会、村落共同体の日常的秩序においてどのような意味を持っていたのだろうか。もう一度、一、二で論じた問題に戻ろう。

(2) 農民のフェーデ・暴力

ハインリヒ・ミッタイスによれば、農民は中世盛期に武装権を失うとともに、フェーデ権をも失ったが、にもかかわらず農村でもなお「殺人に対する血なまぐさいフェーデ」が行なわれていた。『中世事典』のフェーデの項を執筆したボークマンもまた、フェーデは騎士身分にのみ認められていたが、血讐・殺害フェーデは一六世紀まで農民もなしえたと記している。このような理解は、法制史家の共通認識であるといってよい[36]。しかしミッタイスのいう武装権が武器携行権を意味しているとしても、この理解は正確ではないし、またフェーデと血讐はかならずしも明確に区別できるものではない。ブルンナーは周知のように、中世社会においてフェーデは正当な法的手段であり、国制の一要素であったと述べた。その場合に「正しいフェーデ」とはその動機・目的よりもむしろ手続きの正しさを指しており、とりわけ敵対相手に対して口頭ないし文書による「フェーデ宣告」を行なうことが不可欠とされ、宣告から一定期日の猶予を置いた後、はじめて実力行使が可とされた。そしてこの宣告を伴う「正しいフェーデ」は、騎士・貴族身分にのみ許され、農民がこれを行なうことは重罪とされたのである[37]。ここで問題になるのは、やはり身分的な区別の明確化であり、「農民はフェーデ権を持たない」という法制史家の指摘は、正確には「農民は騎士的フェーデを行なうことができない」とされるべきであろう。農民に禁止されたのは騎士的フェーデを真似ることであった。当時の法令においてしばしば、農民の「フェーデ宣告」自体がとくに厳禁されているのは、その証左である[38]。

では騎士的フェーデ以外の農民のフェーデはありえるのか。血讐・殺害フェーデを含めて、農民に何らかのフェーデを許可するごとき法令や文書は、当然ながら存在しない。しかし農村社会が一定の武装能力を持つ個人によって構成され、かつ貴族社会と同様に名誉という価値規範が社会秩序を規定する機能的要素であったとすれば、「騎士的なフェーデ権」を別にして、フェーデに類似した暴力、自力の慣行は農民社会のなかに長く存在していたと考えられる。史料には明示的に記されない農民のフェーデを読み取るには、農民のある種の暴力に対する寛容な法的措置といった事実を見出し、検討を加えていかねばならない。実はブルンナーも、オーストリアのヴァイステューマーのなかに農民のフェーデを暗示する表現を見出し、いくつかの例を挙げている。[39] 貴族と農民のあいだの「保護と援助」の相互関係によって国制史を理解するブルンナーが、農民のフェーデは中世政治史の理解のうえで重要ではないと述べたのは当然であるが、ブルンナーは同時に、フェーデは農民の法観念の理解において重要であるとも述べている。[40] ともあれ法制史家の固執する「騎士的な」、フェーデ「権」というパラメーターを取り外して、広く農村社会の暴力のなかで、とりわけ名誉、法意識などある種の価値規範と結びついた紛争・暴力とその解決の仕方を考えてみることが、農村社会の武装・暴力を社会秩序とコミュニケーションにかかわる問題として捉えようとする本章の課題にとって有益であろう。

(3) スイス・ティロルの農村社会における武装・暴力と平和

その場合に示唆的なのは、スイスやティロルの農村社会に関する歴史的・民俗学的な研究である。フランツ・コルプによれば、ティロルの農民は家と不可分の財産として武器を所有しており、家の財産目録 Hausinventar には遺産相続の対象物件として、様々な剣、槍、鎧や弩、後には小銃などの武器が記されていた。[41] 前述のようにティロルでは家持農民にラント防衛の軍役が課されたことから、このような家と武器の一体的な所有と相続は、領邦当局によって公認されていたであろうし、またそれは祖先・家系意識と結合して農民の名誉や誇りの支えとなっていたであろう。ティロルの農民は、当局による規制や禁止にもかかわらず、日常的な武器所持の慣習をもっていたようで、とくに裁判や納税のような重要な行為を行なうさいには武器を傍らに置いた(42)。武器は彼らの名誉のシンボルであった。一六世紀には、裁判所の命令下に紛争当事者が誓約によって和解した後、これに違反した場合、罰金等に加えて、長剣など一定の武器の携行を一～三年のあいだ禁止される事例がみられる(43)。武器携行禁止は、一種の名誉刑（恥辱刑）だったと考えてよい。

さて、ティロルやスイスの牧畜を主たる生業とする山岳地方の農民は、密集した村落共同体ではなく、散居する農民家屋が渓谷ごとに、放牧地を共有するルーズな共同体（渓谷共同体）をなしていた。このような共同体には、放牧地用益権を共有する騎士など、小領主も含まれていたのである。それだけ経営上の共同体的な相互規制は弱く、個々の農民経営の自立性は大きかったといえる。もちろん農民たちは、孤立と相互不干渉のなかで生活していたのではない。ティロルでは名誉毀損に起因する暴力事件が頻発し、この地方の裁判記録を調査したコルプによれば、そのさいにしばしば武器が用いられた(44)。一六世紀前半には農民間の争いは殺害に至ることも稀ではなく、また法令では厳禁された「フェーデ宣告」がなされたケースもある(45)。スイスと同様に貴族・騎士身分、在地領主権力が弱体であったティロルでは、武装能力ある農民が、騎士的な名誉感覚やフェーデ的行為に馴染んでいたといえよう。殺害は遺族によるさらなる報復のフェーデ、すなわち血讐へと導く。血讐はティロルでは一七世紀まで存続したといわれる。家系・親族意識が強く、血讐が一七、一八世紀まで存続したという点では、スイスの農村邦においても同様である(46)。

こうした農民間の軽傷害から殺害にいたる暴力沙汰は、何らかの名誉毀損を直接的契機とするものであったが、そのような名誉毀損は、かならずしもその場の成り行き上の突発的なものではなく、むしろその背景にはしばしば長期にわたる競合や対立が存在した。中世後期〜近世の農村社会における紛争、暴力の歴史的意味を明らかにするためには、このような共同体内の利害対立や軋轢を生み出す状況を、各地域における農業経営の動向や社会構造をふまえて考察することが不可欠である。本章ではこの点について十分な実証的考察を加える用意がないのだが、先行研究の成果によりつつスイス中央部の事例をみておこう。

原初（森林）三邦を含むスイス中央部の地方では一一〜一三世紀の人口増加に加え、中世後期に外部の市場向けの牧畜経営がより集約的に行なわれるようになると、放牧地・採草地等の入会地の利用をめぐるトラブルが頻発した。たとえば、原初三邦のひとつ、ウンターヴァルデンの西半部のオプヴァルデン地方では、一四、一五世紀に農耕・牧畜混合農業からより集約的な牧畜経営に移行した。この地域はザンクト・ゴトハルト峠経由のアルプスの南北を結ぶ最短路の開通とともに、一三、一四世紀には北西ヨーロッパと北イタリアを結合する商業軸の通過地帯となり、その牧畜経営の発展は、とくに北イタリア、ロンバルディア地方への畜産品輸出と結びついていたのである。とりわけ軍馬や食肉用の牛などの大型家畜を中心とした牧畜の発展は、中世後期に牧草地や夏の高原放牧地（アルプ）の利用をめぐる紛争の激増を招いた。ダニエル・ロッガーの研究によれば、オプヴァルデン地方については一五〇〇年までの裁判記録に一〇〇件の紛争が記され、その九割近くが一五世紀に属した。内容は高原放牧地、その他の入会地をめぐる争いが七割を占めている。これらの記録を残したのはオプヴァルデンの邦の裁判所とスイス盟約者団の仲裁裁判所であり、紛争は主として放牧地共同体（アルプゲノッセンシャフト）や入会地共同体などの共同体間、または個人と共同体のあいだで生じたものであった。当時共同体は、従来曖昧で錯綜していた放牧地・入会地の境界を画定し、柵で囲い込み、また交換・売買によって完結した領域の形成に努めた。さらに大型家畜の飼育をめざす富農は、放牧地利用権（放牧頭数）の拡大、さらに採草地の囲い込みなどによって、自身の属す共同体、あるいは他の共同体と対立した。すなわち紛争当事者として現れるのは、共同体と、武装能力やこれと結びついた名誉意識の強い有力農民（一部は騎士・小貴族）であったといってよい。[47]

紛争の増加とともに、これを解決する地域的平和のためのシステム、すなわち共同体とその同盟も本格的に機能し始めていることを看過してはならない。先にも述べたように、この地方の牧畜業の発展は、中世盛期にはさほど緊密ではなかった入会地・放牧地共同体を、明確な境界と規制をともなう組織へと変質せしめた。[48] 放牧地共同体が紛争当事者として裁判記録に現れることは、共同体が放牧地・入会地の管理主体としての権限を強め、かつそのような法行為の主体となり得たことを示している。零細農民による共有地利用違反等は、共同体内で処罰された。しかし共同体自体が係争の一方の当事者となる、共有地をめぐる共同体構成員、ないしは外部の住民との紛争、そして、オプヴァルデンを含むウンターヴァルデン、ウリ、シュヴィーツなど初期のスイスの農村邦で指導的な影響力を持っていた有力家門（富農、騎士、小領主など）の関わる紛争においては、共同体の裁判機能は充分ではなく、邦、あるいは盟約者団の仲裁裁判に委ねられた。とりわけ、広い親族関係をもつ有力家門相互のフェーデなどは邦内では仲裁し得ず、一二九一年の三邦の協定（更新）では、争いや敵対は各邦から選ばれた仲裁人によって調停されるべしとある。ただし一三世紀まで、各地域の少数の有力家族の指導下にあった邦が、中世後期には輪郭を明確にする放牧地・入会地共同体を基本的な構成単位とした、地域平和のための組織へと変質したことは明らかである。各共同体は邦に一人～数人の裁判官と参事を派遣した。彼らは有力家門の代表とともに邦組織を構成し、フェーデを含めた様々な紛争の調停・解決のために活動した。山岳渓谷地域における農業（牧畜）経営の必要より成立した一次的共同体である入会地・放牧地共同体、それらの集合体である邦（ラント）から、一二九一年に更新された原初三邦の同盟に始まる連邦＝盟約者団に至る、ブリックレのいう「共同体・同盟的」関係の形成は、放牧地・入会地の用益権を持つすべての住民の権利を保全し、共同体内外の紛争を調停することによって、広域的な平和的秩序を確立することを目的とするものであった。スイスの原初三邦と、ザンクト・ゴトハルト峠を隔てたロンバルディア北部のティツィーノ渓谷やエミリア地方の渓谷における共同体を比較考察したカール・マイヤーやルーザーによれば、放牧地を共有する個別小共同体（コムーネ）の連合により形成された平和のための地域共同体であるイタリア北部の渓谷共同体は、この地方と密な交易関係を持っていた中央スイスの邦形成に大きな影響を与えた。両地域の渓谷共同体（邦）は、「自由・自治のための戦い」を目的として形成されたのではなく、ともに共有地利用の秩序と地域の平和の維持を目的とするものであったというのである。(49)

以上のティロル、スイスの事情は、農民の武装・暴力と共同体形成の関連について考えるうえで、示唆するところが大きい。繰りかえして述べたように、この地方の家持農民は武器を所有し、スイスでは彼らの構成する強力な歩兵部隊がハプスブルク、ブルゴーニュなどの王侯の騎士軍を破ったこと、この地域が生み出す傭兵に諸国王が強い関心をもったことは周知のとおりである。ティロルの農民も近世を通じて領邦防衛の重要な軍役の担い手であった。このような農民の武装と名誉の意識と、市場と結合した経営の個人主義的傾向は、前述のような共有地・放牧地利用権をめぐる争いや、その他の様々なトラブルを頻繁に生じさせた。他方で共同体や邦の秩序を担うべき有力者のあいだの紛争は、スイスを取巻く対外的な脅威が存在するなかで、可能な限り平和的に収拾されねばならない。放牧地共同体・邦・盟約者団は、このような社会における共有地利用の秩序と地域の平和を維持するための緩やかな組織であった。またロッガーが考察した裁判記録やウステーリの編纂した西スイスの仲裁裁判記録は、様々な紛争が調停によって解決される多数の事例を示している。(50) 多様な紛争が私的な仲裁により、あるいは（公的な）仲裁裁判により解決されたことから、スイスでは中世後期のうちに局地的、地域的、そして広域的な紛争解決のシステムが形成されたと考えられる。スイス盟約者団の成立・発展の歴史は、こうした平和のための協定・同盟形成のプロセスそのものであるといってよい。しかし仲裁による紛争決着の結果を記した裁判記録に、暴力の記事が現れないのは当然である。一二九一年の三邦の協定においても、自身への権利侵害を証明できた場合、フェーデは処罰されなかったように、実際にはこの地方ではフェーデ類似の実力行使はけっして消滅はしていない[51]。

(4) ヴァイステューマーにおけるフェーデ

ここでオーストリア・ヴァイステューマーの、フェーデに関連すると思われる箇所をみておこう。ドナウ河沿いの市場町(マルクト)メルクの一五世紀のヴァイステューマーには、住民同士が「争う」zukriegen 場合、友人や援助者を(外部から)呼んではならない、とされている[52]。ウルリヒスキルヘンの一五世紀半ばのテクストにも同様な規定がある[53]。モルン＝ヴァイテンの一五世紀半ばのテクストには、「争い」unfrid が生じたら、裁判官と参事はその領域の弱き人々の生命・財産を保護すべく、見まわり、監視すべしとある[54]。上オーストリアのシュタイアのヴァイステューマーによれば、他人を「名誉ある戦い」において殺害した者は、遺族が訴えない限り、裁判当局に対しては六〇ペニヒ以上の罰金を課されなかった[55]。市場町ヴァイアー＝ガフレンツのテクストにも、裁判官は「名誉ある事件」のために、三二ポンド以上の財産を持つ住民を逮捕してはならないとある[56]。三二ポンドという額は、通例殺害の贖罪金であり、この事件が殺害であることは明らかである。これらの規定は、「名誉ある」との文言が暗示するように、いずれもおそらく、社会的に容認されていたフェーデ類似の実力行使をめぐるものであろう。それゆえにこそ、当局の措置は、こうした争いの直接禁止ではなく、外部からの加勢によって拡大しないよう、また他人に被害が及ばないように監視することに限定されたのである。

このような当事者主義的傾向は、フェーデを示す表現がなくとも、殺人に関するヴァイステューマーの規定に広く見出しうる。贖罪可能な三二ポンドの財産を持つ者は、殺人を犯してもただちに逮捕はされず、被害者の遺族との和解が成立すれば、それ以上の責任を負わないとの趣旨の規定は多数のテクストにみられる。この他にも、殺人を犯した者が裁判当局には数シリング程度の軽微な罰金のみを納めればよい(あとは当事者間に委ねられる)との内容の規定をもつヴァイステューマーも少なくない。[57] パウル・フラウエンシュテットによる「殺害の仲裁」Totschlagsühne に関する古典的研究が示すように、殺人という特別の社会的、宗教的意味を帯びる暴力については、これを権力が公的平和・秩序に対する侵害として裁く刑法原則は、一六世紀の農村社会においてなお貫徹してはいない。むしろ加害者と被害者の遺族の間の血讐の連鎖を断つには、巡礼、ミサ、蠟燭の寄進など、加害者の宗教的贖罪行為をともなう両者の和解がもっとも有効な手段であった。[58] また前述のように、和解が困難な場合、とくに都市では血讐による混乱を防ぐために一定期間、加害者を市外に追放し、この間に和解を促した。

しかし一七世紀になるとヴァイステューマーに、裁判外の私的な仲裁と和解は裁判・支配当局（オーブリヒカイト）への通知、場合によってはその助言や同意を得てのみ許される、との規定が現れる。[59] トーマス・ヴィンケルバウアーが指摘するように、一六世紀まで村の隣人たちによって自律的に行なわれていた農民間の争いの仲裁に、いまや支配当局が介入し、これを指導するのである。[60] さらに一七世紀後半のブライテンブルックのヴァイステューマーには「領民は自身で裁判官たるべからず……すべての大小の不法は当局に知らせ、その助言によって調停されるべし」との規定が現れ、一八世紀半ばのグリレンベルクのヴァイステューマーには、「共同体の平和と協調が乱されてはならず、だれも自分自身裁判官であってはならない」とある。[61]「自身で裁判官となる」とは自力＝フェーデ的行為を意味し、こうした規定自体なおフェーデ的慣行の存在を思わせるが、ともあれ啓蒙の時代に近づいてようやくフェーデ禁止が明記されるようになるのである。

農村共同体の政治的、法的自立性がティロルに比してはるかに低い（上・下）オーストリアにおいても、農民の武装と暴力（フェーデ）についての事情は以上のようであった。オーストリア領邦貴族の司直権力であれ、ティロルの領邦君主に属すラント裁判（渓谷共同体の裁判）であれ、スイスの邦、連邦（盟約者団）の裁判であれ、当局は紛争のさいに「象徴資本としての名誉」のやりとり（毀損と回復）を、農民相互の（暴力を含めた）自律的な交渉に委ねざるを得なかった。共同体であれ国家であれ、個々人にその名誉を完全に保証し、名誉のための行為を統制することは、不可能だったからである。一五世紀スイスの社会と政治を、同時代人の行動様式の歴史人類学的な分析を通じて考察したヴェクスラーによれば、社会的結合（秩序）は制度化された規範や法よりも、人々の行動を規定する名誉によって形成された。[62] 加えていえば、個々人の名誉のやりとりもまた、社会的、公的な場で行なわれ、確認されたのである。

しかし牧畜社会であれ、農耕社会であれ限られた物的資源をめぐる競合と紛争が限界を超えれば、地域社会の混乱と（スイスではとくに）対外的危機、破滅をもたらすことは明らかである。この点で紛争とその際の暴力は、当事者の節度によって、あるいは隣人や有力者たちの仲裁により、たいていの場合一定の範囲内で収められた。このような紛争と暴力を日常に含みこんだ農村社会のコミュニケーションと秩序は、主として仲裁にもとづく紛争解決システムを前提にしていたのである。この意味で「抗争的文化」とは、隣人関係に基づく共同体機能と表裏一体をなしていたといえよう。

四　武装・暴力・共同体と秩序

本章で確認したところを要約しておこう。ドイツ中・近世において農民の武装はほぼ一貫して維持されていた。武器の所有と携行は、害獣駆除、治安と自衛に不可欠であった他、村社会における農民のプレスティジや名誉と結びついていた。支配権力は農民の武器所有を地域の治安活動や領邦の防衛のために公認、あるいは奨励し、武器携行については主として身分政策的な関心から制限を加えつつも、おそらく名誉、プレスティジと結合したプレゼンテーションとして容認した。成立過程にある国家権力も、このような武装と暴力を含みこんだ農民相互のコミュニケーションにもとづく社会秩序を、地域支配、領域的統治の前提としたのである。近年の貴族社会のフェーデにかんする研究者は、フェーデが一種の社会調整ないし社会統制 Sozialregulierung, Sozialkontrolle の機能をもっていたことを指摘しているが、農村社会の紛争・暴力およびその解決（仲裁）というプロセスについても同様な一面を想定できよう。このような社会的機能は「平和団体」としての共同体の形成と維持において不可欠であったといえる。しかしこうした観点から、紛争・暴力を媒介とした農村社会のコミュニケーションの具体相を明らかにするためには、紛争・暴力・仲裁の個別事例の考察が必要である。とくにフェーデ的な暴力と対抗暴力にかかわり、さらにその仲裁に際して協力する共同体や地域社会の人的ネットワークを、裁判記録を通じて把握することが課題とされよう。

展望として付記するなら、一七世紀にはこのような自律的な、すなわち自己管理能力をそなえた「抗争的文化・抗争的コミュニケーション」の社会にも、国家、支配権力の介入・統制が加えられようとしていた。このような日常世界への刑法原理の浸透過程は、一七世紀の史料では、なお支配権力の意図というレベルでしか確認し得ないのであるが、このプロセスが持続するとすれば、それは農村社会の自己管理能力の衰退という面からも検証する必要があろう。農民戦争を挟む中世末から近世初期の農村社会の状況をふまえて、このような共同体の自立的な調整機能と国家権力の相互作用の過程を動態的に考察することは、農村社会史から近代国家にアプローチするひとつの方途となろう。

なお、共同体間の紛争についてはほとんど立ち入った考察ができなかったが、第三節で論じたスイスやティロルの事情は、共同体の軍事的・政治的能力（自治・政治的機能）を構成員の武装・暴力から考えさせるものである。とくにスイス盟約者団の形成史は、共同体の個々の農民が武装能力と、経営の自立性に裏打ちされた名誉心や自意識をもちつづけていることが、絶えず紛争と暴力のポテンシャルを内包しつつも、これを一定範囲内に抑制するシステムを創出・維持し得るなら、対外的な危機には共同体として大きは防衛的力を発揮することにつながるとの印象を与える。この点は一方で、武力をも管理する強力な公的権力機構を創出することにより、その社会や共同体の構成員自体は逆に武装解除されていった集権的な（都市）国家と比較し、他方では農民の団体がスイスと同じ武装と自由を享受しつつも、フェーデの制限・克服と仲裁裁判による平和維持のための広域的な連合体を形成できなかった北海沿岸のディトマルシェンの農民団と比較すると興味深い。

註

（1）藤木久志『豊臣平和令と戦国社会』（東京大学出版会、一九八五年）、同『雑兵たちの戦場』（朝日新聞社、一九九五年）。

（2）Bader, K. S., *Studien zur Rechtsgeschichte des Dorfes*, 3 Bde., 1957-75.

（3）Blickle, P., *Landschaften im alten Reich*, 1973. ブリックレ（服部良久訳）『ドイツの臣民』（ミネルヴァ書房、一九九〇年）。

（4）ブリックレ批判についてはブリックレ、前掲書の訳者解説を参照。

（5）M・ウェーバー（世良晃志郎訳）『支配の社会学Ⅱ』（創文社、一九六二年）、五〇二―五二四ページ、G・エストライヒ（阪口修平他編訳）『近代国家の覚醒』（創文社、一九九三年）、一二七―一五四ページ、千葉徳夫「近世ドイツ国制史研究における社会的規律化」『法律論叢』六七―二・三、一九九五年、同「中世後期・近世ドイツにおける都市・農村共同体と社会的規律化」『法律論叢』六七―四・五・六、一九九五年。Schilling, H., Die Kirchenzucht im frühneuzeitlichen Europa in interkonfessionell vergleichender und interdisziplinärer Perspektive — eine Zwischenbilanz: Ders. (hg.), *Kirchenzucht und Sozialdisziplinierung im frühneuzeitlichen Europa*, 1994.

（6）Schmidt, H.-R., Über das Verhältnis von ländlicher Gemeinde und christlicher Ethik. Graubünden und Innerschweiz: Blickle (hg.), *Landgemeinde und Stadtgemeinde in Mitteleuropa*, 1991, S. 484-485; Ders., Pazifierung des

Dorfes — Struktur und Wandel von Nachbarschaftskonflikten vor Berner Sittengerichten 1570-1800: Schilling (hg.), *a. a. O.*, S. 106, 128.

（7）R・ファン・デュルメン（佐藤正樹訳）『近世の文化と日常生活』2（鳥影社、一九九五年）、三七一—三八四ページ。R・ミュシャンブレッド（石井洋二郎訳）『近代人の誕生』（筑摩書房、一九九二年）、一八一—一八二ページ。Schmidt, a. a. O., S. 101-104; Helm, W., *Obrigkeit und Volk*. Herrschaft im frühneuzeitlichen Alltag Niederbayerns, untersucht anhand archivalischer Quellen, 1993, S. 273-287.

（8）Burgharts, S., Disziplinierung oder Konfliktsregelung？ Zur Funktion städtischer Gerichte im Spätmittelalter. Das Zürcher Ratsgericht: *Zeitschrift für Historische Forschung* 16, 1989.

（9）Walz, R., Agonale Kommunikation im Dorf der frühen Neuzeit: *Westfälische Forschungen* 42, 1992, S. 221.

（10）Schreiner, K./Schwerhoff, G., Verletzte Ehre — Überlegungen zu einem Forschungskonzept: Dies. (hg.), *Verletzte Ehre*. Ehrkonflikte in Gesellschaften des Mittelalters und der frühen Neuzeit, 1955, S. 1-28.

（11）Frank, M., Ehre und Gewalt im Dorf der frühen Neuzeit. Das Beispiel Heiden (Grafschaft Lippe) im 17. und 18. Jahrhundert: Schreiner/Schwerhoff (hg.), *a. a. O.*, S. 332.

（12）Walz, a. a. O., S. 221.

（13）Winkelbauer, T., "Und sollen sich die Parteien gütlich miteinander vertragen": *Zeitschrift der Savigny-Stiftung für Rechtsgeschichte*, Germanistische Abteilung Bd. 109, 1992, S. 146-158.

（14）His, R., *Das Strafrecht des deutschen Mittelalters*, 1. Teil, 1920, S. 300; 2. Teil, 1935, S. 82.

（15）Frauenstädt, P., *Blutrache und Totschlagsühne im deutschen Mittelalter*, 1881, S. 175.

（16）Fehr, H., Das Waffenrecht der Bauern im Mittelalter: *Zeitschrift der Savigny-Stiftung für Rechtsgeschichte*, Germanistische Abteilung Bd. 35/38, 1914/17.

（17）*MGH Constitutiones et acta publica* I, Nr. 140, S. 194-198.

（18）*MGH Constitutiones et acta publica* I, Nr. 277, S. 382, "In domibus autem quelibet arma habeant, ut si iudex ad emendationem violate pacis eorum auxiliis indiguerit, cum armis parati inveniantur, quoniam in hoc articulo iudicem sequi tenentur pro iudicis arbitrio et rei neccessitate."

（19）*MGH DF. I.*, pars iv, Nr. 988, S. 277.

（20）拙著『ドイツ中世の領邦と貴族』（創文社、一九九八年）、二〇一ページ。

（21）Gernhuber, J., *Die Landfriedensbewegung in Deutschland bis zum Mainzer Reichslandfrieden von 1235*, 1952, S. 132-133.

（22）*MGH Constitutiones et acta publica* II, Nr. 427, S. 577. この点に関連して、教会祝日の人びとの集いがしばしばフェーデの契機となったこと、一五世紀のベルン、ルツェルン、バーゼルには、祝日に武器を持って教会を訪れてはならないとの禁止がみられることは興味深い。Wackernagel, H. G., Kriegsbräuche in der mittelalterlichen Eidgenossenschaft: Ders., *Altes Volkstum der Schweiz.* Gesammelte Schriften zur historischen Volkskunde, 1956, S. 293.

（23）（久保正幡他訳）『ザクセンシュピーゲル・ラント法』（創文社、一九七七年）、二二〇、二二四、二三〇ページ。

（24）Fehr, a. a. O., 1. Teil, S. 202. シュネルベーグルによれば、一三世紀末以後、農民のみを対象とした武器携行禁止はなくなる。Schnelbögl, W., *Das innere Entwicklung der bayerischen Landfrieden des 13. Jahrhunderts*, 1932, S. 291.

（25）Fehr, a. a. O., 1. Teil, S. 153.

（26）"Hec autem omnia pro communi necessitate provincie et iudicii exequendi et patriam ab incursu hostium defendendi, si velint, in eorum domibus reservent." *MGH Constitutiones et acta publica* II, Nr. 427, S. 577.

（27）Fehr, a. a. O., 2. Teil, S. 68.

（28）神寶秀夫『近世ドイツ絶対主義の構造』（創文社、一九九四年）、三九八—四一八ページ。

（29）Kolb, F., Ehrgefühl, Fehde und Gerichtsfriede unter den Tiroler Bauern: *Tyroler Heimat* 12, 1948, S. 53.

（30）Fehr, a. a. O., 2. Teil, S. 87-88.

（31）Winter, G. (hg.), *Niederösterreichische Weistümer*（以下 *NÖW*）I, 1886, Nr. 76, S. 413.

（32）*NÖW* I, Nr. 137, S. 865-866, Nr. 139, S. 896-897.

（33）*NÖW* 3, Nr. 90, S. 621.

（34）Melk, Weyer-Gaflenz など。*NÖW* 3, Nr. 82, S. 517, Eberstaller, H. u. a. (hg.), Oberösterreichische Weistümer

（以下 *OÖW*）2, 1956, Nr. 3, S. 13.

（35） *NÖW* 3, Nr. 88, S. 577.

（36） H・ミッタイス、H・リーベリヒ（世良晃志郎訳）『ドイツ法制史概説』（創文社、一九七一年）、四二三ページ。*Lexikon des Mittelalters* IV, 1989, Spalte 331-334; His, *a. a. O.*, S. 294-295.

（37） Brunner, O., *Land und Herrschaft*, 5. Aufl., 1945, S. 64-72.

（38） Zingerle, I. v., *Die Tirolischen Weistümer* IV-1, 1888, S. 426; Brunner, *a. a. O.*, S. 64, 66.

（39） Brunner, *a. a. O.*, S. 62-73

（40） *Ebenda*, S. 71.

（41） Kolb, a. a. O., S. 53-54.

（42） Ebenda, S. 53.

（43） Ebenda, S. 71-72.

（44） Ebenda, S. 54.

（45） Lentze, H., Eine bäuerliche Fehdeansage aus dem 15. Jahrhundert: *Der Schlern* 25, 1951, S. 127-129.

（46） Kolb, a. a. O., S. 50; Hauser, A., Zur soziologischen Struktur eidgenössischen Bauerntums im Spätmittelalter: Franz, G. (hg.), *Bauernschaft und Bauernstand 1500-1970*, 1975, S. 66.

（47） Rogger, D., *Obwaldner Landwirtschaft im Spätmittelalter*, 1988, S. 49-80, 230-231, 245-275. 農村の限られた資源をめぐる争いは農業の集約化にともなって広くみられた現象である。近世のヴェストファーレンでは、放牧地、境界線、道路、材木をめぐるトラブルから、フェーデのごとき報復へと展開することが多かった。Walz, a. a. O., S. 239.

（48） 以下のスイスの仲裁裁判制度の発展については Ruser, K., Die Talgemeinde des Valcamonica, des Frignano, der Leventina und des Blenio und die Entstehung der schweizerischen Eidgenossenschaft: Maurer, H. (hg.), *Kommunale Bündnisse Oberitaliens und Oberdeutschlands im Vergleich*, 1987, S. 117-151; Usteri, E., *Das öffentlich-rechtliche Schiedsgericht in der schweizerischen Eidgenossenschaft des 13.-15. Jahrhunderts*, 1925, S. 15-35, 206-219.

(49) Ruser, a. a. O., S. 150-151; Meyer, K., Italienische Einflüsse bei der Entstehung der Eidgenossenschaft: *Jahrbuch für Schweizerische Geschichte* 45, 1970, S. 67; Rogger, *a. a. O.*, S. 56.

(50) Usteri, E. (hg.), *Westschweizer Schiedsurkunden bis zum Jahre 1300*, 1955.

(51) Ruser, a. a. O., S. 145.

(52) *NÖW* 3, Nr. 82, S. 516.

(53) *NÖW* 2, Nr. 2, S. 11.

(54) *NÖW* 2, Nr. 150, S. 1029.

(55) *OÖW* 2, I, S. 271.

(56) *OÖW* 2, S. 13.

(57) *NÖW* 2, Nr. 2, 112, 138; *NÖW* 3, Nr. 88, 90; *OÖW* 2, I, VI.

(58) Frauenstädt, *a. a. O.*, S. 9-33, 105-177.

(59) *OÖW* 1, S. 363.

(60) Winkelbauer, a. a. O., S. 136.

(61) *OÖW* 1, S. 349; *NÖW* 1, Nr. 70, S. 393.

(62) Wechsler, E., *Ehre und Politik*. Ein Beitrag zur Erfassung politischer Verhaltensweisen in der Eidgenossenschaft (1440-1500) unter historisch-anthropologischen Aspekten, 1991, S. 410.

第14章　名誉の喪失と回復
――中世後期ドイツ都市の手工業者の場合

田中俊之

一　社会史としての名誉

おそらくドイツ人ほど「名誉」に敏感な国民はいない。そういいきってしまっては語弊があろうが、ドイツ人による歴史研究のなかで、対象が中世であれ近現代であれ、これまで名誉について扱ったものが膨大な数にのぼることをふまえるなら、ある程度の納得がいく。ドイツ人の名誉へのこだわりには、ひとつには「古き手工業」の伝統への自負心が作用していると考えられる。手工業の名誉を守ろうとしてきた強い市民意識が、ドイツ人に固有の名誉観念を育んできたのではないだろうか(1)。

名誉が問題になるのは、たんなる自負の感情の高揚という面ではなく、むしろそれが社会のなかで容易に失われてしまうという属性をもっているためである。たとえば、いわゆる「賤民」unehrliche Leuteに接触しただけで名誉を喪失してしまうという観念は、名誉をもたない賤民へのすさまじい蔑視・差別、中世以来の厳格な身分観・名誉観とともに、個人にそなわる名誉がどれほど不安定なものであったかをよく示している(2)。このことは、誰であれ、自身の行動によって、あるいは他者との関係において何らかの形で名誉侵害をこうむった場合に、そのままにしておけば名誉の喪失につながってしまう、と一般化していいうる。これは女性・男性それぞれの名誉、家門の名誉、国王・騎士・貴族の身分階級的名誉、手工業・商人の職業的名誉などのいずれにおいても同様である。すなわち、日常の社会生活において個人の名誉はつねに、失われる危険にさらされていたのである。名誉と不名誉は表裏一体であり、一対のものとして把握できる。名誉についての考察は、名誉が失われるという点をふまえて、より重要な社会史のテーマとなるのであり、名誉と不名誉のありようを「動き」として理解することによって、社会の特質を解明する努力がなされるべきである。(3)

ここで考察しようとする舞台は中世後期のドイツの都市である。いわゆるヨーロッパ中世後期の危機は、ドイツの都市にとっても深刻な問題であった。どのように危機を克服していくか、すなわち危機にたいする再編、支配と統合の方策が、「お上」である都市当局 Obrigkeit にとっての、支配の正当性にかかわる課題であった。名誉もまたそうした状況と無関係ではない。都市の名誉をどのように維持するか、都市住民の名誉にどのように対処するかが、都市統治のありかたにかかっていたからである。都市において名誉はどのように考えられていたのか。

名誉を維持し高めることは、都市にとって対外的・対内的に重要な課題であった。それは共同体全体にとっての目標であったが、同時に都市の名誉を共同でになう個々の都市住民にもあてはまった。名誉は身分秩序の指標であるとともに、地位や身分の存亡にかかわるものだったからである。都市ではさまざまな身分がそれぞれに固有の名誉を保持しており、それを維持し高めることが、物質的な財産を所有することよりも重要であった。名誉の保持は同時に社会的な諸権利の保持を意味したが、名誉の喪失は同時にあらゆる権利の喪失を意味したからである。その点で、名誉を「象徴的資本」symbolisches Kapital とよぶことは適切であろう。そのさいに重要なのは、象徴的資本としての名誉が他者による評価にもとづいていたという点である。他者を社会といいかえてもいいだろう。都市社会のすべての構成員は、自身の名誉について、直接もしくは間接的に、承認か拒否かの判断を他者に仰ぐことになる。名誉は社会的承認を要求するものであったといいうる。

名誉概念は身分・階層によって異なる。『歴史学概念事典』によれば、中世の農業的・戦闘的世界のなかからあらたな勢力として登場してきた市民身分の名誉概念は、貴族・騎士、農民の名誉に対置して、おおむね市民的な職業、生活態度によって規定される。(4) 商人や手工業者の名誉は、都市門閥が指向する貴族的・騎士的名誉とは異なり、その職業にもとづいた合理性、美徳などに立脚している。貴族的・騎士的名誉概念に見られた「雄々しい」tapfer や「勇敢な」mutig といった意味は、「誠実な」rechtschaffen、「有能な」tüchtig、「立派な」ehrenhaft といった意味に取って代わられる。手工業者は勤勉、忠実に仕事をこなすことによって、手工業ツンフトにそなわる職業的な名誉を実現する。このように都市における市民的名誉とは、社会的関係、労働関係、商売をまず可能にする社会的・経済的な信用ないし威信に値するものであった。(5) それは道徳的品位に根ざし、他者（同職仲間）が認知することによってはじめて現実のものとなった。その意味では、名誉は人格的価値のシンボルといってもよい。名誉が与えられれば、その地位にふさわしい扱いを要求する権利と、その名誉にふさわしい行動義務が生じる。名誉は個人の社会的な位置・座標を示すものであった。都市共同体のなかで手工業者は、ツンフトをつうじて、労働およびそこから生みだされる名声にもとづいたあらたな名誉観念を発展させたのである。

しかし名誉の喪失は、都市共同体のなかで社会的・経済的にそれ以上まともには存在できないことを意味していた。ここでの課題は、中世後期のドイツの都市社会において、名誉はどのように喪失したか、個人ないし集団が名誉を侵害されたと感じた場合にどのように反応したか、また名誉を回復する手だてがあったとすれば、それはどのようにして可能となったかを、コミュニケーションの観点から考察することである。

二　コミュニケーションのなかの名誉

名誉をコミュニケーションという場にどのように位置づけることができるであろうか。あるいは、名誉をめぐるどのような状況をコミュニケーションとして設定しうるであろうか。以下においてまず、その可能性について検討したい。

これまでの研究で都市社会における名誉について問題にされてきたのは、おもにふたつの側面からであった。ひとつは出自・職業にかかわる名誉・不名誉の問題、もうひとつは個人にそなわる名誉・不名誉の問題である。いずれも平和領域としての都市の共同体、ツンフトの名誉をどのように維持していくかというレベルで交差し、相互に連関しているが、議論としては、前者を基盤にして後者が成り立つと考えてよい。

ドイツの手工業においては、一三世紀末以降、それまでの慣習をツンフト規約として成文化し、固定化する動きが活発になった。そのさい、名誉ある生まれの者しかツンフトには入れないとする原則が一般化され、ある特定の職業群が伝統的な観念にもとづいて、名誉をもたない職業、すなわち「賤業」として排除された(6)。一四世紀以降には、非嫡出子（私生子）のツンフトからの排除が明文化されるなど、名誉にかかわる規範とともに嫡出規範が厳格化され、手工業者は倫理にかなった生活様式をますます要求されるようになった(7)。こうして、賤民の子でないこと、正規の結婚によって生まれたこと、そしてさまざまな禁忌を犯さないことを「名誉」とすることで、手工業者は「古き手工業」の伝統を守り、ツンフト構成員としての誇りや自負心を抱きつづけたのである。これら、賤民・賤業への差別にもとづく名誉規範そのものは、一七三一年の帝国手工業条令において「手工業の悪弊の除去」のためにと、廃止が決定されたことによって、いちおうの終止符を打った。

以上の経緯をふまえ、ここでふたつの点に注意しておきたい。ひとつは、不名誉とされた職業のなかには、一七三一年の帝国手工業条令の発布までに名誉獲得の方向にむかったものがあったということである。[8] それら（床屋、麻織物工など）は名誉獲得の途上でなお転落の危険をはらむ不安定な地位にあった。ふたたび転落する危険を察知したさいに、同業者や社会とのあいだにどのようなコミュニケーションがとられたのか。名誉獲得の途にある職業にたいし社会はどのように反応したのか、傍観したのか。もうひとつは、帝国手工業条令における「悪弊の除去」が一八世紀をつうじてかならずしも実効性をもちえなかったであろうという点である。[9] 伝統的な名誉規範によって育まれた手工業者の身分的な自己認識やアイデンティティを、ひとつの条令によって強制的に捨て去ることはおそらくできなかったであろう。そのさいに手工業者はどのように抵抗しえたのか。中央権力とのあいだにどのようなコミュニケーションがとられたのか。これらはいずれも検討の価値があるが、ここで扱う時代を大幅に下っている。

さて、個人にそなわる名誉は、それが喪失した時点においてはじめて問題となる。名誉の喪失は、自身の違法行為によって、もしくは他者からの名誉侵害によって生じる。重要なことは、いったん喪失した名誉をふたたび回復する可能性があったということである。それは名誉回復にむけての「働きかけ」によってもたらされる。しかし逆に何も反応をしなければ名誉の回復はできない。つまり名誉と不名誉のあいだの動きは、喪失した名誉をどのように回復するか、もしくは喪失しそうな名誉をどのように防衛するかという形で、都市社会におけるコミュニケーション・システムのなかにおかれるといってよい。名誉をコミュニケーションという場に位置づけることのできるゆえんである。

そこでまず、自身の違法行為によってひきおこされる名誉の喪失について見てみよう。みずから名誉を喪失するのは、窃盗、横領、姦通、偽誓などの「誠実さ」を冒瀆する行為によってである。これらの違法行為には、その程度におうじて名誉剝奪刑 Ehrenstrafe が科せられた。それらは処刑などの重度の法的処罰にかかわるものから、公衆の面前で物笑いの種にされるなど、儀式的な軽度の社会的制裁にとどまるもの（シャリヴァリ）まで多様である。[10]

「犯罪と刑罰」にかんする近年の社会史研究の大きな成果は、おもに中世後期以降における都市当局（都市裁判所）の仲裁・調停機能を明らかにしたことである。スザンナ・ブルクハルツが一四世紀末から一五世紀のチューリヒについて、ゲルト・シュヴェアホフが一六、一七世紀のケルンについて明らかにしたように、暴力・犯罪の蔓延する社会状況に直面して、当局は厳罰よりもむしろ、贖罪金（罰金・賠償金）による和解など、仲裁・調停を行なうことによって都市平和の回復を図ろうとしたのである。[11] たしかに多くの史料が伝えているように、処刑などの厳罰が執行された例は少なくないが、[12] それはおもに余所者にたいしてであった。かりに厳罰が科せられた場合でも、都市定住者にはしばしば恩赦が下された。そのさい、家族・親族、隣人、同僚・仕事仲間（ツンフト）などによる当局への恩赦嘆願、すなわち「とりなし」が大きな役割をはたしていたのである。こうして、当局の仲裁・調停機能と、いわゆる「共属」集団による救済との相互作用によって、排除ではなく統合という形で平和団体としての都市共同体が維持されていたことを、これらの研究は教えてくれる。

いいかえれば、土着の都市居住者には公的な名誉剝奪を免れる方法がふたつあった。ひとつは都市裁判所をつうじての和解であり、もうひとつは共属集団によるとりなしであった。したがって定住者が刑罰・制裁によって名誉を喪失する危険はきわめて限定的であったといいうる。財政的な余裕があれば贖罪金によって名誉剝奪を免れることができたし、財政的手段がなければ、共属集団による支持に依存しえた。都市裁判所は当事者を名誉ある社会に再統合する見込みを探っていたのであり、永続的に名誉を削減し排斥することを意図しなかったのである。他方、社会的な統合の度合いにもとづいて再統合の可能性が判断される以上、名誉剝奪について余所者やステイタスの低い者には容赦がなかったということになろう。[13]

つぎに、他者による名誉侵害について見てみよう。自身の行為によらずに個人の名誉が侵害されるのは、他者からの侮辱、あてこすり、挑発的な身ぶりなどによってである。名誉は非常に傷つきやすく、壊れやすいものであった。自分の名誉が他者によって価値づけられている以上、名誉を侵害される危険はつねにつきまとっていたといえる。

たとえば他者から侮辱をうけたさい、その侮辱が正当なものであった場合はもちろん、かりに侮辱じたいが不当なものであっても、侮辱をうけた人は名誉を喪失し、手工業者であればツンフトに属するにふさわしい威信を失うことによって、所属する集団内での地位の喪失または低下を招いた[14]。そのさい、沈黙していては不名誉の汚名の返上にはけっして結びつかない。万一そのままにしておけば、共同生活における社会的・経済的な存在基盤を失うのみならず、名誉喪失の汚点は、同職の仲間など当人とひきつづき交際を要する範囲の人びとにまでおよぶことになった。このことはツンフト全体が信用を失うことにもつながったのであり、回避しなければならない重大事であった。なぜなら、その結果、不名誉のおよんだツンフトに他の都市からあたらしい職人がやって来なくなるからである。ツンフトの不名誉については、遍歴職人の緊密な情報ネットワークをつうじて、各地の職人に伝わったであろう。そうなれば、その職種にかかわるすべての経済システムが機能を停止することにもなりかねない[15]。それは都市全体の名誉にもかかわることである。そこで、不名誉のもととなった個人の名誉を回復することは、当人のみならずツンフトないし都市全体にとっても不可欠であったといえよう。

どのようにすれば名誉を回復できたのか。その方法はまず、他者からの侮辱などによって名誉が傷つけられた場合、その侮辱を撤回させ、陳謝させることであった。それは名誉毀損の訴えとして、裁判で取り消し・撤回が求められることになった。一五世紀末のバンベルクにおける裁判では、「私はあなたについて実直（敬虔）Frumkeit 以外の何も知らない」という文言が引きだされている[16]。「実直（敬虔）」の語は、当時まず神および法にたいする義務にかなった考え方、正当な行動を意味した。そして実直（敬虔）は「評判」に反映したのである。侮辱の撤回により、よい評判を社会が承認したことになる。ただし名誉の回復は早期に行なう必要があった。なぜなら、悪い評判が社会の「記憶」として定着してしまうおそれがあったからである。

取り消し・撤回が不可能もしくは期待できなかった場合、あるいは当事者の感情の激昂によって、報復という手段がとられた。報復とは、すなわち暴力による自力救済である。権力が分散している前近代の社会において、自力救済は伝統的にしばしばひとつの習俗として理解されており、それじたい社会的慣行として不当なものとはいえなかった。[17] しかし報復という行為は、都市が平和領域であるというたてまえからすれば、平和・秩序を乱す違法行為でもある。そのため都市当局は、私的な紛争領域に立ち入って規制を加えることになった。名誉の喪失と回復をめぐる私的なレベルでの争いは、都市の平和・秩序の維持・回復という目的のために、都市裁判権ないしツンフト裁判権のもとに問われることになったのである。

名誉の喪失と回復のプロセスに社会的なコミュニケーションの場が提供されうることを確認し、つぎに具体的な分析に入りたい。ここでは、考察の領域を上部ライン都市バーゼルに限定し、中世から近世への移行期にあたる一五世紀について、ツンフト手工業者の名誉をめぐってどのような争いが生じ、それに都市当局がどのように対処したかという点をふまえつつ、名誉の喪失と回復のあいだの動きを検討する。

三　一五世紀バーゼルの都市社会

バーゼルはライン川をはさんで左岸の大バーゼル Groß-Basel と右岸の小バーゼル Klein-Basel とから成っている。現在はスイスに属するが、中世には神聖ローマ帝国（ドイツ）における主要な司教座都市のひとつであった。[18] 司教を都市領主とするバーゼルは、一二、一三世紀の自治獲得をめぐる抗争を経て自由帝国都市に昇格したが、ス

表 14-1　バーゼルのツンフト職種構成表

ツンフト名	同職組合・親方団体名
Herrenzünfte	
1．商人（鍵）	遠隔地商人，呉服商，剪毛工，羅紗織匠（1453～1506）
2．鋳貨仲間	鋳鐘師，金細工師，鋳物工，鋳貨商・両替商（1373～）
3．ブドウ酒販売商	ブドウ酒販売商，居酒屋，ブドウ酒呼売人
4．小売商（サフラン）	薬屋，帽子工，書籍商，香料商，袋物師，ブリキ職人，製針工，小間物商
Meisterzünfte	
5．ブドウ園丁	ブドウ園丁，牧人，羅紗織匠（～1453）
6．パン屋	パン屋，穀物計量師
7．鍛冶屋	蹄鉄工，刃物鍛冶師，甲冑工，錠前師，鋳掛屋，粉挽き
8．鞣皮工・靴屋	鞣皮工，靴屋
9．仕立屋・毛皮商	裁断師，裁縫師，絹刺繍工，毛皮匠，毛皮修理工
10．園　丁	宿屋，料理人，庭師，古物商，車屋，運送業者，綱製造工，油商
11．肉　屋	肉屋，臓物を扱う職人
12．大工・左官	大工，石工，左官，車大工，樽匠，家具匠，材木商，陶工，煉瓦職人，ろくろ師
13．天・金星	馬具匠，拍車製造工，硝子工，画工，理髪師，外科医，風呂屋
14．織　匠	織匠，染色工，レース工，漂白工，紡績工，羅紗織匠（1506～）
15．漁師・船乗り	漁師，魚屋，船乗り

出典：Wackernagel, *Geschichte der Stadt Basel*, Bd. 2/1, S. 413-415 より作成。

イス盟約者団がシュヴァーベン戦争で皇帝軍に勝利し、一四九九年のバーゼル講和で実質的に神聖ローマ帝国から独立したことによって、一五〇一年、スイス側の要請におうじてスイス盟約者団に永久加盟した。(19) 以後、シュトラースブルクなどのライン諸都市とそれまでの友好関係を維持しながら、盟約者団の一員として指導的役割をになうようになる。

バーゼルにおける手工業の組織化は一三世紀前半以降のことである。一二二六年の毛皮匠を皮切りに、いくつかのツンフトが公認された。(20) 一三五四年の漁師・船乗りツンフトの公認によって、バーゼルにおけるツンフトの数は商人ツンフトを含めて一五に定着したと考えてよい（表14-1）。

バーゼルにおいて都市参事会の存在が確認できるのは一二〇〇年前後からであるが、一四世紀中葉から一五世紀にかけて、ツンフトが都市参事会で勢力を伸ばし、いわゆるツンフト門閥体制が形成された。ツンフト職種構成表からも明らかなように、一五のツンフトのうち、商人ツンフトから成る上位の四ツンフトはヘレンツンフト Herrenzünfte、手工業ツンフトから成る下位の一一ツンフトはマイスターツンフト Meisterzünfte とよばれ、前者がツンフト全体の利害を代表し、実権を手にしていた[21]。また商人ツンフトは、その財力によって大資本家、大土地所有者として騎士、都市貴族に仲間入りし、手工業ツンフトとは一線を画して社会的上昇をとげていった。一五世紀中葉以降の都市参事会がおおむねツンフト政権下にあったとすれば、その主導力となったのが商人ツンフトであったといいうる。一五世紀における著しい人口増加は経済活動の活発化をもたらしたが[22]、他方で食糧不足、物価高騰に拍車をかけた。ツンフト内部での貧富の差は大きく、手工業ツンフトのなかには貧困に陥るものも多かったと考えられる[23]。

こうした背景をふまえて、つぎに都市社会に目をうつしてみよう。都市当局の法規範においては、都市の平和を乱すとみなされる行為は違法行為として刑罰の対象となった。都市平和の実現にむけての当局の努力は、公文書などにたびたび記される「都市の平和と公共の福祉のために」という文言にあらわれているが、それは争いの私的なレベルでの解決を阻止することを意味していた。習俗や慣習にもとづいて行なわれてきた私的な紛争規制の形態を、法に反するものとして罰することにより、紛争解決にかんする独占権を獲得する道を模索したといえる[24]。しかしそれは同時に、当局の「上から」の規範と、習俗・慣習にもとづく「下から」の規範のあいだに衝突を招くことになったであろう。こうして双方の対立関係のもとで、しだいに「上から」の刑罰体系が整備されていったと考えられる。

一四世紀以降のバーゼルでは、殺人、刃傷、襲撃、暴動、監禁、無許可の武器輸送、淫行などは、期間・場所の限定つきで市外追放に処せられたが、あらかじめ違法行為の内容・程度および違反者の社会的ステイタスを考慮し、名誉剝奪刑もしくは手足・舌の切断刑に処せられることもあった[25]。抜刀、殴打、悪口雑言、共有地侵害などは軽罪として、Unzüchter とよばれる都市参事会の管轄機関の審議によって罰金刑に処せられた。余所者の支払額は都市定住者よりも高額であったという。

余所者の犯罪への刑罰の強化は一四世紀末以降のことで、一三八一年には、余所者の職人が相手に手傷を負わせたさい、罰金支払いによる弁済が不可能な場合には片腕切断が決められた。[26] ただし刑の執行状況について知る手がかりはきわめて少ない。余所者の場合、親方か他の市民の家に身を隠し、おりを見て都市から逃亡してしまう例が多かったという。一三九五年には、余所者の逃亡を阻み、罰金刑を免れさせないようにするために、逮捕することがあらたに決められた。

違法行為への対応は、余所者のみならず土着の都市居住者にたいしても強化されたといえる。暴動・陰謀の予知と防御はそのことを示すあらたな措置である。職務批判、財政・経済政策ならびに軍事への批判、秘密結社や集会などを「不服従」Ungehorsam とみなして追及したのである。一四〇一年、ぶどう酒職人の秘密集会の参加者三〇名には追放刑がいいわたされ、一四〇二年には、当局の財政政策への不平・異議申し立てを行なおうとした手工業者四三名が不服従の罪状で追放刑に処せられた。[27]

刑罰の強化、あるいは犯罪特定の範囲拡大を、当局による都市統治能力の強化のプロセスと捉えるなら、その前提には手工業ツンフトとの対立関係を想定できよう。都市参事会をはじめ都市指導層の閉鎖化傾向は、政治的、経済的に手工業ツンフトの反発を喚起したと考えられるが、そのさい、ツンフト側においては、独自の権限をとどめるツンフト裁判権が他者からの境界侵犯をうけない砦として存在していたであろう。ツンフト裁判権にそなわる権限とは、ツンフト規約への違反行為（品質規定、生産量、賃金契約などにかんする違反）、ツンフト内部の紛争、ツンフトにかかわる名誉侵害などである。[28] 都市当局としては、ツンフト構成員にかかわるあらゆる問題がツンフト裁判の権限下におかれることを危惧し、それを回避する手段を講じなければならなくなったと考えられる。都市当局のめざす統治能力の強化のための努力は、司法権の独占、すなわち都市裁判権の絶対化、いいかえれば、ツンフト内部で完結されるツンフト裁判権を都市裁判権がどのように吸収、コントロールしうるかに向けられていたといえよう。

しかし以上から、刑罰の強化とその厳格な執行を、当局による唯一の都市統治戦略としてイメージしてはならない。名誉にかかわる問題について、当局の対応はきわめて柔軟かつ繊細であった。手工業者の名誉はどのように扱われたのか。そこにどのようなコミュニケーションが見いだせるのか。ズィモン＝ムシャイトの研究を参考にしながら、ツンフト文書や都市参事会文書といった史料に残されたいくつかの事件について検討したい。

四　手工業者の名誉の喪失と回復をめぐって

（1）遍歴職人の名誉

まず一四七九年の鍛冶屋ツンフトの文書を見てみよう。[29] この文書からは、遠隔地からバーゼルにやって来た刀鍛冶職人が、傷つけられた名誉をどのように回復しなければならなかったかを考察することができる。

事件の発端は、この遍歴刀鍛冶職人の前歴にかんする「噂」である。それによると、この遍歴職人はバーゼルに来る前に遠隔地で仕事をしていたが、そこを去るさいに、親方もしくは仲間の職人から盗みを働き、正式にいとまを告げずに立ち去った、つまり出奔したというのである。噂を流したのはバーゼルでともに働く刀鍛冶職人であった。この遍歴職人と同じ親方のもとで働く仲間であったかどうかはわからない。文書が語っているのは、悪評を流されたこの遍歴職人が、受け入れ側の鍛冶屋ツンフトに相談し、現在の親方をつうじて、前任地の親方に身の潔白を証明してくれるように依頼したということだけである。

ここに重大な名誉侵害が成立しているのを見てとれる。内容の真偽を問わず、悪評そのものによって遍歴職人の名誉は喪失したか、もしくは喪失の危機に瀕したのである。名誉の回復には、相手に撤回・陳謝を求めるか報復かのどちらかの手段しかない。文書として残された理由は、この場合、名誉毀損として問題がツンフト（法廷）にもちこまれたか、私的な報復（暴力）によって事が明るみに出たかのどちらかであろう。しかしツンフト文書に残されていることから、前者の可能性が高い。ズィモン＝ムシャイトはこの点にはふれていない。

重要なのは、職人の名誉の回復をめぐってツンフトが積極的に介入したという点である。遍歴職人の傷つけられた名誉の回復を、おそらくツンフト首脳部が積極的に推し進めたのであろう。ズィモン＝ムシャイトはこの点にふれていないが、ツンフト首脳部が悪評をたてられた職人の処置をどのようにすべきかを審議し、名誉回復の手だてを教示したと考えるのが妥当である。損なわれた名誉は職人の職業的な存立基盤を危うくした。職人にとっては、社会的信用を回復して今後まともに仕事を得るために、名誉の回復は不可欠であった。疑いをかけられたままの職人にたいしては職人組合からの除名処分もありえたし、その結果、仕事の斡旋が途絶えるのみならず、広まった悪評のために、別の土地において仕事を見つけることをも困難にしたからである。同様に、疑わしい職人を雇い入れた親方にたいしても、ツンフトからの排斥措置がとられる可能性は高かったと考えられる。そればかりか、ツンフト全体の名誉にまで危害がおよぶ可能性はあった。疑いをかけられた職人にたいし、ツンフトが現在の親方をつうじて身の潔白の証明をうながした理由はこのあたりにあろう。職人の名誉の喪失と回復は、親方からさらにツンフトにまでかかわる問題であった。

ツンフトは、同業の仲間による名誉侵害や追い落としにたいして、職人の損なわれた名誉を回復させ、社会復帰させる主導的な役割をになっていたのである。それは都市経済の安定した運営にとって不可欠であった。

(2) 恩赦の成立

一四三五年の都市参事会文書には、バーゼルのある粉挽き職人(徒弟)の窃盗事件が記されている。[30] わずか五行ほどの記事であるが、そのなかから名誉への配慮について有益な情報を読みとることができる。

この徒弟は、製粉のさいにたびたび穀物を横領し、ためこんだ大量の穀物を親方の不在時に密売しようとした。事件の発覚後、名誉ある両親から生まれたという事実と、ツンフトによるとりなしとによって、この徒弟は死刑を免れ、都市禁制圏の外一〇マイルの地に永久追放となった。

これは窃盗という自身の違法行為によって名誉を喪失した例である。したがって名誉剝奪刑が科せられることになった。しかしここに恩赦が成立していることを読みとらなければならない。ズィモン＝ムシャイトは恩赦が成立する条件として、親方や仲間の職人のとりなし、両親が名誉ある人びとで品行方正であること、バーゼル市民権の三つをあげているが、この場合、名誉ある出生およびツンフトによるとりなしが決め手となった。まず家族(両親)がツンフトに名誉回復の嘆願を行ない、ツンフトが都市裁判所にとりなしを行なったのであろう。徒弟の減刑は都市裁判所による決定である。しかしそれを、徒弟の名誉回復といってよいかどうかは疑問である。ただし恩赦によって、徒弟は少なくとも不名誉な死を免れることはできたし、徒弟の名誉喪失が周囲におよぼす影響に一定の歯止めがかけられたのは確かであろう。

ここで恩赦が成立していなければ、徒弟の名誉が失われたのみならず、不名誉の汚点が家族、親方の家、ツンフトにまでおよぶことになった。したがって、都市裁判所にたいしてツンフトがとりなしを行なったのは、徒弟を救済し名誉を回復すること以上に、不名誉の汚点がツンフトにまで広がり、社会的な排斥をうけることを防ごうとしたためであると考えられる。職人や徒弟が親方のもとを去る前に、一種の抗議行動として小さな窃盗を行なうことはすでに慣行となっていたが、そうでなくても、窃盗の程度が比較的に軽い場合には、事をおおやけにせず、親方の家のなかで私的に処理されることもあった。[31] この事例のような場合、粉挽きという古くからなかば賤視されてきた職業にとっては、不名誉をおおやけにして社会的な立場をさらに悪化させることは避けなければならなかったと思われる。

このような配慮がなされたのは、親方の家、ツンフトにおいてだけではない。都市当局においても、いったん窃盗として処理しながらも記録を書き改めることによって、すなわち盗まれた物が「発見された」とすることによって窃盗を回避する場合もあった。[32] 名誉への配慮、もしくは不名誉がもたらす影響への配慮が、ツンフトや都市当局において積極的に行なわれていたといえよう。恩赦の成立には一定の条件をともなったが、そこには、当事者ならびにその周辺にたいして、社会的排斥および不名誉な判決の汚点から免れさせようとする、当事者保護の方策とでもよぶべき態度が看取できる。

（3）手工業親方の名誉

ここでは親方自身の違法行為を二件、検討することにしよう。二件とも肉屋の親方についてであり、事件の内容も似ているにもかかわらず、名誉の回復の点で明暗をわけた。

まず一三九八年の都市参事会文書には、親方ウルリヒ・アベッツェが食肉検査をすり抜けた病気の羊を屠殺場に売却した事件が記されている。[33] これはツンフト規約の品質規定に違反する行為である。裁判の結果ウルリヒは、ツンフト規約と都市平和への偽誓の罪で五年間の市外追放に処せられた。さらにその後、バーゼルにおいて肉屋の職業に復帰することも、他のツンフトに所属し、ツンフトマイスターおよび都市参事会員になることも許されなかった。

もう一件、一四二〇年の都市参事会文書を見てみよう。[34] ここには、親方ウルマン・メルナッハが徒弟ヘンネ・ルルチュに命じて、悪臭のつよい羊をそれと知ったうえで屠殺させ、食肉検査を無視して販売した事件が記されている。これも明らかにツンフト規約の品質規定への違反である。裁判の結果、親方ウルマンはツンフト規約と都市平和への偽誓の罪で一年間の市外追放に処せられるところであった。しかしウルマンはそれを罰金で弁済し、追放刑を免れた。そればかりか、一四三一／三二年にはバーゼルの都市参事会員として登場している。いっぽうの徒弟ヘンネは、親方とはちがって罰金による弁済もなく、都市から永久追放されたうえに死亡記録にまで登録された。

まず後者の事例から、親方と徒弟の地位の相違が名誉回復において明暗をわけたことが読みとれる。親方ウルマンは、喪失した名誉をみずから罰金を支払うことによって回復したのみならず、一〇年後には都市参事会員の地位につくことによって名誉をさらに高めることができた。いっぽうの徒弟ヘンネは名誉ある市民の生まれであり、父親はこの後、一四二一／二二年、二三／二四年に肉屋のツンフトマイスターを務めているほどである。恩赦の成立する要件はそなわっていた。しかし恩赦が成立した形跡はなく、文書にもツンフトによるとりなしについての記載はない。では恩赦嘆願はされなかったのか。ヘンネの名誉喪失の汚点が父親の名誉にまでおよんでいないところから判断するなら、恩赦嘆願はなされたが、その結果として、ヘンネの名誉回復はかなわなかったものの、それ以上に影響がおよぶことには歯止めがかけられたと考えられる。そこにはやはりツンフトの介入を想定せざるをえない。ツンフトはヘンネの名誉を回復させるにはいたらなかったが、名望ある父親の名誉の維持だけは死守したのである。

つぎにふたつの事例を比較してみよう。親方の罪科、判決内容ともに類似しているにもかかわらず、後者は刑を免れたうえに社会的上昇をとげ、前者は受刑後の社会復帰の機会をいっさい断たれてしまった。この正反対の結末はなぜ生じたのか。ひとつの可能性として、一五世紀において恩赦がよりいっそう普及し、刑罰の執行が緩慢化したためではないだろうか。もちろん政治的・経済的な背景への目配りが必要であるが、危機の克服にむけて都市当局が対応策をねる過程で、ある特定のレベル、特定の時期において、名誉の回復が容易になっていたと考えられる。それはまた、都市統治におけるコミュニケーションの柔軟化をも示している。

(4) ツンフト間の名誉侵害

最後に、一四四七年頃とされる都市参事会文書に記された、仕立屋の徒弟の一団とブドウ園丁の一団とのあいだの衝突について見てみよう。(35) ここから、侵害された名誉を報復という手段によって回復しようとした結果、何がもたらされたのかを考察することができる。

日曜の夕刻、晩鐘の鳴り終わった後の小バーゼルの路上で両者が出くわし、事件がおきた。発端となったのは、ブドウ園丁のひとりが仕立屋の徒弟たちにむかって発した「一頭の山羊が角をひとつ持ってたとさ」ein geiss hat ein horn、および「仕立屋メェメェメェ」Schneider-meck-meck-meck という戯れ歌である。仕立屋の徒弟たちはそれを侮辱と感じ、暴力ざたに発展した。結局ひとりのブドウ園丁の死によっていさかいは終結した。都市当局はまず当事者全員に高額の罰金を科し、ブドウ園丁の発した言葉が仕立屋の徒弟たちに大きな恥辱をあたえ、その結果、多くの不幸が生じたとして、今後なんぴとも「山羊」「角」「さらし台」などの言葉や身ぶりであてこすりをして、仕立業にたずさわる人びとを挑発することを禁じる法令を出した。

山羊、角という言葉はいずれも、社会的なアウトサイダーと見られた羊飼いに関連づけられ、さらし台は刑場の仕事にたずさわる賤民に結びつけられる。これらがなぜ仕立屋にむけられたのかはわからないが、彼らに恥辱をあたえる戯れ歌であったことにまちがいはない。仕立屋と山羊とを結びつける戯れ歌は、バーゼルのみならずシュトラースブルクでも問題となっていて、すでに一四〇八年には禁令が出されている。(36)

都市当局はこの一件を、仕立屋の徒弟たちがあてこすりを恥辱と感じたのは正当であり、ここで仕立屋への重大な名誉侵害が問題になっていると認識している。また、仕立屋の徒弟たちによる暴力は結果として殺人にいたったが、傷つけられた名誉の回復のためであったことを認めている。注目すべきことは、都市当局と仕立屋とがその後どのような関係を結ぶことになったかである。当局が仕立屋の徒弟たちによるブドウ園丁殺しを、名誉侵害にたいするいわば正当防衛との認識を示し、仕立屋への名誉侵害を禁令によって決裁したことは何を意味するのか。

　たしかに当局の措置は、仕立屋の傷つきやすい名誉を保護しようとするものであった。しかしそのことは、仕立屋の名誉を当局の保護下においたこと、すなわち紛争を解決する権限がツンフトではなく当局の手に吸収されたことを意味する。今後、仕立屋の名誉をめぐってたとえどのような対立・紛争が生じようとも、それをどのように収拾するかはすべて禁令を公布した都市当局の判断にゆだねられることになり、仕立屋は自力救済の手段を都市当局によって奪われたことになる。都市当局は、ツンフト手工業者の名誉の喪失と回復の動きに干渉することによって、暴力をともなう当事者主義を抑止し、自力救済の正当性を否定することによって、都市平和の維持・実現にむけての司法的な独占権を獲得しようとしたといいうる。

　つぎに名誉侵害をひきおこした側のブドウ園丁にも目をむけてみよう。バーゼルにおいてブドウ園丁はどのような社会的立場にあったのか。ツンフトの職種構成表からは、ブドウ園丁が第五位のツンフトを、一四五三年までは羅紗織匠との分割（半）ツンフトとして形成していたことがわかるが、ほんらいこのツンフトは羅紗織匠の単一完全ツンフトであった。[37] 都市参事会は一三八二年以前に、それまではツンフトを形成していなかったブドウ園丁をこの富裕なツンフトに半ツンフトとして組み入れたのである。しかし両者はツンフト内平和を維持できず、一四五三年に分裂、羅紗織匠は「鍵」ツンフトに移籍し、ブドウ園丁の単一完全ツンフトが誕生した。しかしブドウ園丁はそもそも、他の多くの手工業とは異なり、日当で働きながら独立の生計を営む日雇い労働者であった。[38] したがって他の手工業との社会的な関係は複雑である。たしかにブドウ園丁はツンフト構成員としては他の手工業親方と同等の地位にあったが、職業技術の点では半熟練というべきであり、クネヒト Knecht（＝徒弟、労働者）という称号があたえられていたからである。その意味で、マイスターツンフトのなかでも一段下に区別されていたといえる。そのうえ、一四二九年の納税調査によれば、ブドウ園丁ツンフトの構成員の大多数が貧困の部類に属していた。[39] 貧しい多数のブドウ園丁をツンフトに編入することは、都市統治の対策として有効な側面もあったが、ツンフト間に大きな落差を生じさせることになった。この社会的落差が、他のツンフトへの攻撃性をブドウ園丁のなかに醸成していったのではないだろうか。

五　名誉の侵害、喪失、回復と都市統治

一五世紀のバーゼルについて検討したいくつかの事件からもわかるように、中世後期のドイツの都市社会において、個人の名誉は傷つきやすく、壊れやすいものであった。名誉を失わないようにすることは重要であったが、日常生活においてきわめて困難であった。名誉の喪失は、他者による名誉侵害によってもたらされる危険が高かったからである。路上での偶発的な侮辱から身の回りの悪評にいたるまで、名誉はいったん傷つけられると即座に失われてしまい、社会的・経済的な存立基盤を危うくした。侵害された名誉を回復しておくことが不可欠だったのは、個人のみならず家族やツンフトなどの共族集団の社会的ランクが降格される危険をつねにはらんでいたからである。

名誉侵害をひきおこす要因は何か。当事者の個人的レベルの問題を別とすれば、中世後期に顕著になるツンフト間の社会的不平等という背景を見すごすことはできない。バーゼルのブドウ園丁の場合、貧しい日雇い労働という側面をもっていたために、劣等で価値が低いという羞恥の感情が、他者への攻撃という特定の反応を生みだしたと考えられる。相手を辱めることができた者は優越したポジションを獲得し、辱められた者はみずからの権利要求の正当性を損なわれるという、日常社会的な原理を根底に想定できよう。相手を挑発したり喧嘩をしかけたりすることによって他者との差異を強調することは、他者との対立関係において、自己のアイデンティティを形成するための有効な手段だったであろう。中世後期の危機にともなって頻発する名誉侵害は、多かれ少なかれ、このような論

理のうえに成りたっていたのではないだろうか。

侵害された名誉を喪失の危機から救うのは、まず名誉を回復しようとする意志であり、他者ないし社会とのコミュニケーションである。侵害の正当性、不当性を問わず名誉の喪失はもたらされるので、沈黙は何の解決にもならない。これまでの検討から、コミュニケーションのとりかたが名誉回復の可能性を大きく左右したといえる。そのさい、親族、同僚、ツンフトのとりなしが大きな役割をはたしたが、ツンフト当局や都市当局がどれほど名誉に配慮しているか、名誉回復に積極的かという反応こそが重要であった。個人の名誉は都市全体の名誉につねに結びついていたからである。

個人の名誉に配慮した当局、とくに都市当局のきわめて柔軟かつ臨機応変な対応は、厳しい刑罰の威嚇、恩赦・減刑などによる緩和という対比によって、当事者をとりまく人間関係をいっそう緊密なものにすると同時に、当事者との暗黙の対話関係を結び、相互妥協的な方向にむかわせる効果があったであろう。この調停のメカニズムを当局による都市統治戦略と見ることも可能である。名誉への配慮をつうじてなされる社会的コントロールである。名誉への配慮を、危機の時代における妥協・譲歩と見ることができるいっぽうで、危機の克服にむけた積極的な態度という評価もできるであろう。都市当局は司法的独占権を掌握することによって、正義を確定する唯一の機関としてあらゆる社会集団に絶対的服従を求めていくことになる。中世から近世への移行期におけるひとつの特色である。

註

（1）　名誉を歴史学の分析概念とする認識については、Dinges, M., Die Ehre als Thema der Stadtgeschichte, in: *Zeitschrift für Historische Forschung*［以下、*ZHF* と略記］16(1989), S. 409-440.「古き手工業」の伝統と名誉との関係について論じた著作として、藤田幸一郎『手工業の名誉と遍歴職人』（未來社、一九九四年）があげられる。

（2）「賤民」および職業的な名誉・不名誉については、Danckert, W., *Unehrliche Leute*, Bern/München, 1963（2. Aufl. 1979）. 最近年の著作として、Dülmen, R. v., *Der ehrlose Mensch*, Köln/Weimar/Wien, 1999.

（3）名誉を喪失の観点から考察した研究として、Schreiner, K./Schwerhoff, G.（Hg.）, *Verletzte Ehre*, Köln/Weimar/Wien, 1995. ほかに、拙稿「中世後期ニュルンベルクの都市貴族と『名誉』」『史林』八〇巻六号、一九九七年を参照。

（4）Zunkel, F., Ehre, Reputation, in: Brunner, O./Conze, W./Koselleck, R.（Hg.）, *Geschichtliche Grundbegriffe*, Bd. 2, Stuttgart, 1975, S. 1-63. 以下の叙述はとくに、S. 12ff.

（5）Hagemann, H.-R., *Basler Rechtsleben im Mittelalter*, Basel/Frankfurt aM., 1981, S. 293-301; Simon-Muscheid, K., Gewalt und Ehre im spätmittelalterlichen Handwerk am Beispiel Basels, in: *ZHF* 18(1991), S. 1-31. ここでは、S. 2f.

（6）手工業者の伝統的観念において不名誉とされてきた職業は、①死刑執行人（首斬り役人）、裁判所・都市（警察）下僕、森林・畑番人、塔守、夜警、乞食取締人、②墓掘り人夫、道路・河川・下水清掃人、皮剝人、風呂屋、床屋、羊飼い、粉挽き、麻織物工、陶工・煉瓦工、娼婦などである。①を治安維持機構をになう下級役人、②を公共サービスに従事する職業・手工業と分類することも可能であろう。藤田前掲書、五八ページをあわせて参照。またドイツにおける娼婦の存在形態の変化については、拙稿「中世末期ドイツ都市共同体と周縁集団――娼婦の存在形態を中心に」前川和也編『ステイタスと職業』（ミネルヴァ書房、一九九七年）を参照。

（7）Zunkel, a. a. O., S. 15; Schulz, K., Die Norm der Ehelichkeit im Zunft- und Bürgerrecht spätmittelalterlicher Städte, in: Schmugge, L.（Hg.）, *Illegitimität im Spätmittelalter*, München, 1994, S. 67-83.（三成美保訳）「中世後期都市のツンフト権・市民権における嫡出規範」『摂南法学』一四号別冊、一九九五年、中村賢二郎「ツンフトと賤民」同編『都市の社会史』（ミネルヴァ書房、一九八三年）などを参照。

（8）佐久間弘展「ドイツ初期近代市民社会」野崎直治編『概説西洋社会史』（有斐閣、一九九四年）、一五九ページ。

（9）藤田前掲書、二四ページ以下。

（10）Schwerhoff, G., Verordnete Schande?, in: Blauert, A./Schwerhoff, G.（Hg.）, *Mit den Waffen der Justiz*, Frankfurt aM., 1993, S. 158-188, 236-240 には、社会的制裁の多様な形態と名誉との関係が考察されている。

（11）Burghartz, S., Disziplinierung oder Konfliktsregelung?, in: *ZHF* 16(1989), S. 385-407; Schwerhoff, G., *Köln im Kreuzverhör*, Bonn/Berlin, 1991. さらに、ニコル・ゴンティエ（藤田朋久・藤田なち子訳）『中世都市と暴力』（白水社、一九九九年）、池田利昭「中世末期ニュルンベルクにおける都市当局と暴力」『西洋史論集（北大）』一号、一九九八年を参照。

（12）リューベックでは一三七一～一四六〇年に四一一件、一四六一～一五八二年に二五二件の処刑が執行された。シュトラールズントでは一三一〇～一四七二年に六八四件、ベルリンでは一三九九～一四四八年に一〇一件の死刑判決が実行に移された。バーゼルでは一四五〇～一五一〇年に二三〇～二五〇件、ブレスラウでは一四五六～一五二九年に四五四件の処刑の執行が文書から明らかであるという。Schubert, E., Spätmittelalter – die Rahmenbedingungen des Lebens kleiner Leute, in: Althoff, G./Goetz, H.-W./Schubert, E., *Menschen im Schatten der Kathedrale*, Darmstadt, 1998, S. 323.

（13）Schwerhoff, Verordnete Schande?, S. 161, 174ff., 187.

（14）Kramer, K.-S., *Grundriß einer rechtlichen Volkskunde*, Göttingen, 1974, S. 46ff.

（15）Kramer, a. a. O., S. 52.

（16）Kramer, a. a. O., S. 47f.

（17）山内進『略奪の法観念史』（東京大学出版会、一九九三年）、「はしがき」を参照。

（18）中世のバーゼルについては、Wackernagel, R., *Geschichte der Stadt Basel*, Bd. 1, 2/1, Basel, 1907/1911（ND. 1968）を参照。日本における研究としては、高村象平『中世都市の諸相』（筑摩書房、一九八〇年）、三一八―三三四ページ、瀬原義生『ドイツ中世都市の歴史的展開』（未來社、一九九八年）、二〇六ページ以下、佐藤るみ子「中世におけるバーゼル市参事会の推移に関して」『紀要（純心女子短期大学）』一七号、一九八二年などを参照。

（19）森田安一『スイス』（刀水書房、一九八〇年）、八六ページ。

（20）自治とツンフト強制をともなう最初のツンフトは、一二六〇年に公認された仕立屋である。Geering, T., *Handel und Industrie des Stadt Basel*, Basel, 1886, S. 16.

（21）Schulz, K., *Handwerksgesellen und Lohnarbeiter*, Sigmaringen, 1985, S. 18-22.

(22) バーゼル公会議の開催を一因として、九〇〇〇～一〇〇〇〇人を数えた。Schulz, a. a. O., S. 30f.

(23) 商人の納税額は都市財産の半分強におよぶほどで、財産額の点でも、ある年の調査では、約二二五名の商人の財産総額が二七五〇〇〇グルデンで、ひとり平均一二〇〇グルデン、それにたいし、約一八七五名の手工業者の財産総額は三八五〇〇〇グルデンで、ひとり平均二〇〇グルデンと計算される。Geering, a. a. O., S. 139.

(24) 俗に「試練」Heimsuchung とよばれる行動は、若者が成年への通過儀礼として肝だめしに他人の家に忍びこむ一種の強奪行為であったが、これは当局にとっては家宅侵入として処理されるべき違法行為であった。Simon-Muscheid, a. a. O., S. 20f. 裁判制度の整備の問題については、林毅「西洋中世都市における訴訟手続の合理化」『阪大法学』四九巻一号、一九九九年を参照。

(25) Simon-Muscheid, a. a. O., S. 4. バーゼルにおける刑罰の制度については、Hagemann, a. a. O., S. 145-310; Metzger, K., *Die Verbrechen und ihre Straffolgen im Basler Recht des späten Mittelalters*, Basel, 1931.

(26) Simon-Muscheid, a. a. O., S. 4f.

(27) Simon-Muscheid, a. a. O., S. 22; Simon-Muscheid, *Basler Handwerkszünfte im Spätmittelalter*, Bern/Frankfurt aM./New York/Paris, 1988, S. 13-47.

(28) Simon-Muscheid, Gewalt und Ehre, S. 5.

(29) Staatsarchiv Basel-Stadt Zunftarchive: Schmiedenzunft Spruchbuch I, fol. 20r; Simon-Muscheid, a. a. O., S. 19; Simon-Muscheid, *Basler Handwerkszünfte*, S. 85.

(30) Staatsarchiv Basel-Stadt Ratsbücher, Leistungsbuch II, fol. 113v; Simon-Muscheid, Gewalt und Ehre, S. 23f.; Simon-Muscheid, *Basler Handwerkszünfte*, S. 94.

(31) Simon-Muscheid, Gewalt und Ehre, S. 23.

(32) Simon-Muscheid, a. a. O., S. 24.

(33) Staatsarchiv Basel-Stadt Ratsbücher, Leistungsbuch II, fol. 29r; Simon-Muscheid, *Basler Handwerkszünfte*, S. 120f.

(34) Staatsarchiv Basel-Stadt Ratsbücher, Leistungsbuch II, fol. 89r; Simon-Muscheid, a. a. O., S. 121.

（35）Staatsarchiv Basel-Stadt Ratsbücher, Rufbuch I, fol. 128v; Simon-Muscheid, Gewalt und Ehre, S. 16.

（36）Hegel, C.（Bearb.）, *Die Chroniken der deutschen Städte vom 14. bis ins 16. Jahrhundert*, Bd. 9, Leipzig, 1871, Stuttgart, 1961, S. 1024.

（37）森田安一『スイス中世都市史研究』（山川出版社、一九九一年）、二三四ページ。

（38）バーゼルにおけるブドウ園丁の経済的・社会的地位については、Schulz, a. a. O., S. 50, 343-361. クヌート・シュルツ（魚住昌良訳）「後期中世及び近世初期上ライン諸都市の職人と賃労働者」『社会経済史学』第三九巻五号、一九七四年、二八―四七ページ、ここではとくに三三、三九ページを参照。

（39）Schönberg, G., *Finanzverhältnisse der Stadt Basel im XIV. und XV. Jahrhundert*, Tübingen, 1879, S. 532-535.

あとがき

すでに述べておいたように、本書は一九九五年四月より一九九八年三月まで、京都大学人文科学研究所において実施された共同研究「コミュニケーションの社会史」(班長　前川和也)の研究報告書である。われわれの共同研究会は、原則として月に三回、この三年間で計六五回開催された。そこでは、班員のひとりが約一時間半の報告をおこない、そしてその報告をめぐって、夕刻まで自由な討論が続けられたのである。われわれの研究会は、なによりも柔軟な発想を大切にする。研究会の席で、発表者のもともとの報告にたいして班員たちによって「修正」が加えられ、その結果、研究会の終わる頃には、報告の方向性がまるでちがったものになっていることも、しばしばおこった。そしてこの共同性こそ、われわれがもっとも大切にしてきた財産なのである。この書に集められた諸論文は、そのような、自由な、かつ息の合った討論の過程を経て生まれた。

なお本書に論文をよせてくださった方以外に、つぎの人びとも「コミュニケーションの社会史」研究会のメンバーとして活動してくださった。阿河雄二郎(大阪外国語大学外国語学部)、井上浩一(大阪市立大学文学部)、江川溫(大阪大学文学部)、川北稔(大阪大学文学部)、川島昭夫(京都大学総合人間学部)、河村貞枝(京都府立大学文学部)、川本正知(奈良大学経済学部)、谷井陽子(天理大学文学部)、南川高志(京都大学文学研究科)、横山俊夫(京都大学人文科学研究所)、脇田晴子(滋賀県立大学人間文化学部)。また、長谷川輝夫氏(東京経済大学)と金文京氏(京都大学人文科学研究所)、阪上孝氏(京都大学人文科学研究所)は、研究会のために臨時に報告をひきうけてくださった。なお、一九九八年三月に研究会が終了して以来、本書の出版にいたるまでに、大幅な遅れをみてしまった。遅れの責任は、ひとえに研究会事務局（前川和也）にある。はやくから原稿を寄せてくださった班員のかたがたに、あらためてお詫び申しあげる。

すでにわれわれは、「コミュニケーションの社会史」の前身にあたる二共同研究（「家族とハウスホールドの比較史的研究」一九八九〜一九九二年、「ステイタスと職業」一九九二〜一九九五年）を、京都大学人文科学研究所において実施している。それらの成果は、ミネルヴァ書房社長杉田啓三氏のご配慮のもとで、それぞれ『家族・世帯・家門――工業化以前の世界から』（一九九三年）、『ステイタスと職業――社会はどのように編成されていたか』（一九九七年）として、ミネルヴァ書房から刊行されている。今回の共同研究「コミュニケーションの社会史」の報告書公刊にさいしても、杉田啓三氏の多大なご好意があった。記して、杉田氏に心からの感謝の意を表する。また編集上のさまざまな問題を手際よく処理してくださった編集部冨永雅史氏に、お礼を申し述べたい。

前川和也

執筆者紹介（所属，執筆分担，50音順，＊は編者）

大《おお》黒《ぐろ》 俊《しゅん》二《じ》（大阪市立大学文学部教授，第５章）

合《ごう》田《だ》 昌《まさ》史《ふみ》（甲南大学文学部助教授，第４章）

小《こ》山《やま》 哲《さとし》（京都大学大学院文学研究科助教授，はじめに・第８章）

佐《さ》々《さ》木《き》 博《ひろ》光《みつ》（大阪府立大学総合科学部助教授，第12章）

渋《しぶ》谷《たに》 聡《あきら》（島根大学法文学部助教授，第２章）

髙《たか》田《だ》 京《けい》比《い》子《こ》（神戸大学文学部助教授，第３章）

田《た》中《なか》 俊《とし》之《ゆき》（金沢大学文学部助教授，第14章）

富《とみ》永《なが》 茂《しげ》樹《き》（京都大学人文科学研究所教授，第11章）

服《はっ》部《とり》 良《よし》久《ひさ》（京都大学大学院文学研究科教授，第13章）

＊前《まえ》川《かわ》 和《かず》也《や》（京都大学人文科学研究所教授，はじめに・第１章・あとがき）

三《みつ》成《なり》 美《み》保《ほ》（摂南大学法学部助教授，第10章）

森《もり》 明《あき》子《こ》（国立民族学博物館助教授，第９章）

山《やま》辺《べ》 規《のり》子《こ》（奈良女子大学文学部助教授，第６章）

渡《わた》邊《なべ》 伸《しん》（京都府立大学文学部助教授，第７章）

《編著者紹介》

前川　和也（まえかわ・かずや）

1942年　生まれ。
1964年　京都大学文学部卒業。
現　在　京都大学人文科学研究所教授。
著　書　『家族・世帯・家門』（編著，ミネルヴァ書房，1993年）
『ステイタスと職業』（編著，ミネルヴァ書房，1997年）
『世界の歴史1　人類の起原と古代オリエント』（共著，中央公論社，1998年）など。
論　文　"The agricultural texts of Ur III Lagash of the British Museum (1-12)", *Acta Sumerologica* 3-4, 8-9, 11, 13-15, 17, 19 (1981-1997), *Zinbun* 21 (1986), 34 (2000) など多数。

MINERVA 西洋史ライブラリー㊾
コミュニケーションの社会史

2001年8月15日　初版第1刷発行　　検印廃止

定価はカバーに
表示しています

編著者　前　川　和　也
発行者　杉　田　啓　三
印刷者　田　中　雅　博

発行所　株式会社　ミネルヴァ書房
607-8494　京都市山科区日ノ岡堤谷町1
電話代表　(075)581-5191番
振替口座　01020-0-8076番

創栄図書印刷・新生製本

ISBN4-623-03367-8
Printed in Japan